圖 1　傳統歐洲文化中的龍形象（以下六張彩圖由 Orlyn Esquivel 繪製）

圖 2　傳統中華文化中的龍形象

I

圖3　古代近東文化中的龍形象

圖4　古代印度文化中「那伽」（nāgas），
　　　一種與龍類似的神話生物。

圖 5　北美文化中的有角水蛇形象。

圖 6　中美洲文化中的羽毛龍形象。

圖7　殷虛 玉龍形璧（中央研究院歷史語言研究所藏 R001385）
河南安陽縣侯家莊西北岡墓出土，為一頭尾相連的盤龍。

圖8　東周（年代不詳）玉璜（私人收藏；攝影者：Matthew Fox;
Courtesy of Lark Mason Associates, New York, N.Y.）龍首玉璜，
飾有勾雲紋，體態曲折，有如雙穹彩虹。

圖 9　東周（春秋戰國）玉璜（中央研究院歷史語言研究所藏 R020627）河南輝縣琉璃閣出土。雙頭蟠虺紋玉璜。

圖 10　甲骨文的「虹」，轉載自台大科教中心 CASE 報科學網站：江柏毅，〈商代的怪物－甲骨文的「虹」字〉

圖 11　殷虛 白陶雲雷紋帶蓋罐祭器
（中央研究院歷史語言研究所藏 R000167）
河南安陽縣小屯墓出土。蓋上飾渦紋，
蓋面上有一蟠龍，頭尾相連。

圖 12　宋陳容神龍沛雨圖軸。國立故宮博物院，台北，CC BY 4.0 @ www.npm.gov.tw

圖 13　宋元明集繪冊　宋鄭思肖畫龍。
國立故宮博物院，台北，CC BY 4.0 @ www.npm.gov.tw

圖 14　澳洲原住民文化中的彩虹蛇形象，繪製於石頭之上。
複製品現藏於捷克布爾諾考古博物館（Brno museum Anthropos）

龍與彩虹
人類最古老的故事

白樂思

Robert Blust

Historia 歷史叢書──001

龍與彩虹：人類最古老的故事
The Dragon and the Rainbow: Man's Oldest Story

作　　　　者	白樂思 Robert Blust
譯　　　　者	郁保林
特 約 編 輯	許恕
社長暨總編輯	涂豐恩
內 頁 排 版	菩薩蠻
封 面 設 計	鄭宇斌
出　　　　版	有理文化有限公司
發　　　　行	遠足文化事業股份有限公司（讀書共和國出版集團）
地　　　　址	新北市新店區民權路108之4號5樓
電　　　　話	02-2218-1417
客 服 專 線	0800-221-029
信　　　　箱	service@bookrepclub.com.tw
法 律 顧 問	華洋法律事務所 蘇文生律師
印　　　　刷	博客斯彩藝有限公司
地　　　　址	新北市中和區中板路18巷3弄22號4樓
電　　　　話	02-8245-6383
初 版 一 刷	2025年7月
定　　　　價	620元
I S B N	978-626-99858-0-7

國家圖書館出版品預行編目(CIP)資料

龍與彩虹：人類最古老的故事/白樂思(Robert Blust)作；郁保林譯. -- 初版. -- 新北市：有理文化有限公司出版：遠足文化事業股份有限公司發行, 2025.07
面；　公分. --
譯自: The dragon and the rainbow : man's oldest story.
ISBN 978-626-99858-0-7(平裝)

1.CST: 民俗學 2.CST: 文化研究 3.CST: 傳說 4.CST: 龍 5.CST: 虹

538　　　　　　　　　　　　　　　　　114008582

版權所有，未經同意不得重製、轉載、翻印
Printed in Taiwan

「我們對龍的意義一無所知，
正如我們對宇宙的意義一無所知。[i]」

"We are as ignorant of the meaning of the dragon
as we are of the meaning of the universe."

Ignoramos el sentido del dragón, como ignoramos el sentido del universo, pero algo hay en su imagen que concuerda con la imaginación de los hombres, y asi el dragón surge en distintas latitudes y edades. (Borges 1978:7).

目次

推薦序｜李壬癸 　　　　　　　　　　　008

前言｜亞歷克斯・戈盧布 　　　　　　　011

追思｜張美智 　　　　　　　　　　　　016

作者序 　　　　　　　　　　　　　　　021

謝啟 　　　　　　　　　　　　　　　　026

導論 　　　　　　　　　　　　　　　　037

序論：從自然到文化的兩階段 　　　　　042
1. 從彩虹到彩虹蛇 　　　　　　　　　　042
2. 從彩虹蛇到龍 　　　　　　　　　　　044

第一部分

龍

第一章｜龍究竟是什麼？ 　　　　　　　050

第二章｜為什麼有龍？理論綜覽 　　　　066
1. 龍的自然理論：神祕動物學 　　　　　067
2. 象徵主義理論的龍 　　　　　　　　　075
3. 新拉馬克理論：龍是一種原型 　　　　077
4. 擴散理論 　　　　　　　　　　　　　082
5. 其他理論 　　　　　　　　　　　　　087

第三章 ｜ 龍與瀑布　　096
1. 北美洲　　097
2. 加勒比海和南美洲　　100
3. 東南亞島嶼地區　　105
4. 太平洋地區　　106
5. 非洲　　107

第四章 ｜ 龍與雷／閃電　　111

第五章 ｜ 龍的民族學　　123
1. 中亞、東亞地區　　128
2. 北美洲和墨西哥　　129
3. 資料　　129

第二部分

彩虹

第六章 ｜ 彩虹究竟是什麼？　　188
1. 彩虹：既熟悉又迷離　　188
2. 彩虹的描述　　194
3. 分布情況摘要　　223

第七章 ｜ 彩虹的民族學　　227
1. 龍是如何誕生的？　　229
2. 彩虹的奧祕　　254

| 3. 太陽雨 | 322 |
| 4. 彩虹禁忌 | 329 |

第八章｜一瞥光環 342
| 1. 歐洲 | 344 |
| 2. 古代近東 | 345 |

第三部分

結論

第九章｜串連各點 348
1. 控制降雨	351
2. 守護水源	352
3. 藏身瀑布	352
4. 藏身洞穴	353
5. 會飛	353
6-9. 結合熱／冷、火／水	345
10. 與雷／閃電或太陽對立	355
11. 雌雄同體	355
12. 色彩繽紛／紅色	356
13. 守護寶藏／頭藏寶石	357
14. 侵害年輕女性	357
15. 會受月經冒犯	358
16. 與有蹄哺乳動物有關聯	358
17. 呼出火焰	358

18. 呼出臭氣、毒氣　　　　　　　　　359
19. 引發地震　　　　　　　　　　　359
20. 引發旋風、風暴　　　　　　　　360
21. 引發洪水　　　　　　　　　　　360
22. 戰爭的標誌　　　　　　　　　　361
23. 引起病症、疾病、動亂　　　　　361
24. 可能具備人類特徵　　　　　　　361
25. 可擬人化　　　　　　　　　　　362
26. 盤繞世界　　　　　　　　　　　362

第十章｜結論　　　　　　　　　　366

附錄　　　　　　　　　　　　　　376

引用書目　　　　　　　　　　　　398

推薦序

　　白樂思（Robert Blust, 1940-2022）是國際知名的南島語言學權威學者，然而，人們可能不知道他在大學部曾主修人類學。在他生前，他寫了這本《龍與彩虹：人類最古老的故事》，內容跟語言學無關，卻與文化人類學有關。在他於 2022 年去世後，他的妻子張美智博士整理他的遺物和稿件，發現這本剛完稿的著作，值得公諸於世。該書於 2023 年由歐美著名出版社 Brill 正式出版，包括網路版和紙本版本。

　　世界各地不同的民族文化大都有關於「龍」的傳說，但是龍明明是虛構的，從未有人見過真實存在的龍，龍的由來究竟是什麼呢？白樂思認為龍的起源與彩虹息息相關。從自然界到人類文化的發展，可概括為兩個主要步驟：（一）先從彩虹到彩虹靈蛇，（二）再從彩虹靈蛇進化為龍。許多文化傳說中，彩虹和龍都具有許多共同的特徵，並且都跟雨水有關。作者搜尋了世界各地關於龍的文獻和傳說，找到不少證據可以支持他的假設。他不辭辛勞，如同他對語言學研究的投入一樣，全心投入於這個問題的探討。他花費了大量心思和時間，使得研究內容非常完備且細緻入微。

　　最近我才從高雄市那瑪夏山區採集到一則有趣的卡那卡那富語言傳說故事：天在下毛毛雨，有一個孤兒跑出來收衣服時，看到很漂亮的彩虹，她就迷上了彩虹。它多次去捉彩虹的根部，她的手碰到的卻是一條百步蛇，讓她嚇一跳！這就是白樂思所說的第一步驟，從彩虹到彩虹靈蛇的具體例證。

全球許多不同文化背景的人都有一個共同的禁忌：不可以用手指指向彩虹。這一行為反映出他們對彩虹的共同信念，認為彩虹具有神聖不可侵犯的性質，這種信念在古代各種文化中都有相似的表現和理解。作者曾向世界各地發送問卷，收集關於彩虹的資訊。從澳洲（原住民族）、歐洲、非洲、東亞、東南亞、新幾內亞、北美洲、中美洲到南美洲等各地不同的民族，都有類似的彩虹禁忌。此書的撰寫歷時四十年，作者去世後，由他的遺孀張美智博士負責安排出版事宜，首先發行英文版，再推出中譯版。

　　龍是十二生肖中唯一虛構的動物，但在中國歷史上的兩千多年間，它一直象徵著皇權，具有神聖不可侵犯的地位。現在，在各種重要的慶典中，人們都能見到舞龍舞獅的儀式，很多寺廟也都展示著龍的畫像或雕塑，似乎人人都知道龍是什麼，也聽過「龍宮」掌管著雨水，可是大多數漢人大概還沒有將龍與彩虹聯想在一起。

　　本書共分為十章，涵蓋了全球各地關於龍的民俗信仰，研究範圍相當廣泛：

第一章、龍是什麼？
第二章、為什麼有龍？有關龍的各種理論。
第三章、龍與瀑布：涵蓋北美、加勒比海和南美洲、東南亞島嶼、太平洋、非洲地區。
第四章、龍與雷鳴、閃電。
第五章、龍的民族學：包括中亞和東亞、北美和墨西哥資料。
第六章、彩虹是什麼？
第七章、彩虹的民族學：探討龍如何產生、彩虹的神祕、東邊日出西邊雨、彩虹的禁忌。
第八章、光彩一瞥：涉及歐洲和古代近東。
第九章、把點滴串連起來。

第十章、結語。

　　從這些章節可以看出，本書對於全球各地關於龍的文化和信仰進行了全面的研究。

李壬癸

中央研究院院士

前言

　　白樂思教授的心血結晶《龍與彩虹》終於問世了，英文版並開放大眾免費下載。白教授通常以世界南島比較語言學數一數二之泰斗的身分聞名，為什麼會寫出一本與龍有關的書？而這本書又與當代學術有何廣泛的關聯？在這篇介紹中，我希望能夠將《龍與彩虹》置於特定的背景中，以協助讀者理解這本非同尋常之著作的源起和論點。

　　乍看之下，本書儘管可能讓人感到白樂思有所轉變，但它與作者其他作品還是有很多共通之處。首先，雖然他的一些同事可能對他寫出一本有關龍的書感到驚訝，但很少有人會對這本書長達二十多萬多字的篇幅感到意外。白樂思是一位精力無窮的人，能夠寫出大部頭的綜合性作品，其中包括 638 頁的《阿德默勒爾蒂群島的八種語言》（*Eight Languages of The Admiralty Islands*）、845 頁的《南島語言》（*The Austronesian Languages*）以及 1,106 頁的《邵語詞典》（*Thao Dictionary*）。更不用說那本線上的《南島語比較詞典》（*Austronesian Comparative Dictionary*），因為該作品如果印刷出版，頁數勢必超過 9,000（Lobel 2022:143）。因此，本書的長度並不令人意外。

　　同樣不令人意外的是白樂思開展論點時的那份熱忱。白樂思個性的核心便是執著，以及不屈不撓、堅持正直與智識的一貫性。因此，即使這意味走上一條孤獨的路，但他仍總是依循原則。例如，在 1950 年代初的童年時期，由於殖民政策的殘暴，他拒絕宣誓效忠國旗。在童年時期堅持正義看待原住民的態度，當時也許不夠愛國，但今天看來，他卻似乎走在時代前面。本書內容反映了白樂思堅持依從證據的決心。在他看來，正直和連貫一致是最核心的價值觀。對於白

樂思而言，學術研究是項道德使命，每個打字排印錯誤都足夠激起義憤。《龍與彩虹》一書正是基於他在專業工作中表現出的那種嚴格堅持而問世的。在本書中，他追隨證據的脈絡，不管其結論是否符合其他人的預設觀點。

這本書的核心議題是：為什麼所有的文化中都普遍存在龍？為什麼龍經常與彩虹關聯？就像他在生活中對待其他許多的事物那樣，白樂思並不管別人有無興趣，只持續研究這個議題。事實上，即使在許多地方，龍與彩虹並無關聯，但他仍然追求自己的目標。在本書的作者前言中，白樂思曾描述，有時自己向別人分享研究過程時，也會遇到懷疑的反應。必加強調的是，儘管有人可能認為白樂思的計畫異想天開，但這種直覺的懷疑並未能讓人體認到《龍與彩虹》的深度、雄心，以及它與時下人文科學之重要議題的連結。

讀者將注意到，白樂思在書中一再引用愛德華‧泰勒（Edward Tylor, 1832-1917）這位人類學領域中首位獲得學術職位的人物。大而化之來看，在泰勒的時代，人類學包括對人類自然史的研究，尤其側重「前文字時代」的族群，也就是被殖民的族群。他們來自哪裡？他們的歷史為何？例如，弓箭是否只被發明過一次，而後藉由知識傳播將它帶往世界各地？還是不同地方的多次發明？在我與白樂思的對話中，他經常強調早期對於這些文化特徵之起源和傳播的研究很是重要。雖然白樂思在這本書中引用泰勒，但我們也經常討論鮑亞士（Franz Boas, 1858-1942）和人類學「四大分支」的視野（詳見下文），其中歷史語言學僅是對人類過去進行更全面記錄的部分嘗試。因此，《龍與彩虹》可以說植基於這一兼顧自然與歷史的課題中。

泰勒以後，由於學術界的變革，《龍與彩虹》在當代學者眼中便顯得不尋常了。古典人類學中有種從「四大分支」切入、研究人類自然歷史的方法，包括了民族學（ethnology）、考古學、解剖學（亦

即「體質人類學」）和語文學[1]，目的在於描述我們這物種的完整圖景。自那時代以來，語文學這一寬泛的學科已經不再統一，並分裂成許多專業領域。在今天的人類學中，它已被語言人類學（linguistic anthropology）取代，研究在互動的情境中的語言使用，以洞悉溝通的實行方式。另一方面，遵循布龍菲爾德（Leonard Bloomfield）和杭士基（Noam Chomsky）衣缽的語言學家傾向於將語法視為一種自主的心理現象來研究，其結構可以經由仔細觀察流利說話人的直觀來獲知。而歷史語言學這一白樂思的專業領域曾經占到語文學的核心地位。然而，如今它在學術體系中沒有明確的定位，相關的研究者分散在語言學、人類學、文學和歷史的研究部門中。我們需要超脫當前學術分工的格局，理解白樂思的作品旨在以一種綜合方法重新將心理學、歷史、認知人類學（cognitive anthropology）和其他方法連貫起來，其中既有新的有益元素，又反映更深厚的學術譜系。

儘管白樂思也使用例如「普世」（universal）之類的術語，但他並未像榮格（Jung）有可能主張的那樣，認定所有人類的潛意識裡都藏著一條龍。他的論點更加細緻，因他主張，在歷史上的幾個時間點和地點，人類各自獨立發明了彩虹和龍的信仰，而這是基於彩虹的視覺以及物理特性，比如彩虹只出現在太陽和雨水並存的天空中，而其蛇身形狀也是多個其他因素中的一個。考慮到這些自然現象的規律性和人類本性的一致性，白樂思認為，我們可以認為龍是在不同地方獨立發展起來的相同概念。如此一來，白樂思本質上是從泰勒的人類學走出一條獨特的道路，與其他人所選擇的途徑截然不同。

儘管白樂思是目前從事龍起源研究之極少數學者中的一位，但他相信，此議題天生自帶知性魅力。按照白樂思的風格，如果只有百

---

[1] philology：全稱語言文字學，又稱文獻學，是語言學的一個分支，有時作歷史語言學（historical linguistics）的同義詞，偏重從文獻角度研究語言和文字。漢語語文學一般包括文字學、訓詁學、音韻學、校勘學等。（按：本書除第一章的第一個註解外，其餘註釋全為譯註。）

分之一的人對某一問題感興趣,而那一個人就是他的話,那麼其他九十九個人的差別就必須給出交代。我會認為,大多數人只關注當前包括氣候變化、大流行病、經濟不平等惡化以及全球秩序變化等的緊迫問題,這也是無可厚非的。就拿泰勒來說,他也不是出於空泛的知性好奇而研究「孑遺」(survivals)現象的。他是貴格會的教徒,其目標在於揭露汙染基督教的各種迷信和原始要素,以便將之揚棄,建立一個更符合基督所期許信徒的教會。

且讓我們就此打住,別再吹毛求疵了。白樂思的計畫不只限於一本書,即使這本書那麼長也一樣。這是一項研究計劃,需要整個知識界的參與才能充分實現。那麼白樂思研究龍的方法是何樣貌呢?還有哪些工作有待完成呢?

首先,我們必須繼續開展白樂思的方法邏輯。現代人類學對維多利亞時代的方法提出了有力的批評,指責其將概念從環境背景中剝離出來進行比較。這些舊式方法創造出諸如「圖騰崇拜」或「神話」等的研究對象,然而這些對象天生並不具同質性,其一致性只是基於相關研究學者的預設所創造出來的假象。白樂思在本書中處理了「龍」這主題中「混同」(lumping)和「切隔」(splitting)的文化特徵,這點值得我們推崇。然而,我們也必須進一步發展一種方法,檢驗白樂思綜合性研究的邏輯一致性。如果它適用於追溯龍的起源,也許它也可以應用在其他領域。對這一主題的研究仍需深入。

其次,我們必須繼續對白樂思的主張進行實證的調查和研究。目前,他的論斷仍缺乏完全堅實的證據基礎。他聲稱某些有關龍的信仰乃因擴散所致,而另一些則是獨立發明的結果。但哪些是前者,哪些是後者呢?為什麼偏好將獨立發明視為高於擴散的機制?白樂思認為現存的所有「龍如彩虹」(dragons-as-rainbows)實例數千年來都不曾改變,而那些「龍非彩虹」的實例則是歷史變革的結果。可惜的是,白樂思雖為我們寫出一部的南島語言比較詞典,追溯了文化特徵在廣大時間和空間上的擴散,但卻沒能為龍這一主題拿出相應豐富的成

果。話說回來，他又怎麼可能辦得到呢？即使是像白樂思這樣永不喊累的人也有極限。我們需要現代的、高品質的、詳盡的龍信仰研究，以記錄和重建白樂思在這本書中僅能點到為止的自然歷史論述。

其三，白樂思主張，人類大腦經由一些途徑將彩虹化成了龍，然而我們需要對這些認知途徑加以更充分的解釋。白樂思很少為這個生物學的主張提出生物學的論據，同時他也沒有將這一生物學的主張與如下的事實進行調和：人類的感知會受到其社會化過程中一些任意和偶然的文化分類所塑造。白樂思過於謹慎，無法勉強認同生物決定論[2]，但又沒有時間為我們提出這些不同因果力量相互作用之更細膩的解釋。歷史上特定的認知分類、物種範圍內的感知能力，以及物體的感官特性（organoleptic properties）之間有什麼關係？未來對龍感興趣的研究人員必須回答這些問題，希望透過與當代其他學門相關之研究建立連結的辦法加以解決。

有多少學者願意接受白樂思在本書中所設下的挑戰？這很難說。姑且不論這本書是白樂思研究龍之方法的肇端還是結束，我們都很幸運讀到它。沒有人可以否認白樂思在《龍與彩虹》中所付出的努力。毫無疑問，本書應該因其原創性以及熱忱而受讚揚。在所有這些領域中，《龍與彩虹》是一位與眾不同之學者獨一無二的著作，也是他遺留給後世的一部重要著作。

亞歷克斯・戈盧布（Alex Golub）
夏威夷大學馬諾阿分校人類學系

---

[2] biological determinism：也稱為遺傳決定論，認為人類行為直接受個體基因或生理機能的某些部分控制，通常忽略環境在胎兒發育和學習中的作用。

追思

　　我的先生白樂思教授是個做學問嚴謹，受人景仰的學者。但認識他的人都知道他為人平實、低調，對人總是既親切又誠懇，樂於與人相處閒話家常，不論是做田野調查的原住民受訪者，或是我的家人，都在談笑中自然地與他建立了深刻的友誼和感情。由於他對太平洋數十個南島民族做過田野調查，還有他獨特的人生經歷，所以總是能以生動的真實故事娛樂我家小輩，比如他親身與巨蜥搏鬥的故事，總會讓他們目不轉睛地聽得心馳神往！1994年他第一次到台灣的中央研究院歷史語言研究所客座一年，每週六我們會回我娘家餐聚，他也總是會與我父親小酌一番，把酒言歡，互道「健康快樂」。先父張祥順（1917-2004）是一位出生於民國建立初期中國江蘇北部農村，經歷過二次世界大戰、國共內戰，不但受過高等教育，也曾在美國受過訓練的飛官。由於他們兩人都有豐富的人生歷練，所以用餐之餘常盡興地分享人生的見聞。有一次閒談間，出於好奇，我先生問父親是否還記得童年時代任何有關彩虹的說法。完全出乎我意料的是，我先生提到自己在印尼得知不可用手指指向彩虹的禁忌，居然從我父親的口中得到了印證！由於這是我第一次聽父親提起這個「手指彩虹，食指就會潰爛」的禁忌，我記得還失禮地為父親再翻譯一次，以求他對問題的理解無誤，這次他不但堅定地證實這是以前鄉下的說法，而且還說也不可用食指指著未成熟的幼瓜等農作物。不久之後，這個說法也為父母住的公寓樓管理員，原籍中國山東與父親同輩的杜先生證實，並且杜先生回憶起彩虹與龍出現徵兆的俗諺。父親與杜先生的種種說法都顯示彩虹不僅與雨水和農作物有關，而且還在某種程度上與龍的出現和徵兆有所關聯。當時這關聯我先生可能還未釐清，不過這些信念

顯然在往昔家父和杜先生成長下的農業時代占有相當的重要性。

時過境遷，之後我們在三十年的婚姻生活中，在家各司其職，在外各忙各的工作，這段彩虹的見聞對我來說就此打住。而先生多年來的研究項目，因我們專業領域及工作性質的不同，我也從未參與甚或知曉。實際上，對於這個關於彩虹與龍的研究我是直到他在 2022 年初過世前兩個月，有一天聽他高興地告訴我手稿已經準備好，也找到了出版社，不久就可以付梓的消息，才知道他在從事南島語言各項研究之外，多年來並未間斷探討這個主題的初衷。這項研究並非以主流的人類學角度進行的（即便先生具有深厚的人類學根基），自然也超出他在歷史語言學方面的專業，而他卻認為是「（我）一生中最重要的著作之一」。直到他走後，我才開始閱讀手稿的內容，這時才驚覺他從當初對彩虹的好奇，竟做出了如此深入的研究，所用的文獻，所收集的資料竟是那麼多。雖然由於引用的資料包羅萬象，也必須涉及嚴謹的研究法則，論述難免有時顯得複雜，但是他透過世界各地不同民族的民間故事和萬物有靈信仰的窗口窺探人類認知過程的努力是既前衛又啟迪人心的。這不僅重新構建了龍傳說的起源，還解釋了龍與彩虹這一自然現象的連結。

瀏覽書中內容後，我才有機會反思自己熟知的漢民族文化，彩虹跟龍的關聯除了老一輩還記得的彩虹禁忌外，的確在我們生活中還存在著。遠離了農業社會，生活在現代漢文化的都會居民，不需要有考古或者歷史語言學的訓練，只要留心觀察，依然能從大家熟知或可接觸到的文物看出各種歷史遺存下來的彩虹和龍的連結。首先，「彩虹」（rainbow）的「虹」字部首為「虫」，對應於包含各類蟲和爬蟲類，如蛇等動物的意符。若是進一步查看其對應的殷商甲骨文，就會發現甲骨文「虹」字的象形表徵為一弧形（雙頭）的蛇型。再者，在早期考古遺址中所發現的、作為禮器和陪葬品的玉器以及青銅器上也發現了大量與龍有關的圖案，年代可以上溯殷商（公元前 1600 年至公元前 1046 年）到西漢時期（公元前 206 年至公元後 9 年）。今天在

博物館保存和展出的這類文物中，最引人注目的是一些弧形或彎曲的龍形玉器（常刻有龍紋、雲紋等），其中最具代表性的是半圓形的玉璜，偶爾還有類似於先生書中所描述的「啣尾蛇」此類圓形玉璧或雕刻（圖例詳見內文）。不少學者認定玉璜即象徵彩虹。除了這些遠古的文物外，龍始終是中國各個朝代帝王的象徵，可能有不少人，包括我在內，在展覽中曾看過滿清（1644–1911年）皇帝的龍袍，下擺繡有五彩的條紋、袍身上有波浪、捲雲紋和雷電紋等圍繞著象徵皇帝的龍，這些紋飾與龍的關聯為何，可能令觀展的人感到困惑。此外，龍是中國十二生肖中唯一不存在真實世界的一種「動物」，對於其來源可能是長久以來中國人感到好奇的一個未解之謎。最後，至今生活在漢文化的孩童在過年時大概都聽過年獸的故事：年獸藏身海裡，頭長犄角，眼如銅鈴，害怕紅色、霹雷聲以及火光。牠有可能是遠古時代中國民間口傳的一種龍的變體嗎？雖有別於代表皇權的龍，但與澳洲原住民的彩虹蛇等傳說多有相似之處，都可能起源於先民對自然界的觀察。讀者在閱讀此書的細節後自可做出定論。

　　我相信先生在書中提出的實證和論點對於解開中國文化中長久以來關於龍的謎團（如上述諸例）提出了令人信服的解答。其實，看出龍和彩虹之間的關聯不太困難，這在單一文化（包括漢學）的研究範疇中已有進展，但以實證將兩者之間的關係釐清，並建構出歷史的起源及其演變過程，就必須以宏觀的角度，跳出單一的文化證據才可達成。在這方面，先生能有所突破，跟他畢生的研究領域與他做學問的態度有很大的關係。首先，他以熟悉的專業，即歷史語言學上建立已久的比較方法為基礎，從確實記錄的實例中找出不同民族語言族群區域的主要特徵，以嚴謹的求證方法分析問題，再建構更早期的共同文化特徵；這種不侷限於任何熟悉的單一文化，進行跨區域的求證過程，同時也以開闊的、跨領域的思維，不排斥所謂「過時」的紀錄及論述，更不特意迎合當前學術潮流，才能洞悉問題的共通性，獲得全面性的解答。

因此，他對龍與彩虹的論述是超越中國文化的探討，而是對一個長期存在、跨全球的謎提出了合理的解釋，而其求證過程也凸顯了古老的信仰和民間傳說在理解文化上至關重要的地位。在現今高科技的世界裡，人類的很多創造力都運用在探索自己身外的種種可能，在這方面，先生的研究指出了一條人本的途徑，讓我們得以從歷史遺跡中理解人類思維難以科技探測的運作機制。我希望他的這本著作能激發世人以更仔細、更尊重的態度研究傳統以及原住民族的文化，藉由源自我們祖先的原創性思維的線索，更進一步了解自己。

　　先生在研究這一主題漫長的四十年的旅程中，獲得來自朋友、同事和學生們的大量協助、精神支持以及建設性的回饋，其中很多人都已列入他手稿中「謝啟」的部分，我就不在此贅述。除了所有曾幫助過他、使他得以順利完成這項研究的人以外，我還要衷心感謝幾位在準備此書出版過程中幫助過我的人。首先，誠摯地感謝奧琳・埃斯基維爾（Ms. Orlyn Esquivel）耐心地與我合作，發揮她的藝術長才為這本書繪製插圖，讓先生描述的各種龍鮮活起來。我也對肯尼斯・瑞格（Dr. Kenneth Rehg）教授，這位先生超過半個世紀的摯友慷慨地提出許多有益的建議和校稿的意見深表謝忱。還有為原著英文版寫前言的夏威夷大學人類學系的亞歷克斯・戈盧布（Dr. Alex Golub）教授，感謝他以當代文化人類學的角度切入為先生的論述提供了深入的見解。在整個過程中，我對威廉・奧格拉迪（Prof. William O'Grady）教授的感激之情是無法言喻的；身為先生三十餘載的同事與友人，他從第一天起就自願擔起促成此書面世的角色，始終以先生的最大利益為考量，並在幕後多方協調，成為原著出版的推動力。同等重要的是布里爾（Brill）出版社的出版總監尤里・塔德莫爾（Dr. Uri Tadmor）博士，堪比及時雨般，他在我不知所措時給予我支持與指導，由於他的傾力協助以及對先生堅定的學術信心才能使此書得以順利出版，我必須在此表達最深的謝意。

　　此外，先生原著的中文譯版能順利進行，首先，我要衷心感謝有

理文化的涂總編輯豐恩。雖然曾為先生所著的《南島語言》中文譯版出過書，但涂博士與先生素昧平生，對於一本學術性的著作，大可從市場行銷的角度不予考慮。然而，他以文化人的使命感，認定學術著作固有的價值，故此不辭辛勞為原著尋覓合適的譯者。對於涂博士個人的人文素養以及他對提升人文智識的熱忱我必須致上最誠摯的敬意。再者，我要對此書的翻譯作者郁保林博士在翻譯原著上付出的心血表達我十二萬分的謝意。這本著作內容涉及三百多個民族語言群體，原文近三百頁如此龐大繁瑣的項目由他一人翻譯，其難度可想而知。我對他以嚴謹的態度將先生的論述翻譯出來，以提供中文讀者觸手可及的新視角的熱誠深感佩服！最後，但意義卻尤其深長的，我由衷地感謝中央研究院的李壬癸院士對此書的興趣與推薦。李院士跟先生從研究生時代開始認識，不但有同窗之誼，也在長達半世紀的南島語言研究之路上相互切磋，幾次安排先生來台客座、訪問，著實為莫逆之交。我對他在閱讀此書英文原著後對出中文版的鼓勵、建言，以及慷慨地為中文版撰寫推薦序等諸多幫助都深銘於心，並對他致上最高的謝忱。

　　最後，我想代表作者白樂思家人將本書獻給在過去無數代對世界充滿好奇心和富於創造力的先人，他們的遺緒如今將由我們傳承下去。

張美智

於美國夏威夷

作者序

在與朋友、同事和熟人討論自己撰寫這本書的計劃時，我得到各式各樣的反應。有些人認為這只是個不應認真對待的玩笑，而另一些人則迫不及待本書出版。很少有人了解，或者今天仍不理解，促使我追溯龍之起源的路徑，並非直接是因為想解決這個問題，而是源於觀察世人看到別人手指彩虹時的反應。

時間始於1980年秋天，當時我是荷蘭萊頓大學的教授。根據荷蘭和印尼之間的雙邊協議，每年都會挑選五名印尼師範學院的教師前往荷蘭研習九個月，讓他們能在那裡專研語言學這廣泛學門中的某一分支，以提升他們的專業資格，然後再回到印尼擔任大學教師。選拔過程一開始面對的是個較大的教師團體，他們先在國內接受基本指導，然後接受審查，再選出五名能前往歐洲接受更深入培訓的幸運兒。

本人參與這些遴選過程的其中一項，被派到坐落在印尼西爪哇省山區、風景優美茶園中一個名為杜古（Tugu）的小社區。1980年9月30日至11月1日期間，我的任務是向大約三十名印尼教師講授歷史語言學的基礎知識（即語言隨時間變化的科學研究），而這些教師則來自這一廣袤而多樣之島國的各個地方。我的講座（以印尼語講授）每天約占六個小時，中間有午餐時間，如果天氣情況允許，下午或傍晚還會舉行一場熱烈的羽毛球比賽。我在那裡前後待了一個月。有次午餐休息的時候，我們當中有人冒著細雨在戶外排隊等待供餐，突然有道燦爛的彩虹從山頂劃過了天際。我本能地向站在我前面的某人指了指彩虹。他以極有禮貌的態度告訴我，在他成長的地方（蘇門答臘某處），人們認為用食指指彩虹是不恰當的行為。我都還來不及

問他理由為何,站在我後面那位來自印尼另一個相當偏遠地區的人說道:「什麼,你們那邊也信這個?」這兩人當時都表示,他們小時候曾聽人說,這種不合宜的行為將會讓那根冒犯彩虹的手指永久彎曲成彩虹的形狀。來自兩個彼此遠離之島嶼的神奇信仰竟然如此一致,我不確定自己當下是否驚訝得張大了嘴,但這一點吸引了我。這說法顯然不是實情,那麼為何人們會一致相信同一個有關彩虹的謬論呢?

我想辦法理解這件事,而一開始我先假設,這種主觀隨意的信仰起源於上文那些語言團體仍屬於單一社群的年代。畢竟,這正是我在有關語言變遷本質的課堂上所講授的:隨著時間的推移,每一個單一社群會分裂,然後分支的語言團體再以其自身的方式變化,而到數千年後,透過系統比較,後人依然可以推知這些親屬語言的共同起源。我把這件事情暫擱一邊,吃了午餐,接下去我在印尼的日子過得十分順利。

事情原本可以就此結束,然而這經歷卻留在了我的腦海裡。回荷蘭後,我開始研究一些語言彼此無關之民族群體的民族誌,尋找有關傳統部落對於彩虹之看法的一切資料。不久之後,令我震驚的結果來了。在極短時間內,我發現印度東部阿薩姆(Assam)那加山脈(Naga Hills)的部落竟有非常相似的信仰,而那些人與印尼的部落在語言上雖無關聯,卻與後者擁有相似的傳統文化。這代表我不能再自滿地相信,那不過是一個史前文化主觀隨意的發明,繼而傳給後代罷了。印尼大多數民族講的語言屬於龐大的南島語系,而那加山脈的語言則屬於包括各種漢語方言在內的漢藏語系。

在這點上,我別無選擇,只能假設:令那些歷史上彼此不相關的社會對於手指彩虹這事產生相似反應的,該源自人類目睹彩虹時心中所產生的「某某東西」。這是個小小的開始,但在接下來的幾年裡,我努力蒐集更多有關這種信仰的紀錄,並開始稱其為「彩虹禁忌」(the Rainbow Taboo),而這些紀錄表明,此一禁忌是種普世信仰,在歐洲、非洲、東亞、東南亞、澳洲原住民、紐幾內亞以及北美洲、

中美洲和南美洲都有紀錄。個別作者之前已認識到，彩虹禁忌存在於北美等小範圍地理區域中的多種文化中，但當初沒有人體悟到，它實際上是種普世文化，也就是說，某一相同之文化特徵，其分布如果單以共同歷史或借用現象為理由並無法解釋得通，因此也暗中指向某種普遍的心理動機。

彩虹禁忌的現象已有廣泛紀錄（Blust 2021），但這裡的重點在於，此一信念的追求如何引導我走向龍的研究。為了盡可能多收集有關人們對彩虹這一觀念的資料，我擬好調查問卷，並將其寄送給在巴布亞紐幾內亞任教、或在幾個太平洋島嶼和非洲國家進行語言學或人類學田野調查的同事，以及與世界少數民族語文研究院[1]有聯繫之傳道工作站（missionary field stations）的負責人，外加世界各地的其他聖經翻譯團體，請求由實際下田野的工作人員完成填寫。這一套技術類似於美國人類學家路易斯・亨利・摩爾根（Lewis Henry Morgan）在十九世紀首創的、用以收集親屬關係體系資料的方法。這個辦法為我們提供了迄今為止有關彩虹民族學最豐富的資料來源，並且應該可以證明，即使在今天，摩根收集資料的方法對於某些類型之資料的蒐集仍然有用。

這些問卷不僅詢問了有關彩虹禁忌的相關事項，還旁及一般對彩虹的傳統觀念。實際上，這種收集資料的方法讓我能夠間接請教數百名土著居民，其中許多人依然保留自己傳統的萬物有靈信仰體系的大部分。從填寫好的問卷（大部分是在1981至1985年間取得的）以及其他作者已發表的資料中（其中一些實在很有幫助，然而其作者本人

1　SIL：是一個國際性、非牟利、宗教性的科學組織，主要在研習、開發及記錄一些比較鮮為人知的語言，藉以擴展語言學知識、推動世界識字率及扶助少數族裔的語文發展。它透過它的旗艦網站「民族語」來為網民提供其各項研究數據。SIL 是英語 **Summer Institute of Linguistics** 的簡寫，意即「暑期語言學院」的意思。它於 1934 年在美國阿肯色州開辦，原來的用意是為接受差傳事工的宣教士提供一個暑期語言訓練，使他們掌握基本的語言學、人類學及翻譯學的基本原理，以便其後參與聖經的翻譯工作。

可能不曾察覺到），我很快就明確看出了結果：大多數傳統社會共享相似度高得驚人的彩虹信仰，並且幾乎與西方的相關概念在所有方面上都明顯不同。因此，在深入探究彩虹的民族學時，我不妨形象地形容自己被引入了「龍穴」，因為很快就幾乎不可能區分兩者了。

本書的第五章和第七章包含大量的數據和資料，因為這些都是有關龍和彩虹各自全球分布之特徵的基礎文獻。文獻紀錄需要跨文化的廣泛抽樣，而這正符合大多數人類學家長期以來所體會到的：「儘管語言的確不能始終與文化認同和文化動態的現實一致，但仍在研究過程中做為一致和完整的基礎，讓我們選擇和安排所運用的基本單位（units）」（Lebar, Hickey and Musgrave 1964:v）。因此，本書中作為文獻紀錄目的的樣本單位正是民族語言群體（共享相似文化和共同語言的族群）。問卷調查記載每一位報導人的姓名、所隸屬的語言群體、語系歸屬，以及在許多情況下，該語系的主要分支以及報導人居住的國家。北美語言的分類依據高達（Goddard 1996）的方法，對於大多數其他語言，我則遵從西蒙斯與芬尼格（Simons and Fennig 2018）的原則。由於紐幾內亞及周邊地區非南島語系語言的譜系分類尚未確定，更因為該地區許多語言的名稱不只一個，我在某些情況下不得不採用無法涵蓋所有細節或變異的標籤「巴布亞語系」，但還是應明確指出，該術語僅代表「非南島語系」。

但願我有機會感謝那兩位印尼教師，因為他們驚訝地發現自己共享彩虹禁忌的文化特徵，並將我推上了一趟長達近四十年的旅程，而這本書的面世便是這趟旅程的終點。然而，我早已忘記他們的名字和身分，但我仍然可以感謝很多其他的人。在「謝啟」的部分中我列出了這些人的部分名單，對於自己可能不慎忽略的人，我要致上歉意。

這本書所呈現的許多傳統信仰體系，正因全球化和萬物有靈主義的告終而迅速消失。工業革命揭開序幕之後，促使雅各和威廉・格林（Jakob and Wilhelm Grimm）記錄歐洲的民間傳說，以防止它在口頭傳統中斷之前失傳。同樣，這本書旨在記錄世界大多數文化中彩虹的

概念，而這些信仰在現代化和轉向世界宗教的過程中最終可能步向消亡，只留下龍這一反映先前信仰的神祕孑遺。

　　拼寫說明：由於澳洲原住民通常將彩虹蛇（Rainbow Serpent）加以人格化，因此一般採用大寫的 R 和 S 來拼寫。並非所有作者都遵循這一慣例，但這樣做的人已經夠多，因此我也以大寫的 R 和 S 來拼寫澳洲當地的彩虹蛇，且為求前後文一致，我在提到其他地區的彩虹蛇時，仍然保留這一拼法。不過，就我能查到的所有資料來看，無論哪種出處，人們都未將龍加以人格化，因此 dragon 一詞始終以小寫的 d 開頭。同樣，每當特指人類所居住的星球時，我會拼成 Earth，但一般提到地面或土壤時，我就採用小寫的拼法 earth。

　　至於在引文中使用大寫和小寫符號的習慣，我自然是保留原文的形式了。最後，不管是 nāga（那伽）還是 Shintō（神道），其母音都是長音，德‧維瑟（de Visser 1913）的著作中即正確標上長音符號，我在文中也依循他的拼法，不過在我所引用的、專業性質沒那麼高的資料中，長母音並未以長音符號標示出來，由於引文乃原封不動、直接搬用，在這種情況下，儘管此舉可能造成一些前後文不一致的情況，我仍然保留原文的拼法。最後，正文中提及的 378 個民族語言群的語言分類都在附錄中交代。

謝啟

　　本書的資料，若非引自本人的出版物，主要是從以下人士收集來的，採樣時期多為 1980 年代。隸屬某某機構（或在資料收集時隸屬於某某機構）的個人可能是學者、學生或傳教士，而大多數並未隸屬機構的人士則為提供有關彩虹之民族學第一手資料的原住民；在某些情況下，單一個人可以歸入多個分類：

Fae Sae Abossolo，沃比（Wobe）報導人，象牙海岸

David Akin，密西根大學（University of Michigan）人類學系

Aka Amalan，安依桑維（Anyi Sanvi）報導人，象牙海岸

J.C. Anceaux，荷蘭萊頓大學（University of Leiden）東南亞和大洋洲語言文化系

Bruce Anderson，世界少數民族語文研究院（Summer Institute of Linguistics）澳洲原住民分部，達爾文，澳洲

Antonio Andres-Lopez，夏威夷 Bestours 公司（伊瓜蘇的龍〔the dragon of Iguazu〕）

Jon Arensen，世界少數民族語文研究院，蘇丹分部主任

Atika S.M.，雷讓（Rejang）報導人，印尼

Aye I. Banigo，內姆貝（Nembe）報導人，奈及利亞

Janet Barnes，世界少數民族語文研究院，哥倫比亞分部

Tohoun Benoit，沃比報導人，象牙海岸

Julie Bentinck，世界少數民族語文研究院，象牙海岸–上伏塔–馬利分部

Michele Boin，荷蘭萊頓大學東亞語言學系

M.B. Borman，世界少數民族語文研究院，厄瓜多分部

Paul Bozou，沃比報導人，象牙海岸
Lucia Brubaker，世界少數民族語文研究院，象牙海岸－上伏塔－馬利分部
Marlis Bühler，世界少數民族語文研究院，象牙海岸－上伏塔－馬利分部
Jonathan Burmeister，世界少數民族語文研究院，象牙海岸－上伏塔－馬利分部
Michael Bururrbuma，布拉拉（Burarra）報導人，澳洲北領地
Sandra Callister，世界少數民族語文研究院，巴布亞紐幾內亞分部
Luis Tamayo Chagres，圖尤卡（Tuyuca）報導人，哥倫比亞
張祥順，漢族報導人，台灣
Sandra Chung，加州大學聖塔克魯茲分校語言學系
Adrian Clynes，汶萊達魯薩蘭大學，斯里巴加灣，汶萊蘇丹國
James T. Collins，馬來研究學系，馬來西亞國立大學（Universiti Kebangsaan Malaysia）
Tom Cook，荷蘭萊頓大學非洲語言系
Katy Cooper，布拉拉（Burarra）報導人，澳洲北領地
Denis Creissels，法國里昂大學語言學系
Andreas Deda，森塔尼（Sentani）報導人，巴布亞紐幾內亞，夏威夷大學馬諾阿分部語言學系
Edmond Dembele，密揚卡（Minyanka）報導人，馬利
Okhal Dhunga，民族語言群隸屬不詳，尼泊爾
Vicente Diaz，巴納雷（Panare）報導人，委內瑞拉
Martiniana van Dierendonck，宿霧（Cebuano）報導人，荷蘭萊頓
Durdje Durasid，尼賈朱達雅克（Ngaju Dayak）報導人，印尼
《地球與生命》（*Techqua Ikachi*）的編輯群，該通訊定期在亞利桑那州霍特維拉（Hotevilla）由代表傳統霍皮人觀點的政治派系出刊
John Elliott，夏威夷大學語言學系

Naomi Esoli，米西瑪（Misima）報導人，巴布亞紐幾內亞

Brian Ezard，世界少數民族語文研究院，巴布亞紐幾內亞分部

Canisius Filibert，帛琉（Palauan）報導人，帛琉

R.A. Freemann，伊讓（Izon）報導人，奈及利亞

Abdias Galla，莫富-古杜爾（Mofu-Gudur）報導人，喀麥隆

Margaret Garrnyita，布拉拉報導人，澳洲北領地

David W. Gegeo，夸拉艾（Kwara'ae）報導人，所羅門群島，太平洋藝術、文化和太平洋研究中心（Oceania Centre for Arts, Culture and Pacific Studies），斐濟蘇瓦拉卡拉校區

Paul Geraghty，南太平洋大學語言、藝術和媒體學院（School of Language, Arts & Media, University of the South Pacific），斐濟蘇瓦

Talmy Givón，俄勒岡大學語言學系

Kathy Glasgow，世界少數民族語文研究院，澳洲原住民分部，達爾文，澳洲

M. Sergui Goston，迪達（Dida）報導人，象牙海岸

Karl Grebe，世界少數民族語文研究院，喀麥隆分部

Jeane Grover，世界少數民族語文研究院，厄瓜多分部

Beat Haller，世界少數民族語文研究院，喀麥隆分部

Junaiyah Hamid M.，楠榜（Lampung）報導人，印尼

Susanne Hargrave，世界少數民族語文研究院，澳洲原住民分部，達爾文，澳洲

Benjamin Harry，利庫姆（Likum）報導人，馬努斯省（Manus Province），巴布亞紐幾內亞

David Harthan，世界少數民族語文研究院，巴西分部主任

H. 和 R. Herschberger，世界少數民族語文研究院，澳洲原住民分部，達爾文，澳洲

Philip Hewer，迦納語言、掃盲暨聖經翻譯研究所（Ghana Institute of Linguistics, Literacy and Bible Translation）語言計畫副主任

Verena Hofe，世界少數民族語文研究院，象牙海岸 – 上伏塔 – 馬利分部

K. Hollingsworth，世界少數民族語文研究院，奈及利亞分部

Searle Hoogshagen，世界少數民族語文研究院，墨西哥分部

Timeon Ioane，吉伯特斯 / 伊 - 吉里巴斯（Gilbertese/I-Kiribati）報導人，吉里巴斯，密克羅尼西亞聯邦

Darius K. Jonathan，莫魯（Moru）報導人，喀土穆，蘇丹，夏威夷大學馬諾阿分部語言學系，檀香山

Dean L. Jordan，迦納語言、掃盲暨聖經翻譯研究所主任

Jumla，民族語言群歸屬不詳，尼泊爾

Rod Kennedy，世界少數民族語文研究院，澳洲原住民分部，達爾文，澳洲

Abdul Khamisi，哈亞（Haya）報導人，坦桑尼亞，夏威夷大學馬諾阿分部語言學系，檀香山

Chris Kilham，世界少數民族語文研究院，澳洲原住民分部，達爾文，澳洲

Kirsti Kirjavainen，尼泊爾聯合傳教協會（The United Mission）

Jim Klumpp，世界少數民族語文研究院，哥倫比亞分部

Riena Kondo，世界少數民族語文研究院，哥倫比亞分部

G.L. Koster，荷蘭萊頓大學東亞語言系

Lydia Krafft，世界少數民族語文研究院，象牙海岸 – 上伏塔 – 馬利分部

管東貴，中央研究院歷史語言研究所所長，台灣

Julie Kuperus，荷蘭萊頓大學非洲語言系

Ed Lauber，世界少數民族語文研究院，象牙海岸 – 上伏塔 – 馬利分部主任

Iver Lerun，世界少數民族語文研究院，肯亞分部

S.H. Levinsohn，世界少數民族語文研究院，哥倫比亞分部

Michael Lewukang，約爾恩古－瑪塔（Yolngu-Matha）報導人，澳洲北領地

Lamont Lindstrom，圖爾薩大學（University of Tulsa）人類學系

Lo Chin-tang，漢族報導人，蘭州，中國，夏威夷大學馬諾阿分部東亞語言系，檀香山

John Lynch，巴布亞紐幾內亞大學代理副校長，莫爾斯比港，巴布亞紐幾內亞

Saem Majnep，卡拉姆（Kalam）報導人，巴布亞紐幾內亞

Johsz Mansoben，比亞克（Biak）報導人，印尼巴布亞（Papua）

Sely Keipo Marcel，尼亞布瓦（Nyabwa）報導人，象牙海岸

Denis Masson，世界少數民族語文研究院，象牙海岸–上伏塔–馬利分部

Ouattara Nambalapan Matthieu，吉米尼/南塞努福人（Djimini/Southern Senoufo）報導人，象牙海岸

Joe Mencindimi，依阿特莫爾（Iatmul）報導人，巴布亞紐幾內亞

Gregory Panpawa Mollingin，穆林－巴塔（Murrinh-Patha）報導人，澳洲

Michael Morauta，蘇奧（Suau）報導人，巴布亞紐幾內亞

Baluo Napon，努尼（Nouni）報導人，上伏塔

Purushotam Nepali，尼泊爾聯合傳教協會教育辦公室

Nermit，尼泊爾聯合傳教協會

Roy Ngirchechol，帛琉報導人，帛琉

Shahwin Nikelas，克林奇（Kerinci）報導人，印尼

Dorothy M. Njoku，伊格博（Igbo）報導人，奈及利亞

Sugondho Notosaputro，爪哇報導人，印尼

Emerson Odango，他加祿（Tagalog）報導人，夏威夷大學馬諾阿分部語言學系，檀香山

Henry Osborn，新部落傳教協會（New Tribes Mission）語言顧問，委

內瑞拉

S. Owiye，卡拉巴里（Kalabari）報導人，奈及利亞

Andres Paky，穆伊南尼（Muinane）報導人，哥倫比亞

Harkha Pariyar，民族語言群歸屬不詳，尼泊爾

Vicente Paskal，庫艾克爾（Cuaiquer）報導人，哥倫比亞

Dudu Prawiraatmaja，巽他報導人，印尼

Chandra Bdr. Rai，民族語言群歸屬不詳，尼泊爾

Lawrence A. Reid，夏威夷大學馬諾阿分部語言學系，檀香山

Priscilia Reid，伊洛卡諾（Ilokano）報導人，夏威夷大學馬諾阿分部印度太平洋語言系，檀香山

Richard Reimer，世界少數民族語文研究院，瓜地馬拉分部

Jean-Claude Rivierre，法國國家科學研究中心（CNRS），巴黎

Yailo Robert，塔瓦拉（Tawala）報導人，巴布亞紐幾內亞

Stuart Robson，荷蘭萊頓大學東南亞暨大洋洲語言文化系

Malcolm D. Ross，巴布亞紐幾內亞大學戈羅卡教師學院院長

Chhany Sak-Humphreys，高棉報導人，柬埔寨，夏威夷大學馬諾阿分部印度太平洋語言系，檀香山

Alfredo Salazar，查奇／卡亞帕（Chachi/Cayapa）報導人，厄瓜多

Martha Salea-Warouw，托洛爾（Toulour）報導人，印尼

Maria de Lourdes Sampaio，葡萄牙報導人，勒西菲（Recife），伯南布哥，巴西

Rufina del Angel Santana，華斯特克（Huastec）報導人，墨西哥

Teodoro del Angel Santana，華斯特克（Huastec）報導人，墨西哥

Edison Saragih，席馬崙剛巴塔克（Simalungun Batak）報導人，印尼

Hiroko Sato，日本報導人，日本，夏威夷大學馬諾阿分部語言學系，檀香山

Lertdow Sayankena，泰國報導人，泰國

Thilo Schadeberg，荷蘭萊頓大學非洲語言系

Chakra Bdr. Shahi，民族語言群歸屬不詳，尼泊爾

Kakuko Shoji，日本報導人，日本，夏威夷大學馬諾阿分部東亞語言系，檀香山

Richard Sikani，杜奧報導人，巴布亞紐幾內亞

Sinod Sikat，米西瑪報導人，巴布亞紐幾內亞

Sitor Situmorang，托巴巴塔克（Toba Batak）報導人，印尼

Patrick Sligatan，尼索（Nso'）報導人，喀麥隆

Soebardi，爪哇報導人，印尼

Min-sun Song，韓國報導人，南韓，夏威夷大學馬諾阿分部語言學系，檀香山

Marcelino Sosa，瓜希博（Guahibo）報導人，哥倫比亞

John Sound，楚克塞（Chuukese）報導人，密克羅尼西亞聯邦

Sriyoso，爪哇報導人，印尼

Cloyd Stewart，世界少數民族語文研究院，墨西哥分部

Wim Stokhof，阿姆斯特丹大學，荷蘭

K. Stradner，世界少數民族語文研究院，象牙海岸－上伏塔－馬利分部

Chester Street，世界少數民族語文研究院，澳洲原住民分部，達爾文，澳洲

M. Stucky，世界少數民族語文研究院，委內瑞拉分部

Titima Suthiwan，泰國報導人，泰國，夏威夷大學馬諾阿分部語言學系，檀香山

N. Swanepoel 先生及夫人，世界少數民族語文研究院，肯亞分部

Francis Taata，尼索報導人，喀麥隆

Mark Taber，帕蒂穆拉大學（Pattimura University），安汶（Ambon），世界少數民族語文研究院，摩鹿加分部，印尼

Gouli Tarumuri，塔瓦拉報導人，巴布亞紐幾內亞

Ruth Thomson，世界少數民族語文研究院，巴西分部

Martha Tripp，世界少數民族語文研究院，秘魯分部

Wahacha Tsirimpo，坎多希（Candoshi）報導人，秘魯

Gerawat Nulun Tuan，克拉碧（Kelabit）報導人，馬來西亞砂勝越；東方-西方中心（East-West Center），夏威夷

Murtala A. Tukur，富拉尼（Fulani）報導人，奈及利亞

Agnes Ulamari，阿蘭達（Aranda）報導人，澳洲中西部沙漠

David A. Underwood，世界少數民族語文研究院厄瓜多分部，部落事務助理主任

已故 Hunggu Tajuddin Usup，凱迪龐報導人，1981 年跟隨我到荷蘭那五位「幸運兒」中的一位

Clinton Utong，安東尼/奧博洛（Andoni/Obolo）報導人，奈及利亞

Emma Chica Uwenda，科梵（Cofán）報導人，厄瓜多

Toribio Aguinda Uwenda，科梵（Cofán）報導人，厄瓜多

Ana Leonor de Velasco，瓜姆比亞諾（Guambiano）報導人，哥倫比亞

John Verhaar，聖言學院（Divine Word Institute），馬當（Madang），巴布亞紐幾內亞

Jan Voorhoeve，荷蘭萊頓大學非洲語言系

Ezra Waigana，卡拉拉告雅（Kala Lagaw Ya）報導人，澳洲

J.T.N. Wali，伊克維雷（Ikwerre）報導人，奈及利亞

Glenys Walker，尼泊爾聯合傳教協會

Stephen L. Walter，世界少數民族語文研究院，哥倫比亞分部語言學和人類學統籌員

James W. Walton，世界少數民族語文研究院，哥倫比亞分部

Metone Wamma，德杜阿（Dedua）報導人，巴布亞紐幾內亞；夏威夷大學馬諾阿分部第二語言研究系，檀香山

Susan Warkentin，世界少數民族語文研究院，紐幾內亞分部人類學統籌員

Neil Wiebe，世界少數民族語文研究院，厄瓜多分部

Kay Williamson，奈及利亞哈科特港大學（University of Port Harcourt）

Nwinee B. Williamson，卡納（Khana）報導人，奈及利亞

James Yoko，科瓦比（Kewabi）報導人，巴布亞紐幾內亞

Lily Yongie，庫庫－亞蘭吉（Kuku-Yalanji）報導人，澳洲

R. David Zorc，澳洲語言學學院（School of Australian Linguistics），巴奇勒（Batchelor），北領地，澳洲

一如大家在這份清單所看到的，大部分透過問卷調查所獲得的資料都來自非洲（象牙海岸、蘇丹、奈及利亞、喀麥隆、迦納、肯亞）、印尼、南美洲（哥倫比亞、秘魯、巴西、厄瓜多）、澳洲、巴布亞紐幾內亞、太平洋諸島嶼（帛琉、所羅門群島、吉里巴斯、楚克）、中美洲和墨西哥以及亞洲大陸零星散布的地點。源自其他地區的東西（主要是北美、歐洲、中東和中國），通常來自我自己發表的資料，不過有些關於中國民間文化（與帝國傳統相對）中具啟發作用的龍信仰訊息則是我們第一手直接採得、並與皇家傳統相對立的。

除了在田野調查中提供第一手資訊的人以外，託本・安德生（Torben Andersen）和奧托・Chr.・達爾（Otto Chr. Dahl）幫助我讀懂菲爾貝格（Feilberg 1886-1914）的丹麥文文章，G.L. 寇斯特（G.L. Koster）則協助我翻譯《詩經》，並提供有用的評論參考資料。我還要感謝哈佛大學的詹姆斯・摩爾（James Moore）提供有關非人類之靈長類動物對指點手勢（pointing gestures）之反應的訊息；感謝劍橋大學的提摩西・巴恩斯（Timothy Barnes）提供有關印歐語系中彩虹名稱的資料；感謝亞歷山大・博奇科夫（Alexander Bochkov）提醒我注意伊凡諾夫和托波羅夫（Ivanov and Toporov 1970）這本著作；感謝夏威夷大學馬諾阿分校語言學系的萊爾・坎貝爾（Lyle Campbell）所提供之芬蘭語系有關彩虹名稱的資料；感謝西華盛頓大學的愛德華・瓦吉達（Edward Vajda）提供葉尼塞語系中彩虹名稱的訊息；感謝夏威夷大學馬諾阿分校語言學系的安德里亞・貝雷斯－克羅克（Andrea Berez-Kroeker）提供關於阿薩帕斯坎語言中彩虹名稱的資

料；感謝陳彥伶提供我趙宗福的著作（Zhou 2001）並且協助翻譯；感謝黎亞・亨克（Rya Henke）提供北美印第安語言中彩虹的名稱；感謝夏威夷大學馬諾阿分部漢密爾頓圖書館（Hamilton Library）的三位館員卻里・惠比壽（Cheri Ebisu）、凱瑟琳・拉里維埃（Catherine LaRiviere）和莎拉・中島（Sarah Nakashima），她們協助查找一些不太容易找到的資料；感謝夏威夷大學馬諾阿分部美洲語言文學系的蓋・司慕特（Guy Smoot），感謝他協助我解決印歐語言中彩虹名稱的問題；感謝佐藤廣子（Hiroko Sato）提醒我注意大林（Obayashi 1999）的著作，並且提供英文翻譯；感謝亞歷山大・沃文（Alexander Vovin）提供中亞和東亞語言中有關彩虹名稱的訊息。最後，我要特別感謝丹尼森學院（Denison College）的秦博理（Barry Keenan）以及印第安納大學的格雷戈里・施倫普（Gregory Schrempp），他們閱讀完本書書稿並提供有用的建議。對於或多或少幫助過我的每一個人，我都表示感謝，因為他們花時間回答我的問題，並且再向他人請益；他們每一個人都在這個十分龐大的拼圖上多放上了一塊。

導論

本書的核心論點可以用幾個字來表述：龍是由彩虹演變而來的。

儘管這一論述既準確又簡潔，但很可能會讓大多數讀者感到奇怪、滑稽，甚或完全匪夷所思。這種可能出現的反應理由很簡單：很少有西方人能體認到，在猶太－基督教的傳統中，甚至在前基督教的歐洲，有關彩虹的概念竟與世界上絕大多數傳統文化的看法存在根本的差異。我們將在下文看到，雖說這種生物曾經存在的證據並不存在，然而幾乎所有設法理解「何以世界許多地方仍信有龍存在」的嘗試，一概從龍本身的紀錄著手。就算此舉可能看似合理，但是採用這種方法的人幾乎無一倖免會走進猜臆的死胡同，就算成就非凡的學者也不例外。如果僅僅研究龍的相關信仰，而不從民族學的角度探討彩虹，那麼尋找「龍」這概念源頭的努力只會產生更多問題，而非獲得解答。

人類學和民俗學的學門發軔於十九世紀，且具有寬廣的比較視角。基於一些與此處無關的原因，這種方法逐漸不受青睞，甚至在某些領域出現汙點，以至於某本知名期刊的編輯最近在提及本書的主題時告訴我：「我們對普世性的東西不感興趣。」然而，龍的信仰正是一種文化的普世現象，因為這要麼源自人類意識萌生之初，要麼出於相似的、可證實的、一再出現於世界上不同地區的原因。因為如今已不流行研究文化的普世性，這份對於民俗學基本問題的興趣便遭壓抑，然而有人認為，科學問題如果值得關注，那麼無論是否符合當代潮流，依然值得關注，因此在他們眼裡，這種態度似乎有悖常理。科學上的基本問題並無時效，如果以前得不到充分的回答，那麼現在就是著手加以研究的時候了。

在人類學和民俗學方面，大家不再信賴廣泛的比較研究，而這也

導致一個結果：許多本應可以從跨文化視野中受益的主題完全被忽略了，而本應貢獻心力的學者群體則將其認定為沒有研究價值。我們只需想想白化症、水晶、蘑菇、指向行為以及諸多其他民族學的基本主題，就可以看出，由於採用的文化研究方法太偏限，尤其是在非西方信仰體系的研究上，一些可能產出高明見解的潛力已遭嚴重忽視。儘管其中某些主題曾經一時受到關注，比如李維史陀（Lévi-Strauss 1976b）關於蘑菇的民族學研究，或者基塔（Kita 2003）關於指向行為的民族學著作，然而文化人類學和民俗學的研究雖已耕耘了一個半世紀，至今研究白化症、水晶，尤其是彩虹之民族學的專書依然付之闕如。

面對這種長期的忽視現象，最糟糕的反應是：斷言該主題毫無價值，因此對文化或人類思維的本質無法提供任何新的訊息或是洞見。此一說法是與事實背道而馳的。一旦我們開始認真研究彩虹的民族學，事實的軌跡不僅無可避免地指向龍的出現，還能從自然主義（naturalistic）的角度對於龍的一些最令人困惑的特徵提出解釋：為什麼在世界上的許多地方，龍會與瀑布和洞穴聯想起來？為什麼龍會飛？為什麼龍會噴火？為什麼龍會守護寶藏？為什麼龍還會守護泉水？為什麼在各文化中，如中華帝國和澳洲原住民等，人們會視龍為雌雄同體，然而這些文化在其他方面幾乎沒有共同之處？簡而言之，如能集中力量設法理解彩虹的民族學，我們將毫無疑問獲得豐富且詳盡的解釋，了解龍的概念為何普世存在。

本書包括兩個主要部分：第一部分的「龍」和第二部分的「彩虹」。最後兩章則總結了傳統有關彩虹的萬物有靈信仰與龍信仰之間多重的一致觀點。

第一章「龍究竟是什麼」探討了龍研究中一個數一數二基本的問題：什麼才能算龍，什麼不算？本人認為，一切分類（category）都會包含變量成員（variable members），而定義分類成員的重要指標則是一組共享的重疊特徵，或者區別屬於和不屬於該分類之各客體的特徵。其中一個特徵是：所有的龍都是幻獸，即由不同動物的部分拼湊

而成。儘管這也適合用來判斷獨角獸、麒麟和其他一些臆想出來的生物，但龍因將冷血和溫血動物的部分組合在一起，所以是獨一無二的。畢竟在所有的情況下，龍基本上是蛇，只是另具各種形式的毛髮（鬚、鬃等）、角或者其他哺乳動物的特徵，或者因為龍長羽毛，這又將其冷血爬蟲類動物的身體與溫血鳥類連結起來了。龍實際上是個矛盾之物，因為牠們是由可視為對立之元素所融合而成的。本章結尾附有一張表格，呈現了六個主要地區（歐洲、古代近東、南亞、中亞和東亞，以及土著的北美和南美）中普遍存在之龍特徵的地理分布。

第二章「為什麼有龍？理論綜覽」總結了有關龍的各種理論。儘管本章並非志在鉅細靡遺，但至少指出了一點：以前沒有任何一理論可以將龍概括為一個普世的分類，也無法進一步解釋我們將在第一章中概述的各特徵、或在後續章節中將詳細討論之各特徵的分布。實際上，每一個已發表的理論所未能解釋的相關細節實在太多了。

第三章的「龍與瀑布」選定一個具體的特徵（即每個重要瀑布都藏了一條龍）作為分析的對象。該特徵係一已獲證實的傾向（實際上可能不只是傾向，而是沒有例外），並指出這種令人驚奇的聯想至少見於東南亞、澳洲、北美以及南美和非洲一些孤立的地區。

第四章的「龍與雷／閃電」選定另一個具體的特徵，亦即龍和雷電之間普遍存在的對立。如同龍與瀑布的連結一樣，這一全球分布的特徵最初令人覺得困惑，不過若考慮到全球各地天氣現象的性質，並考慮到文字發明以前的人類對於那些現象可能的、合理的詮釋方式，這一特徵便不難理解了。

第五章提出較為普遍之民族學中的龍，涉及表格一中提及的每一個其他的特徵，並為其提供明確的文獻證據，並且在許多案例中，還討論了其存在的原因。為求準確，我們經常引用第一手的材料，同時由於通常在同一個陳述中會提及多個特徵，重複的情況是在所難免的。不過我們竭盡所能，將這種情況降到最低，但仍無法完全排除，而且這種重複多少強化了某些關鍵性的觀點，這樣或許也非完全不利

的。至此，本書的第一部分，也就是探討龍作為一個獨立存在體的部分便告一段落了。

第二部分以第六章「彩虹究竟是什麼？」開場，目的在於讓讀者不再認為西方（甚至更狹義的猶太－基督教）對彩虹的看法是世界文化的典型代表了。本章扼要證明了，在傳統世界的大多數地方，彩虹被視為一個具險惡特質的生命體。接著，本章進而分析彩虹的名稱，同時指出，即使主流觀點認為彩虹是條巨蛇，要麼從地表喝水然後再噴出來造成降雨，要麼喝掉雨水使其停止，而且兩者無疑都是人類認知發展過程中歷史最悠久的看法，然而對彩虹本質的看法卻存有一系列不同的論述。

第七章論述了較為普遍的彩虹民族學。這是本書篇幅最長且內容最複雜的一章，其中包括兩個子題，即太陽雨（下雨時出太陽）的民族學以及對於「彩虹禁忌」的扼要介紹，這也是引導本人踏上這段漫長旅程的普世文化現象。雖說太陽雨在自然界中難以與彩虹分開，但在本章中將其與彩虹分開論述是於理有據的，因為在全球範圍內，兩者在文化天地中都被視為不同現象，某些看似任意的信念是與太陽雨現象相互聯結的。這裡再次強調，由於我們極其重視文獻證據，本章也包含了許多引用資料，因此存在與第五章相同的限制並且可能招致異議，畢竟多少重複是避免不掉的。由於彩虹禁忌與「龍」這觀念的起源之間只有間接的關係，而且其本身又是一個普世文化現象的根本關鍵，我在另一篇文章（Blust 2021）中做了更詳盡的討論。

第八章的標題為「一瞥光環」，其中論及彩虹以及類似光學現象的物理特性。本章以一次為我帶來轉變的個人經驗開場，然後提出看到圈形虹光（或稱光環），可能如何影響世人對龍的一些認知，特別是對盤繞世界或自噬尾巴、形成圓圈之「啣尾蛇」（uroboros）的認知。

1　Glory：氣象學名詞，中國宋朝稱為「光相」，現代中文習稱「佛光」、「寶光」、「寶光環」、「觀音圈」、「觀音輪」、「反日華」等等，係一種陽光透過雲霧反射，並經由雲霧中的水滴發生繞射與干涉，最後形成一圈彩虹光環的光學現象。

第九章定名為「串連各點」，其中我們回顧了第五章和第七章（分別探討有關龍的民族學和彩虹的民族學），並明確標示了與彩虹普世特徵完全或幾乎完全相符的一些龍的特徵。其中一些可以輕而易舉解釋為萬物有靈信仰的產物，而其他一些則無法如此歸納。然而，無論哪種情況，如果援引這兩個分類之間多重的一致性作為證據，那麼都可以追溯軌跡，證明在那些不再將龍與彩虹聯結在一起的文化中，龍必定起源於彩虹蛇[2]。

第十章是「結論」，其中提出一些意見，探討如今似乎難以否認的事實，即龍經由彩虹蛇的概念從彩虹脫胎而來，還有彩虹蛇本身乃人類在科學時代之前，為解釋彩虹形成之因果關係及其本質應運而生的。可是為什麼需要那麼長時間才能有人看出這些？彩虹與下雨不同，後者單純只是水這種我們所熟悉的物質從天而降的現象，而彩虹則是一種視覺上的壯觀呈現，此刻出現在你眼前，但一分鐘後即消失的現象，而且既然如今仍困惑兒童或傳統社會中的成人，那麼顯然也曾困惑我們那些生活在人類思考能力初現曙光時代的遠古祖先。

2　Rainbow Serpent：是人類從彩虹的特性中幻想出來的傳說生物，被認為是職掌天雨的巨大神蛇。彩虹蛇的神話傳說見於世界許多地域文化之中，當中以北美洲、澳洲、西非更為常見。澳洲對彩虹蛇有甚多命名及稱呼，最常見的有「虹蛇」（Yurlungur）。漢字中的「虹」字部首為「蟲」，象徵蛇的形態，是天龍的一員，而且中國的「虹」有雌雄之分，雄性的虹故名為「虹」，雌性的虹則名為「蜺」。而在澳洲神話中，彩虹蛇更是和文字的誕生有密不可分的關聯。

序論

從自然到文化的兩階段

在閒談時,許多人對本書提出的觀點表達了興趣和振奮。然而,一旦必須深入論點的事實基礎時,有耐性或毅力閱讀超過一兩章的人便很少了,由於這種基礎有限,他們並未真正理解本書的主旨。舉個特別離譜的例子:據說有位讀過本書序言、導論、兩章正文以及結論的讀者失望表示,原本希望能看到「有關人類思維運作的一些洞見」,但他顯然渾然不知那正是本書解釋性章節的中心論述。更糟的是,他還納悶何以本人沒有提及「喜馬拉雅山雪人(Yeti)、大腳怪[1]、卓柏卡布拉[2]、麥田圈,甚至幽浮」等的看法,並暗示本書主題只是天馬行空,而非志在解決一個棘手的科學問題,顯示作者全未涉入實際材料。本序論旨在透過兩個部分呈現論述的主要特點,以求解決這一問題:1. 從彩虹到彩虹蛇;2. 從彩虹蛇到龍。

1　從彩虹到彩虹蛇

神話學家和民俗學家長久以來對英國社會人類學家拉德克利夫-布朗(A.R. Radcliffe-Brown 1926)所謂的「澳洲的彩虹蛇神話」已耳

1　Bigfoot:又稱大腳或北美野人,是北美洲民間傳說中描述的一種神祕生物,據稱棲息在偏遠的叢林中,範圍主要是在美國太平洋西北地區與加拿大不列顛哥倫比亞等地區。

2　Chupacabra:美洲部分地區民間傳說中的生物,原文名源自西班牙語,字面意為「吸羊者」,吮吸(chupa)與山羊(cabra)的結合。其名字來自報導中這種動物的吸血行為,據說會攻擊並吸食包括山羊在內的牲畜血。

熟能詳。簡而言之，彩虹蛇的神話主張，彩虹是一條巨大蛇精，能在空中控制降雨，並在陸上守護水窪，防止人類侵入。正如布克勒和馬多克（Buchler and Maddock 1978）以及拉德克利夫－布朗本人所指出的，澳洲各地一些社會都對此一基本模型進一步加以闡述，不過上述兩個特點還是最恆常的。由於彩虹蛇擁有巨大的靈力，其形象常會出現在男孩的成年禮儀式中，而且牠幾乎總對女人或少女懷抱敵意，對於月經來潮的尤其如此。

在拉德克利夫－布朗看來，整片大陸的大部分地區都以各種方式普遍共享這套信仰體系，這是澳洲文化的一個獨特標誌，而在其他地方則未發現相同或相似的方式。有些作者，例如米德（Mead 1933）和布倫博（Brumbaugh 1987），曾主張類似的信仰體系至少在紐幾內亞高地的某些地區也可發現，但是各方並未普遍接受這種將彩虹蛇神話的案例擴及澳洲以外地區的觀點，至今主流的民俗學和神話學百科全書仍然將彩虹蛇神話描述為澳洲文化的獨特現象。

本書依憑全球部落社會對彩虹信仰的一些紀錄，且在細節上與澳洲著名的彩虹巨蛇神話非常相似的紀錄，直接挑戰這個經久不墜的學術迷思。民族誌的紀錄與支持此一複雜信仰僅局限於澳洲的觀點相反，在在表明這是一種普遍的文化現象，在某些地區較為突出，而在其他地區則相對較不顯著。證據強有力地顯示，彩虹巨蛇神話自現代人類起源以來便一直存在，而其地位在澳洲之所以特別突出，那是文化保守心態的產物，而非是一種在地獨特發展出來的東西，即便其世世代代均或隱或顯地如此認定。

以下頁面將交代支持這一立場的民族誌證據，且主要集中在第六和第七章。暫且這樣說吧：讀者必須承認，大多數的部落社會對彩虹的觀念與自己截然不同，然而在不同的大陸之間，其相似的程度卻又十分驚人。如下說法應該出乎讀者意料之外：「飢餓的彩虹會吃肉」（蘇丹烏杜克人〔the Uduk〕）、彩虹趁當事人或旁人未察覺的情況下「吸食其血」（墨西哥北部的塔拉烏瑪拉人〔the Tarahumara〕）又

或者「一條巨大的蛇，長了兩個鹿或牛的頭，其中一個從印度洋、另一個從爪哇海吸水」（爪哇），還有「有一條龍會從海中吸水，然後將其噴灑為雨」（中國甘肅省蘭州的漢人）。這些描寫出自非洲、墨西哥、東南亞島嶼和中國北方，都只是更龐大之諺語庫的冰山一角，只是人類過往一幅更大場景的片段。本書訪談的對象都是世界觀受強大靈力支配而非物理定律左右的人，而且他們都是抱持這近乎消失之世界觀的最末一代。本書的目的即嘗試為生活在數位科技時代的讀者重現這幅寬廣的場景。

2 從彩虹蛇到龍

我們可以合理問一句：為什麼地球上彼此遠遠分散的人會將彩虹視為一條巨大的靈蛇？如要回答這個問題，我們必須先認識到，人類的經驗在過去這幾千年間發生了多麼迅速的變化。眾所周知，這種變化是文化的而非生理的，因為現代人類的大腦在過去至少十萬年來幾乎沒有明顯的變化。史前的人類已具備現代大腦，和今天識讀懂寫的人擁有同樣的智力、好奇心以及詮釋的需求。他們所缺乏的唯有科學知識，因為只有在文字出現後，才有可能逐漸積累對於自然運作的觀察。

任何一位與現代部落民族合作的人都會立即同意我的觀點，亦即過去和現在，文字發明以前的人類儘管缺乏科學知識，卻能對自然界進行高度準確的觀察，其思維與本書大多數讀者最不同的地方僅在於因果關係上的觀念。在對於科學一無所知的人看來，詳細描述周圍世界中的所見相當容易，困難反而在於解釋這些受觀察對象所呈現的特定形式。對於現代文明以前的人類（以及今天其尚不懂使用文字的後裔）來說，解釋彩虹何以只出現在陽光和雨水互奪天空控制權的節骨眼上，這可是一個智力上的考驗。從這個基本問題更衍生出其他難以解釋的東西。彩虹不在天空時，它在哪裡？開始下雨的時候，它

又是如何攀上天空的？它停在地表時又是什麼形狀？對於掌握相關光學現象之物理知識的現代人來說，這些問題可能看來無關緊要，甚至不值一問。然而事實並非如此，這些都是迫切需要回答的問題，因此擁有與我們相同腦力但缺乏科學知識的先人便竭盡所能，設法拿出答案。

在萬物有靈思維的世界中，即普遍在文字發明以前的世界（前文字時代）中，自然之中充滿各種神靈，並透過引人驚嘆的自然現象表現出來。這些現象可以是平凡經驗範圍之外的任何事物，從突兀聳立於周圍環境中的山峰，到夏天雨後似乎一夜之間自動冒出的蘑菇，再到橫掃沙漠沙丘、看似幽靈般的旋風。彩虹無疑是這些自然現象中最為搶眼的，難怪讓大多數孩子在初睹時心生敬畏，也難怪前文字時代的人類會將其想像為一個強大的神靈。想想彩虹的形狀和色彩，那便不難理解，為什麼在大多數產蛇的地區，人們便將彩虹視為一條巨大蛇精，會從地表吸水，然後再噴出來引發降雨，或者喝下雨水，進而使其停歇。這些解釋源於自然信仰中的一個更廣袤的分類，而在這分類中，任何不尋常的事物都是眼不可見之神靈力量的作用，而且先民則以一貫的、令人滿意的方式，解釋了原本殊難理解的觀察結果。

這種世界觀是否因現代大腦的形成而出現，並且歷經無數世代一直遞嬗下去，直到最終被科學探究所取代？或者是否它在人類歷史中以極為相似的方式一再地被創造？這可能是一個永遠難以回答的問題。不過，有一點倒似乎很清楚：一旦條件許可，採集生活便開始轉向農耕生活，然後又似乎難以避免地走上城市化和使用文字的道路，支配人類心智的萬物有靈信仰於是開始轉變。這種轉變是朝向受物理法則制約的世界前進的，但並非在所有的生活領域中都是立即或一致發生的。有的世界主要宗教排斥對自然靈力的信仰，但實際上，自稱信徒的許多現代人依然保留通稱為「迷信」的民間信仰。

一旦自然現象的解釋開始立基於物理法則而非靈力，彩虹蛇的信

仰也就逐漸受到侵蝕。彩虹是自然力量的產物，或者反映至尊神祇的意志，而不是能飛向天空、守護地表水窪或泉源，並以誇張方式改變身體大小或形狀的靈蛇。然而，如同眾多經歷此種轉變的事物，有思維方式的元素仍然以獨立的信念殘存下來。彩虹如今是物理法則或是神力干預的體現，但在人類大部分歷史裡，代表彩虹的蛇形在人類心智中以一種獨立生物延續下來，它具有許多或大部分的彩虹蛇特徵。實際上，從彩虹分離出來之蛇的概念，正是泰勒（Tylor 1871）所稱的文化「孑遺」（survivals），即一種源於由文化背景所支撐的信仰或行為元素，後來因為該背景發生了變化，致使其成為早先概念體系的孑遺。

泰勒的孑遺理論長久以來有人支持有人批評（Stocking 1987, 1995）。就像任何曾經發揮影響力然後又遭質疑的理念一樣，它確實具有無可置疑的優點，只是在許多情況下都被過度吹捧了。然而，某些普遍的慣俗顯然是支持泰勒的觀點。為什麼在許多文化中，打噴嚏常引起旁人說出祝願健康的話？傳統信仰普遍認為，呼吸代表生命力或靈魂，而打噴嚏意味一個脆弱的時刻，周圍的人應該為當事人打打氣。這種解釋在仍然認定「呼吸即靈魂」之信仰的文化中獲得充分支持，但在失去這種信仰的文化中則不然。相反，在後者中，像「上帝保佑！」（Bless you!）或「祝你健康！」（Salud!）這樣的說法如今只是一個早期概念體系無意義的遺存，然而在那早期體系中它曾經具有鄭重的功能，而這正是泰勒所正確指出的「孑遺」。

我們如何斷定，龍的概念是從早期彩虹蛇的階段遺存下來的？龍在跨文化中具有許多特徵，然而除非將其視為彩虹信仰的延續，否則這些特徵似乎就顯得牽強而任意。龍為什麼能飛？為什麼在中國和中美洲，牠們成了天氣的掌控者？為什麼牠們守護泉水、井水等等？為什麼守護寶藏？為什麼還會噴火？為什麼牠們會與全世界如尼加拉（Niagara）、伊瓜蘇（Iguassú）等主要瀑布相關？又為什麼在不同的文化傳統中，包括澳洲原住民複雜的彩虹蛇文化、歐洲的煉金術、

中國道家的形而上學以及中美洲複雜的羽毛蛇文化，牠們都被認定為雌雄同體？這些問題及其他問題在彩虹的民族學中通常能得到直截了當的答案，而假設龍這概念的背後沒有這樣一段歷史，那麼那種答案就太令人意外了。現在就讓我開始說彩虹是如何演變成龍的故事吧！

第一部分

龍

第一章

龍究竟是什麼?[1]

我們大多數人即使從未親眼目睹,卻可能自認知道龍是什麼[ii]。龍有鱗片,像爬蟲類動物的身體,但又格格不入地結合哺乳動物的特徵(如角、髭鬚、鬃毛)或者在某些情況下,也具備鳥類的特徵(如羽毛)。雖說也有值得注意的例外,但龍通常比人大,有時甚至大得多。龍通常有兩條腿,但也可能有四條。龍有翅膀,所以可以飛行,此外還會噴火,並且守護寶藏。

大多數讀者若無進一步深究的好奇心,那麼可能就滿足於此一簡要的描述,而這也足以代表歐洲龍常見的形象。但是這些特徵是否可以涵蓋所有龍呢?中國的寺廟幾乎每片屋頂都有龍的裝飾,龍也是繪畫中的常見主題,更被繡在皇家的絲綢龍袍上,然而對那些浸淫在古典中國文明豐富圖像中的人而言,歐洲龍看起來儘管似曾相識,但在一些細節上,畢竟與自己所認知的中國龍還是有所出入。

首先,中國龍的身軀通常比歐洲龍更加彎曲,不妨將其形容為蛇般的樣子,與歐洲藝術中那些矮壯的、幾乎像恐龍一樣的龍相比則不一樣,歐洲藝術中常見的場景是:基督教騎士手握長矛,衝向陷入困境的少女,準備殺死那可怕的怪物。其次,中國龍幾乎總是四條腿,

---

1 本章標題的靈感來自古爾德(Stephen Jay Gould)一篇膾炙人口的自然史文章〈斑馬究竟是什麼(What, if anything, is a zebra?/Gould, 1983),而這篇文章又受到阿爾伯特·E·伍德(Albert E. Wood)〈兔子究竟是什麼?〉的啟發(What, if anything, is a rabbit?/Wood, 1957)。

而歐洲的龍通常不是。第三，中國龍很少或者根本沒長翅膀。不過，這些沒有翅膀的龍可以像歐洲有翅膀的龍一樣輕鬆飛行，甚至更容易飛行。實際上，中國龍也必須如此，因為一般認為，牠們控制天氣，所以必須在雲層之間來去，而歐洲文學和民間傳統所描述的龍幾乎不見這一形象。

後一點需要詳加說明。歐洲和中國的龍不僅身體特徵有所不同，同時人們對待牠們的行為或態度也有差別。即使在古希臘，除了極少數的例外，人們也以負面的方式看待歐洲龍。在後來的時代中，歐洲龍明顯與聖喬治這類人所代表的文化價值相對立，很可能被視為代表遭拒斥的、在基督教化以前的信仰體系。由於一般認為中國龍主宰天氣，牠便與降雨的有利面和不利面相連結，因此和豐饒或和乾旱、洪澇有關。儘管矛盾並非沒有，但是整體而言，中國龍可算是吉祥動物，與中世紀對歐洲龍的許多描述大相逕庭，因為後者的態度是恐懼和拒斥。當然，五爪龍成為中國皇帝的象徵，這必定更為其基本與豐饒相關的正面形象憑添了討喜的樣態。歐洲人認為屠龍是一種高尚的娛興，是騎士和聖徒普遍的消遣，但對大多數中國人來說，這一想法似乎是荒謬的，或是該加懲罰的。降水為人類社會帶來繁榮，為什麼有人偏要毀滅興雨的源頭？

總之，歐洲龍和中國龍在其被賦予的身體特徵、行為以及人們看待牠們的態度等方面並不相同。我們從中可以得出什麼結論呢？牠們是否分屬於兩個雖有部分重疊，但仍各自獨立的神話動物分類，彼此之間存在差異，卻恰巧共享一些顯著的特徵，又恰巧英文都以 dragon 加以稱呼呢？還是我們可以得出另一結論：分類本質上是由變量元素（variable members）組成的，分類中成員的資格是由重要特徵的重疊來確定，而不是經由同一性（identity）來落實呢？

在普通讀者看來，這種討論也許沒有必要。很多人可能會說，歐洲龍和中國龍「顯然」是同一類型的動物，所以無需爭論這點。然而，隨之而來的問題是：「我們要將界線劃在哪裡？我們依據什麼普遍原

則來劃定界線？」世界其他許多地區都相信有「龍」存在，而且這些地區的龍偏離了共同模式，其偏離程度可能比行文至此所見到的更加極端，不過許多談論龍的熱門書籍都將所有這些變種悉數納入。這裡扼要評述一下其他地區的龍，此舉有助於一窺其變異性的範圍。

伊斯蘭教傾向於抹除早期的民間信仰，因此能從中東現代伊斯蘭社會獲取的、有關龍的資訊是很有限的。不過，前伊斯蘭世界也有多個出處曾描述那種名為「龍」的動物。多位作者曾繪製重現了可上溯西元前六世紀「巴比倫伊絲塔城門之龍」（dragon of the Ishtar Gate of Babylon/ Ingersoll 1928:25, Hogarth and Cleary 1979:12, 1979:111, Jones 2000:11）。這是一隻頭上長角，有四條腿和長尾巴，除了身體覆蓋鱗片，並伸出分叉的舌頭，看起來完全像哺乳類的動物。因此，牠與歐洲龍和中國龍都具有幻獸的特點（即由不同動物的部分組合而成），不過差別在於，後二者基本上是爬蟲類動物的身體，哺乳類動物或鳥類的特徵只是點綴，而前者的身體卻是哺乳類動物，爬蟲類動物的特徵反成點綴罷了。

巴比倫的創世史詩[2]中也有類似情節，描述人形神馬爾杜克（Marduk）與其母親提阿瑪特（Tiamat）間的殊死戰，而提阿瑪特也是一頭四肢著地、非人類的哺乳動物，有翅膀、鱗片、角和尖牙（Hogarth and Cleary 1979:15）。提阿瑪特負責天空降水，不禁讓人聯想到中國龍對天氣的控制。值得注意的是（後文亦將著墨），馬爾杜克利用雷劈而非人間的武器攻擊其母方能獲勝。龍的另一變種出現在印度次大陸。人們將這類稱為「那伽」（nāgas）的生物描述為半神半人的生物，是半人半眼鏡蛇的結合。因此，牠們與大多數其他的龍不同，不具角、毛、羽或其他非人類哺乳動物或鳥類的特徵。然而，由於那伽一部分像人，所以就像所有的龍一樣，兼有冷血和溫血動物

---

[2] 指以阿卡德語楔形文字寫成的《埃努瑪・埃利什》(Enuma Elish)，名字取自史詩起首句 Enuma Elish，可譯作「天之高兮」或「當在最高之處時」。此史詩在十九世紀中葉發現於尼尼微亞述巴尼拔圖書館的遺址。

的特徵。印度那伽第二個與其他龍不同的特徵是，其蛇形特別類似眼鏡蛇，這是該地區一個最主要的蛇種，有時那伽也以多頭眼鏡蛇的樣態呈現，而非一條上半身人形的眼鏡蛇。最後，關於印度那伽的討論又因其與佛教歷史的交疊而變複雜，這點可能致使印度龍的一些概念傳入中國。雖說那伽是蛇般的生物，但顯然又具備人類的行為特徵，在印度古典敘事中以佛教信徒的身分面世（de Visser 1913:1）。而艾倫和格里菲斯（Allen and Griffiths 1979:41）則進一步指出：

> 儘管那伽似蛇，但是又夠像龍，因之至少在神話中得與中國龍以及後起的日本龍交融起來。那伽是水神，有時與聖池或聖井關聯，所以在這種情況下，人們就假定牠們藏身在樹木根部附近的水下；牠們有時也是海神，住的宮殿富麗堂皇，鑲嵌寶石，通常貌似整座城市，偶爾招待那些設法找上門來的人。

彩虹蛇和龍與池或井有關聯，這一特點反覆出現在全球各地的描述裡，因為牠們如果不在天空化為彩虹，這些神祕生物就潛伏在池塘、湖泊或河流的深水中，而且令人驚訝的是，牠們還經常守護寶藏。行文至此，這一探討即使簡短扼要，也足以顯示歐洲龍、巴比倫龍、印度那伽和中國龍彼此的差異，足以激發一些「分類迷」將牠們分成幾個不同的分類。然而，牠們間的相似之處亦所在多有，不太可能是單純偶發的，以致大多數探究這個主題的作者會將牠們納入「龍」這單一分類。誠如英格索爾（Ingersoll 1928:26-27）在將近一個世紀前所言：

> 這種幻獸從西歐到遠東亞洲都有記錄，甚至在一些採最寬鬆標準的人看來，牠們還跨越太平洋到達美洲。儘管龍的構成要素五花八門，因地而異，不過在大多數有龍出現的地方，其基礎構造仍是蛇或鱷魚，通常覆蓋鱗片，通常其腳和翅膀（有時連頭也是）具備鷹的特徵，有時則長著獅子的頭和前肢。龍的身體結構特徵如此不自然又沒頭緒，這種性質只能說明：所有的龍都是同一個最初始之祖先的後代。

英格索爾的論述表明，「龍」這概念的起源是單一的，不管是依循共享的歷史還是共同經歷的心理演變，他並未進一步區分這兩者。然而，從對於「標準最寬鬆的人」的說法中看得出，他本身認為，龍實質上是一個歐亞大陸的現象，以各種變異形式從大西洋傳播到太平洋，而且不再擴展到這片大陸之外。然而，其他大多數作者似乎不抱持這種限制性的觀點。霍加斯和克利里（Hogarth and Cleary 1979:200-201）即扼要提到了北美、非洲各地甚至紐西蘭有關龍的記錄，而赫胥黎（Huxley 1979:8-10,22,91）則再三將中美洲的羽毛蛇視為龍，另外眾所周知，埃利奧特‧史密斯（G. Elliot Smith 1919）也將北美有角水蛇（horned water serpent）和中美洲羽毛蛇都包括在他的激進擴散（radical diffusionist）理論中，認為龍的概念是從埃及傳播到全球的。

傳統上，北美原住民地區普遍存在有角水蛇的信仰。簡而言之，當地人相信那是一條長著角的大蛇，有時也將牠描述為「五顏六色」，例如美國東南部的印第安克里克人（Creek Indians）便是如此認定。有角水蛇與歐亞的龍不同，從不以飛翔的形象出現，但與後者一樣，都是泉水、湖泊或其他水源警覺的守護者。因此，牠純粹是走地的，但也始終是水棲的，其身軀融合了爬蟲類動物和哺乳類動物的特徵，這點和所有的歐亞的龍一樣。

中美洲的羽毛蛇據說能飛，這樣就不同於北美有角水蛇，反而像歐亞的龍了。然而，牠通常不長角，如此又與上述的每一種龍相異。牠能掌控雨水，這與中國龍相似而與歐洲龍或有角水蛇不同（Wisdom 1974:392-394, Huxley 1979:9-10）。在美國西南部，這兩種動物似乎有所重疊，例如在新墨西哥西部的印第安祖尼人（Zuni Indians）中，據說「在海中和地下水域裡棲息著水蛇，人們把牠想像成長了羽毛或角的蛇。這種怪物可以興雨，並可能使沐浴的女性懷孕。」（Hultkrantz 1987:97）

在這裡，中國龍所具備之操控天氣的功能再次出現，同時還擁有中美洲羽毛蛇典型的體被以及北美水蛇特有的角。

我們如何將所有這些生物歸為一類呢？還是應該將牠們分開呢？

儘管在身體形態或行為的細節方面存在地方性的變異，但顯然有一條共同的脈絡將這個幻獸群貫連起來。所有的歐亞龍、北美有角水蛇和中美洲羽毛蛇均有一個共同點：牠們都將爬蟲類的生理特徵與哺乳類動物或鳥類（或哺乳類動物與鳥類兼具）的生理特徵結合起來。除了古代近東地區之外，龍的基本體型均為爬蟲類動物，再加上哺乳動物或鳥類的裝飾；在巴比倫創世史詩和美索不達米亞早期視覺藝術中的有限例子中，龍的基本體型則是哺乳類動物，再加上爬蟲類動物的裝飾。赫胥黎（Huxley 1979:10）的意見可能最恰如其分地表達了這一觀點：「這種溫血動物和冷血動物的結合巧妙地概括了龍身上那火與水的複合性質。」

「所有龍類（而且僅有龍類）都是結合了溫血動物和冷血動物身體部分的幻獸。」但這個陳述有一個明顯的例外，那就是蘇格蘭那稱為尼克西（nixie，亦即「水馬」）的神話生物。牠與龍有其他相似之處，但其外觀結構卻未包含爬蟲類動物的要素。然而，如後所述，尼克西亦可以被歸入龍的分類，一方面因為牠守護陸上水源，也會像數種其他的龍那樣侵害年輕女性，另一方面更因為經由中國和日本那類同時具有龍和馬生理特徵的龍－馬（dragon-horse），間接證明牠與爬蟲類動物身體的關聯。

令人訝異的是，許多作者都敏銳地識別出龍的矛盾性質，但可惜似乎並不理解，這些矛盾竟可能源自對於自然界的觀察。正如赫胥黎所說，龍將溫血動物和冷血動物的視覺特徵融合在一起的「複合本質」（compound nature），在某種意義上可以簡單說成「龍是火和水的混合體」。不過，這種能在全球廣大而分隔的區域中噴火及掌控降雨的神話生物，如何能夠由火和水組成？畢竟這兩者在本質上是互不相容的。水難道不會撲滅火嗎？火難道不會將水燒沸嗎？如果這種信念僅僅侷限於一個地理區域，就足以令人費解，只能視其為特定文化的隨意發明。然而，誠如許多作者所指出的，龍的概念在地理分布上是普遍的，無法以「借用或是經證實之相關聯民族間的共同起源」來

合理解釋其分布的現象。因此，我們只能得出如下結論：要麼牠是人類心靈的創造物，神祕地在世界的許多文化中存續了數萬年，要麼是某種東西促使這種幻獸一而再地在人類歷史中被創造出來。

因此，若想回答本章一開始提出的問題，龍最寬泛的定義可以是「一種由冷血動物和溫血動物之身體元素所合成的神話生物」。這足以涵蓋過去一個多世紀以來在各種出版品中被稱為「龍」之歐洲、古代近東、中國、北美和中美洲的幻獸。其他虛構生物（如獨角獸）也是合併不同動物的身體部分組成的，不過在這種情況下，馬形身軀和角都是哺乳動物的特徵。

不得不再次強調，龍與其他結合了不同動物身體部分的幻獸最大的不同就是牠顯現一種融合冷血動物和溫血動物的幻獸型態。沒有其他生物具備此種獨特的形體，故可視為矛盾性質的具體表現。

這一獨特之處為我們提供龍之所以為龍的最簡定義，不過我們當然希望對其添加更多的細節。首先，最直接的方法似乎是臚列世界各地有關龍的紀錄中所提及的特徵。為了維持模型最大程度的簡潔以確保其清晰，且讓我們僅僅考慮歐洲龍和中國龍。我們先從已經建立的架構著手，亦即結合了爬蟲類動物特徵與哺乳類動物或鳥類特徵、我們所稱之為「龍」的幻獸。對於這點，我們可以添加一些什麼呢？歐洲龍比較為人所知的特點有：1. 能飛；2. 噴火；3. 守護寶藏；4. 侵害年輕女性等等。同樣，中國龍具有的特徵有：1. 能飛；2. 控制天氣；3. 口中經常啣珠；4. 嗜食烤燕等等。從這些初步的比較出發，我們可以編出如下這張特徵清單：

1. 龍結合了爬蟲類動物與哺乳類動物或鳥類的特徵
2. 能飛
3. 噴火
4. 守護寶藏
5. 侵害年輕女性
6. 控制天氣

7. 口中經常啣珠
8. 嗜食烤燕

稍經思考，我們便會發現，在考慮使用這樣的特徵清單或者類似的任何清單來定義龍的本質時，自己應會多少感到困擾。其原因是：將某一特點歸於某一文化中的龍，絕不代表該一特點即是龍內在固有的本質。第七和第八項特徵尤其明確表達了這一點。這些特點在中國文化之外，或者說在更大的「漢字文化圈」（歷史上中國文化影響占主導地位的地區，如越南、韓國或日本）之外從未有所記錄。那麼，為什麼應該視這特徵為龍的普世特徵，而非中國獨立創造出的龍特徵呢？單從這張初步、且特意簡化的清單來看，可以穩妥算成龍特徵的只有第一和第二項了：龍是結合了冷血和溫血動物特徵的幻獸，並且會飛。

在對龍的特徵下定義時，這張表總比僅僅依賴第一項的描述更進一步，不過我們當然可以添加更多細節。深入探究之後，我們發現還有其他乍看之下不太明顯的共通特徵。歐洲龍非常明顯會噴火，這點中國龍倒很少見。然而，中國古典文學中也曾記載相同的特徵，龍也噴火，只是噴的不是普通的火。正如德・維瑟（de Visser 1913:67）所論述的，「龍的火和人的火是相反的。龍火一旦接觸濕氣便會點燃，如果遇水便會燒旺。如果用火剋它，它就不燃燒了，火焰隨之熄滅。」

同樣，歐洲龍以捍衛寶藏（尤其是黃金）的本事而聞名。大家熟悉的例子較早的有噴火龍守護傑森和阿爾戈英雄（Jason and the argonauts）尋找金羊毛的傳說，以及後來名為法夫尼爾（Fafnir）的龍，後者在中世紀冰島的《沃爾松格薩迦》（Völsunga saga）以及中古高地德文的相似作品《尼伯龍根之歌》（Nibelungenlied）中即守護一堆黃金寶藏。雖然中國龍通常不具這種本事，但英格索爾（Ingersoll 1928:88）卻指出，韓國人曾認為陸上的龍會守護礦藏和寶石，「人們對牠如此敬畏，也許正是朝鮮的礦藏何以很少開發的主要原因，因為大家出於迷信，擔心挖掘金屬礦藏可能招致災難。他們相信，這些金屬是警覺性甚高之地靈的財富。」這是韓國本土信仰還是源自中

國文化擴散的產物尚不清楚，但無論如何，中國龍口中所啣的那顆備受探討的珍珠，可能相當於描述中歐洲龍所守護的寶藏（Allen and Griffiths 1979:39）。

我們或許先不急著往下鑽研，只暫時嘗試歸結龍的一些特徵：

1. 龍結合了爬蟲類動物與哺乳類動物或鳥類的特徵
2. 不論有無翅膀均能飛行
3. 噴火
4. 守護財寶

在上述我們那份較長的表列中，第 5 點和第 6 點終究也可視為龍的內在固有的特徵，但要凸顯這點，我們需要將比較的工作擴大到更寬廣的領域中。

儘管這樣做可能無法讓我們立刻一眼看清，但在識別龍**內在固有**（intrinsic）特徵（或者其他任何涉及比較數據〔comparative data〕之現象）的過程中，卻牽涉到一個重要的科學方法。除非能進一步找出證據，證明某一區域看似獨有的特徵其實並非獨有，否則就應該視為該區域的獨立發明。然而在空間或時間上相隔甚遠的共享特徵，例如上述的四點，便必須歸因於：1. 擁有共同民族語言群體的祖先，由其將特徵傳給後代；2. 擴散傳播，意即某一個群體從另一個無關聯的群體借用過來；3. 平行發展。從智識的層面上講，對於許多人來說，這三個選項中難度最大的會是最後一個：為什麼在世界上不同的地方會重複出現相同的、看似任意的想法？演化生物學家（evolutionary biologists）稱這種現象為「趨同演變」（convergence），例如各類的食蟻動物（土豚、犰狳、樹懶、針鼴）其實是從非常不同的祖先動物進化而來。在生物學中，趨同演變可解釋為生物對於相似環境之平行適應的結果，但是在信仰體系中，究竟是什麼促成了趨同現象呢？

我們將在下文詳細描述，正是這個問題促使史密斯（G. Elliot Smith 1919）提出自己的理論，亦即龍是埃及祭司創造出來的東西，然後據稱隨著埃及人橫越大陸和海洋，傳播他們的宗教思想進而流行

到全球。這種假設因跨洲或跨洋的接觸而產生影響的理論，通常稱為極端擴散理論（radical diffusionism），我們將在後面的章節中加以探討。在解釋龍為何普遍具備共有特徵的這一問題上，極端擴散理論自有其優點。然而，如果排除這種解釋龍之特徵的擴散理論，也同樣排除共同起源論（這相對容易說得通，因為在歐洲龍和中國龍的案例中，所對應之人群在生物和語言上的差異相當明顯），這樣一來，我們就只剩下傳統上文化人類學家所謂的「獨立發明」（independent invention）了。

在某些案例中，獨立發明並不是什麼傷腦筋的問題。許多文化最初只使用矛，後來可能各自獨立發明了弓箭，大多數研究人員並不對此感到困惑。無論在世界哪個角落，總會有某個聰明人在某一時刻認識到，如果從繃緊的木條上放出一根類似於矛但比矛小的武器，那麼這武器即可發射到更遠的距離。同樣，世人不約而同想到存有一位至高無上的神，這其實也不足為奇，因為如此便有助於回答像「我們和周遭的世界從何而來？」的基本問題，但是為什麼像龍這樣的信念會在基督教化以前的歐洲、古代近東、印度、中國、北美和中美洲等地區（還有其他地區不勝枚舉）不斷出現，卻沒有令人信服的證據能表明，龍是經由人群的接觸而傳播的呢？自不待言，這個問題在過去130年裡曾引發各方的猜測，進而產生了各種理論，從極端擴散理論到心理學原型（psychological archetypes）都有，例如後者主張，早在我們遠古的哺乳類動物祖先還是簡單的樹棲靈長類時，這種信念便已烙印在他們心智裡了。

重要的是，無論我們是否認為某一理論令人信服，都應該加以認真對待。幫助我們斷定某一理論是否有價值的原則是：該理論是否能不多添、不刪減，只以直截了當的方式解釋所觀察到的現象。那些有待解釋的（例如上面的 1 至 4 項）就是分散在廣大地區、為各文化所共享之龍的特徵，而這種解釋必須立足於人類如何感知自然世界的基礎上。換句話說，必須拿出一個原因，解釋何以地理上相距遙遠之地

區的龍會結合爬蟲類動物與哺乳類動物或鳥類的生理特徵、會飛翔、能噴火，並且守護寶藏，以及許多其他有待討論的特徵。儘管這些特徵乍看起來可能奇幻，但如果它們竟為普世共享（例如上述特徵），則必然起源於全體人類不受地點、語言或文化左右而能觀察到的現象。換句話說，它們不能是自由心證或想像力的產物，而且必須源自於某種人類對可觀察世界的普遍反應。

我們現在達到了第一個階段，亦即初步對「龍是什麼？」這問題下定義。從這一點出發的每一個結論都必須基於相同類型的邏輯，也就是說，以下哪一種最有可能是龍那些普世共有之特徵的起源：1. 有個單一的文化群體向全世界移徙，並將龍的概念傳播出去；2. 某一群體向另一群體跨洲借用龍的相關概念，直到這些概念廣布於世為止；3. 人類無論身處何處，自然環境的特徵都能觸發其產生相似的反應，在沒有科學做後盾的情況下，他們仍分別做出相似的解釋。

本章最後需要交代的可能是指出龍的基本特徵中有多少必須視為天生固有的，因為這些特徵至少可以在兩個地理上相距遙遠的地區中找到。這裡以表格這一最便利的形式加以呈現。下表整理出對龍有明確記錄的六個「核心」地理區域，不過正如後文所示，其他部落社會中也出現一些神幻的蛇，不過這些蛇與自然環境的特徵殊難區分，在考慮這類情況時，我們則會進一步提出其他的特徵，是可見於以下六個核心區域之一以及另一個非核心區域的。表中的縮寫：eur= 歐洲，ane= 古代近東，sa= 南亞，cea= 中亞和東亞，nam= 北美和墨西哥，csa= 中美和南美：

表 1　龍特徵之基本地理分布

	eur	ane	sa	cea	nam	csa
1)	?	+	+	+	+	+
2)	+	+	+	+	+	
3)	+	+	+	+	+	

	eur	ane	sa	cea	nam	csa
4)	+	+	+	+	+	
5)	+	+	+	+	+	+
6)	+	+	+	+	+	
7)	+?	+?	+	+		
8)	+	+				
9)	+	+	+	+	+	
10)	+	+	+			
11)	+	+	+	+	+	
12)	+	+	+	+?	+?	
13)	+	+	+			
14)	+	+				
15)	+	+				
16)	+	+	+	+		
17)	+	+				
18)	+	+	+			
19)	+	+	+	+?		
20)	+	+	+	+		
21)	+	+	+			
22)	+	+	+			
23)	+	+	+	+	+	
24)	+					
25)	+	+	+			
26)	+	+	+	+	+	+
27)	+	+				

1.= 施予雨水／扣留雨水

2.= 守護泉水或其他水域

3.= 藏身洞穴

第一章 龍究竟是什麼？

4.= 能飛

5.= 有鱗

6.= 有角

7.= 有毛（鬃毛、髭鬚等）

8.= 有羽

9.= 與雷電或太陽對立

10.= 具有雌雄同體或雌雄雜合的特性

11.= 色彩繽紛 / 紅色

12.= 守護寶藏

13.= 頭上有寶石 / 其他有價值的束西

14.= 居住在瀑布中

15.= 圈繞世界

16.= 能令女性害怕 / 能文化擴散的使她們懷上魔胎

17.= 嫌惡月經

18.= 與有蹄哺乳類動物關聯

19.= 噴火

20.= 呼出臭氣或毒氣

21.= 引發地震

22.= 引起旋風和風暴

23.= 造成洪水

24.= 戰爭徵兆

25.= 引起疾病、疫情或動亂

26.= 具有人類特質

27.= 可被擬人化

其中一些特徵是常見的，如 1. 施予雨水 / 扣留雨水、2. 泉水或其他水體的守護者、3. 居住在洞穴中、4. 能飛、5. 身覆鱗片、6. 有角、

9. 與雷電或陽光對立、11. 色彩繽紛／紅色、12. 守護寶藏、23. 造成洪水以及 26. 具有人類特徵，而且這些特徵至少在這裡鎖定的六個地區中有五個都找得到。其他特徵較為罕見（也可能是記錄不足），例如 8.「有羽」僅出現在北美西部和中美洲的紀錄中；17.「嫌惡月經」僅出現在美洲地區（這特徵在那裡很普遍，不過也出現在我們稍後將會檢視的其他地區）；24.「戰爭徵兆」則是歐洲獨有的（但我們在第七章其他的地區也找得到）；而特徵 27「能擬人化」的特徵在上述六個地區中僅存在於歐洲和南亞。我們稍後將在其他章節中看到，這個列表還存在另一個基本的劃分，即 1-15 的特徵可以輕易地，或至少可以合理地參考自然環境的特徵加以解釋，而 16-27 的特徵則不能。

這一系列彼此有待調和的特徵已經令人相當困惑，可能正因為如此，許多有關龍的概要性書籍僅提到其中的幾項，而忽略掉其他的。被記錄下的龍沒有完全具備所有這些特徵的，甚或這些特徵的大部分。然而，為何必要將它們視為龍天生固有的特徵呢？那是因為它們出現在地理上相距甚遠的地區，其存在不太可能歸因於借用或傳承自同一個祖先社群。

在總結本章之前，我要強調的重點：儘管我在這裡的首要目標是定義什麼是龍，但我還有另一個較廣泛的目標：解釋每一分類是如何形成的、是如何說得通的。為了能更深入理解隨後的論點，值得花一些時間來考察這一點。「分類」（categories）本質上是變異程度不同之品項的集合。奧地利哲學家兼邏輯學家路德維希・維根斯坦（Ludwig Wittgenstein, 1889-1951）值得後人記住的論點不少，「家族相似性」[3] 即為其中一項。該論點認為，一個分類中的成員可能經由重疊的相似性相互連結，但其中沒有哪一項特徵是所有成員共有的

3　family resemblance：德語：Familienähnlichkeit，即用同一個字代表不同的事物或者狀態。這些事物或者狀態，雖然彼此之間不同，卻如家族成員般從屬於同一家庭，而具備某些相似的特徵。這是維根史坦意義理論（Meaning Theory）的一個概念。

（Wittgenstein 1953）。他以多種方式為這概念建模，其中之一如下：

項目 1　A B C D
項目 2　B C D E
項目 3　C D E F
項目 4　D E F G
項目 5　E F G H

在維根斯坦的說法中，直接比較項目 1 和 5 是看不出共同之處的，兩者很明顯是透過某種關係才得以連結起來的。這種連結方式被語言學家約瑟夫‧格林伯格（Joseph Greenberg 1957:41）用以論證：任何兩種語言之間歷史關係的證明可能會有不足之處，但如能將更多的「比較單元」（units of comparison）包括進來，那就可以彌補這些不足。最精簡扼要的說法即：「如果 A 與 B 有關，而 B 又與 C 有關，則 A 與 C 也有關」，即使歷經變化，A 與 C 已完全失去了彼此關聯的證據也是一樣。藉由這種方式，他主張傳統上被視為孤立語言（即沒有已知的親屬語言）之坦桑尼亞的哈札語（Hadza）和桑達維語（Sandawe），都各自與非洲南部的科伊桑語（Khoisan，包含咂嘴音〔click〕的語言）有關聯，因此它們彼此之間亦有關聯。後來的語言學研究將「科伊桑語族」拆解為幾個語族，並將哈札語的分類恢復到其原來孤立語言的位置，但所有這些都不影響「如果 A 與 B 有關，而 B 又與 C 有關，則 A 與 C 也有關」這論點之邏輯的完整性，因為仍可以將相同的公式應用在可能為真的情況中。

魯連（Ruhlen 1987:118）稱這種藉由重疊之共享特徵來連結分類成員的方式為「可轉移性」（transitivity），亦即如果項目 1 與項目 2 有關、2 與 3 有關、3 與 4 有關，而 4 又與 5 有關，則項目 1 和項目 5 儘管不存在任何共同的屬性，彼此也必然有關。一般而言，在建立一個分類時，重要的是不管其成員在其他方面有多不同，只要先為它們找出一條共同的脈絡，也就是足以將它們與所有非成員區分開來的獨特點。很少有人會質疑將麻雀、知更鳥、烏鴉和老鷹納入「鳥」這

分類的做法,但是如果把企鵝、奇異鳥和食火雞也歸納進去,「鳥」的定義就變得比較困難了,然而,只有也僅有鳥類有羽毛。所有的龍大致都可以這樣定義:牠們為一種幻獸,結合了冷血爬蟲類動物的身體部分與溫血哺乳動物或鳥類(比較少見)的身體部分,而且沒有其他生物無論是真實的還是神幻的,具有這一特徵。儘管有一些龍屬於「異數」,例如蘇格蘭的尼克西或者所謂的「水馬」,我將訴諸於維根斯坦「家族相似性」的概念或「可轉移性」的原則,以闡明這些異數仍可納入「龍」的分類。這個問題因具有根本的重要性,我們在下文中仍會扼要加以討論,尤其在第五章的末尾以及本書的總結章。

到目前為止我們已經可以這樣說:表1中所呈現的拼綴模式,包括從歐洲經由南亞和東亞再到美洲重疊的共有特徵,表示龍的概念,要麼源於一種極其古老的傳承,要麼就是藉由對共同自然環境特點的觀察,以及對人與自然關係的相似思維方式,使這概念在世界不同地區不斷地被創造出來。不過,在檢驗龍這概念的起源之前,值得我們先調查一下過去已提出、解釋龍這信念何以流布全球的多種理論,再者至少扼要記錄一些被上述分布模型排除在外、沒有被任何現有理論解釋或甚至提及的特徵。

第二章

為什麼有龍？理論綜覽

龍的觀念存在於眾多民族的文化意識中，從遊牧民族到世故的都市人群，相關理論五花八門而且混亂，幾乎和分布遙遠地區、可定義為龍的各種特徵一樣多樣且紛亂。本章將對「為何龍存在於全球文化意識中？」這一命題的各種觀點進行批判性的綜覽。

顯然，龍使許多探討該主題的作者感到困惑、深不可測，不妨這樣說吧：其中有些寧可只是享受一趟探索旅程，而不在乎如何到達目標。例如艾倫和格里菲斯（Allen and Griffiths 1979:6）就曾表示：

> 龍作為一種象徵，擁有巨大的力量，但在形狀和意義上始終模糊不清。若要匯編一本有關龍的書，這有點像接下一個史詩傳說等級之不可能的任務；為追尋龍而輾轉於各圖書館和博物館間，好像古代為追求目標而跋涉沙漠、攀登高山！彷彿龍幾乎是藉由保持隱密而蓄積其力量的。你一靠近，牠就漂到別處；你一直視，牠的形狀就像雲霧一樣幻化。最終，我們幾乎可以相信，龍對這種捕捉其形的企圖深感不滿，而乾脆躲避開去成為某種報復方式。

這是解釋龍這概念起源的一種方法，亦即主張所有方法都無法解決問題，正如本書題名頁波赫士（Borges 1978）的那句引文所反映的那樣。我的看法是，這種悲觀態度未免來得過早，但我也會交代，幾乎所有解釋龍之起源的嘗試都是不足的，因為那些觀點都無法以合理

的方式解釋表1中全球分布的特徵,而表1正是明瞭龍之歷史演變的關鍵。

為了在複雜而不協調的文獻中導入一些秩序,我將有關龍的理論分為幾種類型:

1. 自然理論(naturalistic)中的龍,也就是訴諸自然界實際存有之生物的理論

2. 象徵理論(symbolic)中的龍,也就是將龍視為反映自然或心理狀態的理論

3. 新拉馬克理論(neo-Lamarckian)中的龍,也就是將龍視為生物記憶(biological memory)的理論

4. 擴散理論(diffusionist),也就是主張龍是單一獨特的發明,藉由接觸而後才傳播開來的理論

5. 其他理論

1 龍的自然理論:神祕動物學(cryptozoology)

神祕動物學這個名稱在於描述、研究一些人認為存在但是尚未被科學所認知的動物,例如大腳怪或尼斯湖水怪。除非哪天有人拿出有關龍的實物證據,否則我們不得不也將龍列為這種「動物」。然而,在整個中世紀歐洲,以及其他一些地區,例如中國,一直到相對較近的年代,經常有人聲稱親眼目睹了龍(有時籠統稱之為「蟲」)。單在英國,保羅・紐曼(Paul Newman)便報告了數十起第一手的目擊事件,並且依照據稱的目擊地點加以命名,例如洛克斯堡郡(Roxburghshire)的「林頓蟲」(The Linton Worm)、諾森伯蘭郡(Northumberland)的「厭蟲」(The Loathly Worm)、德倫姆(Durham)的「蘭普頓蟲」(The Lambton Worm),約克郡(Yorkshire)的「波拉德蟲」(The Pollard Worm)以及赫里福德郡(Herefordshire)的「莫迪福德龍」(The Mordiford Dragon)等等。(Newman 1979:118-

198）

紐曼曾描述其中的兩個案例：布雷斯龍（Bures Dragon）（1979:190）以及亨厄姆的飛蛇（Flying Serpent of Henham）（1979:190）。作者報告：「布雷斯這個位於艾塞克斯（Essex）和蘇福克（Suffolk）交界的小鎮曾經遭受龍的侵擾。這個特別事件的文獻證據可見於約翰·德·霍克洛（John de Hokelowe）所撰寫的編年史中。當年這位修士抄錄了關於 1405 年龍現身以及隨後退走的記述。」同樣，在談到亨厄姆的飛蛇時，他講述道：1354 年，在愛德華三世國王統治期間，有人看到一條龍靠近牛津郡的奇平諾頓（Chipping Norton），長兩個頭，翅膀則像蝙蝠，每張臉都像妝容不同的女人。記載這一事件的文件是一本小冊，其標題頁「印有一份名單，列出可證明這一事實為真的人的名字，其中包括教堂監護人理查德·傑克遜（Richard Jackson）、村莊巡警托馬斯·普雷斯蘭德（Thomas Presland）、窮人監護官約翰·奈特（John Knight）。」（1979:193-194）

在這兩個案例中，具有社會地位和名譽的人挺身而出，宣稱自己確實親眼目睹，以其聲望為該事的可信度背書。這些證人並非無獨有偶。正如霍加斯和克利里（Hogarth and Clear 1979:113）所指出的：

> 即使最誠實的觀察者也可能促成龍信仰的流行。馬可波羅十三世紀在卡拉吉安（Caragian，位於現在中國的雲南省）旅行期間曾提到長達十步、粗度如桶、頭旁長了一對短胖前腿，且爪子堪比獅爪的猛「蛇」，同時說牠頭顱巨大、眼睛「大過麵包」，張嘴可以一口吞掉一個人。

霍加斯和克利里推測，所述的動物可能是鱷魚。當然，現在很難知道是什麼促使人們虛構出這樣的東西，但結果反正是人們普遍將龍視為另外一種動物，而且這種動物非常難參考地與其他動物的關係加以分類。當然，最遲不過十九世紀上半葉，這種不加區分、混合現實和幻想動物的觀念已不再支配科學界了，但仍深刻影響通俗作家。

1.1 | 查爾斯・古爾德與誇大的旅人記述

其中一位通俗作家是查爾斯・古爾德（Charles Gould），曾寫下似乎是第一本專門探討為什麼世界許多地方都存在龍信仰的書。由於他的母國長期以來一直存在「目擊」龍的傳統，古爾德可能傾向於想像：雖然中世紀英格蘭的好公民不會那麼直截了當杜撰虛假的東西，但是他們自己或其遠行的同胞可能看過一些遭誤解為龍的實際生物。由於歐洲幾乎沒有夠格稱為怪物的生物，所以古爾德（Gould 1886, Chs. 7–9）便主張，在大航海時代，歐洲冒險家開始探訪世界其他地區之際，可能碰上了不熟悉的生物，其中一些還具有相當的威脅性。例如，在探訪埃及或撒哈拉以南非洲的任何地方時，他們可能看過鱷魚或非常巨大的蛇，而由此散播開來的故事在相傳的過程中可能被誇大了。根據古爾德的推斷，這類事件足夠多，所以歐洲人便有源源不絕的材料，可以從自然界構建一個源自這些事件的幻獸天地。如此一來，龍的概念就從旅人反覆的、誇張的故事中產生了。

這種解釋所面臨的第一個問題是：在大航海時代之前多個世紀之間，英格蘭有關龍的記載（更不用說古典神話中的龍）已經存在。此外，如果不列顛群島上找不到這些動物，那麼英格蘭人所描述的龍就很難是對於實存動物的誤判。我們很難看清古爾德在特定問題上的立場，因為他明顯不斷在輕信以及質疑之間擺盪。他一方面告訴我們（170）：「眾所周知，在第一次布匿克戰爭時的布格拉達（斯）河（Bagrada[s]）之役中，羅馬軍隊在雷古盧斯（Regulus）的指揮下捕獲了一條長達120呎的蛇」，然後作者又指出，今天已知最大的蛇長度其實不到40英尺，藉此表明巨蛇的記載並不可靠。然而，他隨後又給出如下的結論：

> 神話學家對於這些傳說的解釋，其實基於這樣一個假設：自己所探討之主題中的龍僅僅是自然現象的象徵，也許如此解釋足夠巧妙，而在許多情況下也解釋得通，但正如本人先前所言，這

樣並不影響人們初始的、保守的信仰，亦即認定龍以前確實存在。

在這樣的段落中，他不僅支持「龍起源於世人對真實爬蟲類動物之觀察」的信念，而且暗示，這些爬行動物可能與今天所知的任何動物都不同，換句話說，對應於神話裡的動物的龍，可能真實存有，而不是「虛構」（mythical）的怪物，而之所以沒有人拿得出確鑿的證據，那是因為牠們已經澈底滅絕。在描述中國龍時，他的這種心態也昭然若揭（212）：

> 我們現在舉一個國家為例：在那個國家中，相信龍真實存有的信仰已完全融進全體國民的生活中。與此同時，此一信仰又發展成為一種神話和迷信的混合體，以至於具體加深了我們對該信仰根基確實存有的觀念，不過這也讓我們陷入困惑，也就是雖然確定龍實際存在，但究竟活在哪個時代？其間所涉及之錯綜複雜的面相令人費解。

最後，在下面這段文字中，作者無疑確信龍是真實存有的生物有機體，因此才會啟發人們在傳統上普遍信其為有的觀念。他提到中國龍時又表示（259）：

> 有些地方傳統認為，龍偏好燕子，又有能力吸引牠們。我們不妨這樣理解：燕子在龍張開的嘴旁繞飛，這是為了捕食被牠口中黏液吸引過來的蒼蠅。我們知道，今天還有一種稱為「牙籤鳥」（trochilus of the ancients）的鳥，會自由進出鱷魚張開的嘴，清除危害其牙齒和顎部的寄生蟲。

古爾德（Gould 200）在表達這一信念的同時也排除了龍乃「自然現象之象徵」的可能性。這樣一個明顯具體的東西怎麼可能是人們觀察雨水或雲朵的結果呢？我們在後續章節中還會回頭審視這個問

題，因為從以前到現在，問題都不在於龍的概念是否源自人們對雨水和雲朵的觀察，而是龍是否可能源自於萬物有靈論對彩虹的領會，而此彩虹觀在後世已從不同角度理解其因後，固有的概念依舊被保留下來。

龍的信仰為何無處不在？最簡單的說法有好幾種，古爾德的解釋即為其中之一，亦即龍源於活生生的原型，或者來自今天已滅絕的未知動物。然而，這樣的說明還留下許多懸而未決的基本問題，例如：為什麼龍結合了爬蟲類動物的特徵和哺乳類動物或鳥類的特徵？為什麼龍會飛？（古爾德再度提到旅人口中那些蛇長翅膀的虛構故事。）為什麼龍能噴火或者守護寶藏？此外，且讓我們提前探討一下將在下一章詳究的一種聯想：為什麼全世界的龍都和瀑布脫離不了關係？

即使古爾德承認中國、埃及、衣索比亞和印度都存在龍的信仰，但他那自然主義的解釋仍傾向歐洲中心的立場。儘管歐洲旅人可能曾經將有關異地爬蟲類動物的見聞傳回歐洲，然後那些動物又在反覆講述的過程中蛻變為龍，但在中國的案例中，這說法是很難成立的。首先，除了佛教傳入中國後，曾有僧侶到印度朝聖之外，中國人並沒有遊歷異國的傳統，他們不可能攜帶有關所遇見之古怪動物的記述回國。明朝官方曾短暫實行的探險政策，並在宦官鄭和（1371-1433）的領導下派出七批探險艦隊，一直航行到東非海岸進行貿易以及尋找可能延年益壽的妙藥，但這幾次對未知世界的探險並未促生類似由歐洲探險家遊記所衍生之驚奇旅人故事，而部分原因是明朝的探險主要走的是水路。其次，對歐洲人而言，龍是必加屠戮的「怪物」，但是大多數中國人認為，心目中崇拜的龍通常是益獸，在土地肥沃和社會和諧上至關重要。最後，如果中國龍是因人們與真實生物有所接觸後的產物，那麼龍又如何能夠控制天氣呢？哪種活生生的動物可能是龍的原型呢？

儘管他未能回答（甚至未能提出）任何關於龍的一些眾所周知之特徵的問題，例如龍會飛或有能力掌控天氣；而且，儘管古爾德在書

名中使用了「虛構」一詞（1886:201），但他還是語帶幾分自滿地指出：直到法國著名的動物學家喬治・居維葉（Georges Cuvier, 1769-1832）建立起比較解剖學和古生物學這門科學，並為所有動物物種進行全面的分類前不久，龍一直都還位列歐洲自然歷史的著作中，。然而，科學的進步並不一定代表世人對於證據的需求也會增加。

我曾在一場公開演講中談到龍起源的問題，在提問的環節，有位老朋友堅信龍必定源於人與鱷魚的接觸。我問他為什麼龍老是與瀑布相關，他毫不猶豫答道：「鱷魚不就在水裡出沒！」可惜的是，這種回答遺憾地反映出許多有關龍起源研究中思維散漫的問題。沒錯，鱷魚的確生活在水裡，但是那通常是水流緩慢的河川，或者是鹹淡水混和的河口，而不是具衝擊力道的瀑布，尤其龍有時會被描述為住在瀑布的水沫中。同樣是水，但是鱷魚或其近親通常只聚集在相對平靜的河流裡，這和瀑布的轟鳴以及由於衝撞岩石而產生的「逆雨」（reverse rain，亦即瀑布水流打在下方的岩石上，形成水沫又被吹回瀑布周圍的空氣），兩者的差別實在不可以道里計。

總結來看，古爾德提出了有關龍這一概念為何出現在普世分布並且差異極大文化中的主張，而這主張只是至今一系列論述的序幕而已，畢竟為神祕動物學辯護的人依然嘗試藉神話和傳說引證龍的存在，只是其結果都無法經受科學的檢驗。

▶ 1.2 │ 史前生物的孑遺

在「史前生物孑遺」（Prehistoric Survivals）的這一分類中，為求面面俱到，我們會將據宣稱已經存活到現代的中生代，爬蟲類動物的

1　Mesozoic：中生代的年代為 2.51 億年前至 6,600 萬年前，開始於二疊紀 - 三疊紀滅絕事件，結束於白堊紀 - 第三紀滅絕事件為止，前後橫跨 1.8 億年。中生代可以分為以下三個紀：三疊紀、侏羅紀和白堊紀。由於這段時期是蜥形綱澈底擊敗合弓綱成為食物鏈上層生態位的優勢陸生動物、並壓倒各種兩棲類、魚類和頭足類成為優勢水生動物的時期，因此又稱為爬蟲類動物時代；而因為三疊紀末期滅絕事件後恐龍迅速崛起成為之後 1.5 億年之間的優勢動物，侏羅紀和白堊紀也可稱為恐龍時代。

證據一併加以考慮。這些情況可能比我在這裡提到的還要多，但我的目的是至少凸顯來自歐洲（蘇格蘭）的一個案例，以及在北美洲無處不在的有角水蛇（horned water serpent）神話。

▶ 1.3 ｜尼斯湖水怪

關於尼斯湖水怪這裡無需再加贅述。如果根據一些人的宣稱，這真是一種生物有機體，那麼即為我們勾勒出一種景象，即某些恐龍時代的生物一直與人類共存，而且自然界中可能確實存在龍的某種實體原型。有些人試圖將這種原型與蘇格蘭對凱爾皮 2（或稱水馬）這種能化為人形之幻獸的傳說聯繫起來。儘管這樣似乎遠離龍的典型形象，但下文我們將看到，雖然大多數的龍是由爬蟲類動物的身體和貓科的爪子混合而成，但有些卻長了蹄子或甚至人類的部分軀幹。

不用多說，已經有太多人想辦法證明尼斯湖水怪很像生活在恐龍時代的一種古老的水生蛇頸龍（plesiosaur）。即使這些嘗試可能令人興奮且極具潛在的顛覆性，但迄今為止尚未發現任何可複製、支持這類動物真實存在的證據。假設北美也發現一座尼斯湖，那麼暱稱為「尼西」（Nessie）的尼斯湖水怪，必然可以輕易視為美洲原住民神話中無處不在之有角水蛇的一種極端表現。然而，由於蘇格蘭缺乏這樣的神話傳統，尼斯湖水怪可說是一個異數了。

▶ 1.4 ｜歐肯納根湖的歐戈波戈及北美其他類似的生物

位於卑詩省的歐肯納根湖（Lake Okanagan）長久以來傳說是另一種水生動物的居所，而這是一種與著名之尼斯湖水怪相似、未被確認的大型生物，亦即一種中生代時期的存活下來的滄龍（mosasaur）、蛇頸龍或薄片龍（elasmosaurus）。有許多關於這類生物的目擊報告，不過與尼斯湖水怪一樣，一但仔細研究這些資料，那些消息都就變得

2　kelpie：一種流傳於塞爾特民間傳說中的一種會變形的神靈，在蘇格蘭的傳說中常以駿馬的模樣出現在湖邊，會誘拐或欺騙旅人。

不那麼值得披露了。這裡無需大篇幅探究這種「龍」，因為沒有確認其存在的證據，而且種種跡象顯示，牠只是普遍存在於北美原住民間的有角水蛇信仰廣受宣傳的例子罷了。

與之基本相同的是一種名為尚普蘭湖 3「怪物」的東西（粉絲稱其為尚普〔Champ〕），也曾是目擊報告的對象，而目擊者包括一些經驗豐富的漁夫，據稱曾從上方觀察到其在水面下游動的景象。然而，與尼斯湖水怪和歐肯納根湖的歐戈波戈（Ogopogo）的一樣，找不到未經變造的照片或其他形式的客觀證據，也就無法消除對於有關此類傳說生物之主張的懷疑。

▶▶ 1.5 ｜原始古生物學家？

最後一種可以相對容易稱為「自然主義」之龍的理論，但是並不與任何能指名道姓的人物有關，只是偶爾在有關龍的概論性書籍中找到。這種主張源於人類發現了恐龍的骨骼，並以某種方式勾勒出牠們生前的形象。以下的論點就是於最近的二、三十年間提出的：

> 龍就像其他虛構的和實存的動物一樣也在演變。巨大的蜥形綱動物（the giant saurian，包括鯨魚大小的魚形巨蜥、五十呎高的暴龍以及坦克般的恐龍）在人類出現之前的數百萬年就從地球上消失了，但牠們的化石和遺骸可能促生了早期有關龍的故事（Phillips 1995:630）。

人類學者大衛・瓊斯（Jones 2000）提出以下合理的疑問來反駁上述的見解：「除非人們已經知道龍是何物，否則如何辨識什麼是龍？」大衛・瓊斯個人的看法會在 3.2 節中詳述。

之所以提出這種主張，很大程度上可能取決於中國傳統上使用「龍骨」入藥的習慣。「龍骨」這個術語不應由字面的意思來解釋，

3　Lake Champlain：位於北美洲的淡水湖，主要位於美國境內（佛蒙特州與紐約州），但有一部份跨越了美國與加拿大的邊界。

因為中國的草藥師傳統上會拿不管是哪一種從地下挖出來的骨頭，然後將其磨成細粉摻進藥裡：這些骨頭無論出自什麼動物，一律都稱「龍骨」，而此一命名慣例也讓這種本無神效的成分使人想像到其特殊的效能。毫無疑問，當歐洲人聽說中醫用上「龍骨」時，有些人可能認為藥店以此命名的骨頭真的來自已滅絕的巨型爬蟲類動物。然而，正如瓊斯正確指出的，這僅是遐想。恐龍骨架（因此是其身體形態）的重建遲至十九世紀古生物學興起後才辦得到。在此之前，看在未受過訓練的觀察者眼裡，一根骨頭只是一根骨頭，至於來自什麼動物，或者它在軀體中的正確位置，都純粹是瞎猜一通，幾乎不可能落實為龍的視覺形象，更不用說是一隻能夠飛行、控制天氣、噴火或者守護泉水的龍了，而這些特點都還只是眾多特點中的一部分罷了。

2　象徵主義理論的龍

▶ 2.1 ｜作為天氣現象的龍

有關龍之概念起源的另一看法也常在一般性論述中提到，只是通常缺乏明確的資料出處。這個看法是：龍象徵暴風雨天空中雲朵變幻的形狀。中國龍通常在此一情境中呈現，也就是在雨雲中扭動身軀。在大多數的描述中，人們把龍說成能夠控制天氣的這些特徵，但也有其他版本說龍其實是由這些特徵演變而來。

在特別談及屠龍的事例時，伊凡斯（Evans 1987:36）指出，馬其頓將軍安提帕特（Antipater, 前 398?– 前 319 年）和雅典劇作家尤里皮底斯（Euripides, 前 480?– 前 406? 年）都主張「太陽蒸發水汽時有時呈現盤繞的蛇形，此即屠龍神話所本。」

這個想法最引人注目的地方在於，它已近乎理解本書所論述的龍的本質，令人振奮，只可惜缺了達到最終目標所需的臨門一腳。沒錯，龍與暴風雨的天空和掌控降雨有所關聯。但是正如我們將在下文看到

的，要理解龍如何成為普世的文化共通點，我們仍需找出對龍廣泛共享的具體特徵，因為這些特徵在不同文化間既是多樣化又是驚人地一致，都指向特定的自然現象，又被無數文化彼此有別的群體加以概念化。

▶▶ 2.2｜卡爾・榮格：龍象徵無意識（Unconscious）或黑暗力量

身為精神科醫生的瑞士精神分析學家卡爾・榮格（Carl Jung）將自己的醫學職涯與對神話的深刻興趣結合在一起，並將神話視為人類心靈的一面鏡子，而這兩條脈絡經常在他的一些著作中緊密交織在一起。在其中幾本書裡（如 Jung 1956），他反覆提到龍是各種心理力量的象徵。他的許多研究對於那些未採納其獨特心理學觀點的人來說幾乎難以理解，而且他引用古代文學時那種迅捷的切換往往讓人難以理解他實際上的主張為何。不過，他至少在某些段落中將龍視為「反基督」（Anti-Christ），就像他在（1956:368）中所說的那樣：

> 對立勢力初始的結合仍可從撒旦和耶和華最早的一統中辨識出來。在歷史發展和宇宙意義上，基督和作為反基督的龍其實非常接近。掩藏在反基督神話下的龍乃是英雄生活的一個基本部分，因此是永生的。

他在其他地方則暗示龍代表無意識心靈的負面元素（1956:374）：「純粹當作心理象徵（psychologem）來看，英雄代表的是無意識之正面的、有利的行動，而龍則意味負面的、不利的行動，也就是說，不是誕生，而是吞噬；不是有益的、建設性的行為，而是貪婪的拘禁和破壞。」他在另一處也指出（1956:362, n. 110）：「洞穴中的龍象徵『壞媽媽』（Terrible Mother）。在德國的傳說中，陷於危難的少女常以蛇或龍的形象示人，而且等著被吻，唯有這樣，牠才能變成美麗的女人。」

榮格將龍與反基督連結起來，顯然是源於其做為基督教騎士的反襯。在這方面，這單純反映了歐洲藝術中龍長期被視為加害年輕女性的傳統，而年輕女性往往被象徵文明和道德的英雄所拯救。龍在歐洲的圖像體系中占據醒目的位置，關於龍的種種，也許有種理論成分較低的詮釋是：由於龍的觀念起源明顯早於基督教，龍代表了在基督教化以前的過往，其負面意涵常常與加諸異教的負面意涵難以區分。

無論你選擇以什麼觀點來詮釋榮格這些經常轉變的聯想，有一點倒是清楚的：在他看來，龍始終是種負面力量。更重要的是，在榮格幾乎所有關於龍的主題、有時艱澀難懂的博學探討中，他對於龍這概念最初如何出現並不感興趣。相反，他關注的是龍這概念出現以來，它是如何用來代表推測的心理力量，而他的一些信徒也持續這種關注，例如加德納（Gardner 1990）或者其他認為龍這觀念乃是人類負面情感投射的人（Tuschman 2008, Arnold 2018）。

3 新拉馬克理論：龍是一種原型（Archetype）

在生物學中，標準之演化理論的核心是天擇：所有生物群體都表現出與遺傳相關的個體變異（亦即一個生物與其父母相似的程度會大於與整個族群相似的程度）。這種變異池（pool of variation）可能一連幾代都不起作用，但如果出於哪個原因（例如環境變化），某種變異對於存活和基因的傳遞變得更有利，那麼具有這些變異的個體就更有可能存活和繁殖，而其他個體則會消亡。

儘管科學界偶爾會出現質疑的聲音，但自從達爾文在 1859 年發表《物種起源》後的一個半世紀以來，天擇的理論已一再證明為真，而現今的演化生物學課程必須全面解釋天擇是如何運作的，尤為重要的是，直接了當地解釋物種形成（即新物種出現）的過程，這樣才算完整。

年輕的達爾文登上小獵犬號（HMS Beagle）展開那趟著名的航行

（1831-1836），而在此期間他進行了重要的觀察，從而使他認識到天擇是有機演化的關鍵。在此之前，法國生物學家讓・巴蒂斯特・拉馬克（Jean-Baptiste Lamarck, 1744-1829）也曾經探討過新物種形成的問題，並提出了不同的解釋。拉馬克合理假設，一個生物可以將其一生中取得的特徵遺傳給後代，這一觀點被稱為「獲得性遺傳」（Inheritance of acquired traits）。在拉馬克的時代，甚至在達爾文的時代，基因學還不存在，不過拉馬克的觀念錯誤從現代的角度來看是很明顯的。所有的遺傳都因基因而起，也就是說，當一個新個體經由雄性精子和雌性卵子的結合而形成時，基因就會被傳遞下去。拉馬克認為，獲得性遺傳會影響經歷改變之個體的身體。由於這些特徵並不影響基因，所以是不可能遺傳給後代的。拉馬克理論最極端的版本可能會認為一個後天失去一條手臂的人更有可能生育出獨臂的孩子，這明顯與現代的基因學相左。儘管有些作者聲稱，拉馬克本人從未接受這種有關演化過程的極端觀點，但這確實是後來他一些擁護者所採取的立場，而這些人即被稱為「新拉馬克論者」（neo-Lamarckians）（Gould 1982）。

這個背景討論看乎離了題，但為某些討論龍的理論預設了必要的舞台，特別是以「獲得性遺傳」為主的論述。以下是其中最顯赫的兩者，至少部分是歸因於倡導者的專業資格。下面我們將依次加以論述。

▶▶ 3.1｜卡爾・薩根（Carl Sagan），《伊甸園的龍》（Dragons of Eden）

薩根是位深受公眾關注的著名行星天文學家，而世人之所以還記得他，那是因為他寫過數百篇科學論文，而且在強尼・卡森秀（Johnny Carson Show）的節目上以「幾十億幾十億」來形容浩瀚宇宙中的星辰。此外，除了他在行星天文學上突破性的研究成果外，還因寫出《伊甸園的龍：人類智慧演化的推測》（*The dragons of Eden: Speculations on the evolution of human intelligence*）一書而獲頒普利茲獎。

薩根在這本書中的基本論點是：現代人類大腦包含了一個更古老的、「爬蟲類動物」的大腦，其上再進化出一個更先進的哺乳類動物大腦（新皮質〔the neocortex〕），人類經驗中的一些特質，例如作夢，乃是我們仍然擁有之古老爬蟲類動物的大腦在發揮作用。儘管這是他比較概括性的論點，且其過程明顯是探索性和試驗性的，通常是以問題而非陳述的形式表達，不過他對龍這概念的普世性有一些非常明確的著墨。為了避免扭曲他的原意，這裡最好完整引用他對這個問題的觀點。在提到「我們古老的敵人爬蟲類動物」從中生代過渡至新生代時（146），並評論現代的科莫多「龍」（Komodo 'dragon'）之後，薩根進一步說道：

> 在許多文化的傳說中，龍的神話普遍存在可能並非偶然。例如在聖喬治神話中，龍體現了其與人類之間勢不兩立的相互敵意，這在西方最為強烈……但這並不是西方的異常現象，而是一個普世現象。人類為引起注意或命令四周保持安靜時所發出的共通聲音，似乎奇怪地像在模仿爬蟲類動物的嘶嘶聲，這件事是否純屬偶然呢？幾百萬年前龍曾對於我們原始人類祖先造成威脅嗎？龍引起的恐懼和造成的死亡是否促使人類智慧的演化呢？這樣的說法可能嗎？……人類一般會做夢，而且兒童在學會說話後不久就常表示害怕「怪物」，有可能這些是對龍和貓頭鷹發出適應性反應（就像狒狒般）的進化殘跡嗎？（Sagan 1977:149–151）

想從這段文字中摘出一段可供科學檢驗的陳述是很不容易的，但似乎不可避免會得出如下的結論：對於薩根而言，世界各文化中，龍神話的普世存在，可能反映了我們原始靈長類祖先在恐龍時代末期與最後一批主龍類（archosaurians）接觸的經歷。換句話說，在這些遙遠親緣關係生物的大腦裡產生的心智印象，以某種方式，經由無數代

遺傳到了現在，並以「進化殘留」（evolutionary vestiges）的型態，表現為兒童夢中的「怪物」或成年人想像中的「龍」。

薩根在聲稱「人與龍之間毫不妥協的敵意⋯⋯是一個全球現象」時沒有提及龍在中國傳統中本質上是一個正面形象的事實。這可能使得他的結論變得過於武斷。

這裡最好提醒一下讀者：薩根那本書的副標題是以「猜測」（speculations）一字開頭的，因為他理解普世性之龍觀念的方法是基於猜測，而非根據任何類似於他在其他地方所如此熱烈捍衛的科學方法。考慮到他的科學家背景以及他經常一再強調的「非同尋常的主張需要非同尋常的證據」的主張，所以完全沒有考慮龍之特徵的地理分布（如本書第一章所記錄的）也著實令人訝異，畢竟這一系列的觀察在解釋「為何龍這觀念存在於世界眾多文化中」的理論提出上是不可或缺的實證基礎。我們在這些猜測中看到的是，一個世界級科學家在跨出自己所擇定之專業領域的研究時完全拋棄了科學方法。如果薩根以一位負責任之科學家的態度來探討「為何有龍」，正如他在行星天文學的研究中那樣，就會首先收集與問題相關的所有觀察（顯然他在龍這主題方面甚至不曾著手），然後再基於支持佐證及扼要解析的獨立脈絡提出對這些觀察的解釋。

也許最令人驚訝的還是，薩根的主張中明顯存在拉馬克思想的傾向，即古老祖先生物體的心理印象可能仍存在於現代人類的「爬蟲類動物」的大腦中。在這裡無法掩飾的是：根據薩根的說法，有一種後天獲得的特徵（害怕恐龍）透過基因的管道傳遞了數千萬年，最終出現在現代人類的大腦中，並表現為普世之龍的元素。這簡直是拉馬克思想在一個最出人意表的狀況下重現江湖了。儘管這個主張明顯存在問題，但在某些領域中仍然受人認真對待，比如艾倫和格里菲斯（Allen and Griffiths 1979:126）即提出過如下見解：「最近薩根博士提出一個理論，即我們仍然保留著一個模糊的族群記憶，可以上溯我們的原始人類祖先與那些巨大爬蟲類動物衝突的時代，而後者的原始

形狀及其稱霸全球威力至今仍讓我們揮之不去。」

▶▶ 3.2｜大衛・瓊斯，《好龍集》
(*An Instinct for Dragons*)

佛羅里達大學的人類學家大衛・瓊斯也提出了一個關於龍之起源的說法，其基本特徵與薩根的說法非常相似，因為這本書也假設遠古哺乳動物祖先的生活經歷，藉由基因以某種方式遺傳給現代人類。

在快速分析了地球上龍傳說的分布後，瓊斯（Jones 2000:3）清楚地陳述了問題：「然而，龍的來源仍是個謎。為什麼在這麼多地方的藝術、神話、宗教和傳說中都存在如此不可思議的東西？」

為了回答這個問題，他首先排除伊甸園龍即是恐龍的可能性，原因顯而易見，那是基於時間順序的考量。他接著指出，恐龍化石的發現排除了人和龍是否共存的問題，但這幾乎無助於解釋這個謎，因為他正確點出了：「除非先知道龍是什麼，否則如何辨識龍是什麼？」

隨後他評估了一些真實存在的大型爬蟲類動物，如科莫多龍（Varanus komodoensis）、巨蟒和印尼小巽他群島的巨蜥（monitor lizard）等，並同樣排除了這些動物是龍這概念可信的來源，因為牠們僅是分布於當地，而龍卻是普世存在的。瓊斯接著突然一股腦向讀者說出了他的結論。他在為大學本科準備靈長類動物行為的課程時，想起非洲長尾黑顎猴（vervet monkeys）會以三聲呼叫，警告最危險的侵害者（豹、戰鷹〔martial eagles〕和蟒蛇）就在附近。在這個「我找到了！」的興奮時刻，他將此視為解開龍之謎的方法：根據他的意見，最能威脅我們祖先的三種侵害者（鷹、豹和蛇）在神話中「融合成一隻單一的生物」（2000:5，圖2）。儘管這個主題在整本書中都有更詳細的探討，但讀者從未能清楚瞭解到，這三種不同的生物何時或是如何在人類的心智中融合成單一形象的。由於這件假設的事可能發生在我們那些靈長類祖先仍棲息在樹上的年代（掠食者來自地表和空中），所以可能發生在數百萬年前。

瓊斯表示,這三種掠食者「在神話中融合」成為一種生物,但這不可能是他真正的意思,因為仍在樹上生活的原始靈長類動物不可能有語言,更不用說神話了。他所指的必然與薩根所提出的主張非常相似,也就是說,原始靈長類動物對於侵害者的心智印象被保留下來,並透過基因遺傳給現代人類。在遠古的年代,文化傳承絕無可能,因此唯一說得通的解釋就只能是這樣了。

如果這個主張可以接受,那麼瓊斯的論點即以一種新穎的方式解釋了為何龍結合了爬蟲類動物和哺乳動物或鳥類的特徵,還有龍為什麼會飛的原因。然而,這個論點未能解釋上文提到過的、有關龍其他諸多普遍特徵中的任何一個,包括中國、近東和中美洲的龍為何能施予雨水或扣留雨水,為什麼龍是全球世界泉水的守護者,為什麼龍經常與瀑布相關,為什麼龍會捍衛寶藏,又或者為什麼道家的形而上學和歐洲的煉金術都將龍視為雌雄同體（hermaphroditic）或者雌雄雜合（androgynous）,而這是另一個將在後面章節中討論的觀點。他對龍特徵之地理分布的討論極其簡略、不具體而且沒有結論（2000:19）。該書的其餘部分探討了世界各地有關龍的信仰,並包含許多有用的資料,但終究與薩根的論點類似,顯然是一種新拉馬克理論視角的推測,並像其他「獲得性遺傳」的表現形式一樣,注定要受批評的。

4 擴散理論

▶ 4.1 ｜ 傑夫頓・埃利奧特・史密斯以及「世界文明源於埃及說」

史密斯（1871-1937）是一位出生於澳洲的解剖學家和埃及學家,成年後在英國度過了大半生。他發表最出名的著作《龍的演變》（*The evolution of the dragon* 1919）時,正任職於曼徹斯特大學。史密斯於1895年獲得雪梨大學的醫學博士學位,專攻脊椎動物的腦部結構,

但他更感興趣的主題是人類大腦皺褶（convolutions）的功能，進而使他對埃及木乃伊大腦的研究產生了好奇。1900 年他被聘請到開羅醫學院，同時透過私人關係，被任命為努比亞[4]考古勘探的顧問，因此在此時，他已經由相關人脈成為埃及學界的翹楚。在這段時期，史密斯顯然信從了兩個基本前提：1. 人類基本上不具創造力，因此不太可能兩度想出相同的看法；2. 埃及是世界文明的搖籃。這兩者的結合導致他提出激進的「擴散理論」以解釋龍何以分布全球的主張。

史密斯不是唯一的激進擴散論者。哈里斯（Harris 1968:380-381）將他與里弗斯（W.H.R. Rivers）和佩里（W.J. Perry）一同視為英國擴散理論的代表人物（不過里弗斯只對美拉尼西亞和波利尼西亞區域的擴散現象感興趣），而史密斯和佩里都算是激進的擴散論者，因為他們聲稱，有些文化特徵是透過借用機制而傳播到世界各地的。在這方面，他們與當時的德國人類學的「文化圈理論」（Kulturkreislehre）扣合，同樣立足於一個基本前提，即人類基本上不具有發明創造的能力。史密斯以及後來受到他影響的佩里與其他激進擴散論者的不同之處在於，前兩者主張，不管哪種重要的文化發明都只起源於埃及，而且只發明出來一次，這點使他們與其他激進擴散論者區分開來。

史密斯在書的開頭（1918:vii-viii）為其行文零散不連貫的缺點道歉，他告訴讀者，這是寫作條件困難所導致的結果：

> 假設能夠一氣呵成將整本書加以審訂，要是其他職務的壓力仍允許我花更多時間在這件工作上，那麼就有可能消除這些缺陷，從而形成一篇相對連貫的敘述，而不僅僅是一堆數據和評論標籤的雜合。本人比任何人都更清楚，龍的故事在本質上極為複雜，而本書開展論證的方法又不完善……因此，不該將這本書視為連貫的論證，僅應是其為研究龍歷史的一些原始材料。

4　Nubia：位於埃及南部與蘇丹北部之間沿著尼羅河沿岸的地區。

作者先藉這方式轉移了評論者可能發出的抨擊，接著才開始闡述自己的論點。他首先宣稱人類特別不具備發明創造的能力：在他看來，彼此類似的發明，就算如何有用，由不同文化同時創造出來的可能性幾乎為零。由於農業、有組織的祭司階級以及城市化在埃及興起的時間早於其他地方，史密斯很容易便優先考慮了埃及，視文化發明僅在該地發生過一次，然後再透過擴散的模式傳播出去。其論點的獨特之處在於：每一個擁有與埃及文化傳統相似（甚至只是稍微相似）特點的世界文化都說成是從埃及借來的。如此一來，他就不得不假設，埃及使節的足跡曾踏遍全球，並將埃及的恩澤傳播到世界上的各個角落。沒有哪個文化例外，即使是擁有豐富且高度獨特文化歷史的中國，其大部分文化也是從埃及借來的。哈里斯（1968:380-381）在討論世界文明的埃及中心理論時曾對一般激進擴散理論提出評論：

> 隨著埃及人文明的進步，他們開始走陸路和海陸旅行到遠方去，以尋找珍貴的金屬和其他原料。在這個過程中，他們藉由擴散和殖民，迅速傳播了他們在出發地尼羅河岸建立之古老文明的各種變體。

　　龍的概念最初是埃及祭司創造的，也成為這一大規模文化擴散的一部分。它擴散到了全球，遠至歐亞大陸各個角落，並延伸到美洲。我不會嘗試探討史密斯有關龍這概念是如何起源、演變和傳播的每一個細節，但為了正確評價他的主張，則需要一些基本的指導方針。

　　首先，根據史密斯（Smith 1919:viii）的說法，

> 在埃及和巴比倫最早的紀錄中，習慣上透過描繪國王興建灌溉工程的事蹟來推崇他的德澤。隨著時間的推移，人們不僅進而把國王視為施予水而使沙漠變肥沃的人，而且還是賦予生命力之水的擬人化以及施予者。

　　他補充說，人們開始認為自己的福祉取決於國王的生命力，一旦

他出現衰落的跡象,將他殺死「也並非不合邏輯」,因為他的衰落代表著整個群體的衰落。然而,

> 當這一看法發展成故王能在另一個世界中獲取新生命力的觀點時,故王成為神祇奧西里斯,成為比其生前更能賜給土地和人民更大的、賦予生命力的恩惠。他就是令土地肥沃的尼羅河。最初龍是一種益獸,是水的化身,可與國王和神祇畫上等號。

史密斯以這種相當迂迴、隨意的方式,將中國人對龍控制水和天氣之信仰的核心與埃及的起源聯繫起來,並主張龍的概念是從埃及傳播到全球的,他藉此成功解釋了龍這概念的普世性。然而,他對表1中所描述的大多數特徵都未加解釋,也似乎沒有意識到這些特徵需要解釋:為什麼龍會被塑造為合成的幻獸?為什麼龍一再與瀑布產生關聯?為什麼在彼此遠隔的文化中都被視為雌雄同體?這些特徵都是埃及祭司為了好玩而虛構出來的奇特細節嗎?

與其他激進擴散理論所面對的批評一樣,大多數學者並不採納史密斯龍起源於埃及的理論。這些學者認為,擴散現象確實存在,但通常比較局限於地區性的文化,而且還需證實其彼此之間曾持續有過接觸。不過,學術界部分人士仍然支持應認真看待全球擴散的觀點,比如格里德爾(Grieder 1982)等藝術史學家的著作即是,此外利奇和弗里德(Leach and Fried 1972:323)和霍加斯和克利里(Hogarth and Cleary 1982)也暗示支持這一立場,後者曾表示:「阿茲特克人的起源仍是個謎。然而他們那了不起的藝術的某些面向及其對於龍的信仰都顯示與埃及或亞洲的關連。」

亨茲(Hentze 1966)研究對象的範圍比較窄,只為龍概念的跨太平洋傳播提出辯護。他堅信在中國北部山東省的墓葬品中發現的藝術圖案,與位於秘魯利馬北方250英里、特魯希略(Trujillo)南邊奇姆博特灣(Chimbote Bay)附近的海岸城市奇姆博特發現的藝術品相似。令他印象最深刻的是一個出自公元150年漢代墓葬之雙頭彩虹巨

蛇（Regenbogenschlange）的造型，以及一個奇姆博特的陶製容器，其上呈現一位長著豹牙的閃電之神，而下面則是一條相似的雙頭彩虹巨蛇。此外，他還引用了墨西哥西海岸科利馬－納亞里特－哈利斯科（Colima-Nayarit-Jalisco）墓葬群遺址出土的另一個相同類型的藝術作品，其年代大約為公元200-300年，與東漢出土文物大致同時，並得出如下結論（1966:259）：美洲遺址中的藝術圖案係受到中國武梁祠文化的啟發。

我們無法完全釐清，亨茲是否打算只將自己的主張限於藝術圖像的借用，還是相信彩虹巨蛇／龍的概念本身是經由長距離接觸而傳播開的。不管兩者究竟為何，他聲稱美洲的藝術圖像是從中國借去的主張存在嚴重的問題。其中之一是航海技術。中國人從來不是志在海洋的民族，如前所述，直到明朝（1368-1644）時，中國皇帝才試圖探索中國境外的地區，並派遣著名的宦官將軍鄭和進行了一連串起先沿著馬來半島海岸，繼而轉向印度的探險，最終在1405至1433年之間多次抵達非洲的東海岸。然而，這支中國船隊並非直接航向大海，而是往返始終都是沿著海岸前進的。

東漢王朝早於明朝一千多年，其首都位於距離黃河河口數百英里遠的洛陽，是無法輕易到達海岸的。這些文化和地理的相關因素使得任何中國船隊在公元2世紀或3世紀，甚至一千年後，都很難與美洲有所接觸。亨茲並未考慮前現代階段穿越太平洋的困難。即使是航海技術比中國人優越的波利尼西亞人，他們在西波利尼西亞（斐濟－東加－薩摩亞）受阻了兩千年，直到航海技術改進了，他們才得以抵達東波利尼西亞，並首度於公元1025年或更晚的年代在社會群島登陸（Blust 1999b:77–82, Wilmshurst, et al. 2011）。再加上他所處理的藝術比較只是出於印象，我們似乎沒有理由排除如下得解釋：兩地藝術中的雙頭彩虹蛇其實只是各自趨同發展的結果。

儘管呈現方式不同，另一位同樣奉行激進擴散理論思想的研究者是埃及學家喬治・戴維斯・霍恩布洛爾（George Davis Hornblower），

他也研究過龍,不過範圍只限於於城市化的、認字識文的文化。他推測這個概念最初起源於美索不達米亞或埃及,是表現當地神祇力量的一種方式:

> 簡言之,我們可以合理假設,拼湊而成的動物形象是為了具體呈現所本之動物的各種特質:獅的威猛力量、鷹的迅捷或蛇神祕的致命性。在美索不達米亞,這樣的生物很早就與神明連結在一起⋯⋯人們很有可能藉由牠們傳達神祇具有合成形象中每一種動物的力量(Hornblower 1933:80)。

這個想法從中東地區向東擴散,一直傳到中國北部。像其他性質相同的研究一樣,這一研究並未對龍的許多廣泛分布的特徵做出解釋,包括龍為何控制降雨、為何藏身瀑布、為何守護泉水以及其他一系列被忽視的重要現象。

5 其他理論

可能有其他一些龍的理論可以歸入比較概括性的分類,但以下這些都與迄今為止所探討的理論截然不同、必須將其視為獨特的。

5.1 瑪麗・巴納德(Mary Barnard)的〈獵龍記〉(*A Dragon Hunt*)

在一篇簡短但具原創性的論文中,巴納德(Barnard 1964)認為龍普世存在的現象不應該歸因於例如人類與主龍爬蟲類動物的接觸、對天氣的含糊指涉、極端的擴散或心理原型等說法。在她看來,這些解釋的不足之處已經昭然若揭了,於是她尋求一種全新的方法來說明龍普世存在的現象,而這實際上是一種社會性的解釋(social explanation)。

巴納德從文章一開頭便主張,如果仔細研究龍的神話必然會得出

如下結論：龍是一再反覆被發明的，而不是從單一起源傳播出去的。在談到象徵主義論龍的立場時，她幾乎無法掩飾對於這種武斷立場的惱怒，因為這種立場會紛亂導往許多不同的方向：

> 象徵主義從這個神話到那個神話都不一樣，費心讓所有的龍都起源於一種無意識的恐懼或慾望是沒有用的。人們曾將龍描述為雲彩、火、河流、黑暗、時間、邪惡、未知、父親、現狀、銀河、天體運行等等的象徵，而聖喬治的龍則象徵異端邪說。（Barnard, 1964:422）

她短短幾句話就否定了至少從 1880 年代以來便受文學吹捧的想法，接著她再提醒讀者，龍不僅是神話的一部分，還是民間文化的一部分，例如中國民眾的新年歡慶，或法國南部塔拉斯孔（Tarascon）的舞龍[5]。在法國的例子裡，龍身由部分隱藏其中的舞者舞弄。就好像其他以振奮之詞提出關於龍的理論的學者，巴納德也以類似的「我找到了！」的口吻，將神話和舞蹈之間的關係顛倒過來，並問讀者，神話中的龍是否可能只是在舞蹈中所見之龍的投射？她是這麼提出問題的（1964:423）：「龍的原型首先在人們的想像中成形，後來才由舞者飾演？還是牠若非是由舞者自己創作出來的，當其中一位突然喊道：『看哪，我們正在編制一條大蛇呢！』」

根據巴納德的說法，公眾節慶中的蛇舞是相當普遍且古老的，因此舞蹈形式可當作龍型的模型。換句話說，參與蛇舞的人，無論出於何種目的，將舞蹈的陣形投射到一個混合了爬蟲類動物特徵和哺乳類動物或鳥類特徵的幻獸上，而這個野獸可以飛行、噴火、守護寶藏等等。巴納德試圖透過舞蹈服裝的變化（例如使用羽毛頭飾）來解釋龍

---

[5] La Tarasque：泰拉斯奎是一種具有獅頭、牛身、熊足（六足）、龜殼（有刺）、蠍尾（或其他樣子的刺尾）的傳說生物。根據法國中世紀的《黃金傳說》（La Légende dorée），這是一條生活在法國南部的內爾呂克村（Nerluc）附近的龍，曾對村子造成危害，後來被聖女瑪爾達（Saint Martha）以祈禱收服。

的一些特徵（如其身體樣態）。然而，如果龍在舞蹈發明之前並非獨立存在，那麼舞蹈中的龍又從何而來呢？或者更概括地說，為什麼在跳一種和龍毫不相干的舞蹈時，人們會將舞蹈投射到一種豐富神話傳統中的生物上呢？而且生物又與舞蹈的實際形式毫無明顯聯繫？這些疑問都留待讀者自己猜想了。最後，巴納德雖然提及中國龍，但與這裡探討的其他幾種理論一樣，都是以歐洲為中心的：她如何解釋例如在中美洲或澳洲原住民那些不具線形舞陣傳統的地方，那裡龍的概念又源自何處呢？

5.2 ｜ 保羅・紐曼，與維京的連結（Viking Connection）

在一個長十二頁、名為〈理論〉（*Theories*）的章節中，紐曼（Newman 1979:202-204）提出龍的故事之所以集中出現在英國某些地區可能並非偶然。他特別提到了曾被稱為「丹麥法」（Danelaw）的英格蘭東北部地區（在那地區，由於維京人反覆侵襲並來定居，「丹麥人」的法律於是凌駕於盎格魯－撒克遜人的法律之上），並評論道：

> 人們通常相信，諾森伯蘭郡（Northumberland）和達勒姆郡（Durham）之所以經常出現龍的傳說，這可能與挪威海盜對這個地區的影響有關⋯⋯有可能北歐人在定居於英格蘭北部時，創造了一個屬於自己的神話傳統，將他們的舊信仰與新環境和諧地結合起來。或者，也有人解釋，這些龍代表的不過是維京人，比喻這些理智全無、像爬蟲類動物的殺手（Newman 1979:202）。

紐曼所謂的「他們的舊信仰」似乎指的是維京長船上所裝飾的「鮮豔彩繪的龍船首」，暗示他們相信龍是戰爭中的同伴以及保護者。然而，令人遺憾的是，他的說法也像迄今為止提出的所有關於龍的理論，缺點在於過於狹隘，無法解釋表1中所列出之龍的全球分布特徵，哪怕只是一小部分也辦不到：為什麼在世界相距甚遠的各地，大家都

認為龍可以掌控降雨？為什麼龍會守護泉水、井、湖泊等？為什麼龍會在雲端高飛？為什麼龍基本上是爬蟲類動物，卻帶有哺乳動物或鳥類的特徵？為什麼龍經常與瀑布相關聯？這張表還可以再列下去，但一貫地遭人忽視，因為他們寧可耽溺於臆想，而不願踏上必須遵循的路徑。該路徑的起點即是我們將在後續章節詳細討論的、表 1 中所臚列之廣布全球的龍的特徵。

▶▶ 5.3 ｜ 巴伯與巴伯（Barber and Barber）：一條龍、多條龍、還是沒有龍？

巴伯與巴伯（Barber and Barber 2006:231-244）特別關注日耳曼龍的概念源自何處的問題。為了探明這個問題，他們檢視了可以追溯到九世紀、早期冰島長篇傳說薩迦（saga）中的龍，以及與其類似、古英文史詩《貝奧武夫》（*Beowulf*）（於 975 年首度形諸文字），還有約 1200 年創作的中古高地德文《尼伯龍根之歌》（*Nibelungenlied*）。在研究的過程中，有個想法吸引了他們：盜墓者侵入古代墳塚尋找寶物時，應該經歷了一連串事件，而這些事件可能組合在一起形成龍的概念。兩位作者描述了他們所謂的「奪取過程」（Stripping Procedure），其中總共包括以下步驟（2006:234）：

（1）有人從古墳中偷走一只杯子。
（2）墳裡噴火出來，火勢擴散。
（3）在石砌的入口附近，探險者不假思索地刺向火源，同時設法避開火舌，但未奏效。
（4）氣味很臭。
（5）人們刺得更深，最終火焰熄滅。
（6）墳內有寶藏，但是沒有龍的蹤影。

然後兩位作者補充道：「我們無從得知龍的外貌，因為當牠還活著時，人們只能看到火焰，一旦火焰熄滅，**一切了無痕跡**。」他們藉由這種方式，設法解釋龍為什麼噴火，氣味有毒，並會守護寶藏，不

過外貌可能有所差別。

這無疑是一種理解某些龍信仰之所以產生的新方法，然而這種方法也暗示龍的起源無法以一種理論涵蓋，因為我們幾乎無法假設，龍的概念是因為世界各地都有人侵入墳墓才產生的。

畢竟，中國古典文學告訴我們，中國的龍也會噴火，而且正如我們很快將在下文討論到的，北美本土的龍（或稱「有角水蛇」）在該片大陸的幾個地方都被視為會散發惡臭或者呼出有毒氣體，而在古代希臘，龍會守護寶藏。巴伯與巴伯覺察到這個問題，為了說明這點，他們對龍採取了寬廣的定義，將其視為部分相似的同一類生物，同時得出如下結論：日耳曼龍和中國龍不一定是相同類型的生物，而這兩者中的任何一種也不一定和「早期美索不達米亞和希臘之宇宙龍（the cosmic dragon）」是相同的生物（2006:240）。藉由這種方式，作者顯然希望調和世界各地每個觀察者對龍的形狀和行為之不同的評論。

這個論點到此應已不陌生，細心的讀者可看出其中兩個重點。首先，就像瓊斯一樣，兩位作者假設了一種穩定的觀念串連，這種串連並非基於對單一現象的直接觀察，而是基於一系列的聯想（他們的第 1 到第 6 步）。此外，他們假設這種聯想模組隨之產生了一種連貫的整體（即龍的概念），並且這種整體能夠一代傳一代地延續下去。與瓊斯不同的是，他們的論證有一項優勢：形成龍這個概念的圖像複合體出現在人類歷史較晚的時期，因此他們可以訴諸語言作為傳遞媒介，而不必訴諸某種透過 DNA 進行的神祕觀念傳遞。然而，聲稱有足夠多的人會以同樣的方式對相同身體經驗進行詮釋，從而產生出一個文化上穩定的「龍」概念，這種主張再怎麼說也顯得牽強。第二，儘管這個理論頗為原創，但它忽略了一個關鍵點：即便龍在不同文化中有著各自的變化，世界各地的龍仍然共享某些看似任意、但實際上卻指出了趨同發展的特徵，而這種趨同發展必然是受到人類普遍可見的現實世界觀察所驅動。簡而言之，這種理論又將我們帶回第一章，我們當時首先要確認的是：龍是一種概念上的整體。一旦它們源於某

個共同的起點，就可以被各個文化加以塑造，例如口中含珠，或是中國龍特有的嗜食烤燕等特徵。至於巴伯與巴伯（Barber and Barber, 2004:241）聲稱「擊殺之龍」起源於沼氣、岩漿、雨雲或星辰的說法，則完全無法解釋為何在彼此相隔遙遠的文化中，對龍的某些核心特徵竟會有如此高度的一致性，例如為何龍會飛、會噴火、或守護財寶——難道這些特徵在世界其他地區的龍中，也是盜墓者活動的產物嗎？

5.4 ｜ 總結

有關龍信仰為何普世存在的問題，為什麼會出現這麼多互不相容，有時又如此天馬行空的想法？是因為我們沒有辦法研究文化的普世性嗎？是因為龍這個我們心智的產物其實設法想要逃避我們，正如艾倫和格里菲斯（無疑是半開玩笑的）在本章一開頭的引文中所說的那樣？

還是因為先前沒有人採用正確的方法來處理這個主題，就是不去討論龍的本身，而是去探求龍的自然起源，看看這樣能得到什麼結果？還是一個世紀以來學術圈所積累的智識偏見，致使人們難以相信，龍可能起源於文字發明之前，是人們設法理解自然界事件的嘗試——正如十九世紀很傑出但今天不獲認同的語言學家、民俗學家兼比較宗教學者弗里德里希・馬克斯・繆勒（Friedrich Max Müller）對其他神話主題所提出的建議？

前述對於龍相關理論的考察有可能不完整。即便如此，有一件事特別值得注意：說到龍這概念的起源，研究龍文獻的學者之間很少達成一致共識。有些人認為龍是受到實存生物的啟發而生，即便牠具有那些生物沒有的特徵也無所謂。其他人則提出，發現埋在地下之動物骨骸可能促使人們在心理對沒有實體可參考的龍進行「重建」。還有一些人堅信龍以某種含糊的方式成為雲雨的象徵，或者是人類個性中負面心理力量的象徵，即使明顯的，中國龍的聯想是極其積極正面

的。在急於解釋的冒進下，一位世界級的天文學家和一位人類學教授都揚棄了自己再明白不過的觀點：「獲得性遺傳」的特徵是無法傳遞給後代的。有位卓越的解剖學教授則認為龍的概念只是單一次起源於埃及，然後再由古埃及探險家帶往世界各地。還有其他一些人，對於文獻中許多「故意忽視」或是「純屬猜測」的地方感到失望，轉而主張龍最初乃是舞蹈陣形，後來才被投射到信仰系統中，又或龍的起源各式各樣，不應視為單一現象。

很難想像還有其他什麼問題能比龍的起源從更久以來就吸引人們的好奇心，而這也導致了其相關學術研究的全然混亂。好像龍本身的奇幻性質感染了幾乎每個涉足這個問題的人的思想，導致他們任憑臆測橫生，忘掉了科學基本且已確立的原則。無論在哪門科學領域中，我們該如何著手針對令人困惑的觀察結果，找出解釋之道呢？

如下是一組指導方針：

第一，我們記錄並研究與關注問題有關的觀察，以確保這些觀察準確無誤。在龍的主題上，這意味我們要記錄廣泛的人類文化中賦予龍在身體以及行為方面的特徵。這個在第一章已經初步提出。

第二，在社會科學的比較研究中，我們必須注意高爾頓的問題（Galton's Problem，即確保受比較之單位的歷史獨立性）。因此，我們不會將龍的理論建構於僅在歐洲、中國或任何其他單一地理位置找到的特徵，也不會僅限於彼此說相關語言的社會，因為這些特徵可能純粹是地方性、任意發展的（亦即文化的產物），而非看似隨意（亦即藉由自然因素所觸發的驚人意念）。

第三，我們分離出那些至少出現在世界上兩個不太可能有密切文化接觸的地區中且看似隨意的特徵，比如龍的飛行能力或是傾向守護泉水和寶藏。這些特徵都可以稱為「普世」，這不是因為它們在所有文化中都存在，而是因為它們的分布不可能合理解釋為起源於一個單一文化，然後再傳承給後代，又或者起源於一個單一地理區域，然後再擴散開來。

第四，我們必須將龍的普世特徵解釋為：龍在許多不同的人類文化中獨立生成，而這只有在地球上不同地區對世界的感知都相似的情況下才可能出現。這代表創造龍概念之自然的或心理的刺激必須無處不在。

第五，如何解釋龍的普世特徵？我們必須參考創造出龍的自然和文化環境中仔細紀錄下的特點。

最後，我們必須找出龍的特徵與環境特點之間的關聯，並設法將這些關聯只屬偶發的機會減至最低，其辦法是：奉行尋找證據交叉點的慣常程序，並且遵循「奧坎剃刀」[6]的法則。

令人驚訝的是，某些撰寫與龍相關之通俗書籍的作者雖然未將信仰與觀察連結起來，卻能近乎理解龍的真實本質。舉一個可能的例子，艾倫和格里菲斯（Allen and Griffiths 1979:6）認為：「龍明明不存在，然而龍的象徵在世界歷史中為每一個文化所使用。大多數神話都同意，龍誕生自雲及水，牠和雲及水一樣無處不在，而且外貌也像雲及水一樣易變。」

這的確是真知灼見的開場，但可惜未持續追蹤龍的源起。為什麼許多文化單憑想像便推出一隻有能力控制天氣、守護泉水和寶藏等等的似爬蟲類幻獸呢？如果事情真是這樣，為什麼我們會在地球相距甚遠的地區中看到對龍的形體和行為特徵的細節上有如此顯著的一致性？世界文化間的巨大變異無疑說明：在此文化和彼文化之間，想像力運作起來可能產生千差萬別的變體。然而，對於現實世界的信仰往往受到觀察的嚴格限制，這就是為什麼我們必須先找出龍的特徵與自然環境特徵之間的相關性，才能解釋龍這概念在世界各處醒目的相似性。只有這樣，我們才有望在理解人類思想中最古老的未解之謎上取得進展。

6　Occam's razor：意即「簡約法則」，係由 14 世紀方濟會修士奧坎的威廉（約 1287 至 1347 年）所提出的邏輯學法則：當兩個假說具有完全相同的解釋力和預測力時，我們以那個較為簡單的假說作為討論依據。

我們既已在面前勾勒出這條路徑，現在就來看一看其中的一項相關性，亦即龍與瀑布有關的事實，其分布的地區彼此相距甚遠，至少包括北美和南美洲、東南亞島嶼以及非洲等彼此不連貫的區域。

第三章

龍與瀑布

　　為什麼龍會與瀑布相關呢？這些大自然醒目的特點究竟在哪方面能吸引這種全然奇幻的生物呢？龍是否出現在所有類型的瀑布中，還是只出現在某些類型中？

　　在設法回答這些這些或類似問題時，先須註明的是：要在找到相關資訊可能非常困難。有很多網站專門介紹瀑布，但往往著墨在欣賞瀑布之美或者撫慰人心之流水聲的視角，很少有旅行者對曾住過或現在仍住在這些壯觀自然景觀附近的原住民神話有任何認識。要找到相關資訊，就需要翻閱幾百本旅誌（通常是十九世紀或更早的書），或者找出那些曾生活在或仍然生活在瀑布附近原住民族的神話紀錄。就算這樣，也經常、甚或十之八九可能會發現，對龍出沒於當地瀑布的真實信仰根本沒有陳述，而唯一獲取資訊的辦法就是訪問當地具有文化傳統的原住民。雖然存在這些障礙，還是可以蒐集到如下的一些例子，而它們在在表明，在北美洲和南美洲、東南亞島嶼以及非洲，龍與瀑布之間存在著明確的連結。這種連結不可能是任意滋生的，否則就無法解釋其在世界各地相距甚遠地區的反覆出現。

1 北美洲

▶▶ 1.1 │ 尼加拉的有角水蛇

在北美洲所有瀑布中，紐約州水牛城附近的尼加拉河的瀑布無疑最負盛名。若說世界上與龍有關的瀑布各地都有，那麼尼加拉瀑布必然是研究這種連結的首要標的，而從這方面看，果然沒有讓我們失望。這地區的原住民是塞內卡人（the Seneca），即是易洛魁聯盟（Iroquois confederacy）五個民族中位置最西的一族。

易洛魁人最受人引用的傳說之一即是塞內卡族關於「尼加拉有角水蛇」的故事，這也是北美各地都能找到之有角水蛇傳說的一個變體。在 1851 年出版的《長屋民族聯盟，或稱易洛魁人》（*League of the Ho-de'-no-sau-nee or Iroquois*）一書中，路易斯・亨利・摩根（Lewis Henry Morgan）披露了這個故事最早且最著名的版本（Morgan 1954:149-151），內容大致如下：

賀諾（He'-no）是專司造雲造雨之偉大神靈的助手，同時負責保管雷霆，並能確保土地肥沃多產。在故事的一個版本中，他住在尼加拉瀑布後面的一個洞穴裡。在瀑布上游卡雲嘉溪（Cayuga Creek）溪口的一個村莊裡，有位年輕的女子被許配給一個令人反感的老人，為了逃避這個命運，她坐上樹皮所造的狹船上，任憑水流帶她墜入死亡以獲得解脫自由。然而，在她墜落瀑布的過程中，賀諾及其兩名助手將她捉住、將她帶回洞穴中，並與之結為夫妻。在此事件之前，她村莊的人一直受到某種神祕瘟疫困擾，致使尼加拉河和卡雲嘉溪的水遭汙染。賀諾現在向她揭示了原因：有條巨大的水蛇居住在她村莊下方，並且毒害水源，同時以埋在那裡的死者身軀為食。他吩咐妻子返回家鄉，然後建議族人遷到新的住地，而族人也照辦了。水蛇失去了維生所需，便從地下冒出，以便探查原因，後又潛入水中，尾隨族人去了新地。然而這怪物在水牛溪（Buffalo Creek）水道游泳時被賀諾發現了，後者用一道雷霆劈下，而蛇在設法逃脫時，鏟開了水流的兩岸，

就造出馬蹄瀑布（Horseshoe Falls）。

基本上，康威爾斯（Converse 1908）曾重新講述這個故事的同一版本，不過塞內卡族的作家亞瑟・派克（Arthur C. Parker）也提供了兩個略有不同的版本（Parker 1923:218-227）。在派克兩種變體中的第一個版本中，位名為西諾（Hi"no）的雷神追求某位適婚的年輕女子，在描述中西諾為友好的人，也從不與巫婆打交道。西諾確信自己能贏得所追求之女孩的芳心，但她遲於回應，西諾於是懷疑她已被一位競爭者施了魔法，便和女孩的父親一起等著窺探她的行動。不久之後，他們看到女孩遇到一位脖子很長、眼睛小但亮閃閃的陌生人，並接納他作丈夫。她的丈夫帶她沿著尼加拉大瀑布的懸崖爬下，遁入水中，游回藏在瀑布後的洞穴裡。洞穴有間昏暗小屋，裡面藏有多套衣服。新婚丈夫說出自己必須暫時離開三天，之後他便鼓勵妻子找來一套穿上。然而她卻不願聽命，因為她試過的每套衣服都散發奇怪的魚腥味。有套衣服特別吸引她，而她也幾乎要穿上了，但那氣味就令她打消念頭。丈夫回來時，問她是否選了衣服穿上，她說找到了一套自己非常喜歡的，但因它有氣味，而且害怕可能為自己招來禍事，於是不願穿上。她的丈夫埋怨，那正是他希望妻子挑選的衣服，如果她能穿上，他將非常高興。隔天，他再度藉故離開，但承諾不久就會回來。這次等他離開後，女孩仔細檢查了小屋中所有的衣服，那時她才恐懼地察覺到，那些都是巨蛇的衣服。眼見自己受騙，她決定離開。她從洞穴小屋逃脫後游到水面，但天黑了，天空布滿雷雨雲。派克是如此描述的（1923:221）：

> 大風暴即將來臨。然後，她聽到了巨大的飛濺聲，她看到水中一條巨蛇怪物朝她犁來。牠的眼睛燃燒著狂野的火焰，頭上還長了一對角。怪物越靠越近，她驚慌失措地爬上黑而滑溜的岩石，試圖逃脫。閃電劃過，她目光銳利地看著這個怪物，發現那是她丈夫的眼睛。她特別注意到對方眼睛上一個曾經奇怪地吸引

過她注意的標記。然後她察覺到,這條巨大的有角蛇正是她的丈夫。

在這則真的扣人心弦之故事的結尾,她的丈夫將她盤繞起來,想擁抱她,但在一道閃電和雷鳴中,他被西諾的箭射穿,倒了下去。女孩差點摔落,但雷神接住她,將她帶到她父親的小屋。雷神解救了女孩,而且告訴她,自己一直想解救她,無奈受到怪物魔力的阻撓。接著,雷神問她一個最關鍵的問題:她是否曾穿上水下小屋裡的任何衣服?他解釋道,一旦她穿上了,就不再是女人,而是變成蛇了。

她說自己壓下穿上蛇裝的衝動,於是西諾告訴她,她必須前往一間小屋接受排汗淨化。於是,她去了女人專用的蒸汽小屋,等到出了汗並被草藥淨化後,「她尖叫了一聲,所有的女人跟著尖叫,因為她排出了兩隻小蛇。小蛇順著她的腳溜下,外面的雷神用一聲巨響殺死牠們。」(Parker 1923:221-222)

這裡無須重述派克筆下的第二個版本,因為上述這兩個版本差別已經夠大,大到足以讓我們提出一些重要問題。雖然兩個講的是同一個故事,但顯然是出於不同的目的。摩根筆下的版本基本上是一個「事情如此這般」的故事,旨在講述尼加拉馬蹄瀑布如何形成。派克描述的版本則因與塞內卡人的巫術觀念糾結在一起,所以較為複雜,且無疑是一個更龐大的、同類故事系列裡的一部分。

這些故事的枝節很容易讓人聽得入迷,毫無疑問,這些故事經過世代傳承,成為冬天暗夜裡的娛興。然而讀者不能忽視,我們在這裡發現了一條與瀑布相關的巨龍。尼加拉當然不是單一的大瀑布,而是由分成幾條水道的河流所形成的一系列瀑布:河流在到達懸崖前分流,然後下墜。參觀過的人都知道,巨大的水量造成了「逆雨」現象,不斷上升的水霧高入空中,在陽光普照的日子產生彩虹,這也就是其中一條支流被稱為「彩虹瀑布」的原因。尤其值得注意的是,尼加拉的有角水蛇住在瀑布上方的卡雲嘉溪,這一點也饒富意義:由於尼加

拉的水量巨大，而且因之而起的水霧漫向高處，所以彩虹通常出現在瀑布上方，而非形成於懸崖底部由天然水力所侵蝕形成的洞穴前方。

2 加勒比海和南美洲

▶▶ 2.1 ｜ 海地的龍

在所有非洲解放奴隸所居住的西半球地區中，海地可能是保留較多傳統西非文化的地方。海地文化中一個顯著的、衍生自非洲的特徵是其萬物有靈論的宗教，稱呼有時不太一樣，如伏敦教（Vodoun）或巫毒教（Voodoo），都是歐洲天主教和土著口述傳統的融合，著重安撫存在的神靈。根據各種來源的描述，這種宗教的信徒每年會到海地中部山區拉通布河（La Tombe，法文中意指「墳墓」）上的跌水瀑布（Saut d'Eau）朝聖，尋求由阿伊達維多（Ayida Wedo，意即彩虹）所守護之水的祝福，而阿伊達維多則在瀑布上方弓著身軀，與她的伴侶達姆巴拉（Damballah，意即蛇）交纏在一起。（Métraux 1959:329ff., Davis 1985:170-185）

我們將在稍後章節進一步詳細描述，這場儀式最引人注目的地方在於：祭祀的中心為一個既是彩虹（女性）又是蛇（男性）的神祇，這兩個身分交纏在一個不可分割的整體中，同時具有男性和女性的特徵，也就是將對立的特徵融合在一起，無論是在傳統中國、澳洲原住民，或歐洲中世紀鍊金術那繁複玄妙的體系中，皆可見其蹤影，如後文將一一呈現。

▶▶ 2.2 ｜ 圭亞那的龍

圭亞那及其鄰近的委內瑞拉地區以其脊狀山（tepuis，山頂平坦，是廣大叢林中生物多樣性的孤島）以及一片普遍有利於瀑布形成的地形而聞名。委內瑞拉的天使瀑布（Angel Falls）高達 3,212 英尺，通常

被視為世界上最高的連續瀑布，但外界對其本土相關的民間傳說知之甚少。然而，在鄰近的圭亞那，根據紀錄，也有兩座瀑布（或瀑布群）藏著龍。

其中的第一個瀑布群由探險家亨利・庫德羅（Henri Coudreau 1895）加以描述。他於十九世紀末在法屬圭亞那的奧亞波克河（Oyapock）河中上游與圖皮－瓜拉尼（Tupi-Guarani）語族的印第安歐亞姆皮人（Oyampi）（在較近的資料中稱為「瓦亞姆皮」〔Wayampi〕）一起度過一段時間。現代資料顯示，歐亞姆皮的三個村莊位於「三重瀑布」（Trois-Sauts）附近。

庫德羅告訴我們，歐魯阿伊圖（Ouroua Itou）瀑布在許多小嶼間奔流而下，又長又猛又危險，除了庫瑪拉魯阿（Coumaraoua）瀑布之外，算是最險惡的一處。巨大的樹幹被水沖走，撞擊在岩石上，發出震耳欲聾的轟鳴，就像沿途有大砲在開火一樣。歐魯阿伊圖、庫瑪拉魯阿、阿庫西拉涅（Acouciragne）、阿拉里歐（Arario）和麻撒拉（Massara）都是歐亞姆皮人的傳奇瀑布。每個瀑布的底部都住著一條巨蛇，藏身在激流的漩渦中。歐亞姆皮人說，他們不只一次看到蛇抬起碩大的頭。這時他們所有掙扎都無濟於事，因為獸性大發起來，會把獨木舟和印第安人沖入水中，巨大的爬蟲兇狠地吞噬印第安人，有時連獨木舟也不放過。因此，每個瀑布都有它神祕的守護者。基於這個原因，歐亞姆皮人在經過瀑布之前絕口不提瀑布的名稱，因為水底的蛇能理解其名稱的發音，勢必追趕那些膽敢稱其名的人。

第二個瀑布群係由德國探險家兼民族學家迪奧多・科赫－格倫貝格（Theodor Koch-Grünberg, 1924）所描述。他在十九世紀前二十年的時代遊歷了圭亞那，並詳細記錄了當地人民的文化和神話。他特別專注於兩個被他稱為陶利旁（Taulipáng）和阿雷庫納（Arekuná）的加勒比語族族群。今天這些人則被稱為陶利旁（Taulipang）和阿雷庫納（Arecuna），一般認為這兩個族群都各講佩蒙語（Pemon）的一種方言。格倫貝格（Grünberg 1924:15）是這樣描述阿雷庫納人的：

彩虹克耶梅（Keyeme）出現時，族人認為那是生活在高大瀑布中的一條多彩大蛇。他們可能因觀察到從瀑布升起之水沫或霧氣所形的多道彩虹，所以產生這種信仰。克耶梅褪下皮膚時，就變成一個充滿惡意的男人。然而，即便如此，人們仍稱其為「一切動物之父」。

他稍後又補充道，克耶梅可以化為人形，但當他脫去衣服後，又會變回一條巨大的水蛇，而且動物也有靈魂，死後靈魂則會進入克耶梅，這就是為什麼族人稱其為「一切動物之父」的原因了。

除了這些記述，格倫貝格還記錄了許多阿雷庫納族的故事，其中克耶梅扮演了一定的角色，但這些似乎都與瀑布的連結完全無關。這個神話角色看起來半人半龍，其主要關係就是提供其存在之物質條件的瀑布，此外，克耶梅一旦成為文化的創造物，阿雷庫納人就可以在神話和故事中對其性格進行發揮，一如塞內卡人對尼加拉瀑布的龍所進行加工的那樣。

從表面上看，這兩個南美洲的例子可能看起來幾乎相同，但事實並非如此。首先，儘管這兩個族群都住在圭亞那，但他們在地理環境上可說是相隔極盡遙遠。一邊是位於法屬圭亞那東南部奧亞波克河畔的歐亞姆皮人，而另一邊的佩蒙／阿雷庫納人則住在圭亞那中西部沿委內瑞拉和巴西邊界的帕卡萊伊瑪（Pacaraima）山脈，與前者相隔 800 多英里。此外，根據報導，歐亞姆皮人大約在 1736 年自亞馬遜南部遷移，直到 1800-1820 年才進入法屬圭亞那（Gillin 1963:814-815），這代表這兩支族群在過去兩個世紀之前的地理距離更疏遠。其次，兩者使用的語言沒有親屬關聯，而文化也差異極大。因此，這就告訴我們，圭亞那和法屬圭亞那瀑布中的蛇怪可能不是經由文化借用而複製的。如果能找到更好的文獻記錄，我們也許會在整個南美大陸（以及世界其他地方）找到更多這類例子。我們目前也不得不滿足於這些對此類信仰非常有限且不成體系的紀錄。不過話說回來，這些

報告相當一致,而且地理分布又廣,足以清楚表明,在廣泛分散的地區都出現龍與瀑布的連結,其中必有一個理由。

▶▶ 2.3 │ 伊瓜蘇的巨龍

鑑於其他主要瀑布中都存在龍的傳說,我曾懷疑巴西和阿根廷邊界上的伊瓜蘇瀑布(葡萄牙語稱 Iguassu,埃莉諾・羅斯福[1]目睹這座瀑布時曾驚呼:「可憐的尼加拉!」)是否也住著一條龍。然而,我一直找不到任何有助釐清這個疑問的相關資訊,直到後來,又位任職旅行社的朋友安東尼奧・安德列斯－洛佩茲(Antonio Andres-Lopez)因經常組團前往南美洲,便為我探詢了這個問題(私人通訊,2011年8月29日)。這裡闡述一下他有次帶團前往伊瓜蘇旅行中發現的事:

> 在西班牙人到來之前,伊瓜蘇瀑布周圍的土地屬於印第安瓜拉尼人(Guarani Indians)。瓜拉尼部落每年都會向居住在伊瓜蘇河中的蛇神姆博伊(M'Boi)獻祭一位美麗的處女。這些女子通常是為了獻祭而養育的,沒有人會反對將她們投入河中的事。不過,奈皮(Naipi)和那些注定非死不可的女子不同,因為她將嫁給鄰近部落的偉大戰士塔魯巴(Taruba)。
>
> 婚禮前幾周,奈皮在河邊散步,姆博伊在水中看到了她的倒影。蛇神認為她是自己見過的最美麗的女人,並要求瓜拉尼部落將她交出。部落的長者們很害怕惹怒姆博伊,因為後者的父親是統管一切的至高神祇圖帕(Tupa);因此,他們安排在奈皮與塔魯巴結婚的前一天將她獻祭。
>
> 奈皮十分痛苦,因為她和塔魯巴彼此深愛。塔魯巴很憤怒,但是相信自己可以救奈皮脫離厄運。戀人倆計畫在伊瓜蘇河見面並逃走。不幸的是,姆博伊看到奈皮爬上獨木舟逃生,並迅速追

---

[1] Eleanor Roosevelt:第 32 任美國總統富蘭克林・德拉諾・羅斯福的妻子,二戰後出任美國首任駐聯合國大使,並主導起草了聯合國的《世界人權宣言》。

上他們。塔魯巴拼命划槳，設法讓兩人和蛇之間保持了幾呎距離。此舉大大激怒了姆博伊，他的身體膨脹到河一般的大小。他蜿蜒扭動，導致河流形成新的曲線，小獨木舟也前後搖晃起來。眼見塔魯巴不肯罷休，姆博伊大發雷霆，並讓地表裂開。河水溢入裂開的地表，將獨木舟捲入漩渦。塔魯巴被撞昏，後被拋上河岸，奈皮則困在獨木舟裡，眼見就要撞上下方的地面，而姆博伊卻將她變成一塊大石頭，這樣她就無法逃跑了。塔魯巴看到奈皮變成石頭，便設法衝下去解救，但他的雙手被姆博伊拉住並插入土裡。塔魯巴的手指深深嵌入河岸，變成了根，身體則化成一顆棕櫚樹，永遠根植在瀑布上方的土地上。

這是姆博伊的復仇手段，以一座巨大的瀑布將兩個戀人分開，讓他們雖能看到彼此，卻無法相聚。據說姆博伊潛伏在魔喉（Devil's Throat）的深水中，監視棕櫚樹和石頭，確保它們始終無法合而為一。儘管奈皮和塔魯巴永遠無法在一起了，但他們為表達自己的愛，仍變出了一道彩虹。這道彩虹一端是伊瓜蘇瀑布巴西一側的棕櫚樹，另一端則延伸到阿根廷奈皮的石頭上。

這故事裡的某些元素顯示這可能是原始瓜拉尼故事被歐洲化的版本，比如以彩虹來紀念遭遇厄運的戀人這種浪漫觀點，並非是世界上任何地方部落文化對彩虹的典型觀念。無論是否接受這一觀點，關鍵元素仍然不變：伊瓜蘇瀑布中藏了一條龍。

就像摩根關於尼加拉有角水蛇怪物的記述一樣，這可以視為當地人講述原委的故事，用以解釋當地地貌令人驚嘆的特徵。然而，這些故事似乎是次要的，主要呈現的還是巨蛇藏身瀑布的信仰。一旦有了這種信仰，就可以開展成我們在這裡看到的恐怖故事，或者與尼加拉相關的故事。雖然有關巨龍藏身瀑布中完整開展的故事僅在尼加拉和伊瓜蘇瀑布才有紀錄，但這種情況很可能在其他地方也存在，只是歐洲訪客在觀察其他瀑布時未曾記上一筆。

3 東南亞島嶼地區

3.1 │ 砂勝越南部的龍

十九世紀英國駐汶萊領事斯賓塞・聖約翰（Spencer St. John）寫過一本名為《遠東森林生活》（*Life in the forests of the Far East*）的回憶錄，記錄自己在婆羅洲島上個人多次的冒險經歷。其中他講述了一趟從砂勝越南部賽布瑤（Sebuyau）伊班村出發前往附近山脈旅行的過程。作者（1863:28）以如下的敘述開場：

> 第二天我們出發前往瀑布，據說瀑布位於村子下方幾英里處嘎丁（Gading）山脈的一側。下船之後，我們步行穿過一片果林，等到我們登上山脈的支脈，果林消失了。大約一個小時後，我們來到了一個非常深的峽谷，那裡轟鳴的落水聲告訴我們有瀑布了。那是我截至當時為止見過的、數一數二壯觀的瀑布；水流沿著山脈的一側跌落，形成一座又一座宏偉的瀑布……

作者接著以詩意的筆觸描述眼前的景象並進一步寫道（28–29）：

> 沿著一條稍微繞道而行的路徑，我們來到瀑布上方的某處，然後看到，這只是一連串瀑布中的第一座。其中有個瀑布高達六百呎，非常美麗：水先流過異常光滑的花崗岩，然後再被許多障礙打碎成為水沫，最後成片跌入深盆，發出震耳欲聾的轟鳴聲，周圍的岩崖間聳立著挺拔的樹，草木蓊鬱，熱帶陽光耀眼，並且從燃燒似的光亮表面反射回來，然後還有深濃陰影以及涼爽空氣。這變化多端的景象確實值得一賞。雖然有人警告我們，有條兇猛的龍守在山頂，我們還是冒險爬了上去。

這段描述特別清晰：聖約翰站在好幾道瀑布中第一道的上方，而這道瀑布則跌落下方六百呎深的峽谷中。作者繼續登高，伊班族（Iban）的嚮導警告他說，瀑布上方有一條龍，可假設為在大量水流

沖入峽谷時可能從水霧中高高升起的景象。

　　作者只是順便提到當地人的這一信仰，接著轉談其他話題，對這條龍未再多加著墨。這一觀察雖很簡短，卻是十分重要，因為它與尼加拉那條龍藏身瀑布上方卡雲嘉溪的情況相符，也就是彩虹在上升的水霧中形成，而在距離砂勝越很遠的其他案例中也有非常相似的描述。

4　太平洋地區

▶ 4.1｜懷盧庫之戰（The Battle of Wailuku）

　　到訪夏威夷群島中最大的島嶼（當地稱為「大島」）的遊客可以欣賞到靠近希洛市（Hilo，島上主要的人口聚集地）兩座位於島嶼所謂「濕側」（wet side）之大瀑布的壯觀景象。其中那個較有名的叫阿卡卡瀑布（Akaka Falls），不過如果考慮與夏威夷神話的連結，更值得我們注意的是位於懷盧庫河上的懷亞努埃努埃瀑布（Waiānuenue，意即彩虹瀑布，wai=「淡水」、「溪流」，ānuenue=「彩虹」）。正如其名所示，由於瀑布沖下大量的水，這個瀑布在晴天時會產生彩虹，類似天空出現彩虹時的有利條件「逆雨」。

　　在與龍與瀑布相關的背景下，彩虹瀑布更加引人入勝之處在於與該地方相關之波利尼西亞文化英雄毛伊（Maui）的故事。根據只在細節上有所出入的幾個夏威夷傳說，毛伊的母親希娜（Hina）住在瀑布下方經水力沖蝕而形成的大洞穴中，但遭一頭名叫庫納（Kuna）的巨大爬行怪物魔渥（mo'o）騷擾。怪物住在瀑布上方，不斷向她的住處投擲木材、石塊和其他垃圾，令她十分苦惱。她對這種舉措發出抗議，對方憤怒回應，朝瀑布扔下一塊大石頭，部分封堵了她洞穴的入口，並讓水湧進去、淹沒她的住所，也阻止她逃脫。希娜擔心溺水，於是呼喚她的兒子毛伊前去對付這頭怪物，結果引發了懷盧庫之戰。在這

場戰鬥中，文化英雄拯救了母親並且戰勝怪物。

就像波利尼西亞幾乎所有的地方一樣，夏威夷沒有蛇，因此這種自然的生物樣態在構想彩虹的時候並不可用，而在大多數情況下，虹都被視為通向來世的橋樑。儘管如此，夏威夷確實有蜥蜴和淡水鰻魚。布庫伊和艾爾伯特（Pukui and Elbert 1971）將魔渥一詞解釋為「蜥蜴」，其中包括任何類型的爬蟲類動物，例如龍、蛇，而另將水靈「庫納」（kuna）解釋為「一種淡水鰻魚」。在這種情況下，彩虹瀑布裡的怪物不能是蛇，但夏威夷神話充分利用了在地的生物資源，在瀑布這特定的背景中將彩虹描繪成一隻私名為「庫納」（淡水鰻魚）的巨大蜥蜴。世界其他地方相信有蛇藏身在生成彩虹的濺水瀑布中，而夏威夷與其相似之處顯然太令人訝異，不可能是偶然的巧合，反而指出人類普遍傾向於將彩虹視為具有爬蟲類動物（通常是蛇形）形態的生命體。

5 非洲

5.1 ｜巴素托蘭（Basutoland）的龍

由於其他地方都有關於龍的報告，我們預期非洲也有許多有龍出沒的瀑布，而實際上無疑也是如此。我們尤其預期尚比西河（Zambesi River）上壯偉的維多利亞瀑布也應住著一條巨龍。然而，很少有旅人評論這類事情，因此到目前為止，我只找到了一個有詳細記錄的例子，至於另一個例子則只匆匆帶上幾筆而已。第一個例子是二十世紀初英國測量隊的成員T・林賽・費克勞夫（T. Lindsay Fairclough）所觀察到的情況（1905:201）：

> 巴素托蘭的兩座主要瀑布位於馬雷尊亞內（Maletsunyane）河和凱塔尼（Ketane）等兩條橘河（Orange）的支流。前者的河

水跌入一個巨大的峽谷，其光禿又崎嶇的地貌使其顯得異常宏偉。瀑布實際的高度為630英呎，但兩側高聳的岩壁則超過1,000呎。凱塔尼瀑布的高度約為400呎，水量較小，峽谷中長滿了灌木，而遠處一些綠色的小丘陵又增添了這個美麗風景的魅力。此地一般的原住民都不願意靠近這些瀑布腳下，因為他們認為下方的水窪中藏著一條巨蛇，而霧氣中閃耀的彩虹也令他們心懷戒懼。

上述第二個例子出現在維納（Werner 1933:232）的一個非常簡短的段落中。他在提到肯亞一座瀑布的水霧時指出：「吉庫尤人（Kikuyu）認為，水裡和空中的彩虹不是動物本身，而是牠的形象，因為在非洲西部多哥（Togo）一個非常偏遠的地區，依維人（Ewe）也有類似的說法，即彩虹是蛇在雲中的倒影。」

這些當然不是非洲或其他地區唯一認為巨蛇棲息在瀑布的例子，然而在得以進行更多研究或者與保留傳統信仰的原住民族群接觸之前，這是我們迄今為止所能掌握的全部資訊了。話雖如此，我們這一簡短的考察並非毫無價值。這些故事中有兩個主題值得注意。首先，幾乎無需贅言，每座瀑布中的巨龍都是彩虹，儘管兩者論述有些不同，例如費克勞夫聲稱龍和彩虹都令當地人感到驚恐，但是我們只要稍加觀察便可發現，龍只存在於當地人的心目中，而這些表徵的物理基礎則是陽光經由瀑布的「逆雨」所產生的折射。其次，正如尼加拉瀑布和伊瓜蘇瀑布的龍所展現的，人們也都認定，這些龍都會侵害年輕的適婚女性，類似於與身著光燦盔甲之歐洲騎士戰個你死我活的龍，這是我在討論彩虹的民族誌時還會再加著墨的一點。

曾寫出多卷經典作品《金枝》（*The Golden Bough*）的詹姆斯・喬治・弗雷澤爵士（Sir James George Frazer），對於上述第二主題的普遍分布有印象深刻，以致使他認為一種以人牲向水靈（巨蛇或龍）獻祭的風俗曾盛行於世界各地，而為了平息水靈的憤怒，送給牠一名

女性為妻、或是提供其繁衍機會的舉措，即是該風俗的一種形式。（Frazer 1922:169）不過，雖然得出如此結論的理由頗為誘人，亦即許多記述龍侵害年輕女性的神話，可能源於人類過去實際存在之犧牲文化的實踐，但是這個結論並非一錘定音，而且從跨文化的角度來看，這似乎不太可能成立，下文將在適當的時候考慮其他的可能性。

總之，至少曾報導過，以下的瀑布有龍（或說「虹蛇」更加合適）藏身：

1. 尼加拉：根據當地伊洛魁語族塞內卡人的說法，那是普遍存在於北美的有角水蛇。

2. 海地：顯然起源於西非。

3. 法屬圭亞那的各瀑布：講圖皮－瓜拉尼語的歐亞姆皮／瓦亞姆皮印第安人將其視為巨蛇。

4. 蓋亞那西－中部的各瀑布：講加勒比語的陶利旁和阿雷庫納印第安人將其視為巨蛇。

5. 巴西／阿根廷邊界的伊瓜蘇瀑布：講圖皮－瓜拉尼語的瓜拉尼印第安人將其視為巨蛇。

6. 馬來西亞婆羅洲砂勝越南部嘎丁山的瀑布：據當地講南島語的伊班人觀察，那單純就是條「龍」。

7. 夏威夷島鏈的夏威夷島（俗稱「大島」）上的彩虹瀑布：與玻利尼西亞文化的英雄毛伊有關。

8. 南非巴素托蘭的馬雷尊亞內河和凱塔尼河上的兩個瀑布：當地講班圖語的人民將其視為巨蛇。

9. 肯亞的一座無名瀑布：當地講班圖語的吉庫尤人將其視為水霧中蛇的「形象」，同樣的觀念也出現在迦納講克瓦語的依維人之間。

在這些案例中（毫無疑問還有許多其他未經報告的案例），水量充沛之瀑布的「逆雨」所形成的彩虹常被當地原住民視為巨蛇，或被稱為彩虹蛇。在不產蛇的夏威夷，這就換成了私名庫納（Kuna，意即淡水鰻魚）的魔渥（mo'o，意即蜥蜴）。

此外，我們還可補充，依照拉德克利夫－布朗（Radcliffe-Brown 1930-1931:343）的說法，澳洲原住民的彩虹蛇據說也與瀑布普遍分布的新英格蘭高地「特別相關」。無需贅言，無論出現在哪裡，似乎都很清楚地是同樣的，而與一般論點不同，彩虹蛇並不僅侷限在澳洲大陸，而是尚未發明文字的族群對理解彩虹本質所產生的普遍反應。

第四章

龍與雷／閃電

　　有些讀者可能已經注意到龍與自然環境的另一種關聯，這點在上文討論中出現過多次，而且是很負面的。在巴比倫的創世史詩中，英雄馬爾杜克毀滅了龍形母親提阿瑪特（一種長了翅膀、身披鱗片、有角和尖牙的四腳非人哺乳動物）。馬爾杜克用被描述為雷霆的東西攻擊她。巴比倫的提阿瑪特不同於中國的龍，因為後者通常施予有助於土地肥沃的降雨，而前者據說只會「阻擋」天上的水。馬爾杜克將她殺死之後釋出了這些水，也造福了人類。

　　霍加斯和克利里（Hogarth and Cleary 1979:27-29）同樣指出，在亞伯拉罕到來之前，居住在「以色列之地」（Land of Israel）的迦南人（腓尼基人的南方親族），其神話中最突出的角色是意為「主上」的神祇巴力（Baal）。作者接著補充，巴力的正式名字（可能與其頭銜巴力對立）是哈達德，意即「雷神」。根據史詩中的一段描述，祂……

> 會降下豐沛的雨水，
>
> 又在雲中發聲，
>
> 並用閃電將他的閃光傳向地面。

　　與本主題最相關的是巴力生平的一段插曲，據說他曾與一個顯然類似於美索不達米亞提阿瑪特的怪物搏鬥，並且將其殺死：

>……你砍擊原始巨蛇洛坦（Lotan the Primeval Serpent），
>你消滅了那彎曲之蛇，
>那七首的纏繞者……

與這觀察對照來看，在尼加拉龍的故事中，其敵人英雄賀諾也被描述為握有雷電，並享「雷神」（Thunderer）這一稱號。根據摩根的描述，有一道雷劈擊毀了有角水蛇，而在帕克那兩個版本中的第一個，牠則毀於雷神的箭。由於故事反覆描述當下劃過閃電，我們因此可以確信，雷神的「雷劈」或「箭」實際上是一道閃電。這些來自不同大陸對龍的描述顯示，龍與雷或閃電之間存在根本的敵對關係。

這種敵對關係實際上普遍表達在北美有角水蛇和雷鳥（Thunderbird）的對立上。在一份簡短的調查中，查姆伯蘭（Chamberlain 1890）探討了講阿爾岡昆語（Algonquian）之族群的情況。他們曾經分布在美國東北四分區的大部分以及相鄰的加拿大部分地區。他一再提到雷鳥的特徵，形容雷鳥是一隻在空中飛翔，拍動翅膀同時發出雷聲、眼中放射閃電的巨大鳥類。正如他在論及加拿大中部克里族（the Cree）時所指出的（1890:51）：「克里人相信，有些神鳥閃動眼睛時會釋出閃電，並且搧動翅膀造出雷聲。這些鳥劈下的雷是看不見的火焰之箭。」然後他又補充道（1890:51-52）：「渥太華人（the Ottawas）認為雷是一隻巨鳥，牠在地表高空拍動翅膀，以保護地表居民，防止那些藏在地下深處的邪惡怪物出來傷害他們。」儘管作者並未具體說明「邪惡怪物」為何，但他立即又於談及歐吉布維人（the Ojibway）時指出（1890:52），他們「認為雷是以一位貌似雄偉大鷹的神，能將蛇從地下取出，然後吞食。」最後，查姆伯蘭（Chamberlain 1890:54）在附帶提及講席烏語（Siouan）的族群也有類似信仰時，又補充說明：「在特頓人（the Tetons）看來，蛇以雷的敵人的形象顯現。」

麥克克林托克（McClintock 1941）的著作亦收錄一個非常類似的雷鳥神話，是他親自在亞伯達省南部黑腳族（the Blackfoot）部落中

採得的。根據描述，雷聲同樣由一隻在雲端飛翔的巨鳥發出，而牠閃動眼睛時則造成閃電。他也和查姆伯蘭一樣，指出雷鳥以蛇為食。

紐約州北部的莫霍克人（the Mohawk）相信有一條名為歐尼亞雷（Onyare）的湖蛇。根據加契特（Gatschet 1899:259）的說法：

> 牠穿越族人的領土，並盤踞在道路或小徑附近的制高點，阻止伊洛魁部落與部落間的來往。歐尼亞雷呼出的氣經由空氣傳播會引發疾病；最終，牠與一窩幼蛇都被雷電毀滅，或是被迫撤回深水。

蘭克福德（Lankford 1987:77）在概述美國東南部的美洲原住民時也注意到：

> 這裡有許多關於雷鳥的信仰，而且許多彼此相距遙遠、跨越所有已知文化界線的部落都保有這些信仰。此點表明，這是北美一個古老的神話體系。雷鳥與水下巨蛇之間的敵意是一種古老的二元對立，仍然存在於東南部的民間傳說中。可能這種備受探討的「叉眼圖案」（forked-eye design）在東南部儀式複雜體系[1]中應該被視為閃電的代表，而配戴這種圖案的人則代表雷鳥，或者執行相關的功能。

所謂的「叉眼圖案」指的是一種廣受議論的藝術主題，是發現於俄克拉荷馬州斯皮羅（Spiro）克雷格丘（Craig Mound）上的一種貝雕圖案，有些人即據此認為雷鳥的概念及其使用「雷電」為武器、對抗有角水蛇的想法也存在於史前興築土塚的文化中（Phillips and Brown 1984）。

根據斯旺頓（Swanton 1928:251）的說法，喬治亞州的印第安克

1　Southeastern Ceremonial Complex：簡稱 S.E.C.C.，是現代學者為密西西比文化地區性之藝術品、圖像、儀式和神話的相似風格所取的名稱。這一地區和在西元 1200 至 1650 年間採行玉米農業和建立了酋邦制（chiefdom）之複雜社會組織的範圍一致。

里克人（Creek Indians）相信存在一種稱為「辛特霍洛」（sint-holo，意即「聖蛇」）、棲息於大河邊或洞穴中的有角蛇：

> 這些蛇經常從一條溪移身到另一條溪，據稱牠們可以引來降雨，以便提高河流水位，讓自己更容易離開藏身之處……辛特霍洛據說會發出像雷一樣的聲音。有一次，一名獵人發現了一條與雷神搏鬥的辛特霍洛……我的幾位報導人對於雷鳥一無所知，也沒聽過任何與彩虹有關的故事。

儘管某些特定信仰體系可能以令人驚訝的方式改變了內涵，但在北美文化的寬廣圖景中，雷／閃電與有角蛇之間的這一固有衝突還是顯而易見。例如，麥克克林托克在談及黑腳族時便指出（McClintock 1941:166）：「以蛇來象徵閃電是個孿生神話（twin myth），也是印第安人從結果到原因反向推理的自然演變。他覺得閃電的曲折走向、迅捷速度以及致命劈擊，在在與蛇相似。」當然，這種解釋和較常見的、認為閃電是一種「雷劈」，是雷鳥用以摧毀有角水蛇所射出之箭的觀點相反。這裡來個新奇的轉折，亦即用來殺死蛇的武器變成蛇的本身。在特定案例中，我們發現一些對於雷／閃電與龍之間關係的相反解釋，這也不足為奇，因為一旦這些元素從自然界中提取出來，就會成為神話的一部分，成為敘述者個人詮釋及變更的對象。

看起來，整個北美的雷鳥信仰都是嘗試解釋雷和閃電之自然現象的神話，畢竟近距離經歷時，人們可能心生敬畏，因為這既有破壞力的負面聯想，也有降雨提高地力肥沃程度的正面聯想。目前看不太出來的是，在北美龍的傳統中，有角水蛇是否也是神話試圖解釋自然的一種補充說法。鑑於雷／閃電與有角水蛇之間的配對，如蘭克福德（Lankford 1987）所描述之「源自古代的二元對立」，我們有理由相信，有角水蛇神話反映了某種自然特質，而這種特質是與產生雷鳥神話的自然力量以相對立的方式密切結合在一起。

儘管雷鳥的神話公認僅限於北美，但雷劈／閃電與有角水蛇對立

的情況在中美洲也有報導。康澤密烏斯（Conzemius 1932:169）曾指出，尼加拉瓜的印第安蘇莫（Sumo）／蘇姆（Sumu）人相信有種被其描述為一條大蟒蛇、稱為瓦烏拉（waula）的生物，說牠「像鹿一樣，頭上長兩支角」。他補充說，與西班牙人混血的印第安人（Ladinos）稱這種生物為馬薩庫阿特（mazacuate），而該詞源自墨西哥的阿茲特克詞彙的 mazatl（意即「鹿」）和 coatl（意即「蛇」）。據稱這種危險的野獸「棲息在松嶺的某些潟湖裡，離最近的印第安村莊也很遠」，且當地人堅信「人無法殺死這樣的蟒蛇，因為子彈對其無效，只有閃電方能將牠劈死。」

在歐洲，龍與雷／閃電的對立在已基督教化地區的文學和藝術中大部分被隱藏了。正如我們從聖喬治與龍的故事、以及許多類似描繪中所熟知的，與龍敵對的不是雷神，而是基督教騎士的槍矛，而龍則象徵著歐洲當地先前的異教傳統。然而，儘管基督教的引入覆蓋了文化，但這種較古老對立仍以幾種值得注意的方式顯現出來。二十世紀初，阿博特（Abbott 1903:261-262）寫到希臘南部的民間傳統時，講述了一個有關婚禮隊伍被一條跛腳龍擋住通往新郎家去路的故事。幸運的是，機智的新娘想出了一套脫逃的說詞。

> 新娘：我是閃電之神的女兒，又是雷神的孫女，本人也會施放霹靂，亮晃晃轟轟響。有一次我才閃一下，便燒死四十條龍，只有一條活下來，但腳也跛了，會不會就是閣下呢？
> 龍：是我沒錯。
> 新娘：朋友，大家讓開，讓我再閃一下，把牠燒成灰吧。
> 龍（嚇壞了）：來吧，上路；來吧，儘管走吧；祝你婚禮順利。

單獨看待的話，人們也許會忽視這段文字，認為只是歐洲某個小角落的一種離奇有趣的民間信仰，不過如果以理論聚焦做情境比較，可以看到龍和雷或者閃電之間的敵對關係，就如同出現於巴比倫故事中的瑪爾杜克和提阿瑪特、迦南故事中的巴力和「古老巨蛇」的衝突、

北美的雷鳥以及將在第七章中討論之中非班圖語系很多地區的閃電和彩虹。

艾倫和格里菲斯（Allen and Griffiths 1979:22-24）指出，在古代中東的神話中，風暴之神和龍之間的衝突也是常見的。根據作者的說法：「這種對峙通常發生在一位擁有雷擊或閃電箭矢的風暴之神以及怪物之間。因陀羅[2]就以這副武裝現身，相同的還有蘇美的神祇以及瑪雅的雨神。」作者在文本不遠處又指出，西台人，這支公元前二千年初生活在今天土耳其安納托利亞高原上的印歐語系民族，其神話中名為伊盧揚卡斯（Illuyankas）的龍同樣與西台人的風暴之神對峙，最初後者處於劣勢，但後來用暴雷雨和閃電報復了怪物。

北歐神話提供了另一種觀點，其中龍和雷或閃電之間的關係，讓人聯想到世界其他地區的信仰，只不過這是藉由一套極為複雜的敘事來詳細闡述的。由於基督教是從南方傳播到歐洲的，斯堪地那維亞是歐洲大陸最後拋棄前基督教時期多神教信仰的地區。令人覺得意外的是，挪威獨特的木板教堂（stave churches）有許多建造的年代比基督教傳入該地區的時間還早，而林德霍爾姆和羅根坎普（Lindholm and Roggenkamp 1969:48）也指出：「充滿英雄的異教世界逐漸沉入諸神的黃昏，與一種尚未在心智上完全被理解的基督教形式一同存在了數個世紀。龍的征服者席古爾德（Sigurd）和復活的基督在木板教堂中都有其合適的位置。」對此，艾倫和格里菲斯（Allen and Griffiths 1979:51）補充道：

> 龍的地位是居下的；牠顯然代表退化和負面的力量，拖累人們墮落，必須加以克服，以便人們在智力上或情感的任何方面可

2　Indra：又名帝釋天，印度教神明，吠陀經籍所載眾神之首，本是古印度人共同尊奉的神明，在《梨俱吠陀》中是出現最多的神之一，曾一度是諸神的領袖、雷神和戰神，空界的主宰。此一遠古希臘的信仰從印度西北方傳入，但人們對祂的信仰在後吠陀時期逐漸弱化，雷神的神祇地位在婆羅門教修改之後，被梵天、濕婆、毗濕奴三神所取代。

理解基督復活的佳音。木板教堂的門很窄，一次只容一人通過，如此一來，走進教堂的過程必須是伴隨深思熟慮的個人經驗。教堂門框上常常雕刻許多龍和蛇，林德霍爾姆提到，其目的也許在於提醒人們，應該在進入教堂時克服紊亂的思想以及低層次的龍性。

出於這個原因以及其他原因，我們可以合理假設：在歐洲大部分地區基督教化之後，斯堪地那維亞的民間信仰仍然保守，這在中世紀時期斯堪地那維亞最重要的文學文獻《埃達》（*Eddas*）史詩中清晰可見。

《埃達》史詩是兩部冗長的古冰島文詩歌，包含神話和宗教的主題，通常分為《老埃達》（又稱《詩體埃達》）與《新埃達》（又稱《散文埃達》），前者可能成於十一世紀末或十二世紀初，而後者可能成於十二世紀末或十三世紀初。在細讀這些文本時，我們很容易迷失在無關緊要的細節裡，因此我會儘量只關注文本中提及龍與雷電關係的重要特徵。

《埃達》史詩除了描述其他事物，也描述前基督時期冰島神話的世界觀，其中許多帶有人類弱點的神都是由至高的神奧丁（Odin）及其妻弗麗格（Frigg）所生育。就我們關注的主題而言，諸神中最重要的當推雷神索爾（Thor），通常被描繪為揮舞一把威力強大的錘子（打擊時會發雷鳴聲）。這個世界本身可分為三個部分，一個上界，一個下界，還有我們所在的中界。分隔上界和下界的是一條巨大的爬蟲類米德加德蛇（Midgard Serpent），又稱「耶慕崗德」（Jörmungandr，亦即「巨獸」），是一個用嘴巴咬住自己尾巴，身軀盤繞世界的動物。心理學家榮格稱這個獨特的形象為「啣尾蛇」（自噬的環形蛇），我們將在後面的章節中回來討論。

歐洲的龍有時是個人化的，有自己的名字，有些還有家譜歷史，例如在古典希臘神話中有蒂豐（Typhon）、皮東（Python）和拉頓

（Ladon），北歐《沃爾松格薩迦》（*Völsunga saga*）中有法夫尼爾（Fafnir），以及中世紀德國《尼伯龍根之歌》華格納版本中的法夫納爾（Fafner）等。米德加德蛇也不例外，因為牠也具名，據說是詭計之神洛基（Loki）及巨人女神安格博達（Angrboða）三個孩子其中的一個。儘管米德加德蛇來自於父母看似為普通人類的神聖血統，牠很明顯是一條龍。牠與《貝奧武夫》或《尼伯龍根之歌》中比較傳統的龍之主要區別在於身軀大小：米德加德蛇將巨大的身軀盤繞起來，包圍整個地球，但因大部分在水下，因此就看不見。牠在那裡有助於我們理解海嘯和海上其他的狂暴現象。

來談談核心的問題。據說雷神索爾特別對米德加德蛇心懷仇恨，而在一連串複雜的情節裡，索爾最終用一個公牛頭為餌，成功將牠從深淵中釣出來。儘管索爾在這場搏鬥中未能殺死對方，但讀者知道，祂最終會在世界末日之戰（Ragnarök，亦即諸神與惡勢力的最終戰鬥）達成目標，而且到那時候，天界、地球和下界都將毀滅（即「諸神的黃昏」）。

在印度次大陸龍的傳統中，也有類似利用雷擊來殺死邪惡之幻蛇的情況。如霍加斯和克利里（Hogarth and Cleary 1979:44-45）即描述了印度幾個不同的、與蛇相關的神話：

> 另一個印度的屠龍神話談及魔性巨龍弗栗多（Vritra）與因陀羅神的衝突。弗栗多別號「包圍者」（Enveloper）或「阻礙者」（Obstructor），其形象為一條沒有四肢的雲蛇，在山巔扭動著，將天上的水儲存在肚子裡。因陀羅是一位司掌天氣之神，在天空中駕馭戰車，手執彩虹以及閃電。他向弗栗多發射一道雷電；巨龍爆裂，積聚的水自由澆灌到乾旱的土地，為萬物帶來了新生。

兩位作者猜測，這個傳說特別契合印度的狀況，因為那是一片「乾旱的土地」。不過，這個說法只適用於印度的某些地區（主要是西北部），然而雷／閃電與龍之間的關係似乎不管什麼地方都是相同

的。首先，雷和閃電是由天空中的神或半神創造的，用來對抗住在下方水域的龍。其次，龍通常被視為「阻礙」降雨水的禍根，只有利用雷劈毀掉這頭怪物，雨水才能釋出。印度的傳統實際上似乎是幾種互不相容之元素的混合。因陀羅「手持彩虹和閃電」的這一事實特別奇怪。閃電可以成為打擊對手的一種強大武器，因為它具有致命的威力（人類必然驚奇發現，遭雷擊的人會暈死），但是彩虹如果拿來當武器就不具備這樣的威力了。因此，在這段描述中，我們要將彩虹視為個謎。

在其他版本中，與掌控水的龍搏鬥的並非風暴之神因陀羅（Indra），而是一隻與毘濕奴（Vishnu）神有關的巨大神鳥迦樓羅（Garuda）。正如艾倫和格里菲斯（Allen and Griffiths 1979:43）所述，在印度的吠陀教裡，「迦樓羅是一隻成為毘濕奴座騎的巨大神鳥。在吠陀教的時代，迦樓羅全係鷹形，只不過後來才以部分人形的模樣呈現。迦樓羅以蛇為食，因此是那伽的死敵。」

至於中國，雷／閃電與龍之間的敵對或者對立的關係不是那麼明顯，不過也不是完全沒有。艾倫和格里菲斯（Allen and Griffiths 1979:36）指出：「洪水是因龍在水中爭鬥所引起的，風暴則因龍在空中爭鬥所觸發的。閃電是天火，施放的目的在於制止龍的爭鬥，這是因為龍害怕火。」此外，正如德・維瑟（de Visser 1913:83）所指出的，皇帝遊幸之旅所乘坐的大船經常繪有鳥的標誌，「目的不在船隻得以航行迅捷，而在鎮住水神」（以防止由溺水、洪澇、水龍捲等所引起的災難）。

這段文字提出了另一個值得注意的觀點：儘管北美印第安人通常將雷聲解釋為「雷鳥」拍動翅膀的結果，但尼加拉龍的傳說只交代屠戮有角蛇的賀諾為「造雷者」（Thunderer），此外並沒有明確提到他的外觀。這種刻劃似乎僅是將雷霆擬人化而已，這也說明了一個基本的概念：同一個概念在不同的神話傳統中是能被賦予不同身形的。在印度教的傳統中，因陀羅是掌管雷、閃電、風暴和雨的神，他與弗栗

多（雲蛇）對立，就像在北美原住民文化中，雷鳥和有角水蛇相抗那樣。因陀羅的戰車由迦樓羅拉動，人們通常將其描述為一隻巨鳥或是鳥形生物，是守護地球水域之蛇形那伽的死敵。這些在地理上相距甚遠之信仰體系間的相似之處因此更加令人驚奇了。

最後，中國在皇帝遊幸之旅的船上使用「鎮住水神」的鳥形圖案，這件事告訴我們：即使在提到中國龍的相關文獻中很少（甚至從未）將鳥或類似鳥的生物與雷和閃電聯繫起來，但是這種在其他文化中通常與神鳥關聯的雷電元素，在中國也可以用鳥形加以象徵。霍加斯和克利里（Hogarth and Cleary 1979:126）在與歐洲龍相關的問題上提出了我們很少聽聞過的類似關聯：「要購買龍血（dragons' blood）的聰明消費者可以藉由一個簡單測試來保障自己：由於龍和鷹之間的天然敵意，龍血是不會與鷹血混合的。」

艾倫和格里菲斯（Allen and Griffiths 1979:36-37）還提到另一個奇妙的文化交流現象：

> 中國的經典作品都說，龍是雷，又說牠是水中生物，冬天棲止在水潭中，春天化為雨雲升起。乾燥的秋季來臨時，牠會再次潛入潭中，等待大地回春……書中總是明確指出，龍必須先飛升於天雨才會下降於地，因此在旱季時，人們會採用各種方法說服或甚至嚇唬，讓龍離開水潭，以雲形升起來。他們有時敲鑼，而龍雖聾，也會對鑼聲的震動有反應……五月五日端午節的時候，人們特意組織龍舟比賽，讓場面看起來像是龍在爭鬥，同時期盼這會引發一場真實龍鬥帶來豪雨。

兩位作者還指出，可以利用「迦樓羅的形象」來喚醒龍，目的顯然在於嚇唬，要牠離開自己正守護的舒適水潭。這點令人驚訝，因為迦樓羅是印度教宇宙觀的一部分，而不是傳統的中國文化。然而，類似的觀念顯然很早便從印度滲透到東南亞島嶼的地區。我曾經從婆羅洲島砂勝越北部的別拉灣族人（the Berawan）那裡得到一件木雕。它

由單一一塊木頭雕成，一端是有角的龍頭，另一端則是犀鳥頭（犀鳥是一種長有頭冠、嘴喙奇大的鳥）。如此一來，天上的鳥／地表的龍等兩個主題透過一個雙頭身軀巧妙地呈現出來，表達了與北美雷鳥神話相同的二元性。

這些有關於龍和雷／閃電敵對的情況，獨立觀之都像是為了娛樂而編排的，不過一但綜觀廣泛分布全球之信仰，就可以看出這種反覆出現的關聯，其實植根於人類普遍可感知的自然界基本關係之中。值得注意的是，根據某些傳統的觀察，龍也與太陽對立。例如，考特勒（Cotterell 1989:120ff.）在報告中國龍的時候即指出，「龍和太陽之間存在某種形式的敵意」。龍既與雷電對立，又與太陽對立，乍看之下，可能有些矛盾，畢竟雷電交加的暴風雨場景和晴朗無雨的天空實在太過不同。然而，這些對立的氣象條件共同具備一個元素，即缺乏太陽和雨水間的競勢，而這顯然對於龍的生存是有害的，正如這種氣象條件對於彩虹的產生是不利的（彩虹不會出現在無雨的晴朗天空或下雷雨的天空）。我們將在下文探討，在那些造龍人的心目中，龍的存在乃依賴於對立力量間的微妙平衡，而這種平衡能夠迅速變化，這為理解如下的問題提供了觀察的基礎：為什麼龍在不同文化中有著矛盾的形象，比方在歐洲和北美，龍的負面形象不可動搖，而在中國，牠一面倒地被賦予正面意義？（Allen and Griffiths 1979:9）。

總結看來，至少以下這些地區都將龍記錄為雷或閃電的敵人，有時則將其描繪成鳥類：

1. 肥沃月彎：在古巴比倫的創世史中，龍遭「雷劈」（即閃電）擊殺。

2.「以色列之土」的迦南地，龍遭閃電擊殺。

3. 中美部分地區以及北美，龍與雷鳥對立。

4. 南歐，龍遭「雷劈」（即閃電）擊殺。

5. 印度，龍遭因陀羅用「雷劈」（即閃電）擊殺；在其他記述中，為因陀羅拉戰車的神鳥是那伽的死敵。

6. 土耳其的安那托利亞高原，西台族的風暴之神用暴風雨和閃電與龍對抗。

7. 斯堪地那維亞，雷神索爾是米德加德蛇的死敵。

8. 這裡預先介紹：我們在第七章將看到，在中非班圖語系許多的民間神話中，人們將閃電和彩虹視為死敵，而彩虹也再次被視為巨蛇。

第五章

龍的民族學

　　我們現在已經來到一個必須深入挖掘資料的階段，但這會需要一種不同的閱讀風格。與前幾章中連續的、貫通的文本不同，本章將提供一種百科全書式的文本，讓讀者從民族學中龍的此一元素或特徵讀到下一個元素或特徵，每一個都佐以相應的區域文獻紀錄，並以簡短的討論隔開，這些討論會在後面章節裡做更詳盡的闡述。

　　本章的主要目的在為表 1 中 27 個龍之特徵的地理分布做合理的辯解。除了一個之外，每個特徵都可在世界上至少兩個地理分布遙遠的地方找到佐證（例外的特徵，即「龍象徵戰爭」一項，會在第七章說明）。為此，我們必須拿出能支持表 1 陳列的特徵之資料。資料的呈現將按照表格中確立的分類進行，比如：1）＝施予雨水／扣留雨水、2）＝泉水或其他水體的守護者、3）＝居住在洞穴中等等。然而，在呈現相關的支撐證據前，我們需要對「民族學」（ethnology）一詞多做一些說明。

　　民族學的一個定義是文化的比較研究，或是從大範圍的樣本單位中選取文化元素進行比較研究。它與民族誌（ethnography）相對，因後者著重於對單一文化進行第一手的全面性描述。因此，民族學會涉及歷史問題，這是不可避免的：為什麼一個文化特徵會有其分布範圍？什麼是最理想的解釋呢？第一種可能是藉由文化間的接觸而擴散；或是第二種可能是傳承祖先文化，將過去某種任意的發明藉由繼承延續下去；第三種可能是各自文化的獨立發明，適用於那些相距過

遠，而文化差異太顯著，其間相似性不可能經由接觸來圓滿解釋的文化。

一種可有效彰顯這兩者研究法則的方法是，訴諸語言學的兩個術語：「歷時的」（diachronic，經歷時間）和「共時的」（synchronic，在某個時間點上）。歷時研究設法理解語言或文化如何隨著時間的推移而產生變化或發展，而共時研究則關注某一系統內部各部分的交互作用，而不必與任何先前存在的狀態相關。

民族學和民族誌都是文化人類學的分支，而文化人類學則又是其他學科如民俗學發展的源頭。人類學始於民族學，原因很簡單，因為在專業訓練有素的學者走入田野調查之前，研究是依賴旅者和傳教士的報導，而所謂的「田野調查」係指：研究者生活於其描述的文化族群的當地，這種研究方法也稱為「參與觀察」（participant observation）。儘管北美一些地區對原住民專業的田野研究在十九世紀五〇年代即已開始，不過該世紀的人類學研究幾乎完全受民族學主宰，直到第一次世界大戰左右，民族誌才透過如下學者先鋒的田野調查開始站穩腳跟：馬林諾夫斯基（Bronislaw Malinowski）在西美拉尼西亞的特羅布裡恩群島（Trobriand Islands）生活，並在他的一些代表的著作中描述該地人民的文化；還有拉德克利夫－布朗在斯里蘭卡、安達曼群島和澳洲所做的研究。

一旦對傳統社會的資料收集經由詳細的民族誌研究成為專業化的領域，人類學家此後便開始傾向摒棄民族學，認為那是一種落伍的方法、缺乏可靠的描述基礎，並且常常聚焦於被一些人輕蔑稱為「推測性歷史」（conjectural history）的內容。其他人則批評它在討論文化演進的不同層次時流露「歐洲至上」的精英思維。我們基於很多理由認為，這種態度其實是過度反應了，因為雖然所運用的資料素質各異，但是藉由廣泛的比較方法，還是能對人類社會中存在的普遍通則進行許多有價值的研究。大家可想想 1871 年泰勒提出的萬物有靈理論。該理論主張地球上文字發明以前的社會都將自然界視為滿布神

靈，祂們出現於不尋常的自然現象，並驅使很多自然過程的發生。不同於用機械的方式研究我們已由科學累積所理解的自然世界，在文字出現以前，人類將很多無生命的現象視為生命體，這一見解即使在使用最先進之研究方法和資訊的當代仍真確不搖。

在從事民族學研究時，會出現的基本問題是：「我們要比較什麼？」是不是比較整個文化？若是這樣，該怎麼做呢？如果不是，我們是否只比較文化的單個元素或者特徵？如果這樣，這種比較方法會造成什麼問題？這個問題導致學術界的一種分裂，情況有點像政黨之間的分裂。讓我以簡單扼要的方式說明一下：我們可把分裂後的一方稱為「織錦學派」（Tapestry School），再把另一方稱為「項鍊學派」（Necklace School）。織錦學派的成員認為，一個文化就像一塊由細線編織而成的、飾有圖像的織錦。如果抽出一條線拿給別人看，這是沒有意義的，因為那條線無法把它為其中一小部分的圖案呈現出來。如果把這條線拿來與從另一塊不同織錦抽出來的線加以比較，就算這兩條線條一樣，這種相似性也毫無意義，因為兩者可能分別為非常不同之織錦圖案的一部分。這種方法有一潛在假設，即文化是多套緊密相互關聯之原則、價值觀和意念的集合，如果將它們分開，就會失去其根本的完整性。這種觀點在1896年由田野人類學的先驅鮑亞士（Franz Boas）首次明確提出。他在一篇最初發表於1896年的論文中指出：「對世界各地相似的文化現象進行比較研究……是假設相同的民族學現象在各地都以相同方式發展的。其缺失是……無法拿出這樣的證據。」（Boas 1940:273ff.）

另一方面，為方便起見被我稱為「項鍊學派」的學者，則將文化看作比較鬆散之相關元素或特徵的集合，比較像是穿成一串的珠子，而非織錦裡的線。取下項鍊上的一顆珠子，它仍然是珠子，是項鍊上可辨識的一部分。將其與來自不同項鍊的珠子進行比較，其相似性或差異性能告訴你它來自哪條項鍊。這種方法隱含的假設是：儘管文化可能有某些緊密互聯的組織原則，但是許多慣例和信仰只與這些原則

鬆散連結，可以輕易地從民族語言群體（ethnolinguistic groups）中分離做跨族群的比較。考古理論家路易斯·賓福德（Lewis Binford）即代表這一立場。他對上述鮑亞士的引文回應說：「對科學家而言，這是一個思想上的古怪結論。」（Binford 1987:399）再者，如我在他處（Blust 1984:31ff.）所述，這一由鮑亞士所採用、並有黎赤（Leach 1951）等後代人類學家所支持的立場，很難與人類學中拒絕歸納普遍通則（generalization）的態度釐清界線。

雖然民族學已不為大多數人類學家歡迎，部分原因是因為比較方法要求將比較對象從特定的文化中抽離出來，但民族學從未消失，僅是成為首重民族誌的附屬，並且因為有個別的人類學家對文化性質的普遍通則感興趣而能保持活絡。審視本章所收集的資料，我們必須認清，其中許多並非由專業的人類學家所收集，而且是脫離性，亦即未嵌入更大的文化框架中。然而，要說從背景中抽離出來的文化特徵，由於缺乏與該文化其他部分的明確聯繫而毫無價值，那也是謬論。試想，以相同的標準應用於歷史語言學或比較解剖學等學科的話，我們將完全無法在這些已完整確立的領域中進行研究。例如語言間親屬關係的判定通常基於對同源詞彙的認定，這意味要將單詞或語素（即最小的意義單位）從各自所處的較大語境中提取出來（格林伯格 Greenberg 1957:35-45）。英語 three 和德語 drei、英語 thorn 和德語 Dorn，或英語 path 和德語 Pfad 是英語和德語間無庸置疑的同源詞，然而如果不能取用語言中的獨立元素作比較，那就無法得到這種結論。同樣，如果不把鳥類翅膀和爬蟲類動物的前肢單獨從整體的身軀結構中抽離出來比較，那麼前者由後者演化而來的關係便無從呈現了。

因此，本研究會運用大量從背景中抽離出來的文化特徵的資料樣本，沿襲由喬治·彼得·默多克（Murdock 1967）開發的「人類關係

區域檔案」[1]，或由阿爾弗雷德‧克羅伯（Alfred L. Kroeber）創建、作為加州大學人類學紀錄的一部分、後來再由朱埃弗與馬塞（Driver and Massey 1957）和約耳根森（Jorgensen 1974,1980）等學者發揚光大的「文化要素分布研究」（Culture Element Distribution Studies）。在這些研究中，文化特徵按照地理分布以及語系隸屬關係標繪，用以確定它們彼此間的因果關係。

總之，對孤立的文化特徵做比較不僅是一項名正言順的科學方法，而且在大多數比較性的研究中是不可或缺的，因為比較整體文化，就像比較整體語言一樣，都是不可能的。正如同比較語言學或比較解剖學都是從較大背景中抽取相關資料，然後據以得出結論，這裡也對龍和彩虹有紀錄的特徵做有價值的比較，主旨並非著重在推斷其共同歷史，而是更希望推斷在世界各地不同的文化裡人類心理面對自然環境所反應出的共同認知路徑。介於這兩個極端之間的，是對「文化複合體」（culture complexes，即文化中概念上整合的各個面向）的比較——這在理論上是可行的，只是少有嘗試罷了。德‧休斯（de Heusch 1982:34-75）的書是個例外。在該研究中，彩虹被描繪為乾旱季節中阻撓降雨的巨蛇，而閃電即代表雨季，並且是彩虹的死敵。這構成了橫貫中非大片地區一些班圖語系社會中不斷發展的神話體系。這點我們將在第七章中說明。

本章和第七章分別探討龍和彩虹的民族學。這兩者都必須是「資料密集」的，因為為了證明表 1 和隨後的其他主張，我們有必要先建立牢固的事實基礎。一般人在討論龍的本質時，經常是光憑印象進行陳述，或是沒有附帶易供查證的參考資料。本人盡全力為感興趣的讀者交代資料來源。資料將以如下格式加以引用：首先，所有引述都先分配到十二個被視為具重要性的地理區域，其中六個已列在表 1 中，

---

[1] **Human Relations Area Files**：是一個位於美國 康乃狄克州紐哈芬市的非營利國際研究計畫，旨在調查、蒐集全球人類過去與現在的各種文化、社會、行為的民族誌資料，經編碼後，將其中的描述性資料彙整為可供人類學家運用的資料庫。

另外六個則以編號 7-12 添加在這裡，以供讀者全面瞭解龍這種人類的普世創造物的全球分布。

1. 歐洲
2. 古代近東
3. 南亞
4. 中亞和東亞
5. 北美和墨西哥
6. 中南美洲
7. 東南亞大陸
8. 東南亞島嶼
9. 紐幾內亞及其附屬島嶼
10. 澳洲
11. 太平洋島嶼（從所羅門群島開始）
12. 非洲

首先，出於歷史原因，這裡將埃及歸入古代近東而不是非洲。其次，對於所發現之每個特徵，我會附上其歸屬之民族語言群的名稱，而且每一個都在附錄中按語言家族的隸屬關係進行分類。這一引述的特點對於解決高爾頓的問題（即確保受比較之單位的歷史獨立性）非常重要，因為我們可有十足把握確認語言演化的親屬關係，而文化的非語言面向則不存在相似的關係。語言學家無法確定某一語言與其他語言的親屬關係時就將此語言列為「孤立語」（Isolate）。第三，我們會指出該群體的地理位置。第四，書中還提供相應之信仰模式的有關資訊，最後並交代資料的來源，其中包括引用已出版之資料的頁數以及私人通訊（至今仍連絡得上）的日期。舉例說明：

1 中亞、東亞地區

德・維瑟（de Visser 1913:161）指出：「就像神道教中的龍神一樣，

聖泉公園中的龍據信不僅能夠致雨，而且如果雨水過於豐沛，還能阻止降雨」。

2　北美洲和墨西哥

畢爾斯（Beals 1945:94）指出，墨西哥南部瓦哈卡州（state of Oaxaca）西部米克謝人（the Western Mixe）相信，泉水中藏著一條背部有紅色綠色、類似一塊地墊的蛇。河水氾濫便是由這條蛇引起的。

為求準確，我大多數原封不動引用已出版的文字，就像上面引用德·維瑟的語句那樣。然而，即使單一句子中的訊息，也可能包含不只一個特徵，而且每個特徵都要單獨處理，所以無法避免重複引用。我已設法將其保持在最低限度，但仍無法完全排除。

最後，由於在世界上某些區域，區分龍和彩虹蛇（因此等於區分龍和彩虹）先天就有困難，我決定將引文限制在與彩虹毫無明確關聯之龍的特徵方面。即使相同的現象在陸地上被描述為水蛇，在天空被描述為彩虹，我在第七章中通常仍將該現象算成彩虹，只不過它也可能以蛇的型態呈現，因此也等於龍。說了這段開場白後，我們現在可以按照表 1 中所引用之特徵的順序，開始考察全世界關於龍的民族學。

3　資料

▶ **3.1 ｜ 特徵 1：龍是施予雨水者／扣留雨水者**

3.1.1　施予雨水者

3.1.1.1　南亞

在印度，「那伽是水神……據說有四種類型的那伽。有天界那伽，

專司維護、看守天界宮殿；有神聖那伽，專司起雲、降雨；有塵界那伽，專司清理和疏浚河川；還有隱身那伽，專司守護寶藏。」（Allen and Griffiths 1979:42）

　　印度和中國一樣，與文字發明前的社會相比，龍的基本概念一般已發展得比在後者中看到的更為複雜。這裡各種類型的那伽或水蛇已呈現勞動分工的現象，但只有神聖那伽才能施予令土地肥沃的雨水，而這對傳統農業社會的生活至關重要。

3.1.1.2　中亞和東亞

　　在中國，「當黑雲和黃雲籠罩天空，雷電交加之際，古今的中國人都會說：『龍在打鬥，看吧，牠們的血流遍天空。』同時，天龍會讓雨水傾盆而下，大地感激不已。」（de Visser 1913:38）

　　在中國，「龍是在皇帝祭祀服上部描繪的一種具象徵意義的圖案。龍既然是神聖的雨水施與者，同時是仁君及其祥和統治的象徵，難怪會出現在皇帝的衣飾上。」（de Visser 1913:99）

　　在日本的版畫中，龍通常伴著一個巨大的螺旋形，代表由龍所引起的暴雷雨。（de Visser 1913:105）

　　至於龍在日本在本土神道教仍比佛教更重要之龍的時代，他們即以「たつ」（tatsu）一詞代表「龍」，而且：

> 古代日本之所以會有這樣一個詞，這表明在韓國人和中國人告訴他們中國龍的概念之前，他們本身就已知道一種類似龍的東西……這些龍是かみ（kami，亦即「神」），棲身於河流和海洋、山谷和山上（在小河、湖泊和池塘中），將雨水賜予其信眾。（de Visser 1913:154）

　　在日本中世紀，人們想盡各種辦法來迫使龍升空，期盼牠能引發降雨。據說聖泉公園（the Sacred Spring Park）是個重要的地方，因為那裡會舉行佛教祈雨儀式。875年的一場長期乾旱中，有位長者建議

祈雨尚未成功的佛教僧侶說，早些時候人們曾採用一種不尋常的策略來達到降雨目的：「聖泉公園的池塘中住著一條神龍。過去遭遇嚴重乾旱之時，人們會將池塘的水排乾，然後敲鐘擊鼓，而（龍）回應（請求）時，雷聲響起，雨水灑落。」（de Visser 1913:160）換句話說，喚醒在陸地水下棲息處舒服沉睡的龍，迫其飛升雲端，履行其造雨的天職。

3.1.1.3 北美和墨西哥

正如前文所述，根據喬治亞州的印第安克里克人所述，稱為「神蛇」（sint-holo）的有角蛇「住在大溪或洞穴中⋯⋯這些蛇經常從一條溪流移身到另一條，據稱牠們能夠造雨，以提高河流的水位，方便自己輕鬆離開藏身之處。」（Swanton 1928:251）

這是我找到的唯一一條將北美有角水蛇與產生雨水聯繫在一起的紀錄，並且在語境中，降雨不是為了造福人類，而是蛇方便本身移徙。

3.1.1.4 中南美洲

赫胥黎（Huxley 1979:9-10）曾報告一種在瑪雅人之中普遍存在的信仰，這與中國龍在雨季之初飛越雲層之際造出雨水、其餘時間則在陸上水源或洞穴中沉睡的概念非常相似。這種造雨功能產生的背景如下：

> 四神祇（the Chacs，現代瑪雅人稱之為四鬍蜥）於旱季期間離開水塘和河流，在山丘的洞穴中沉睡過久，並因在睡夢中翻轉身體而引起地震。然後，牠們攜帶水罐出現，相互叫喚，而每當其中的女神與雲碰撞時就引發風暴。人們將男神和女神都想像為人頭配上羽毛蛇身的樣態，此外男神頭上還長叉角。

在這裡，人們將眾所周知的中美洲羽毛蛇描繪為興雨者，乾季的結束便是牠離開水池或河流，在雨季開始之初升入天空棲息之際。在這點上，我們最需要注意的關鍵是，羽毛蛇就像其他地區的龍一樣，

旱季住在陸上水源，到了雨季便會飛昇天際。因此，牠不僅是種在不同季節裡改變居住地的生物，而且這種移徙還與降雨或乾旱相關。

梅特侯（Métraux 1963a:540）扼要指出，巴西東部的博托庫多人／克雷納克人（the Botocudo/ Krenak）相信「主宰水的是一條巨蛇，牠向雨水發出信號，雨水便落下來。」陳述至此為止，但這段文字即使有限，卻也揭示對於這種保護水源且即時興雨超自然力的蛇的信仰。

總而言之，身為雨水施予者的龍在印度（神聖那伽即具有此功能）、中國、韓國和日本、中美洲（特別在講瑪雅語的民族中，雖然可能更為普遍，但在這區域未有紀錄），以及至少在南美洲的一個熱帶森林部落中都找得到可靠的證據。韓國和日本明顯存在一種本土的龍，但由於中國文化在這兩個地區發揮如此強大影響力的時間長達一千多年（從大約618年的唐代初期到至少1644年的清代初期），因此往往很難區分這些國家文化中的本土元素和外來元素。不過，印度那伽不可能是從中國借入的，而且非常不同的中國龍也不可能是從印度借來的。此外，中國人和瑪雅人信仰上的相似處也無法嚴肅地視為接觸的產物。最後，這種信仰較不顯著地出現在克里克印第安人對神蛇（sint-holo）能興雨，以便其在河道間遷移的信仰。

3.1.2 雨水扣留者

龍身為雨水扣留者的紀錄相對稀少。我在歐洲龍的文獻中只找到了一個孤例，此外，蘇美爾和巴比倫神話中也暗示有這種龍，而在中國的傳統中則是一種次要的現象。在日本，有時所期待的降雨量過多時，人們會設法迫使聖泉公園的龍保留雨水以防止洪災。

3.1.2.1 歐洲

雖然人們很少提及歐洲龍與天氣的關係，但在二十世紀初，阿博特（Abbott 1903:261）曾記錄下生活在馬其頓鄉村某個希臘語族群的詩句。他說「這是我在尼格里塔（Nigrita）聽到的一首歌的開頭」：

>   在聖西奧多爾（St. Theodore）那裡，
>   在聖喬治（St. Georges）那裡，
>   舉辦了一場熱鬧市集。
>   地方狹窄而萬頭鑽動。
>   怪物（Drakos）將水扣住，眾人都口渴，
>   有個身懷六甲的婦人也是。

根據勞森（Lawson 1910:280）的說法，drakos 一詞「對希臘農民來說代表一種形狀不確定的怪物，就像我們對龍（dragon）的認知一樣。不過，這個希臘詞在一方面始終跟其英文對應詞有個不同之處，就是它狹義地指一條『大蛇』，有別於小蛇。」

3.1.2.2 古代近東

正如前章已述，在巴比倫的創世史詩中，提阿瑪特這個「將水扣住」的怪物／龍，控制從天而降的雨水，一定要用雷霆劈死，雨水方才得以釋放。

3.1.2.3 中亞和東亞

儘管絕大多數中國古代的文獻都強調，龍是帶來降雨，對農耕的人類社會帶來肥沃的益獸，不過有時也有個別的紀錄，暗示相反的關係。根據一份被譯為《農民占卜術》（*Various divinations of farmers'*）的文獻，「黑龍降臨造成乾旱，或者至少雨水不會太多，因此俗諺有云：『多龍，多旱。』不過，降臨的如果是白龍，那就是即將下雨的明確徵兆。」（de Visser 1913:111）

日本古代有時因為降雨過多，時有洪水發生，我們讀到：「人們認為，聖泉公園中的龍就像神道教的龍神，不僅能夠興雨，還具有阻止過多降雨的能力。」（de Visser 1913:161）

3.1.2.4 中南美洲

艾倫和格里菲斯認為：

中南美洲的神話將「扣住雨水的怪物」描繪成一條蛇，並與長有大象頭的雨神結伴出現。瑪雅古籍《特羅雅納抄本》（Codex Troana）描繪了大象頭神查克（Chac）站在一條蛇的頭上，正向地表灑水。而在《科爾特斯抄本》（Codex Cortes）中，可以清楚地看到蛇在阻擋降雨或是扣住雨水。

雖然對於蛇會抑制雨水的核心主張也許正確，但這說法未免令人困惑，因為美洲幾千年間都沒有土生的大象。這顯然是因為描述的是一直立的、長了一條象鼻狀物的類人形的神所致。

我們從這節討論中獲得最關鍵的重點，無疑是龍的對立雙重性：牠既會施予雨水（通常是正面的），也會扣留雨水（通常是負面的）。許多作者都注意到龍的這種對立雙重性，但很少、或沒有從自然世界的觀察入手，對這一特徵加以解釋。如果這種對立雙重性純粹只是異想天開的創意，那麼並無明顯的理由要將它納入神話人物的特質。然而，正如我們將在第七章中探討的，這正是許多部落居民對於彩虹的看法：有些人視其為雨水即將來臨的徵象，而其他人（有些時候是有密切親屬關係的族群）則視其為雨水已經停止或將停止的徵兆。

▸▸ 3.2 ｜特徵 2：龍守護池塘或泉水

正如表 1 所總結的，把龍視為似蛇的生物，居住在泉水、池塘、湖泊或河流中，並警戒地守護其水體，以免遭人侵犯的這個信仰幾乎可說是普世的。在例如中國和中美洲的一些地區，龍的出現有明確的季節性，牠在乾季藏身池塘，但雨季來臨則升入雲霄，並在那裡停留，扮演造雨者的角色。

3.2.1 歐洲

古希臘的神話為我們講述了一些龍守護泉水的最著名例子。在一則眾所周知的希臘神話中，底比斯城（Thebes）的創建人卡德墨斯國王（King Cadmus）碰上了一條棲息在一個充滿水之洞穴中的龍。奧

維德（Ovid）在他的《變形記》（*Metamorphoses*）第三卷中描述了這一事件：

> 他現在要去向朱彼特獻祭，因此命令僕人去流泉中取一些水來行奠祭禮。那裡有一片從未被斧頭砍伐過的古老樹林，其中有個洞穴，係由岩石交錯形成一個低拱，並被濃密的樹枝和柳條遮蓋，裡面充滿著水。此處藏有一條戰神（Mars）視為神聖的龍，頭頂冠羽，通體金黃。（Riley 1919:84）

僕眾受到驚嚇，但是卡德墨斯及時趕到，迅速用一塊大石頭砸死了這條龍。正如稍後我們在討論龍的另一特徵時將看到的，奧維德對這條龍「戰神視為神聖」的說明很是重要，因為這凸顯了龍與戰爭的關聯。里雷在同一頁上加上了以下的腳註：「尤里皮底斯曾說，這條龍是戰神派來看守這個地方以及附近溪流的。其他作者也說，牠是戰神之子，名叫德爾西勒斯（Dercyllus），而母親是一位名叫蒂爾福薩（Tilphosa）的復仇女神。」

一個多世紀前，至少有一位曾被民俗學家訪問過的馬其頓希臘語區的受訪人宣稱：「我還記得小時候自己曾看過有角蛇怪在那邊的平原上雲集，如今牠們去了哪裡？」此外，在這地區，人們普遍相信「龍」（the drakos）「會在水井出沒（水井因此稱為『龍泉』），並且將水扣住，危害人民。」（Abbott 1903:260-261）

與地中海地區相比，淡水泉在北歐似乎沒有那麼重要，因此在北歐神話中，「龍經常潛伏在寒冷的海洋或陰暗的湖泊中，人們在暴風雨來臨或霧氣迷漫時能瞥見（或是以為瞥見）牠們。」（Hogarth and Cleary 1979:90）

在一項主要聚焦於古典希臘神話和文學裡有關龍的大規模研究中，豐滕羅斯（Fontenrose 1959:545-549）用一個附錄（附錄六：「龍和泉水」）的篇幅專門探討為何龍經常被視為泉水之守護者的問題。他引述諾曼・道格拉斯（Douglas 1928）的想法：「我認為，龍是地

球內部生命的具象化,而那種未知且無從控制的生命本身和人類是敵對的。」說完這段引言之後,豐滕羅斯繼續支持道格拉斯的觀點說道:

> 他認定原初的龍就是泉水;因為,他說,在義大利和阿拉伯,泉水被稱為「眼睛」;眼睛必須長在頭上,而頭必須長在身體上;蛇因其玻璃似的眼睛、藏身地底的習性、冷血與生命的韌性,人們認為泉水的樣態最符合這種動物的形態:因此產生了龍……正如泉水夜以繼日湧流一樣,龍也不需睡眠。身為土地之子,牠們負責保衛地底寶藏。泉龍很容易變成河龍。河龍腹飢,在洪水暴發之際竄流到陸地。天界也有泉水,牠就化成雲龍,能夠使毀滅性的雷暴雨落在田野上。火山口流出火泉;因此,牠變成了一條流動於岩漿中的火龍,又或者他那有毒的呼氣變成了從火山裂縫鑽出的有害氣體。

他提出這一連串精彩卻缺乏嚴謹方法所做出的臆測,目的在於解釋龍的各種特點,唯獨書中完全沒有考慮或提及彩虹。當然,這種嚴重的遺漏是有原因的:這項研究儘管旁徵博引,卻是徹底以歐洲為中心的。由於在歐洲(至少在文學傳統中)很難找到龍與彩虹之間互有關聯的證據,所以必須往其他地方尋找這種關聯,然而豐滕羅斯根本對此不感興趣,反而以透過一種幾乎與自由聯想無異的方法找尋了龍的各種特徵的來源。

3.2.2 南亞

在印度,那伽是泉水或其他水體守護者的信仰發展得不如在其他地方豐富。艾倫和格里菲斯表示:「那伽是水神,有時與神聖的水塘或井相關,在這種情況下,人們假設那伽住在鄰近樹木根部的水下,有時也將其視為海神。」(Allen and Griffiths 1979:42)因此,那伽與水的關聯是確立的,但牠們更常居住在海底華麗的宮殿中,而不是警戒地守護泉源、水窪或井,這些人類為飲水而接近的地方。

3.2.3 中亞和東亞

中國古典文獻明確指出，龍雖然在興雨水時高居雲中，但並非總在飛行。「龍反而是一種水生動物，類似於蛇，冬季在水池裡冬眠，春季醒來。」（de Visser 1913:38）因此，牠的習性會隨季節而變化，雨季出現在雲層中，但其他時候則在水裡沉睡。這個特性若脫離自然現象就會顯得是隨意的，但我們將明瞭它是基於人類對可普遍觀察到的氣象過程的認知，且對人類福祉至關重要。

在中國和在歐洲一樣，龍不僅可能住在天然的水源中，還可能住在譬如水井這種人類開鑿的水源裡。大多數的井都是供應飲用水的安全水源，但顯然不是一定如此，因為據說某座「龍王廟」裡的「育龍井」裡就住著一條龍。誰也不敢從這口井汲水，果真這樣做的話，就會發生怪事，那個貿然激怒龍的人會生病。（de Visser 1913:133）

上文我們提到日本龍的時候曾指出，在本土神道教仍然凌駕於佛教之上的時代，即代表原生的傳統，而非從中國引進的信仰。那時，人們認為龍是住在小河、湖泊和池塘中的神（かみ），為人類社會供應雨水。

3.2.4 北美和墨西哥

加州北部的卡托族（the Kato）和尤基族（the Yuki）印第安人相信，「沼澤的蘆葦中藏著一條有角的羽毛水蛇，年輕女孩如果靠近那種地方可能會被擄走。」（Essene 1942:72）在新墨西哥州西部印第安祖尼族看來，「水蛇並非單一個體，在每處泉水或其他水體中可能都找得到。」（Wright 1988:153）。根據格林內爾（Grinnell 1972:1:97）所言，北美大平原地區的印第安夏延族人（the Cheyenne Indians）認為：

> 有些水域住著巨蛇。根據描述，水下藏有一種稱為「敏」（mihn）、類似於巨蜥的怪物，牠頭上長了一根或兩根角，身體通常全部或部分被毛覆蓋。這些怪物有時會捉住涉入水中的人並

且將其吞噬。據說雷鳥會殺死這些怪物。

北美草原地區的格羅斯文特／阿齊納族（the Gros Ventre/Atsina）相信存在一種名為巴赫阿（Bax'aa）的水怪，而且據說這個名詞也有雷的意思。不過，又如克羅伯（Kroeber 1908:278-281）所述，「水怪是雷的敵人……牠的身體很長，與蛇類似，是黑的，頭長了朝天鼻和角，也很長。牠會弄死所有溺水的人。」

北美洲北部平原的拉科塔族人（the Lakota）相信存在一種藏身沼澤地區、稱為溫克泰希（unktehi）的神話動物。溫克泰希確切的身體樣態並不清楚，但可能是一種帶有哺乳類動物特徵的爬蟲類動物，而這一推測也有傳說支持，因為溫克泰希與瓦金揚（wakinyan，意即「雷鳥」）彼此懷有敵意：

> 牠們長了四條腿以及可以伸縮的角，而且這種角可以伸展到空中。牠們的頸部和頭部覆蓋長長的、神聖的毛髮（稱為wakan）。牠們的尾巴很有力，可以用來劈掃或打擊，就像人類使用手一樣。牠們總是與瓦金揚交戰。（Walker 1980:108）

根據加契特（Gatschet 1899:257）所述，密西西比河上游和大湖區西岸的印地安波塔瓦托米族（the Potawatomi）相信，馬尼圖湖[2]裡住著一條巨蛇。該湖是一座位於印第安納州北部的人工湖，是政府為補償白人侵占族人土地而開鑿的。然而，這份贈禮卻導致意想不到的後果：

> 當政府官員準備為波塔瓦托米人建造工廠時，這些印第安人卻強烈反對在湖口設立水壩，因為族人擔心蓄積的水可能干擾並淹沒蛇的地下住所，導致被激怒的惡魔會從水裡衝出，對所有居

2　Lake Manitou：位於加拿大安大略省的馬尼圖林島（Manitoulin Island）上。由於馬尼圖林島本身在休倫湖之內，馬尼圖湖被認為是最大的「湖中湖」，

住在這座聖湖附近的人一概進行報復。

這個例子特別有意思，因為在流離失所的波塔瓦托米人與政府達成用地協議之前，該湖並不存在，而是美國聯邦政府於1827年在重新安置族人時，為他們設立鋸木廠以創造其收入來源而開鑿的。族人相信湖中住著一條有角水蛇，因此意味著這些生物可以在陸地上從一個水源移身到另一個水源。

對於住在墨西哥索諾拉州（Sonora）南部巴卡戴戴山（Bacatete）附近居住的亞奇族（the Yaqui）印第安人而言，約阿尼亞（yo aniya）是「古老而可敬的境界」（或是受尊崇之靈力世界），可經由各種自然界的特質來感受，「例如在巴卡戴戴（Bacatetes）東緣或者在山區核心地帶的泉水中，有額頭帶彩虹紋樣的蛇住在水中並在水中游動。」（Spicer 1980:64）

挪威冒險家卡爾·倫霍茲（Carl Lumholtz）曾在十九世紀末徒步和騎馬探索墨西哥北部的部分地區，而住在奇華華州（Chihuahua）西南部山區的塔拉烏瑪拉族（the Tarahumara）對水蛇的恐懼尤其令他印象深刻：

> 塔拉烏瑪拉族是墨西哥另一個印第安部落，他們認為每條河流、每處水潭和泉水都有自己的蛇，而這些蛇能使水從地下湧出。所有的這些水蛇都很容易發怒；因此，塔拉烏瑪拉人會把自家的房子建在離水邊有些距離的地方，而且出外旅行時也不會睡在水邊。每次他們建造攔魚壩時，總是小心翼翼地向河中的水蛇獻魚；而當他們離家還有製作烤玉米粉（pinole）時，也會將第一份成品投入水中，當作祭品奉獻給蛇，否則這些蛇會設法抓住他們，或是把他們趕回自己的土地去。（Lumholtz 1902:1:402ff.）

正如前文已述，在墨西哥南部瓦哈卡州（Oaxaca）西部米克謝族

的印第安人中，據說有一條背部紅紅綠綠、像一塊地墊的蛇就住在泉水之中，並將倒楣的人拖入水中。河流爆發洪災都歸咎於這條蛇（Beals 1945:94）。

在墨西哥瓦哈卡州的充塔爾族印第安人中，人們相信泉源之中藏著與水有關的某些神靈。祂們以蛇形出現，雌雄都有（Carrasco 1960:107-108）。

3.2.5 中南美洲

前章已述，猶加敦（Yucatan）和中美洲的瑪雅印第安人相信，四神祇（又稱四鬣蜥）這種蜥形動物具有掌控雨水的能力，會在旱季時離開水池和河流，升上天空，且其雌性與雲碰撞便引起風暴。（Huxley 1979:9-10）

在描述現今圭亞那講阿拉瓦坎語的部落時，法拉比（Farabee 1918:151）指出，埃塞奎博河（Essequibo river）沿岸的每處深潭裡都住著稱為「維迪烏」（vidiu）的神靈：「人們認為這些神靈是巨大的蟒蛇，長著亮如明月的大眼睛……這些神靈或維迪烏不會殺人或是吃人，只是將人毫髮無傷地吞下，然後這些人便永遠活在維迪烏體內了。」

近東是唯一一個似乎沒有出現蛇守護泉水之信仰的地區，這可能是因為閃族傳統信仰體系中泉水和河流的神聖特性（Smith 1957:95ff., 173ff.）所致。就像史密斯（Smith 173）在論及所有閃族文化時所言，大多數的閃族文化都處於極度乾旱的環境中：

> 信眾聽了與神聖泉水和溪流相關的神話，便知曉其為何神聖，而且這類神話的內容各式各樣；但實際上與神聖水體相關的信仰和儀式不論何處基本上都是相同的。貫穿傳說所有變體的一個共同原則，也是儀式的根基，就是神聖水體本質上代表神聖的生命和能量。

這種態度顯然是因為在嚴酷的沙漠環境中，生命亟需水源的緣

故，也與泉水可能由危險生物看守、保護泉水不受人類侵擾的想法相衝突。如史密斯進一步論述，正是珍貴水資源的位置，決定了最終演變成猶太教和伊斯蘭傳統中宗教聖地的位置。鑑於大多數文化對彩虹蛇的態度是恐懼甚至厭惡，那麼在阿拉伯半島以及周邊地區的酷熱沙漠中，守護泉水的蛇，與在沙漠嚴苛環境下備受尊崇的活命之水，顯然相互衝突。

3.3 ｜特徵 3：龍藏身於洞穴

一般認為龍棲於洞穴，但為什麼呢？我們很快就會知道，這看似任意的特徵與龍其他源於對自然界觀察的特徵有明顯關聯。

3.3.1 歐洲

我們可以在古代一些記載中找到幾筆有關歐洲龍藏身洞穴的證據。如在特徵 2 中所見，最早的證據出自羅馬詩人奧維德的筆下。他描述了底比斯國王卡德穆斯與戰神之蛇的激烈交鋒，而該蛇所守護的便是某洞穴裡的泉水。

第二個證據出自聖西蒙・斯蒂利特（St. Simeon Stylites, 390?-459）筆下的故事。他是一位敘利亞修士，以嚴格的禁欲生活而聞名，以至於三十七年間，他都居住在一根又一根越來越高的柱子頂端，以便逃避社會以及誘惑。據稱在其一生的某個時刻，他曾發善心拯救過一條龍，因為牠在一次可怕的事故中遭樁刺入眼睛。修士為龍拔出樁後，「龍起身後禮拜了兩個小時就回到牠的洞穴，完全康復了。」（Hogarth and Cleary 1979:118）

許久之後的十六世紀，英國諾森伯蘭郡的「厭蟲」傳說，描述了一位美麗的年輕公主遭受報復，變成一條令人厭惡的蛇，「牠爬進斯平德爾斯頓休（Spindleston Heugh）的一個洞穴」，從此之後一直待在那裡（Newman 1979:123）。

最後還有法國民間傳說中的美露莘（mélusines）和薇薇兒（vouivres）。牠們結合了「女性誘人的胴體和蛇的尾巴」，並且通

常被描述為龍。牠們「住在河穴之中，靠近水源，也在那裡把人淹死然後吃掉。」（Huxley 1979:13）

3.3.2 古代近東

西台人從大約公元前 1850 年到 1200 年左右統治一個以安那托利亞高原（現今土耳其為中心）的帝國。根據他們的傳說，妖魔泰豐（Typhon）是一條半人半爬蟲的龍，「住在一個可經由地下通道與眾神洞穴相連的的洞穴中。」（Mackenzie 1913:260）

3.3.3 中亞和東亞

中國傳統醫學非常重視「龍骨」。如第二章所述，這些可能是無法確定種類多少的真實動物的遺骨。然而，只要人們相信這種骨頭來自於龍，那麼結論似乎等於：雖然世人有時認為龍是不朽的，但其壽命終究有限。著名的《本草綱目》作者李時珍，也提到龍骨的療效，「比較所有不同的觀點和故事，可以得出如下結論：儘管龍是神聖動物，但牠確定和其他動物一樣會死。」因此，龍骨來自死去的龍，「生晉地（山西省）川谷，及太山（泰山）岩水岸土穴中死龍處。」（de Visser 1913:90–91）。

3.3.4 北美和墨西哥

塞內卡族有關尼加拉角蛇的傳說已經在討論龍和瀑布的關係時提及。至少有一個故事描述，牠在尼加拉瀑布後面的一個洞穴裡安家（Morgan, 1954:151），而正如之前提到的，喬治亞州的克里克族認為神蛇住在大河邊上或洞穴中（Swanton 1928:251）。

3.3.5 中南美洲

瑪雅人相信，在旱季，那些長了人頭的羽毛蛇（稱為「查克」）會「在山上的洞穴中長睡」，然後在季節更迭時冒出來興雨。（Hogarth and Cleary 1979:9-10）

這裡對於龍藏身地的描述，可能與其住在池塘、河流或湖泊中的

普遍信仰有所衝突，不過從自然觀察的角度來看是有明確根據的。我們在第三章中曾交代，龍與遙遠相隔地區的瀑布有關聯，這是因為牠與出現在晴天水霧中的彩虹連結一起。我們有理由相信，一旦做好詳盡的研究，將會發現在當地原住民的神話中，每座重要的瀑布都住著龍。彩虹最有可能見於龐大水量的瀑布，因為這些瀑布導致「逆雨」現象；而且由於瀑布下方會遭自然水力沖蝕，大型瀑布更有可能在水幕的後方生成洞穴，這也是人們經常認定的龍的居所。一旦確立了龍和洞穴在這種情境中的關聯，就可以自由擴及到一般的洞穴了。

3.4 ｜特徵4：龍會飛

3.4.1 歐洲

由於牠們通常明顯長著翅膀，人們自然而然認為歐洲龍會飛，但藝術家通常將其描繪為人類在陸上的敵人，很少以其他姿態出現。在這方面，歐洲龍與沒有翅膀的中國龍形成了根本的區別。中國人通常將龍描繪為能在雲間飛翔，即使中國古典作品認定牠們在乾季時藏身地表水域，也極少呈現牠們腳踏地表的模樣。歐洲龍在情緒不安時似乎也會飛起，就像1222年時，「倫敦市爆發騷動，人們看到空中有龍飛翔。聖安德魯節（feast of St. Andrew）出現可怕的閃電和雷聲；房屋和樹木遭風刮倒，發生了嚴重的洪災。」（Hogarth and Cleary 1979:101）鑑於這種描繪，我們必須如此結論：歐洲龍有飛的能力，只是很少運用。

3.4.2 古代近東

在一幅描繪巴比倫創世史中有翅雌龍提阿瑪特的畫中，我們在說明中讀到：「巴比倫神祇馬爾杜克用雷劈擊祂的母親提阿瑪特這第一條龍。她的敗亡預示人類的創始，而非龍的結束。」（Hogarth and Cleary 1979:15）有關提阿瑪特的飛行情況雖無清晰的描述，但牠既長翅膀，就表明牠有飛行能力。

3.4.3 南亞

一般認為印度的那伽是一條巨蛇,住在一座滿是珠寶的海底宮殿中。有位著名的研究者曾提過,佛陀在成佛之前曾以人形和動物形轉世的故事(稱為《本生經》〔jātakas〕)。

> 一般總是把那伽描述為巨蛇;然而到了印度後期(即希臘化佛教藝術3)中,那伽卻以真實的龍形象出現,只不過上半身仍為人形。因此,在犍陀羅4一件浮雕上,可看到禮敬佛陀的缽盂有巨大水龍,身上長有鱗片和翅膀,而且有兩條馬腿,上半身為人形(de Visser 1913:6)。

同一位作者還提到,那伽以三種形式出現:守護珠寶的普通蛇、頸部有四條蛇的人以及「長翅膀的海龍,牠們上半身人形,但有長角,看來像牛的頭,下半身則是盤繞的龍。」因為這段描述提到翅膀,我們必須假設,至少有些那伽能離開身處的水域並且飛行。

3.4.4 中亞和東亞

中國龍的飛行能力幾乎無需證明,因為在藝術中,一般將這種幻獸描繪為懸停在半空中並擺出武鬥姿勢的模樣,或者在雲層中輕鬆穿行,只不過沒看見翅膀。龍不在空中飛行的情況很罕見,這時牠常見於寺廟屋頂上,大概是靠飛行本事到達的。此外,中國的古典作品稱龍既能在地界也能在天界生活:在地界時守護泉水和井等,在天界時

3　Graeco-Buddhist art:是在印度次大陸北部地區形成的希臘式佛教藝術,由亞歷山大大帝希臘化時代(約公元前四世紀)開始,直至伊斯蘭教傳入(約公元七世紀)之前蓬勃,其中經歷了希臘 - 巴克特里亞王國(中國稱之為大夏)、印度 - 希臘王國、貴霜帝國、犍陀羅、馬圖拉、笈多王朝等王國。這段時期出現大量受到希臘藝術風格影響的佛陀形象,尤其以寫實的佛像雕塑最有代表性。這些藝術隨著大乘佛教傳入漢地、蒙古、西藏、日本和韓國等地,影響到東亞各地的佛像和石窟的風格,如敦煌的莫高窟,是東西方文化透過絲綢之路交流的見證。

4　Gandhāra:是阿富汗東部和巴基斯坦西北部的一個古國,疆域東抵印度河並包括喀什米爾的部分地區。

則能興雨。根據艾倫和格里菲斯（Allen and Griffiths 1979:36-37）的說法，在中國，「有一點很清楚，龍必須在雨水落地之前飛升天空，因此在乾旱時，人們採用各種方法誘使甚至嚇唬牠，使牠離開水塘，並且化成雲形升空。」

3.4.5 中美洲和南美洲

中美洲的羽毛蛇是否能飛？看法似乎存在分歧。

雖說牠有羽毛，但並沒有翅膀，在大多數的描繪中，牠只舒舒服服坐在地上。以下這一則評論隱含否定的觀點：「一位已逝世多年的南美洲政治家曾告訴一位想找尋解決國家問題方法的記者：一旦羽毛蛇學會飛了，拉丁美洲才會發現並實踐自己真正的使命。」（Nicholson 1985:83）

其他作者所表達的觀點就比較模糊了：「龍，或者在南美洲和墨西哥所稱的羽毛蛇，即該地區的神話重心。牠是爬蟲類動物，強大、可能會飛，與豐饒、氣象和生命力相關，同時象徵復活。」（Allen and Griffiths 1979:59）

然而，至少在一些現代的馬雅族群中，人們顯然認定羽毛蛇能飛。例如：

> 在瓜地馬拉的丘爾蒂族（the Chortí）的眼中，奇昌（Chicchan）被視為當地諸神中最重要的一位，人們通常將牠想像成一條巨蛇……牠可能是一條有普通蛇身型的巨蛇，或者其上半身為人形，下半身為羽毛蛇。……每當雌性的奇昌迅速穿越天際時，則會引發暴風驟雨。牠的身體碰撞雲層就能導致降雨。彩虹是奇昌身體伸展於天際時的形象。（Wisdom 1974:392-394）

從這節我們可以得出最重要的訊息是：龍的身體基本上是爬蟲類型的，但也具飛行的能力。雖然能飛行的爬蟲類動物（翼龍）在人類登上歷史舞台之前的古遠時代曾與恐龍同時存在，可是現代的爬蟲類

動物卻沒有哪一種能飛的（有些可從高處滑翔下來，但真正能飛行的則聞所未聞）。相較之下，人們視龍為一種可觸及雲層的生物，並能引發降雨。這點又是殊難理解，為什麼要將這樣的特徵歸於一種純粹虛幻的生物呢？莫非是要以這種虛構的生物解釋自然界的現象吧。

▶▶ 3.5 ｜特徵 5：龍有鱗

這一點可能看似微不足道。由於龍基本上是被改造的蛇，所以人們通常認定牠的身體有鱗覆蓋。因此，如果我們假設，所有的龍都具有此一特徵，那麼應該也錯不了。不過中美洲的龍其鱗片已由羽毛取代。然而，鱗片這一特徵在某些地理區域會表現得比在其他地理區域更加清晰。中國人顯然比其他民族更關注龍的鱗片。我們還會在下文討論有關龍的性別時進一步說明。在中國道家的形而上學中，龍是陽性（雄性）還是陰性（雌性）仍存在爭論，不過至少有一些學者以數理概念來解釋：

> 龍究竟源自陽的原理還是陰陽共生所致？要解決這個長久以來的學術爭議，龍的鱗片數量至關重要⋯⋯一些專家堅信，真正的龍的鱗片確切數目為八十一，相當於九九之數，而根據中國哲學的觀念，數字九是陽性的⋯⋯其他專家則主張，龍不是純粹的陽性，而是陽性和陰性的結合，因此鱗片的數量為 117，其中 81 片算陽性，其他 36 片（六乘六）算陰性。（Hogarth and Cleary 1979:52-54）

▶▶ 3.6 ｜特徵 6：龍有角

3.6.1 歐洲

一般歐洲龍的形象是沒有角的，不過有時在強調其兇猛性格的圖片中會出現角（Hogarth and Cleary 1979:188-189），又或者在牠與基督教騎士搏鬥時，為強調其撒旦的身分，也會將角添上（Hogarth and

Cleary 1979:148）。

3.6.2 古代近東

如前所述，重建的巴比倫伊斯塔爾門（Ishtar Gate）上有一隻四腳龍的形象，其身軀像狗，身體上長著鱗片，也有一支從額頭直立而上的角（Ingersoll 1928:25）。無獨有偶，有一件描繪巴比倫神祇瑪爾杜克用雷電攻擊其邪惡母親提阿瑪特的藝術品則將後者塑造成一隻長了翅膀、頭兩側的眼睛上方突出兩根短角的龍（Hogarth and Cleary 1979:15）。

3.6.3 中亞和東亞

根據中國的傳統文獻，「中國龍具有九種典型的相似處：駱駝頭、鹿角、牛耳、蛇頸、魚身、鯉魚鱗、鷹爪、惡魔之眼以及虎掌。」（Newman 1979:99）在大多數中國龍的藝術描繪中，其頭部清晰可見兩支角（有時分叉如鹿角般）。（Huxley 1979:33, etc.）

3.6.4 北美和墨西哥

在整個北美地區，由於龍是泉水或河流的守護者，便以有角水蛇的形象呈現。牠的身體像蛇，然而又有像哺乳類動物的角。可以引用的個別描述有很多，以下是具有代表性的：新墨西哥州的暖泉阿帕奇人（the Warm Springs Apache）相信有一種身覆羽毛、長了兩支角的水蛇，還說它像水牛（Gifford 1940:77）。至於大平原印第安夏延族稱為「敏」的有角水蛇，我們已在上文描述過了。（Grinnell 1972:1:97）

根據加契特（Gatschet 1899:259）所述，美國東南部的克里克族：

> 相信有一種神奇的有角蛇，有時會出現在水坑表面，其角可用作令戰爭致勝的法器，是族人知道的所有神物中最珍貴的……戰士在出征時會將角蛇角的碎片放在彈袋中，而有角蛇主題的歌詞常涉及獲取蛇角的完整過程。

3.6.5 中美洲和南美洲

如上所述，在瓜地馬拉的印第安丘爾特族中，奇昌是當地最重要的神祇。牠基本上是蛇或是人蛇混合體，現在我們還可以補充說明：「人們有時候說他頭上長了四支角，前面兩支是小的，金光閃閃，後面兩支則是大的。」（Wisdom 1974:392-394）

如前所述，瑪雅人認為四神祇（四鬣蜥）會在旱季結束時帶來雨水，而「人們將其想像為人頭羽毛蛇身，而且雄性的頭部還有叉角。」（Huxley 1979:9-10）

同樣，前文我們介紹過，尼加拉瓜的印第安蘇姆族人相信水蛇和閃電之間會起衝突，而據說這種生物像一條巨蟒，「頭上長兩支像鹿的角。」（Conzemius 1932:169）

3.6.6 東南亞島嶼地區

在印尼西部的爪哇人看來，「彩虹是一條長了兩個鹿頭或牛頭的巨蛇，其中一個頭從印度洋喝水，另一個頭則從爪哇海喝水。」（Hooykaas 1956:291）這裡並未明確提到頭上長角，但將彩虹（或蛇）的兩端想像成有角動物的頭，顯然在暗示此一特徵。

在印度那伽的身上似乎找不到這一特徵，他比較像蛇（具體來說是眼鏡蛇），而不像大多數的龍那般。在此，我們應該再次強調，儘管龍的身體基本上是爬蟲類動物的，但牠的角或叉角則是某類哺乳類動物的特徵。爬蟲類動物不會長角，而較小型的蜥蜴（如角蜥〔horned toad〕或一些變色龍）頭上雖有小小突起，但充作龍角的模型不夠理想，何況在一些傳說有角龍出現的地區並未出產這一類小蜥蜴。

3.7 | 特徵7：龍有毛（鬃毛、髭鬚等）

基本近似爬蟲類動物的龍與哺乳類動物共享的另一個身體特徵是長有毛，比如類似鬃毛、髭鬚等。龍的這一特徵在不同地區會呈現相當大的差異，不過幾乎總是出現在臉上或頸部。

3.7.1 歐洲

大多數的歐洲龍沒有毛，不過在一些藝術家筆下，可能出現了一些模糊像鬃毛的東西（Hogarth and Cleary 1979:141,179）。歐洲龍中最接近有毛狀態的可能是蘇格蘭的尼克西（或稱「水馬」）這個問題個例；人們通常將其視為龍的一種類型，且其身體基本上是馬形，故此推斷有鬃毛。根據赫胥黎（Huxley 1979:19）的說法：「法國全境曾有同樣的水馬出沒，人們稱其為德拉克斯（dracs，意即「龍」）。牠們不去劫走受害者時，就充作美露莘（聖泉或聖河的女水靈，下半身是蛇或魚）的座騎。」

3.7.2 古代近東

很難確定古代近東的龍是否長了類似毛髮的東西，因為我們對這種幻獸所掌握的證據只來自於刻在黏土板上有限的文字記載，或極少數如在巴比倫伊什塔爾門上雕刻的龍。由於後者具有哺乳類動物（有時被描述為「狗形」）的軀幹，可以合理猜測，這種龍也許有毛髮，只不過並不明顯。

3.7.3 中亞和東亞

這種特徵在中國龍的身上尤為突出，因其通常被描繪為成臉部有外伸捲起的鬍鬚，頸部有鬃毛，偶爾下巴還垂有鬍子。（Allen and Griffiths 1979:38, 42; Huxley 1979:33, 61, 77,etc.）

3.7.4 北美和墨西哥

如前文所述，北美北部平原區的拉科塔族人認為有角水蛇（或稱「溫克泰希」）被描述成「頸部和頭部長有毛髮，被視為神聖（wakan）」。（Walker 1980:108）

3.8 ｜特徵 8：龍有羽

由於許多龍都長有翅膀，人們可能自然而然推測牠們在這部位上

第五章 龍的民族學 149

也長羽毛，然而事實並非如此。羽毛蛇的概念似乎是中美洲原創的，加諸於更加普遍之龍的主題上的一個特殊元素，並隨著其他中美洲的文化影響擴散到美國西南部，甚或至更北部。這一元素可能也傳入了美國東南部如密西西比河下游谷地的一些地區，而那裡正是北美史前築塚文化的起源地，之後才向北擴散到田納西和俄亥俄河谷的。然而，在外界開始記錄密西西比河下游河谷的原住民之前，他們傳統文化的絕大方面已失傳（詳見 Swanton 1911，該文詳細回顧了十七世紀法國文學中關於納奇茲人〔the Natchez〕以及文化與其相似之族群的訊息，然而並未提及當地的龍信仰，無論是以有角水蛇還是羽毛蛇，兩者呈現都匱乏）。雖說羽毛蛇的概念顯然是從其起源地區向北擴散的，但似乎不曾擴散到南美洲。

3.8.1 北美和墨西哥

前文提到，加州西北部的卡托族和尤基（尤基安）族認為有角水蛇守護泉水，並且相信牠既長角又長羽毛。（Essene 1942:72）

根據十九世紀下半葉庫欣（F.H. Cushing）開創性的田野調查，新墨西哥州西部祖尼族印第安人的有角水蛇被理解為「一條長了羽毛或角的蛇」。（Hultkrantz 1987:97）

亞利桑那州東部的聖卡洛斯阿帕奇族（San Carlos Apache）中將有角水蛇描述為一種頂著兩支角、狀似羽毛蛇的水怪；正如前文所述，新墨西哥州的暖泉阿帕奇族又補充說牠狀像水牛。（Gifford 1940:77）

美國西南部與墨西哥以及中美洲的文化相似性足夠明顯，以至於將這一特徵歸因於從南方擴散而來並不成問題。然而，加州州北部的原住民族群雖然信仰羽毛蛇，但是加州中部或南部以及大盆地地區 5

5　Great Basin：北美最大的內流盆地，涵蓋內華達州的大部分、猶他州半數面積以上，以及加州、愛達荷州、俄勒岡州和懷俄明州的一部分，面積 52 萬平方公里，並以其乾旱貧瘠，以及複雜多變的地形而著稱。該地包括了北美最低點惡水盆地以及美國本土最高點惠特尼峰，橫跨數個地理分區、生物群系和沙漠，也是大盆地原住民世代生存的地方。

都沒有這種信仰，所以從南方擴散的論點就很難說得通了。

3.8.2 中美洲和南美洲

羽毛蛇的形象在墨西哥和中美洲的藝術、建築和神話中都是如此普遍，具體的文獻紀錄似乎是多餘的。艾倫和格里菲斯（Allen and Griffiths 1979:57-58）指出：

> 有關這種特殊的混合型龍（其中最出名的當推墨西哥的奎查爾科亞特爾〔Quetzalcoatl〕），其起源的說法不一而足……對應墨西哥奎查爾科亞特爾的是瑪雅文化中的庫庫爾坎（Kukulcan）……因此，在猶加敦半島和墨西哥其他各地，一直存在羽毛蛇的形象。身為庫庫爾坎－奎查爾科亞特爾的一種樣態，羽毛蛇是廟宇和金字塔周圍柱子和牆壁上巨大石雕的主題，這讓早期考古學家甚感困惑。

在一些現代的瑪雅族群中，羽毛蛇另有其他名稱。例如對於瓜地馬拉的丘爾蒂族而言，最重要的本土神祇是奇昌，而族人有時將其視為一條普通的蛇，但也可能認為祂的形象結合了上半身的人形和下半身的羽毛蛇形（Wisdom 1974:392-394）。

以上討論的 5 至 8 的特徵可視為一個整體，因為它們共同凸顯了龍是一個由不同真實動物身體部分混合而成的虛構生物（英文叫 chimera），也就是一個混合體的幻獸。但是，如上文已指出的，龍並非是一種普通的混合體幻獸。在大多數的變體中，其身體的基本結構是蛇，因此是一種冷血動物，但是又結合了角、髭鬚、鬃毛和羽毛等，而這些特徵都來自哺乳類動物或鳥類等的溫血動物。此一特點十分重要，因為它反映了彩虹在人們的觀念中普遍被視為混合了火和水、冷和熱。

▶ 3.9 │ 特徵 9：龍與雷電或太陽對立

第四章已探討過，龍以其各種區域性的形態與雷電或太陽對立，這裡不需要再詳細重述。我們需要記住的要點是，不論龍在人類思維

中起源的自然根據為何，牠都與雷或閃電不相容，也與太陽不相容。乍看之下，這似乎讓我們陷入困境，因為天氣條件通常被劃分為「晴天」與「雨天」兩種對立。然而，只要稍加思考便會發現事實並非如此，這點在我們接下來探討彩虹的民族誌時將會更為清楚——彩虹正是一種只有在陽光與雨勢同時爭奪天空主導權、而兩者皆未取得壓倒性優勢時，才會出現的現象。

3.10 ｜ 特徵 10：龍為雌雄同體

龍有個鮮為人知的祕密，而且在一般文獻中也很少提到，那就是牠的性別雌雄兼備或者模稜兩可。大家很容易忽略這點，因為在有關歐洲龍的傳說中，龍會危害年輕女性，從而使大多數考察者預設牠顯然必為雄性。然而，龍雌雄同體的特徵會在意想不到的情境中浮現。這點已在我的著作（Blust 2019）裡詳加討論過了，所以此處只做簡要的總結。

3.10.1 歐洲

大部分描繪歐洲龍的藝術和傳說都未提及其性別曖昧的特性，反而通常會強調其對年輕女子不懷好意，而且若非如聖喬治那樣的騎士及時干預，結果可能導致女子懷上魔胎。然而，歐洲煉金術所呈現的局面卻截然不同。就像榮格（Jung 1968, 1970）等作者所強調的，龍在這裡扮演的角色具象徵意義，代表哲學概念中對立物的結合，例如下文所述：

> 一般認為墨丘利[6]的兩種屬性是不同的，有時還是相反的；身為龍，「有時有翅膀，有時沒有」。有一則寓言說，「山上有一條名為潘托夫法爾莫斯[7]、始終醒著的龍，因為牠身上前後兩

6　Mercurius：羅馬神話中為眾神傳遞信息的使者，相對應於希臘神話的荷米斯（Hermes）。他的形象一般是頭戴一頂插有雙翅的帽子，腳穿飛行鞋，手握魔杖，行走如飛。他是朱庇特的兒子，也是旅人、商人和小偷的保護神。

7　Pantophthalmos：希臘文字面義為「多眼的」。

側都長著眼睛，有些睜開，有些閉合」。有「普通的和哲學的墨丘利」；祂是由乾燥的、泥土的，同時也是濕潤的、黏稠的。祂有土和水兩個被動元素，也有空氣和火兩個主動元素。祂既善良又邪惡……由於墨丘利烏斯結合雙重特性，因此被描述為雌雄同體。有時人們認定祂的身體為男，靈魂為女，有時則顛倒過來。（Jung 1970:217–218）

在視覺表達上，這種雙重性別特質有時以上半身人形、下半身蛇形的軀體來呈現，而更符合雙重性別的情況是：面朝前時，右體側是男，左體側是女（Hogarth and Cleary 1979:130）。據我所知，龍的此一特徵並未出現在歐洲其他的紀錄中。然而，可以清楚看出，儘管僅侷限在煉金術的紀錄，此一特徵的重要性並不因此減弱，終究它也出現於世界其他地方。

3.10.2 中亞和東亞

中國對龍這概念的關注由來已久，而且錯綜複雜，因此在不同文獻中找到有關龍但互相矛盾的描述並不困難。例如，德・維瑟（de Visser 1913：71-72）書中就有專門討論雄龍和雌龍之區別的一節，其中引述了一段古典文獻的描述：「雄龍的角呈波狀凹面又高峻，頂部很堅實，但下面非常細。雌龍長著直鼻、圓鬃、薄鱗以及一條強壯尾巴。」儘管在鱗片的討論中存在著明確的雄性和雌性龍的區別，然而，正如我們在討論鱗片特徵時所指出的，研究道家形而上學傳統的中國哲學家經常辯論，究竟該將龍純粹視為陽性（雄性）的體現，或是陰性（雌性）的體現，又或是兩者的結合？有些人更青睞最後這種解釋。

3.10.3 中南美洲

如前所述，海地巫毒教每年都舉辦赴拉通布河上之跌水瀑布朝聖的慶祝活動，而且文中同時提到蛇／彩虹的雌雄結合體。儘管這觀念明顯是從西非借入美洲的，但還是可以引用來做為歷史上龍具雙性的一個明顯例子。

大多數針對中美洲羽毛蛇的描述都未提及其性別，如果正好提到，會說男女查克神在生理上是有區別的。然而，赫胥黎（Huxley 1979:9）在談到瑪雅文化中名為伊察姆納（Itzam Na）的天蜥（Celestial Iguana）時為我們呈現了一個不同的場景：

> 「伊察姆納」意謂鬣蜥，而「納」則代表房屋或女人。這個名字還與奶汁、露水、蠟、樹脂和樹液有關。伊察姆納兼有兩種性別，在天空「雲濤之間」時為雄，而其配偶則是不忠的大地（Earth），是專司紡織和繪畫的女神，她的月亮情夫每年都會閹割她的丈夫。

赫胥黎的敘述至少部分來自於瑪雅專家赫伯特・史賓登（Herbert Spinden 1957）以及J・埃里克・S・湯普森（J. Eric S. Thompson 1970），而這兩位專家本身在很大程度上則依賴早期的西班牙文獻資料以及當代針對瑪雅語族人的民族誌研究。後者（1970：21）在研究現代的瑪雅族群時觀察到：

> 在拉坎東人（the Lacandon）心目中，伊扎姆諾庫（Itzam Noh Ku，意即「伊扎姆偉大的神」）乃是冰雹之神，是其居住地佩雅湖（Lake Pelha）的統治者，而根據最近的資料來源，他也是鱷魚的主宰……伊扎姆是波空族（Pokom）的一個神……阿爾塔瓦帕茲（Alta Verapaz）和英屬洪都拉斯[8]南部的克奇人（the Kekchi）將其視為雌雄同體的、掌管世界各方位的山神。

這些說法僅限於描述大多數人會視之為龍的神話生物。不過，等到第七章把彩虹蛇加進來之後，我們將會看到，澳洲經典的虹彩蛇以及橫跨中非之班圖語族群的彩虹蛇（通常簡稱「彩虹」，而且不若前者出名）也同樣是雌雄雙性。

8　British Honduras：即貝里斯（Belize）。

▶ 3.11 ｜ 特徵 11：龍身色彩繽紛或呈紅色

有關龍的顏色，說法分歧。在多數情況下，少有資料論及顏色，但是如果提到，通常都會強調顏色鮮豔，或者把龍描述成是「五顏六色」。有時人們認定龍身呈彩虹的顏色，但除此之外，龍與彩虹之間的關聯毫無舉證（如墨西哥西北部的亞奇族印第安人或是美國東南部的克里克族印第安人）。如果選擇單一顏色來描述龍身，那麼最常見的就是紅色了。

3.11.1 歐洲

在塞爾特族關於龍的神話中，「梅林[9]、尼尼厄斯[10]和傑佛瑞[11]的寓言故事都將其描述為紅色。」（Gould 1886:197）

3.11.2 古代近東

在《新約》的〈啟示錄〉中，聖約翰所描述的末日包括如下一連串的啟示：

> 天上現出大異象來：有一個婦人身披太陽，腳踏月亮，頭戴十二星的冠冕。她懷了孕，在生產的艱難中疼痛呼叫。
>
> 天上又現出異象來：有一條大紅龍，七頭十角；七頭上戴著七頂冠冕。她的尾巴拖拉著天上星辰的三分之一，摔在地上。龍就站在那將要生產的婦人面前，等她生產之後，要吞吃她的孩子。

---

9 Merlin：英格蘭及威爾斯神話中的傳奇魔法師，他法力強大同時充滿睿智、能預知未來並能變形，因為扶助亞瑟王登位而聞名並留下種種事蹟。

10 Nennius：威爾斯的僧侶，據說是《不列顛人歷史》（*Historia Brittonum*）這部歷史學著作的作者。該書成於公元 830 年左右，旨在將當時大不列顛的不列顛居民與更早期的歷史聯繫起來。書中描寫了威爾斯與英格蘭的歷史，但缺乏足夠可靠的資料來源。

11 Geoffrey：1095/1100 - 1155，英國聖職人員，也是英國史學發展的主要人物之一，著名之亞瑟王故事的編撰者。他最為出名的作品是編年史《不列顛諸王史》（*De gestis Britonum* 或 *Historia regum Britanniae*），其內容在 16 世紀時被認為可信，但現代研究認為其中講述的歷史並不可靠。

萊曼－尼采（Lehmann-Nitsche 1933:220）特別關注這段聖經文本，並且問道：所謂「啟示錄的龍」何以被描繪為紅色？他得出的結論是，那代表天蠍座，因為其中最亮的星是安塔雷斯（Antares），肉眼看起來便是呈紅色的天體。除了此一極狹窄的聚焦，作者似乎對龍沒有更多的興趣，所以和許多其他的研究一樣，這篇文章只考慮了表1中總結之二十七個特徵中的一個或兩個，根本無法做出深入的解釋。

3.11.3 中亞和東亞

關於中國龍，德·維瑟（de Visser 1913:111–112）引述了一個文獻中的一段描寫：「棣州有火自空墮於城北門樓，有物抱束柱，龍形金色，足三尺許，其氣甚腥。」

這段描述提到的是金色而非紅色或是光譜中的其他顏色，而其他資料則形容龍是多彩的：

> 中國人說，水中的龍身上有五種顏色（彩虹），因此是神。如果龍想變小，就會化身蠶形，若想變大，牠就藏臥在世界上。如果龍想上升，就會奮力朝著雲層而去；若想下降，就會鑽入深井。龍的變化不受日期限制，上升和下降也不受時間限制，所以稱其為神。（Huxley 1979:11）

中國其他早期的文獻也描述過不同顏色的龍。舉例來說，德·維瑟（de Visser 1913:87-88）提到漢代（西元前206－西元後220）有個文本曾描述在一場猛烈的風暴中，「一群龍出現在漢江水面上並潛入漢江。大的有幾丈長，小的有一丈多。有些是黃色的，有些是黑色的，有些是紅色的，有些是白色或藍色的，樣子看起來像牛、馬、驢或羊。」

3.11.4 北美和墨西哥

就許多東南部部落的民間傳說和神話中的「蛇人」（snake-man）

或「帶蛇」（tie-snake）而言，據說「水人（water person）不僅是由人類轉化而來，而且顯然是一個可辨認的神話人物。有三個克里克族的文本將牠描述為一條『帶蛇』，其他三個則明確提到牠長了多彩的角，而這是有角水蛇的特徵。」（Lankford 1987:86）

在描述守護水源的龍時，墨西哥西北部的亞奇族印第安人傳說「額頭帶有彩虹的蛇」會在某些地方的泉水中游泳。（Spicer 1980:64）

▶▶ 3.12 │ 特徵 12：龍會守護寶藏

這是普遍存在世界各地的一個主題，只是在不同的地區呈現略有出入的版本（歐洲龍守黃金，印度龍守寶石，中國龍守珍珠）。

3.12.1 歐洲

一般常描繪歐洲龍會守護某種財寶，那通常是黃金，或者類似黃金屬性的東西。在傑森與阿爾戈英雄 12 的故事中，龍所守護的財寶是金羊毛，而在海格力斯（Heracles）和拉頓龍 13 的故事中，赫斯珀里得斯（Hesperides）花園中被守護的對象則為金蘋果。在冰島的《沃爾松格薩迦》、英格蘭的《貝奧武夫》和中世紀高地德國的《尼伯龍根之歌》中，日爾曼龍守護的也是一堆黃金。考慮到龍其他的屬性，我們也看不出能清楚解釋牠為何守護寶藏的原因，因此這一特徵似乎隨意造出，但顯然又與其普世分布的情況相矛盾。

3.12.2 南亞

如前所述，根據艾倫和格里菲斯（Allen and Griffiths 1979:42）的說法，印度有四種那伽，其中稱為「隱身那伽」（Hidden Nāga）者

---

12 Jason and the argonauts：希臘神話中帶領阿爾戈船英雄赴喬治亞地區科爾基斯國（Colchis）奪取金羊毛的雅典英雄。
13 Ladon：希臘神話中的百頭巨龍，是赫斯珀里得斯姊妹所守護之金蘋果樹的衛兵。據說牠終年盤踞在樹上，卻被前來盜取金蘋果的海克力斯所殺，死後牠被提升至空中，成為天龍座。

正是寶藏的守護者。赫胥黎（Huxley 1979:62-63）更具體表示：

> 印度的那伽擁有最珍貴的珠寶，也就是中國人所稱的「滿足一切欲望的寶珠」，又說必定能在馬龍（horse-dragon）下巴下方九層深的水池中找到。這顆寶珠控制月相、潮汐漲落、雨水、雷、閃電，以及生、死和重生的過程。有時龍會吐出這樣的寶珠，可以用來照亮整間房屋（或是一整個人）；如果含在口中，感覺就像喝下最甘美的佳釀。

3.12.3　中亞和東亞

中國龍通常在圖像中描繪為追逐一顆寶珠或嘴裡銜著一顆寶珠（Allen and Griffiths 1979:39）的模樣，而很少像歐洲龍那樣守護寶藏。前面在 3.12.2 論及南亞時引用了赫胥黎的說明，這段文字在這裡同樣適用。

此外，據說藏龍（cang long）曾守護隱藏的寶藏，負有「看管並守護天界的財富，不讓凡人看見」的責任。雖然這種形象極少出現在繪畫中，但在磚和石板的浮雕上則可見到。（Bates 2002:14-15）

正如前文所述，韓國人也曾認為有一種陸上的龍能掌管礦藏和寶石，「人們對牠極為尊敬，也許這就是為何在朝鮮時代礦山少有開發的緣故，因為人們迷信，擾動這些金屬礦藏可能引發災難，因為他們相信，那些東西是地靈小心守護的寶藏。」（Ingersoll 1928:88）

▶ 3.13 ｜特徵 13：龍頭上有寶石或其他有價值的東西

顯而易見，寶藏主題還包括這一子題：龍頭上有一顆珠寶，或者一支珍貴的角。寶藏在這裡成為龍身體的一部分，而非牠守護的一個身外物體或者一組物體。

3.13.1　歐洲

根據霍加斯和克利里（Hogarth and Cleary 1979:121）的說法，有

些歐洲龍與印度龍和中國龍相似，其額頭上有一顆具魔法效力、稱為「龍石」（dracontias）的珍貴寶石。只不過這必須從活龍身上取下，因為瀕死的龍會故意破壞該寶石的魔力。除非能先讓龍入睡，否則很少有人敢這樣做。

法國的薇薇兒（又名維伏恩〔wyvern〕）似乎也表現了類似的觀念，「除了具有女性誘人的身體和蛇的尾巴以外，牠們也有蝙蝠翅膀，而且兩眼之間還有一大顆圓寶石。沐浴之際，牠都先將寶石取出，如果路人趁機在牠這樣毫無防備的狀態下偷竊那顆寶石，就可能安全地偷到，使牠變得像隻盲眼的蟲。」（Huxley 1979:13）

3.13.2 南亞

維爾金森（Wilkinson 1959:794）把馬來語中的那伽（nāga）譯為「龍」的意思；其詞源不是蜥蜴，而是一條長角且額頭上有一顆光亮的牛黃石（bezoar）的巨蛇，在夜間利用這顆寶石照明。」但上述說法顯然是受到印度影響所致。儘管我沒有找到有關印度那伽額頭上也有珠寶的明確證據，但這個想法很可能是在公元後最初幾個世紀東南亞受到印度化的時期引入印尼的，因此我們也把它收入本節。

3.13.3 北美和墨西哥

在北美的大部分地區，有角水蛇「幾乎總被描繪成從頭頂上長出一些東西的形象，而這些東西可以是一支角、一對角或者一顆寶石……印第安人認為這種角或是寶石極具價值。」田納西和北卡羅萊納的切羅基人傳說如下這一故事：

> 他們的山間峽谷裡曾經住著響尾蛇王子。忠誠的臣民守護著他的宮殿，而王子的頭上不戴冠冕，取而代之是一顆具神奇魔力的寶石。許多戰士和魔法師都試圖取得這個珍貴的護身符，但都被這顆寶石的守護者以毒牙咬死。最後，有個比其他人更有創意的人想出了將自己裹在皮革裡的聰明點子，藉由這種裝備，

他安然無恙地穿過整個嘶嘶聲和撕咬的追逐過程，扯下閃亮的寶石，最後得意洋洋地將這戰利品帶回自己的部落。（Brinton 1905:137）

在切羅基人所說的另一個神話中，有位被俘虜的肖尼族巫師為了換取自由，出手殺死一條巨大的有角蛇（uktena），並將其額頭上閃閃發亮的「鑽石」（傳統上這必定是其他的石頭）獻給俘虜他的族人。（Mooney 1970:299）

如前所述，美國東南部的印第安克里克人認定有角水蛇的角「其價值高於他們所知道的任何物品」，也將其碎片隨身帶在征戰途中，以便保護自己免受襲擊。（Gatschet 1899:259）

3.13.4 中南美洲

如前所述，瓜地馬拉的丘爾特印第安人認定奇昌係自己族群最主要的在地神靈。那是一條巨蛇，頭上長「四支角，前面兩支是小的，金光閃閃，後面兩支則是大的。」（Wisdom 1974:392–394）

▶ 3.14 ｜特徵 14：龍藏身瀑布中

第三章交代過，無論文化類型如何，龍與瀑布之間的普世關聯是自然而然產生的。這是因為水量豐沛的瀑布會發生「逆雨現象」，遇上天晴便生成了彩虹，而且相較於降雨產生的彩虹，這種彩虹能持續更長的時間，畢竟透過雨滴生成的陽光折射需要微妙的平衡條件，所以其存在的時間要短得多。

▶ 3.15 ｜特徵 15：龍圈繞世界

這個主題以幾種樣態出現，而在每一種樣態中，圈繞地球的龍身都呈巨蛇狀，咬著或吞下自己的尾巴，形成一個圓圈。在歐洲煉金術的傳統中，這種啣尾蛇的形象被稱為尤洛博羅斯（Uroboros）或歐洛博羅斯（Ouroboros）。

3.15.1 歐洲

在歐洲，歐洛博羅斯最著名的例子無疑是米德加德蛇了。牠被記錄在寫成於西元九至十三世紀的冰島史詩《埃達》中，而該史詩反映了斯堪地那維亞在異教時期結束之際的世界觀。在那種自然觀中，世界劃分為上下兩層，而兩者中間則是我們居住的天地。米德加德蛇（冰島語稱之為「巨獸」）以口銜尾環繞地球，將上下兩層世界分開。

歐洲煉金術中也出現類似型態的圈形龍，榮格和其他作家曾加記錄（Jung 1956）：

> 煉金術中的龍通常呈現啣尾蛇的形象，意即即咬著自己尾巴的圈形蛇龍，是代表一統和宇宙元物質（prima materia）的符號，比煉金術更古老，可能起源於埃及神話那條盤繞地球的蛇阿波菲斯（Apophis）。（Allen and Griffiths 1979:66）

3.15.2 古代近東

在古埃及的神話中，據說「另一種動物是神聖的悉多（Sito）蛇，會以其盤繞起來的巨大身軀圍住地球，同時也呈現在其他幾種神話中。悉多通常僅表現為一個圓圈的形式，但也將尾巴啣在嘴裡。」（Hogarth and Cleary 1979:19）[14]

▶ 3.16 ｜ 特徵 16：龍能驚嚇年輕女子／使她們懷上魔胎

這個主題在歐洲龍的傳統中非常普遍，無論是古典時代還是基督教傳入後的時代都一樣，然而世界其他一些地方並未出現這主題，這點未免令人驚訝。然而，即使這個在歐洲占據顯著地位的特徵在其他一些地方並不突出，但它有時也會在意想不到的地方出現，例如中國。

---

14 此種描述雖可能未有文獻紀錄，但在中國古文物中也有類似的型態，意味著相似的信念。見彩圖 7。

3.16.1 歐洲

只需翻開大多數有關歐洲龍的流行插畫書，就能找到一張全頁圖片，描繪兇猛怪物威脅赤裸或半裸女子，最後由及時趕到的高貴騎士，用長矛把怪物刺死（Hogarth and Cleary 1979:76, 86-87, 141, 174, 180, Huxley 1979:47，最後兩個出處都提供了法國新古典主義畫家讓-奧古斯特‧多米尼克‧安格爾〔Jean-Auguste-Dominique Ingres〕筆下「受困少女」〔damsels in distress〕主題的一幅畫作）。

此一主題在塞爾特的民間傳統中一再出現，從中我們聽說「許多有關女性在龍出沒的河中洗澡時受孕的故事。」其中一個例子是塞爾特公主內斯（Ness）：她被迫嫁人後去孔丘巴爾（Conchobar）河取水，接著「生下英雄孔丘巴爾，出生時他的左右拳頭各緊握一條蟲（worm，龍的同義詞）。」（Huxley 1979:12）

據說法國有許多龍喜歡吞食幼兒並且強姦處女（Huxley 1979:42）。

3.16.2 中亞和東亞

雖說中國的龍通常不會騷擾美女，但這個主題有個有趣的變體，即人們利用龍渴望女性陪伴的特點來促使其降雨。有部名為《五雜俎》的古典作品

> 描述嶺南人民一種了不起的興雨方法。由於龍非常淫蕩而且喜愛女人，因此他們便在高處安置一名裸女，藉此吸引龍的注意。當龍來她的周圍飛繞時，魔法阻止牠進一步靠近，牠被激怒，大雨降下。（de Visser 1913:120）

正如前文提到的塞爾特信仰，女性可能因龍受孕，所以生下龍人（dragon-humans）的觀念也相當普遍。

中國藝術常將五爪龍做為象徵中國皇帝的圖飾，而中國古典文學也多次提到了龍和人母生下皇帝的故事：

據說堯帝是一條紅龍的兒子，紅龍來到他的母親身旁，其背上寫著「你也受天保佑」的字樣。四下黑暗風起，龍觸摸她，她於是懷孕了，並在十四個月後於丹陵生下堯帝。也有關於漢朝開國者高祖（公元前 206– 前 195 年在位）類似的故事。高祖的父親太公見到有一條蛟龍（一種龍）在他妻子的上面，當時四周一片漆黑，時有雷聲閃電。她在一個大池塘的岸邊熟睡，夢見與神交媾，日後生下高祖。（de Visser 1913:123）

3.16.3 北美和墨西哥

上文在討論亞瑟・派克有關塞尼卡族傳說中尼加拉有角水蛇的版本時提到，女主角聽從雷神賀諾的建議，在蒸氣室中淨化身體時，生下了兩條小蛇。牠們沿著她的腿滑下，然後從她的腳邊溜走，這是她不知究理和卡雲嘉溪怪物婚媾的結果。

還有在第一章已述，新墨西哥西部的祖尼族印第安人相信有角水蛇「可以帶來雨水，並能使沐浴中的女子懷孕。」（Hultkrantz 1987:97）

喬治亞州克里克族或穆斯科基族印第安人的各種傳說都談到有角水蛇的變種「水豹」（water panther）或「水虎」（water tiger）。其中有個故事提到：

> 庫薩（Coosa）鎮的一名未婚女子去泉水汲水後被人發現懷孕了。她的兄弟和一些親戚認為她懷了水虎（wi katca，穆斯科基族今天認為那就是豹）的種，對她很是生氣，並想殺死胎兒。（Lankford 1987:94-95）

3.17 ｜特徵 17：龍嫌惡月經

南美洲部落和澳洲原住民之間反覆出現一個在歐洲、古代近東、印度或中國等地傳統的紀錄中都未見過的主題，即以彩虹巨蛇形態出

現的龍是厭惡月經的,而且剛經歷初經的少女必須避開龍所守護的水坑。而北美也有一種類似的信仰,對象是與彩虹無明顯關聯的水蛇。

3.17.1 北美和墨西哥

對於這個主題的一個完整的紀錄來自於俄亥俄州中南部的肖尼族印第安人,他們流傳一則有關一條稱為威威·威勒米塔·馬內圖(wewiwilemitá manetú)之單角蛇的故事。其中的一個版本如下:

> 一名年輕女子在「獨自進食」(亦即月經期間)時看到一頭長了一支紅色角和一支藍色角的小鹿。牠躺在湖水中,水淹到了脖子。等她又一次看到小鹿時,牠變大多了,正要走出湖水。再下一次,牠則以蛇的形態出現在她面前。到第四次,蛇從湖中消失了,不過湖的面積增大,水也熱到沸騰了。她將這件事告訴父親,而後者則諮詢了部落的長老,眾人一致同意殺死這條蛇,或至少試著這麼做。為此,他們哄誘這位年輕女子,要她下一次來經時再次去湖邊。時間一到,有十二位長老陪著她,唱著歌帶著鼓,並攜去他們巫醫(薩滿)的「藥物」。那晚他們露營,第二天早上便讓少女走進湖裡,在湖中心豎起一個叉架或是類似帳篷的結構。當他們唱起魔咒歌曲時,各種各樣的蛇都出現了,而且都把頭部靠在叉架的橫樑上。施咒者告訴那些蛇,「你們不是我們要的」,於是湖水擾動、沸騰起來。當一條特定的蛇來到並把頭部擱在橫樑上時,他們說道:「你正是我們想要的那一條。」然後,他們吩咐少女再度步入水中,並用她的內衣在水面上拍打四下。少女遵命做了,而此舉令蛇變得如此虛弱,以至於施咒者毫不費力地就把牠殺死了。(Gatschet 1899:256-257)

與彩虹相關之月經褻瀆的主題會在第七章再多加探討,它也在北美西部出現,只不過與水蛇沒有明顯的關聯。

3.18 ｜特徵 18：龍與有蹄哺乳類動物相關聯

這個特徵將我們帶入一個在概念上相當奇怪的情況，但事實上卻證明它強化了龍與彩虹之間的連結，就像我們將在第七章中看到的那樣。在幾個不相接的地區裡，人們將龍想像為結合了蛇和有蹄哺乳類動物的部分。在歐洲，此一特徵只出現在行為與龍無差異的馬身上，而在世界其他地方，則為一種混合體的幻獸（chimera）。

3.18.1 歐洲

如前所述，蘇格蘭的尼克西或「水馬」（也可稱「凱爾皮」〔kelpie〕或「水凱爾皮」〔water kelpie〕）通常被視為龍的一種類型，因為據說牠會引誘或吞噬年輕女性。在一些故事中，這種生物首先以一個英俊有禮之年輕男子的樣貌出現，從而欺騙受害者，讓她們相信他身邊很安全。不過他的真實身分依然有跡可循：他長了一雙蹄而不是一雙腳。這個特徵也將尼克西與基督教對撒旦的觀念連結起來。至少有個故事將水馬和凱爾皮區分開來：「有些作者認為水馬等同於凱爾皮，然而這兩種動物顯然是不同的。水馬在湖泊出沒，而凱爾皮則藏身溪流與河川。」（Campbell 1900:215）如同其他地方的龍，有些人認為，蘇格蘭的水馬有改變其顏色和形狀的能力（Campbell 1900:204）。

3.18.2 中亞和東亞

這裡無需重述中國龍的「九個典型相似之處」，因為在前文特徵 6 介紹「龍有角」的項下已經全部交代過了。這些相似之處將龍與駱駝、鹿和牛等連結起來（Newman 1979:99）。這種連結就算有點奇怪，但在其他地方也有發現。然而，在分隔甚遠的地區，龍竟然也與不長角的有蹄動物（尤其是馬）相連結。

雖然蘇格蘭的尼克希聽起來令人驚訝，但在東亞也有充分的證據顯示，龍和馬之間也存在相似的連結。在德・維瑟（de Visser 1913）對中國龍和日本龍之概念的經典研究中，有一部分專門討論中國的龍馬（56-59），並用一整章的篇幅（〈中國龍與龍馬日本的徵兆〉〔The

Chinese dragon and the dragon-horse as omens in Japan〕）研究日本的龍馬。（146-151）

就像在蘇格蘭一樣，這種動物也生活在河流或其他水域裡，而且中國人會以典型的華麗文體鉅細靡遺加以描述。在一本成於公元557年之前、名為《瑞應圖》[15]的作品中，作者是如此描述中國龍馬的：

> 龍馬者，仁馬，河水之精也。高八尺五寸，長頸，骼上有翼，旁垂毛，鳴聲九音，有明王則見。（de Visser 1913:57）。

日本類似的觀念究竟是本土的還是借用的仍有爭議，但各種資料來源都提到，龍與馬的連結是日本列島上一個發展成熟的概念。例如，一般認為成於1340-1350年間的《增鏡》[16]將龍馬描述為能夠越過寬闊的河流：「1221年，當北條義時[17]從鎌倉向京都進軍對抗順德天皇[18]時，由於降雨，富士川和天龍川的河水高漲到連龍馬都無法橫渡的程度。」（de Visser 1913:148）

在其他關於龍馬或者龍、馬可互換的紀錄中，還有一則日本的諺語：

> 「在天上，馬變成了龍，在人間，龍變成了馬。」因為日本人在春季節慶和神明扣留雨水時以馬祭祀，將牠們送上天，這樣

---

15 南朝梁孫柔之的《瑞應圖》是專門記錄符瑞物象品目的著作，分門別類，輯錄天瑞如「德星」，地瑞如「醴泉」，動物瑞如「白虎」，植物瑞如「嘉禾」等一百三十餘種，並附有圖畫，為符瑞物象文獻的集大成之作。隋時已佚，今有四種輯佚本。

16 《增鏡》：日本的一部編年體歷史物語，共三卷，作者不詳。記錄從壽永2年（1183年）後鳥羽天皇即位到元弘3年（1333年）後醍醐天皇回到京都為止，共151年的歷史。寫作風格模仿《源氏物語》。

17 北條義時：1163-1224年，是平安時代末期以及鎌倉時代初期的武將，也是伊豆國豪族北條時政次男，其姐則是源賴朝正室北條政子。他擔任鎌倉幕府第2代執政，自源賴朝死後，積極在鎌倉幕府擴大勢力，成為鎌倉幕府實際統治者。

18 順德天皇：1197-1242年，第84代日本天皇，後鳥羽天皇第三皇子。後鳥羽上皇積極準備，以求打倒鎌倉幕府。1221年，順德天皇參加後鳥羽上皇的倒幕活動，承久之亂隨之爆發，亂後天皇被流放到佐渡島，後在1242年於當地駕崩。

牠們就化成龍，負責將水變成火、再將火變回水；因為馬是太陽之獸，唯有牠具備掌控水的能力。（Huxley 1979:20）

3.18.3 北美和墨西哥

龍在傳說中究竟類似哪一種有蹄動物？這完全取決於當地的動物生態。此點可以從報導俄勒岡州東部之印第安烏馬提拉族的資料中看出：族人相信所看到的一種既出現在湖泊中又出現在陸地上生物可能是雙頭蛇。這種生物儘管呈現蛇狀，但英文稱其為 water elk（即「水麋鹿」之意），因此顯然是蛇和哺乳類動物的混合體（Ray 1942:255-256）。

如前所述，新墨西哥州的暖泉阿帕奇族相信有一種身披羽毛的兩角水蛇，又說牠們很像水牛。（Gifford 1940:77）

3.19 特徵 19：龍會噴火

3.19.1 歐洲

歐洲龍最引人注意的一項特徵就是噴火，使牠在一些藝術描繪中成為極恐怖的形象（Hogarth and Cleary 1979: 扉頁圖，188-189）。佛羅里達州奧蘭多的環球影城在一棟三層樓建築的頂端就造出這麼一條龍的實體形象，而且每隔幾分鐘就噴出二十英尺長、燃燒瓦斯的火焰，為訪客提供褒貶不一的「娛樂」。

3.19.2 南亞

有關印度那伽的記載很少提到牠們會噴火，不過令人驚訝的是，這一點確實出現在佛教冥想和開悟的傳統中。有一則故事提到，佛陀在轉世為人之前曾是那伽的王。據稱，佛陀在暴雨肆虐的開悟之際曾受能觸發暴雨、名為目支鄰陀（Mucilinda）的七頭那伽所庇護；此外，佛陀還將一條火龍收進缽盂，將其馴服，這是祂開悟後最早的一樁事蹟。（Huxley 1979:30）

3.19.3 中亞和東亞

本書第一章提到，中國龍很少像歐洲龍那樣具有噴火的本事，但是這一特徵在中國古典作品中確實有所記載，比方我們知道「龍火和人火正好相反。龍火如果碰到濕氣，就會起火焰，如果遇水，也會燃燒。如果用火驅趕，它就停止燃燒，火焰就會熄滅。」（de Visser 1913:67）。

3.19.4 北美和墨西哥

卑詩省中部和南部的印第安蘇斯瓦普族（the Shuswap）信仰一種舌頭像火一樣的陸蛇。根據報導，這種生物在爬行時會在地面上留下犁溝，只要看牠一眼人就會生病或者身體腫脹起來。（Ray 1942:255-256）

在北美的其他地方，人們常將有角水蛇描述為會呼出臭氣或毒氣，而不是噴火。

3.20 ｜ 特徵 20：龍會呼出臭氣或毒氣

3.20.1 歐洲

正如剛才所述，在其他情況下，龍是呼出毒氣而非噴火。六世紀的高盧－羅馬聖人都爾的聖額我略（Gregory of Tours）就提到這樣一個例子：

> 巴黎有一位身分顯赫但過著極放蕩生活的女士，死時罪孽深重。她是基督徒而且未被逐出教會，因此得以葬在已受祝聖之地。然而，下葬當夜，一條醜惡的巨龍從荒野來到巴黎，在教堂附近挖了一個大洞充作巢穴，並且開始啃食這具屍體。巨龍並非一次就將屍體吃完，而是一再回來。由於怪物的氣息汙染了空氣，住在教堂墓地附近的人感到非常恐慌，所以不得不離開自家，並請求聖馬塞爾（St. Marcel）前來解救他們。（Hogarth and Cleary 1979:117）

在北歐史詩《埃達》中，英雄奧丁在雷神索爾的陪伴下對抗邪惡勢力，卻被巨狼芬里爾（Fenrir）吞噬，「儘管索爾設法殺死了米德加德蛇，但自己卻不敵怪物呼出的毒氣，才向後退回九步便倒地死去。」（Hogarth and Cleary 1979:93）

英國諾森伯蘭郡的傳說講述了「厭蟲」的故事，其中的女主角是美麗而年輕的瑪格麗特公主。嫉妒的繼母詛咒她，希望她變成一條「厭蟲」。詛咒生效，我們得知「瑪格麗特變成了一條惹人厭的蟲，爬進斯平德爾斯頓丘（Spindleston Heugh）的一處洞穴裡。她在那裡像蟲一樣度日，並且呼出毒氣，汙染諾森伯蘭郡清新的風，喝下當地受驚居民自願奉獻的、用來安撫牠的奶汁貢品。」（Newman 1979:123）

根據傳說，我們知道在其他地方，「整片鄉村可能會因龍的呼氣不再適合人居，鳥兒會因龍的呼氣而從天空墜落。這個問題在衣索比亞尤為嚴重，因為那裡的酷熱會令龍變得比其他地方的龍更毒。」（Hogarth and Cleary 1979:117）儘管提到的是衣索比亞，但這看來是個歐洲的傳統而不是非洲原住民的傳統。

3.20.2 中亞和東亞

在中國的古典文學中，「龍骨」或「龍蛋」出現得比龍的呼吸更為頻繁，但有時關於龍呼吸的評論也能對應世界其他地方的說法。正如上文所提到的，《宋史》有篇文字寫道：

> 棣州有火自空墮於城北門樓，有物抱束柱，龍形金色，足三尺許，其氣甚腥。（de Visser 1913:111-112）。

有些文本只說中國龍會噴火，有些文本則指龍會呼出臭氣或是毒氣但不噴火，至於為何如此則未解釋。然而，我們必須記住，中國古典作品作於好幾個世紀期間，由不同地點的文人書寫，但無疑每個作者多少都受到當地有關龍的民間信仰的影響，這是我將在下文回頭討論的一個重點。

3.20.3 北美和墨西哥

之前已提到,紐約州北部的莫霍克族印第安人相信「有一種稱為歐尼亞雷(Onyare)的湖蛇,牠呼出的氣擴散到空氣中會致病。」(Gatschet 1899:259)

3.20.4 非洲

得‧佛拉金[19]講述了利比亞西雷那(Silene)城受到附近湖裡一條巨龍危害,因其呼氣奇臭,以致鄉間都受毒害。(Hogarth and Cleary 1979:141)

▶▶ 3.21 │ 特徵 21:龍會引發地震

3.21.1 歐洲

霍加斯和克利里(Hogarth and Cleary 1979:101)在描述歐洲「中世紀的龍」時,附上了一份從 1170 到 1532 年有關目擊巨龍的摘要年表。其中 1274 年的項下記載:「聖尼古拉斯節的前一夜發生了地震、雷聲和閃電;出現一條火龍和一顆彗星,英格蘭人極其恐慌。」

3.21.2 北美和墨西哥

在新墨西哥州西部的祖尼族印第安人中,「水蛇」被視為一個集合體,可以在每處泉水或其他水體裡找到。雖然形態會有變化,但最常見的是羽毛水蛇,在普韋布洛族群世界(the Pueblo)各地都有。這些生物是造成地震、洪水和土石流的原因。(Wright 1988:153)

3.21.3 中美洲和南美洲

赫胥黎(Huxley 1979:9-10)在討論瑪雅人對火和水的關係,亦即他們對於掌控降雨與否的力量的概念時,做了如下的敘述:

---

[19] De Voragine: Jacobus de Voragine(1230-1298)第 8 任熱那亞總教區總主教,基督教聖人,也是殉教者列傳《黃金傳說》(*Legenda aurea*)的作者。1816 年由教宗庇護七世封為真福者。

掌管火與時間的龍主（dragon-lord）不僅必須住在水中，還必須能造水。牠的力量通常體現在一塊綠色或藍色的石頭中，用其製成斧頭，就是瑪雅王的權杖。它可用來喚雨，當旱季期間，查克四神（現代瑪雅人稱之為四鬣蜥）離開了其藏身的水池和河川，去山洞中長睡，又因在睡夢中翻身而造成地震。

同一位作者在另一處也提到類似與龍的關聯，但未具體說明是哪一個族群；有可能是瑪雅的基切族（the K'iche'）。在那個族群中，胡拉坎（Huracán）是掌管風、暴風雨和火的神。「颶風（英文：hurricane）以加勒比海地區的龍 Huracán 來命名，此外牠還主管地震。」（Huxley 1979:74）

3.21.4 東南亞島嶼

菲律賓南部民答那峨島東北部的瑪曼瓦人（The Mamanwa）部落「認為地震是由一條巨蛇引起的。」根據一位報導人的說法，地球是停歇在一條巨蟒的背上，只要牠移動就會發生地震。（Maceda 1964:115）

▶ 3.22 ｜特徵 22：龍引起旋風／風暴和水龍捲

3.22.1 歐洲

人們將怪物泰豐（Typhon）描述為一條巨蛇，是古希臘神話中最危險的生物。牠那龍的身分不僅清晰地可從其外貌的描述，還可以從與毀滅性旋風的關聯、以及可用雷電將其劈死的這些方面呈現。而這兩點在世界其他地方也都與龍相關：

　　人們有時認定泰豐等同埃及魔神塞特（Seth），並體現為如今被稱為颱風、強大且具破壞力的旋風。牠從頭到大腿呈現人形，但同時也冒出一百個龍頭和多支翅膀；牠的下肢是巨大的盤旋蛇身。牠的長相如此駭人，以至於眾神第一次看見牠時，紛紛逃到埃及躲藏，並化身為各種動物。唯有宙斯單獨對抗泰豐，先

用傳統的雷電轟擊那頭怪物，然後拿著一把用堅硬如鑽石之材質製成的鐮刀向她逼近。（Hogarth and Cleary 1979:68–69）

3.22.2 中亞和東亞

龍與異常天氣現象的連結一再出現，以下的引文對中國龍做出進一步說明：

> 許多人相信秋分時有些龍會潛入海中，然後就像印度那伽一樣，住在豪華的海底宮殿裡。到了春分，牠們又從水中升起，飛向天空。這些怪物速度極快，一旦出現便引起巨大擾動，導致沿海地區颳起颱風和颶風。（Newman 1979:101-102）

與此類似的還有有種傳統信仰認為，只有冒失鬼才收藏龍蛋，因為龍蛋可能孵化成一條小蛇或蟲，然後迅速膨脹成一條會在雷暴中撞破屋頂飛向天空的大龍。「年輕的龍升天就是造成旋風（或「龍捲風」）的原因。」（Allen and Griffiths 1979:36）日本也有相同觀念的報導，「日本稱為『龍捲』的旋風，即是空氣中形成水龍捲，可將重物捲入空中，人們認為這個現象是在雷雨交會之際蜷曲身體升入天空的龍。」（de Visser 1913:112）即使這種信仰可能受到中國人有關龍之概念的影響，但本土神道教對龍的信仰則應該是較原生的。在神道教的概念中，自然界充滿かみ（靈、神明），而古典文獻《日本紀》曾描述人民在乾旱時如何祈求龍幫助降雨，其中提到河神（龍）也能興風，另外某一段落也提到河神引發旋風，以便淹沒一些葫蘆。（de Visser 1913:154）

3.22.3 北美和墨西哥

卑詩省中南部的印第安蘇斯瓦普人相信湖泊中藏有危險的生物，會引發水龍捲和暴風雨（Ray 1942:255-256）。

前文提到奧勒岡州東部烏馬提拉族認為「水麋鹿」會觸發水龍捲

和暴風雨，因此必須定期安撫牠。（Ray 1942:255-256）

3.23 ｜特徵23：龍會造成洪水

3.23.1 歐洲

艾倫和格里菲斯（Allen and Griffiths 1979:51）在探討歐洲龍必加屠戮的主題時提到，聖米歇爾以及其他幾位聖人「據說曾殺死、馴服或以其他方式制伏這條龍或其以很多不同形象出現的後代，包括洪水；因為自古以來，龍便與水，尤其是與水患有關聯，從來不曾改變。」

如特徵4項下所述，1222年倫敦市發生暴動時，「空中有龍飛翔。聖安德魯節期間，天空雷電交加；房屋和樹木被吹倒，並發生了可怕的洪災。」（Hogarth and Cleary 1979:101）

3.23.2 古代近東

蘇美人認識一種稱為「庫爾」（Kur）的龍形怪物，據說是能「將水扣住不放的怪物」。大概為了釋放滋潤生命的雨水，這頭怪物被殺死了，但是「庫爾被殺後，原始水域即不再受到控制，於是導致可怕的洪災」。（Allen and Griffiths 1979:19）

3.23.3 中亞與東亞

自古以來中國人將大洪水、暴風雨和雷雨歸因於龍在河流或空中戰鬥。（de Visser 1913:45）

一種源自漢代、名為「蛟」的龍，又因人們認為牠會引起洪水，故有時也稱之為澇龍。（Bates 2002:13-14）

3.23.4 北美和墨西哥

北美北部平原區的格羅斯文特／阿齊納人相信有一種大型水蛇可以引起可怕的洪災。（Kroeber 1908:281）

至於大湖區講阿爾岡昆語的部落則有此傳說：

北部的湖龍不僅是蛇。牠們像其他的龍一樣，是脫胎自「蛇」的各種變體。牠們力量強大，可以弄翻船隻或將游泳的人扯到水下，此外還以更魔幻的手段，引起暴風雨對越境者造成危害。牠們像中國龍一樣也是水神，總是住在湖裡，又因為牠們與閃電的關聯（最明顯是在春季降雨的時候），人們認為牠們能控制植物的生長……夏季降雨時，牠們是豐收的象徵，但在大雨不止、造成洪水時，牠們又令人畏懼，需要獻上祭品加以安撫。（Allen and Griffiths 1979:60-61）

至於新墨西哥州西部的祖尼族印第安人，上文在談與地震的關係時，提到有角水蛇會引起洪災和土石流（consistency in terminology）。（Wright 1988:153）

根據特徵 2 項下所述，墨西哥南部瓦哈卡州西部米克榭人認定泉水中住著一種背部紅紅綠綠、類似地墊的蛇，會令河流爆發洪水。（Beals 1945:94）

3.24 ｜特徵 24：龍是戰爭徵兆

歐洲普遍存在一種認為龍象徵戰爭的信仰。雖然古代近東、印度、中國或北美洲沒有這種信仰，但在其他彩虹和龍比較難以區分的地方，可以看到相同的聯想。

3.24.1 歐洲

希臘傳說描述過屠龍者卡德墨斯國王，我們由此得知：

> 他依循德爾斐神諭[20]的指示，來到日後將成為底比斯市的地方。那裡唯一的水源來自一處獻給戰神阿瑞斯（Ares）的聖泉，

---

[20] 為古希臘福基斯（Phocide）地區巴納斯山（mont Parnasse）山腳下的重要城鎮，被古希臘人認為是世界的中心，為一處奉獻給阿波羅的泛希臘聖地，亦為阿波羅神女祭司皮媞亞（Pythia）的駐地，在此傳達德爾菲神諭。於 1987 年以「德爾菲的考古地」名稱列入聯合國教科文組織的世界遺產名錄。

而守護這聖泉的是阿瑞斯的兒子,也是一條兇猛的龍。(Hogarth and Cleary 1979:77)

在同樣這兩位作者的另一段文字中,我們讀到「古典作品中經常提到利用龍來威嚇敵人的辦法。後來羅馬帝國的軍隊也使用龍旗作為每個約由 500 人組成之隊伍的軍旗,而鷹旗則用來代表更大的軍團編制」(Hogarth and Cleary 1979:158)。英格索爾(Ingersoll 1928:129)表示,除了羅馬人,「波斯人、斯基泰人[21]、安息人(Parthians)、亞述人甚至撒克遜人」都有在戰場上舉龍旗的慣例,而令人尤覺驚奇的是,「梵蒂岡有一幅畫描繪君士坦丁大帝向士兵宣布自己皈依基督教的場景,圖中漂浮在長矛的上方顯眼地描繪著一條活生生的、典型的展翅四腳龍。」

北歐同樣有用龍來象徵戰爭意圖的的例子,其中「在諾曼征服之前,龍是英格蘭王室軍事標誌的首選。」(Anon 2002)羅馬和塞爾特的盾牌和旗幟上也有類似的武力象徵。此外,冬季結束時正是「維京人渴望劫掠的時候,他們長船船頭上的龍頭清楚表明了春天所激起之包括屠殺、搶奪和強姦等的慾望。」(Huxley 1979:81)。

3.25 ｜特徵 25：龍引起疾病、病疫或動亂

這個分類不容易與龍呼氣所造成的影響區分開來,但以下情況似乎是獨立的。

3.25.1 歐洲

在中世紀有關英格蘭龍出沒的眾多報導中,有一起據說發生在 1233 年英格蘭南部近海的地方,其中提及兩條巨龍在空中激戰,直到其中一條落敗並逃入大海。除了描述龍的肉搏戰之外,該資料還補充道,在人類社區中隨之而來的是社會和政治動盪:「此外,那一年

---

21 Scythians:古代在東歐大草原至中亞一帶居住與活動、操東伊朗語支的游牧民族或半游牧民族。

裡，國王與其貴族之間發生了極大的爭執和衝突……」（Hogarth and Cleary 1979:101）。

3.25.2 北美和墨西哥

如前所述，位於英屬哥倫比亞中部和南部的蘇斯瓦普族人相信有一條舌頭像火焰那樣的陸蛇，「僅僅看上一眼就會引起疾病或導致身體腫脹。」（Ray 1942:255-256）

另上文也提到，紐約州北部的莫霍克族印第安人相信，湖怪歐尼亞雷呼出的氣據說也會致病（Gatschet 1899:259）。

3.25.3 中美洲和南美洲

巴拉圭大廈谷（Gran Chaco）的托巴族（the Toba）印第安人流傳如下這個超自然的神話故事：有個年輕女孩在某條蛇所守護一處水坑沐浴時懷孕。與這種水中靈蛇接觸的負面影響也可能是疾病或死亡（Karsten 1964:54）。

3.26 ｜ 特徵 26：龍可能具有人類特質

不同地區對龍的描述中有時提到，龍的身體是部分人形，部分蛇形。或者，龍也可能在爬蟲類動物和人形之間交替，又或者在以有蹄哺乳類動物呈現的龍與其人形分身互換。

3.26.1 歐洲

正如特徵 18 項下所述，一般認為蘇格蘭水馬是龍的現形，可呈人形或馬形。根據某些描述，這種生物首先以一個英俊有禮之年輕人的樣態出現，從而欺騙受害者，使對方自以為安全。（Campbell 1900:215）

在論及現代希臘的民間傳說時，勞森（Lawson 1910:280）也注意到：

> 希臘「龍」（dragon）在最寬泛的定義上，有時在通俗故事中是明顯呈現人形的，並且可以在毫無違和的情況下煮水壺、喝咖啡。事實上，也只有透過故事的情境才能確定人們究竟將龍想

像成什麼樣態。

Abbott（1903:265）引用較早期的資料出處並指出，在俄羅斯有關龍的民間傳說中，「有時蛇在整個故事中完全保持爬蟲類動物的特性；有時牠呈現雜形的特質，部分是蛇，部分是人。」

在歐洲的煉金術中，龍代表對立事物的結合，而這一概念在視覺形象上被描述為一隻爬蟲類動物的軀體，上面則長了男人和女人的頭。（Hogarth and Cleary 1979:130）

3.26.2 古代近東

西台帝國曾大約從公元前1850年到1200年間控制今天土耳其的安納托利亞中部地區。該帝國對於龍的概念顯然與埃及和巴比倫的類似。對抗眾神、最終被英雄塔庫（Tarku）殺死的惡魔泰豐「一半人形，一半像爬蟲類動物，也就是上半身是人，下半身是蛇。」（Mackenzie 1913:260）

3.26.3 南亞

根據德・維瑟（de Visser 1913:6）的說法，印度那伽以三種形式出現：守護珠寶的普通蛇、頭部有四條蛇的人以及「長翅膀的海龍，牠們上半身人形，但像牛一樣頭部有角，下半身則是盤繞的龍。」Huxley（1979:28）表示：「那伽是蛇，一般將其描繪成人形，據說住在現今的神山梅魯（Meru）山上，其金色宮殿中樂音繚繞，還有美女、能實現願望的珠寶、花朵以及神仙美食。」

3.26.4 中亞和東亞

根據中國古典文獻《山海經》所述，人稱鍾山之神能「驅走黑暗」。[22]「其為物，人面蛇身赤色」（de Visser 1913:62）。

---

22 〈海外北經〉：「鍾山之神，名曰燭陰，視為晝，瞑為夜，吹為冬，呼為夏，不飲，不食，不息，息為風。身長千里……」

中國古典文獻 23 提到了夔,將其描述為「長著人臉的獨腿獸或龍,古代中國一般視其為兩棲動物,能興風造雨。」(de Visser 1913:110)

3.26.5 北美和墨西哥

正如上文所述,許多美國東南方的部落(如克里克族)的民間傳說曾描述所謂的「蛇人」或「帶蛇」,據說那是一個變形人身,已然成為一個身分確定的神話人物。(Lankford 1987:86)

這種龍／人身分轉換之最極端的表達形式為奎查爾科亞特爾,一般認為那是西元 900 年至 1200 年間墨西哥中部托爾特克文明(Toltec civilization)中的代表角色。根據相信他為一真實人物的塞朱爾內(Sejourné 1956:25),奎查爾科亞特爾是個文化英雄,曾以國王的身分統治過托爾蘭(Tollan)市,是位幾乎像先知一樣受人追隨的領袖:

> 歷史上確有其人的事實似乎不容置疑,因為他的領袖身分多次見諸文獻……但奎查爾科亞特爾名聲遠遠超出古代托爾蘭這座首都。他實際上還是整個中美洲歷史上的核心人物。沒有哪一個人,甚至是最有權勢的皇帝,能有資格望其項背。……沒有任何一個十六和十七世紀的歷史學家質疑他身為納瓦特爾文明(Nahuatl culture)之創始人的重要角色。那些歷史學家總說,正如我們的紀元始於基督,阿茲特克人及其先輩的時代(大約與基督時代同期)也肇端於奎查爾科亞特爾。他那羽毛蛇的形象對於前哥倫布時代的人民來說具有與基督教十字架相同象徵意義的力量。

除非我們掌握了將歷史與神話分開的文獻,否則很難驗證這些主張,不過有個簡單事實倒是可以確定:羽毛蛇的信仰遠遠超出墨西哥

---

23 例如《山海經・大荒東經》:「東海中有流波山,入海七千里。其上有獸,狀如牛,蒼身而無角,一足,出入水則必風雨,其光如日月,其聲如雷,其名曰夔。黃帝得之,以其皮為鼓,橛以雷獸之骨,聲聞五百里,以威天下。」

中部,至少到達了美國西南部,然後再到了加州州北部,因為新墨西哥州西部的祖尼族印第安人和加州州北部的幾個講阿薩帕斯坎語的族群所描述的有角水蛇是帶羽毛的。在中美洲,「奎查爾科亞特爾」這個名字是與羽毛蛇和納瓦特爾文明的創始人分不開的。這於是引發了一個何者為因、何者為果的問題:究竟是偉大領袖的名字加諸於羽毛蛇,還是反之?鑑於在世界其他地區看到的模式,將一個真實人名用於神話生物上是極不可能的。相反,這個例子有助於強化龍被人化的理論:已經存在的一個具有巨大靈性力量的神話生物,隨著時間推移,進一步被視為一個能夠領導人類的人。

3.26.6 中美洲和南美洲

上文已經指出,根據中美洲古瑪雅人想像,查克神或者能控制降雨的蛇「為羽毛蛇身和人頭的結合,如是雄性,頭頂則有叉角。」(Hogarth and Cleary 1979:9-10)

在瓜地馬拉的丘爾蒂族印第安人中,「奇昌」是最重要的本土神靈,而族人通常將其描述為一條巨蛇⋯⋯他可能是一條普通的蛇,只是體型巨大而已,或者其上半身可能是人形,而下半身則是羽毛蛇。(Wisdom 1974:392-394)

幾乎可以肯定,龍身特徵的這種奇特變異乃源自於將傳統龍的形象應用於敘事情境的做法,也就是在故事發展的軸線中,為了支撐情節,賦予龍與人類相似之說話和互動的能力。這點可以在非常不同的口頭傳統中看到,從歐洲口頭文學中對龍的擬人化描繪,到尼加拉塞內卡神話中龍企圖娶女人為妻的故事,再到下文南美洲和澳洲原住民之彩虹蛇的故事。

3.27 ｜特徵 27:可將龍擬人化

在不直接陳述但隱含意義的論述中,人們有時會將龍想像為具備人類的特徵,不過值得注意的是,牠可能進一步被擬人化,意即被賦予一個專屬的名字,就像你我一樣。同樣,這在敘事的情境中尤其如

此。令人意想不到的是，中國龍雖然絕大部分有正面意義的聯想，可是顯然從未擁有名字。反觀歐洲龍，縱使絕大部分有負面的涵義，卻可以像任何人物一樣成為故事中的角色。如下介紹幾個顯著例子（實際例子可能不只這些）：

3.27.1 歐洲

在古典希臘神話中，龍經常有自己的名字。百頭龍泰豐（Typhon）是大地女神蓋亞（Gaea）和冥界之神塔耳塔魯斯（Tartarus）的兒子。他企圖從宙斯那裡奪取宇宙的控制權時遭擊敗並流放到冥界。

皮東（Python）是在德爾斐（Delphi）守護神諭的巨龍，而拉頓則是盤繞赫斯珀里得斯花園之樹的龍，後者守護金蘋果，後來被海格力斯制伏。

法夫尼爾（Fafnir）龍也守護著一個寶藏，在北歐的《沃爾松格薩迦》中被英雄席古爾德殺死，而在中古高地德語的《尼伯龍根之歌》中，與牠對等的法夫納爾（Fafner）也有同樣的名字。

如上所述，我們幾乎可以肯定，給這些龍起名字的目的是因為牠們在故事中扮演要角，說故事時需要反覆口述，因此只要每次提到同一條龍，用名字來稱呼牠顯然比用贅言描述更加方便。

3.27.2 南亞

在佛陀成佛之前曾以人形和動物形轉世的故事（稱為《本生經》）中，那伽經常扮演角色，在某些情況下，那伽王可能擁有自己的名字。這裡所描述的情境與古典歐洲龍的故事（不同於上文勞森所描述的民俗傳說的版本）大不相同。歐洲龍幾乎無一例外是個沒頭沒腦又冷酷無情的敵人，必須將牠殺死，故事的結局才能圓滿。反之，在印度傳統中，那伽通常融入印度社會和宗教的架構。有則故事敘述，一位名叫潘達拉（Pandara）的那伽之王遭奸詐的苦行者欺騙，後者希望阻止他戰勝一位化身為迦樓羅王的菩薩。但到最後，潘達拉和菩薩結為朋友，並聯手對抗那位苦行者。從故事的描述來看，那伽掌握語言，能

與人類互動，與人類在心智上沒有很大的不同（de Visser 1913:8）。然而，儘管那伽具有人性，但牠們至少部分是蛇，並且符合其他文化中定義龍的一些特徵。

3.27.3 重新審視分類

第一章的末尾已預告，關於分類構成的問題，我們將在下文回頭討論。現在我們現在在已經掌握了足夠的材料，可以加以處理了。

2001 年至 2002 年的休假期間，我在台北的國立政治大學任教一年，並且發表一場演講，概述了本書的基本論點。聽眾大概有 25 人，我講完的時候，其中一位起來發言，說她樂意接受我有關其他龍的論點，唯獨不接受有關中國龍的部分，因中國龍是「不同的」。她的見解當然不對。不過，不難理解她為何會有這種感覺。中國龍不同於許多其他的龍，最關鍵的原因是中國非凡的文化發展遠超過任何其他已知的民族語言群體。這裡僅以歐洲龍和中國龍兩種最著名的龍的觀念為例，詳盡的比較凸顯出以下這個結論：同樣一個基本原始概念，由於反映各自地區不同歷史的文化壓力，以致造成其後非常歧異的演變方向。

貝茲於 2002 年出版一本精心撰寫的、討論中國龍的書，篇幅雖然不長但是鑽研深入。作者想讓讀者明白龍這觀念在過去三、四千年中深入中國文化的程度。他開頭即指出，「自古以來，龍一直是中國的象徵，幾個世紀以來人們認為牠是永生且無所不在的。牠一直是君王和至高權力的象徵，但也始終屬於人民。」（Bates 2002:vii）接著，他逐步描述了這個形象在中國文化各方面的非凡活力。首先，中國龍的族類繁多。這裡依據作者列舉的順序介紹以下幾種：

3.27.3.1 夔

商朝（約公元前 1600 年至公元前 1046 年）時期，其形象為長條蛇狀，鼻子上翹，但到西漢（公元前 206 至公元後 9 年）及其以後，鼻子則為下指。夔有兩條腿，各長四爪，一般認為是和平和好運的象

徵。此外,「牠們厭惡一切不潔淨的東西,對於食物十分挑剔。」（Bates 2002:7）

3.27.3.2 枳子

在西漢及其以後的形象為長條蛇狀,鼻子上翹,與當時鼻子下指的夔龍形成對比。人們常用牠來表達獲得貴子的願望,並將其描繪為面對蓮花或面對象徵長壽之吉祥「壽」字的形象。（Bates 2002:8）

3.27.3.3 螭

通常指無角的龍。（Bates 2002:9）

3.27.3.4 螭[24]

一種無角的龍,在明朝（1368-1644年）時期一般認為是未成年或年輕的龍（Bates 2002:9）。

3.27.3.5 燭龍（原書未附中文名）

始見於周朝（約公元前1027至公元前221年）,呈現紅色,長著人臉蛇身,眼睛凝視,不進食、不睡覺、不呼吸,風雨隨其指使（Bates 2002:9-10）。

3.27.3.6 應龍

一種會飛的龍,在1607至1609年間編纂的《永樂大典》中有所描述（Bates 2002:10）。

3.27.3.7 飛魚

像飛魚的一種龍,如果繡上袍子則代表榮譽（Bates 2002:10-11）。

3.27.3.8 牌坊龍

這種幻獸結合了龍頭與魚身,是象徵卓越超群的「表」,經常出

---

24 原文中將 3.27.3.3 註明為 Chi,3.27.3.4 註明為 Li。

現在牌坊或拱門上。如下是有關這種龍的故事：黃河上的鯉魚必須一而再、再而三地與急流搏鬥，才能來到產卵地點，於是便成為「文人長期奮鬥的象徵，因為他們堅此百忍、努力不懈之後最終成就功名……科舉有成的學者經常會得到上面飾有一隻或多隻這種魚龍的盤子為犒賞。」（Bates 2002:11）

3.27.3.9 蛟

這種類型的龍發現於一塊據推測是漢代古墓的瓦片上。其形象結合了一個長而彎曲身體以及有角的頭，外加一個上翹的口鼻部，人們有時因為牠能致洪，故稱其為澇龍。一般認為這種龍是「一種益獸，能夠節制貪婪之罪。因此，蛟經常以極其標準化的形式出現在中國古代的青銅食器上。」（Bates 2002:13–14）

3.27.3.10 天龍

人們認為天龍「守護神的宅邸」。（Bates 2002:14）

3.27.3.11 神龍

這類「靈龍」「負責興雨以造福人類。」（Bates 2002:14）

3.27.3.12 地龍

這些「陸龍」「負責劃定河川的河道。」（Bates 2002:14）

3.27.3.13 藏龍

這些是守護藏寶的龍，負責「守衛不讓凡人見識的天界財富」（Bates 2002:14）。

除了這些專司其職的諸多類型的龍，還有代表四個基本方位的龍，各有其配對的顏色或季節（或是兩者兼有）：一般認為青龍（也稱神龍）與春季有關，白龍統領西方並與秋季相關，黑龍與北方和冬季有關，而紅龍和黃龍都在南方，「分擔掌管夏季的責任。這項指派於 1110 年獲宋朝官方認可，而且當時這些龍都被授予了親王級別的

封號。」（Bates 2002:17）

中國龍的描述還可以不斷繼續下去，但是礙於篇幅，這裡僅再列舉一些例子。器物的把手常作龍形，例如青銅的碗（Bates 2002: 圖 2）。皇袍繡龍（後來普及到高級政府官員的服裝上）。龍支撐天文儀器，也守護宮殿前庭（Bates: 圖 6 和 7）。許多建築物的屋頂都裝飾龍（Bates 2002: 圖 8）。石碑上會雕上龍用以紀念某事蹟，比如牠保護北京城。（Bates 2002: 圖 9）龍出現在神殿中，例如瀋陽滿族故宮的皇帝寶殿（Bates 2002: 圖 12）。龍也出現在寺廟的鐘上（Bates 2002: 圖 21）以及其他無數的情境中。一般認為「龍生九子，雖說九子各有其神通之事，但沒有哪一隻完全像『父親』。」（Bates 2002:43）

簡而言之，任何在中國文化中成長的人從小身邊就圍繞龍的各式圖像，而且這些圖像會出現在各種社會情境中。與此相比，歐洲人雖然都很熟悉歐洲龍，但牠們在日常生活中幾乎沒有任何作用，僅完全侷限在童話故事和繪畫中。人們因此很容易認定：中國龍和歐洲龍各自起源於不同社會族群互不相關的想像來源。然而，事實絕非如此。兩種龍共同起源的線索隨處可見，並且就像後面章節中將會強調的，這些差異完全可以解釋為文化演變的結果。

基督教掩蓋了歐洲的原始民間信仰和宗教。至少在某層面上，基督教可視為一種從中東輸入的一神論信仰，其教理排斥所有早期的宗教或準宗教的信仰，同時將其冠以「異教」之名。因此，龍即成為一個代表異教信仰的過去。儘管如第四章所述，龍在挪威還在短時間內以流行的民間藝術，在木板教堂裡倖存下來（Lindholm and Roggenkamp 1969），但在日常生活中，牠通常逐漸遭人遺忘，並且退回到純粹神話的領域，成為了昔日異教的象徵。相較之下，中國人從未經歷過迫使其揚棄早期信仰的宗教轉變。佛教更注重的是啟蒙個人，而非社會改革，其肇端於一套幾乎不接觸群眾的僧侶制度，同時也很容易與龍的信仰結合，正如佛教輸出國印度所清楚呈現的情況。再者，同等重要的是，基督教和讀寫文字是以一個不可分割的統一方

式引進歐洲，而中國早在佛教傳入之前就已有書寫文字。因此龍的概念可以在中國文化的各方面淋漓盡致地發揮；以中國人所表現出的發明才能和卓越藝術，那麼產生了如此豐富的、有關龍的細節也就不足為奇了。簡而言之，龍和生物物種一樣在進化，但牠們的進化是受文化而不是自然所制約的。

▶▶ 3.28 ｜ 龍的民族學總結

有些讀者可能感到好奇，為什麼有必要深入探討世界各地有關龍的特徵細節。為什麼我們要在乎古代近東、印度、中國、中美洲以及歐洲（雖非主流）要將龍描述為掌控降雨的幻獸呢？為什麼我們要在乎至少歐洲、古代近東、中國、墨西哥西北部和美國東南部都將龍形容為多彩或是紅色的呢？我們為什麼要關心幾乎在所有地方發現的龍都能飛呢？又或者為什麼歐洲的煉金術、中國道家的形而上學以及現代中美洲馬雅語系族群的羽毛蛇傳說都將牠們描述為雌雄同體的呢？答案很明確：龍的特徵無法視為隨意想像，或只是族群接觸時所借用的產物。藉由精心記錄這些特徵，我們便能鎖定一組必然有其自然基礎的屬性，但是如此一來，我們又不得不問：「何謂自然基礎？」

有些讀者可能也注意到，撰寫這個第五章有個困難：就是把龍的探討完全與彩虹分開。這對歐洲、古代近東（除了記錄於黏土板上的一些零碎史詩片段，我們幾乎沒有其他可用資料）、印度、中國、北美和墨西哥的原住民文化以及中南美洲等一些地區還算可以做到。可是，說到世界其他地方，若要討論龍的概念卻不提及彩虹，那幾乎辦不到，只因為一般都將這兩者視為同一事物。本書大多數的讀者可能在一個將龍和彩虹明確區分開的傳統中成長，因此兩者間的任何連結乍看之下可能顯得荒謬。這就是為什麼有必要先了解世界大多數文化是如何理解彩虹的，我們才能真正理解龍這個概念的普世性。

第二部分

彩虹

第六章

彩虹究竟是什麼？

1 彩虹：既熟悉又迷離

就像我們大多數人，即使從未見過龍，卻也自認知道龍是什麼，我們大多數人也肯定自認知道彩虹是什麼。雖然我們不能指向龍，卻可用手指向一道彩虹。（不過，下文會論及，世界上大多數文化都認為最好避免這個動作！）大多數讀者可能不曾察覺到，這種差異掩蓋了文化形塑人類思想的作用。對於物理學家來說，彩虹是一種光學現象，可以完全透過物理定律加以解釋，與人類的福祉無涉。然而，我們稍加思考便會相信，對於一個生於前文字時代的人來說，不管他再聰明，彩虹通常代表的該是個很不一樣的東西。

為了讓這觀點更具說服力，不妨來一個簡短的思想實驗。且讓我們回到過去，比如至少一萬年前，但也可能更早。這實際只是人類歷史的一小部分，畢竟人屬可能崛起於兩百多萬年前，而我們自己所屬的物種（智人）則誕生於約十五萬到二十萬年前（參閱 Fagan 2010:83ff.）。然而，一萬年已足夠讓我們上溯農業興起前的時代，農業社會帶來人口增加，致使隨後而來的城市化以及文字的使用。簡而言之，一萬年前那些與我們已全然相同的人類，仍以漁獵和採集為日常主要的覓食方法，且只藉由口頭傳述神話和故事的方式傳承自己所擁有的知識。

如果你是男人，那麼白天你通常出去打獵，而女人則去採集野生

植物（可能結伴同行）。假設你離開營地時，天氣已出現轉壞的跡象，但仍足以讓你出去完成每天的例行任務。也許幾個小時後，沉重晦暗的雲層達到了臨界點，雨水開始猛烈擊打地表，還不時伴隨著閃電以及每隔一下就在你頭頂上轟響的、令你恐懼的雷聲。你尋找可以躲避風暴的避難所，也許在一座茂密的樹林、一個岩石掩蔽處或一個洞穴裡。你等待著，心中忐忑恐懼，向你認為可能保護自己的神靈或神祇祈禱。然後，風暴停了。

雲層分散開來，亮晃晃的陽光突雲而出，但仍飄著毛毛細雨。突然，一道巨大、耀眼、令人驚嘆的、色彩斑斕的弧線出現了，從地平線的一端經過天空劃向地平線的另一端，或者至少跨過當地地平線能見的範圍。那是什麼？從哪裡來？它突然消失時又會去哪裡呢？這不是庸人自擾的問題，而是任何一個具有智慧的人在面對如此經歷時不免會提出的基本問題。我們很清楚這一點，那是因為我們是人，而所有人都具備相同的認知能力，也都有理解自己生活環境的同樣需求。

我們假設的舊石器時代祖先如何回答這些一再提出的問題呢？時光不能倒流，我們無法親向他們請教，但我們可以問問現代人，從見多識廣的城市居民到至今尚存的狩獵採集者，問問他們心目中的彩虹是什麼。我發送問卷給學術同行，也發送給在各處實地傳教的人，同時請求後者幫忙就地收集數據資料。在過去的三十七年裡，我對數以百計尚存的部落社會進行了大規模之彩虹的民族學研究。他們對這些問題的反應型態，外加已發表在民族誌和旅者著作中的報導，這些都是最值得我們信賴的指南。順帶一提，我顯然無意以這種呈現方式來暗示：人類僅在更新世晚期才開始思考彩虹的本質。反之，考慮到遠比三萬年前更早就已存在複雜的洞穴藝術（Chauvet et al. 1996），還有比這更早的時代就已出現智人和尼安德特人埋葬死者的行為（Mellars 1996:366–391, Papagianni and Morse 2013:130ff.），我們甚可推斷在人類進化出複雜的大腦，有能力思考眼不能見的靈力時，可能就已提出這些問題了。

接下來我會淡化或忽略來自單一文化對彩虹的看法。例如，著名的瑪雅文獻《波波爾·烏》(*Popol Vuh*)將彩虹描述為「惡魔放的屁」，這種觀點在其他地方是找不到的。同樣，馬來半島的伊喬克尼格利陀人（Ijok Negritos）將彩虹視為龍王要求僕眾為他釣魚用的魚線。我不會專注於這種有趣但明顯獨特的信念，因為我的目在於呈現從數百個出處（無論是書面還是口述）收集到的、有關彩虹的反覆出現的概念。其中有些受限於地理、文化或語言的關係，而有些是分布全球的，但其中又有一個突出於其他之上。

在開始調查世界各地文化對彩虹的觀念為何之前，我們得先提醒讀者：西方典型對彩虹的觀點，亦即在猶太－基督教傳統下發展的看法（絢麗奇觀、象徵嶄新開始的前景等等）與大多數人類對彩虹的看法大相逕庭。哈斯汀（Hastings 1908-1912）簡要概括了聖經中針對彩虹的西方觀點。作者指出，聖經對此主題雖著墨甚少，但無一例外都是正面的，目的在於反映上帝的榮耀、上帝在大洪水之後與人類的約定等。由於我們在文化上都懷有先入為主的觀點，因此傾向於視自身的觀點為「天經地義」最自然的，並質疑「怎麼可能不是這樣呢？」但正是這種根深蒂固的民族中心觀念阻礙了數代以來對龍的起源理解的進展。世界上大多數文化對彩虹的看法與西方人的看法截然不同。一旦人們認真對待彩虹的民族學（即不同文化對彩虹的看法），並理解這些根本不同的觀點，那麼普世對龍信仰的自然基礎就明顯到令人尷尬的地步了。

我們很快就會清楚看到，西方對於彩虹的典型觀點從跨文化的角度而言是多麼不尋常。但在進入細節之前，我們看看世界上彼此差異甚大的文化中對彩虹的看法存有的幾個一致概念，這些概念不但彼此相似，而且和西方大多數讀者可能共享的概念澈底地不同。這裡舉出四個例子加以說明。

1.1 ｜菲律賓

菲律賓呂宋島北部的伊斯內格人（the Isneg）將布恩古倫（bunglún，亦即「彩虹」）視為神靈。它首度出現時代表雨季開始了。衍生詞麻－布恩古倫（ma-bunglún，亦即「因飲用彩虹觸碰過的水而引起腹部腫脹」）呈現明顯的負面特徵，又例如麻－布恩古倫－安（ma-bunglún-ān）則指「屋主在有彩虹環繞建築中的房屋後不久即去世」），而帕格布恩布恩盧南（pagbungbunglúnan）則指「傳播彩虹所導致的疾病」。（Vanoverbergh 1972:182）

1.2 ｜墨西哥

墨西哥北部的塔拉烏瑪拉族印第安人對於彩虹抱有類似的負面觀念，而彩虹在其區域的中北部稱為基諾－羅（kino-ro），在中南部則稱為寇－尼米－基（ko-nimi-ki）。這些詞彙的變體除表示「彩虹」的通義外似乎不具其他特殊的意義。但是，據說：

> 彩虹是來自邪惡地底世界的人物，是不祥之兆，會吃或吸食塔拉烏瑪拉人的血，受害者自己或旁人都察覺不到。天空出現雙重彩虹時，下面的那一道即是上面那一道的女人。她很胖，所以很可愛，也得男人歡心，但如果哪個男人「夢到」（rimu-re）她了，日後他將沒有兒女。（Thord-Gray 1955:960）

1.3 ｜非洲

取自非洲的兩個例子呈現出相同的一般規則，而且這兩個例子中的族群彼此相隔 3,500 英里，語言也無親屬關聯。在其中一個例子中，人類學家溫迪・詹姆斯（Wendy James）當年在研究蘇丹講科姆茲語（Komuz，尼羅－撒哈拉語系〔Nilo-Saharan〕）的烏杜克人（the Uduk）時，曾被帶到一個名叫「西拉克」（Silak）且擁有壯觀洞穴和瀑布的地方，據說那就是彩虹的居所。「住在那個有水洞穴裡的是一

條飢餓的食肉彩虹。」（James 1988:276）彷彿這樣的描述對於習慣將彩虹視為無生命之美麗事物或神聖和諧之象徵的人來說還不夠震撼似的，她還補充了一些具體描述，而其中的特點竟與有時被視為龍的特點相似得驚人，也就是說，彩虹同樣是個奇怪的混合體，族人認為它像蟒蛇，但耳朵和嘴巴又似駱駝。（James 1988:297）

此外，我們得知南非講班圖語的祖魯族（the Zulus）

> 也害怕彩虹，並且將其與蛇聯想在一起。據說彩虹和一條蛇住在一起，或至少每當彩虹出現時，總有蛇來相伴。族人看見彩虹的一端接觸到地面時，便認為它在喝水。有時又傳說它藏身一個大水池中，人們害怕在這樣的水域中洗浴，因為擔心彩虹可能會抓住自己，然後吃掉。如果在乾地上碰到任何人，彩虹會將其毒死，或者令其患病。（Hole 1995:2153）

關於整個南非普遍的情況，維納（Werner 1933:231）曾指出：

> 非洲人並不像我們一樣被美麗的彩虹所吸引，而是對其奇特性感到好奇，而且幾乎一律把彩虹視為邪惡的、危險的。我們似乎很難理解這點，因為我們已習慣將其視為希望的象徵，並熟知那是美麗女神、眾神使者之伊麗絲（Iris）的化身。但非洲人普遍相信彩虹會令降雨停止，單憑這點就足以使他們敵視彩虹。

在這些傳統觀點與我們較為熟悉的觀點之間，第一個該注意的要點是：在西方傳統中，彩虹是無生命的，只是一個沒有生命的物理現象。相較之下，至少伊斯內格人、塔拉烏瑪拉人、烏杜克人和祖魯人都把彩虹看作是個有生命的東西，也許是神靈或者超自然的東西，而且像任何有生命的生物一樣，具有行動能力。一條會吸食人血的彩虹，或者一條「食肉彩虹」，這樣的說法對來自不同文化背景的人可能顯得奇怪、甚至荒謬，然而對於將彩虹視為危險的神靈生物的原住民，這些說法完全合邏輯。在這方面，我們必須理解，對於不諳彩虹

形成之物理基礎,生活在文字發明以前的民族來說,自然界的許多東西,尤其是一切不尋常的或令人驚異的東西,都以神靈的存在被視為是有生命的。例如下面的引文雖是梅特侯(Métraux 1963b:563)針對世界上某一地區所做的評論,但是幾乎無需修改也可適用於地球上其他任何地區的原住民。

> 在整個南美洲,人們常將自然物體和現象擬人化,或認為是超自然生物的居所或是表現。然而,在這些神靈個體化的程度、其功能以及與人類關係的性質等方面都存有相當大的差異。

如前所述,英國人類學家先驅愛德華·泰勒在1871年造出萬物有靈論(animism)這個術語來描述這一曾經普遍存在的文化現象。在他看來,所有人類都經歷過這個階段,而他對這現象的描述,至今看來仍如一個半世紀前首次提出時那樣準確。

儘管萬物有靈論通常與物質文化較簡單的社會連繫在一起,但情況也非總是如此。神道教即是一種在物質、社會和精神等方面均已高度發展之文化有關的萬物有靈論宗教。許多文化在文字普及並轉向城居的生活方式後便放棄萬物有靈論,但神道教則不同,日本一直保有其萬物有靈論的傳統,跟後來引進的佛教、基督教以及全面西化並存。儘管人們時常強調,神道教是日本現代與往昔一種儀式性的聯繫,但該教的基本原則正是自然界充滿了神靈,而這原則也是文化尚未發展到此階段的部落民族所共有的。

下文我們會看到,有些傳統社會也把彩虹視為無生命的,例如連結天堂和人間的橋樑,又或是神的腰帶或腰布。然而,大多數的部落民族還是把彩虹視為有生命的,能夠採取行動的,而且這些行動常會危害人類。在下文我將檢視彩虹這一文化概念的範圍。整體而言,我限制自己只能用一個名詞來表達概念:彩虹是一個X,而X是一個可以計數或是給予簡單名稱的東西(弓、劍、橋、腰帶/腰布/圍巾、蛇)。然而,彩虹也經常與某些特徵(好事來臨的跡象、生病的跡象、

戰爭逼近的跡象）連結，我們將在第七章分別討論。

世人是如何理解彩虹的？其證據包括來自在本土文化生活之受訪者的直接陳述，也包括對彩虹的命名。後者提供彩虹如何被概念化的間接資訊，而這種概念化早已不存在人們的意識層面了。

2 彩虹的描述

2.1 ｜ 彩虹是弓（射手用的武器）

對彩虹的第一個文化表述是將其視為無生命的東西，這在印歐語系民族間是相當常見的。而這無生命的東西便是射手用的武器。

2.1.1 歐洲

說英語的人大多沒有意識到彩虹曾被比喻成射手的弓，而德語的 Regenbogen（雨＋弓），丹麥語、挪威語的 regnbue（雨＋弓）或法語的 arc-en-ciel（天弧）也十分類似。這種對於詞源不理解的現象可能因為如下的事實而加劇了：在例如德語或法語等語言中，「弓」一詞同時也指「弧」所以最早指涉的可能是「弧」而非「弓」，就像芬蘭語的 sateenkaari（sateen 指「雨〔屬格〕」＋ kaari 指「弧、拱、曲線」，合起來是「雨弧」的意思，是不同於「射手之弓」的用法）。

然而，我們回顧歷史就會發現，彩虹很明顯地被理解為天氣之神的弓，而不是空中單純的弓。在大約 3,000 年前的吠陀梵文裡，彩虹是印度神話中司掌雷、暴風和降雨之神因陀羅的弓（indradhanus），而為祂拉天車的則是稱為「迦樓羅」的神鳥。顯然，將彩虹比成天神武器的直接說法後來被「漂白」了，以至於今天對大多數說英語、德語或法語的人而言，這個詞的後半部幾乎不再讓他們想起武器的形象，更別提與天神的關聯了。然而，隱隱將天弓與神明連結起來的現象卻重新浮現在一些語言裡。例如，拉丁語中的 pluvius arcus（雨弓）看不到對於神聖的指涉，但在其幾個子語言中卻出現了這種指涉，其

中包括加泰隆尼亞語的 arc de Sant Martí（聖馬丁之弓）和雷托・羅曼什語[1]的 arch San Martin（聖馬丁之弓）。

我們不太清楚古希臘文彩虹一詞的詞源，但拉丁文中的 *arcus* 指的是「弓」，而且在西元前一世紀時也可指「拱」。在印歐語系其他語言中，將彩虹描繪為射手之弓的例子有：古愛爾蘭語的 túag nime 指「天之拱門」，fidbocc 則指「弓、射手之弓、彩虹」；現代愛爾蘭語中的 bogha báistí（字面意思是「雨環」），其中 bogha 據說源自中古愛爾蘭語的 boga（「弓、曲線」之意），而該字本身則借自古挪威語的 bogi（意謂「弓」）。波羅的語族各語言據稱使用由立陶宛語 vérti（「彎曲」之意）這一詞根所構成的各種形式，而斯拉夫語代表「弧」、「拱」或「弓」的通用詞根則出現在如古俄語的 duga，捷克語的 duha，塞爾維亞－克羅埃西亞語的 duga，以及其他斯拉夫語言中的相關詞語。孟加拉語的 ramdhanu 意指「拉瑪的弓」（「拉瑪」係印度教的一位神祇），現代希臘語的 uranio toxo（「天上的弓」）和阿爾巴尼亞語的 ylber（源自原始阿爾巴尼亞語的 *ul(e)na bōra）則指「前臂之弓」（forearm bow），凡此種種都顯示出相似的模式，只不過阿爾巴尼亞語中也找得到可能借自現代方言的形式 brezi i Perëndise（意即「上帝的腰帶或腰布」，下文還將引用）。

同樣的概念也出現在馬爾他語中的 qausalla（da Qaus e Allah，意即「真主之弓」），其中 Allah 則是阿拉伯語「神」的意思，不過此處卻用在基督教的語境中（Alinei 1983:50）。最後，古典亞美尼亞語使用了 aleln astowchoy（「上帝之弓」）和 Aramazday gawti（「阿拉馬茲達之弓」）等兩個短語，據說前者受到基督教的啟發，後者受到伊朗的影響（阿拉馬茲達源自阿胡拉・馬茲達〔Ahura mazda〕，係古波斯宗教祆教所崇拜的最高聖靈），只不過兩者可能都覆蓋了一個

---

1 Rhaeto Romansch：屬於印歐語系羅曼語族，通行於瑞士東南部及義大利東北部，得名於古羅馬的雷蒂亞（Rhaetia）行省。

更早期的概念，也就是只有弓而未提及神的概念。

其他例子包括：俄文的 rajduga（「天堂之弓」），義大利文的 arco baleno（「閃電之弓」）、arco bevente（「飲水之弓」）、arco di Noè（「諾亞之弓」），以及薩米語（Saami，又稱拉普蘭語〔Lappish〕）中含義為「提耶米斯之弓」（Tiermes' bow）的說法，其中提耶米斯係指天空、雷霆、閃電、彩虹、天氣與海洋之神（Alinei 1983:47）。

因此，說印歐語系語言（英語和大多數歐洲及印度的語言均屬此一語系）的人普遍將彩虹描繪成射手的武器（最初是天氣之神的弓）。它也出現在這個語系之外的語言（例如馬爾他語或薩米語），只是出現的頻率要低得多。其他已知的例子包括：

2.1.2 中亞和東亞

中古蒙古語的 *qarbu-* 以及喀爾喀蒙古語（Khalkha Mongol）的 *xarwa-*（亦即「用弓射、彩虹」）似乎也用上了類似於隱藏在大多數印歐語言中彩虹一詞背後的概念（Alexander Vovin，私人通訊，2017年9月24日）。中國人有時將彩虹描繪為一把弓，尤其是皇帝之弓或神之弓（Zhou 2001）。然而，與其他地區相比，這一看法在中國還是不多見的。

2.1.3 北美和墨西哥

南卡羅來納州卡陶巴族（Catawba）用 uks-itchika 一詞來指「彩虹」，其中 uks 據說指「雨」（源自 huksoré，指「下雨」），而 itchika 意為「弓」。（Gatschet 1900:547）

密西西比州南部曾使用的一個席烏（Siouan）語系語言歐弗語（Ofo）中，對應「彩虹」的詞是 asho'hi akaṇafpa'aka，其中第一個元素意為「雨、下雨」，而第二個則指「弓、半圓、弧」。（多爾西和斯旺頓〔Dorsey and Swanton〕1912）

2.1.4 非洲

在古典／標準阿拉伯語中，「彩虹」一詞是 qawsuʻl-nabīyi，意為

「先知之弓」。（Baranov 1976）

迦納的庫薩西人（the Kusaasi）、弗拉夫拉人（the Frafra）和卡塞納人（the Kasena）「都將彩虹與變色龍聯想在一起，而變色龍本身是一種引發恐懼、讓人避之唯恐不及的東西⋯⋯在弗拉夫拉語和卡塞納語中，『變色龍弓』即對應『彩虹』。」（Philip Hewer，私人通訊，1982年9月2日）

斯瓦希利語（Swahili）用 upinde wa mvua（意即「獵弓」＋「雨」）來指彩虹（Rechenbach 1967）。考慮到斯瓦希利語用作阿拉伯人和東非民族之間的貿易語言已有幾個世紀的歷史，這裡出現了一個問題：這個詞究竟是原生發展還是交流的產物？但班圖語系其他語言中亦用類似的隱喻，所以這個概念應是原生的。

尚比亞和辛巴布威的伊拉族（the Ila）稱彩虹為 buta bwa Leza，意即「雷札的弓」，雷札則是一位神祇的名字（Smith 1920:2:220）。此外，尚比亞和辛巴布威之巴通加族（the Ba Thonga）也有紀錄「一些北部的氏族⋯⋯稱彩虹為『恩揚吉約之弓』（Bow of Nyandziyo），而據說恩揚吉約是古時造彩虹者，他住在天堂，並以彩虹為弓，又教會世人用弓。」（Junod 1927:2:312）

儘管這些名稱分布在相當廣大的地區，但稍加思考就會發現，對於我們那些假設的舊石器時代祖先而言，就理解彩虹的方式，「弓箭手的武器」並非最佳選項。最明顯的問題是，那個時代的狩獵採集者日常用來獲取蛋白質的武器究竟是弓還是矛？弓作為狩獵工具或是戰爭武器的歷史有多久遠目前尚不清楚，不過根據考古證據，矛的使用要遠遠早於弓，這可以從與兩種武器相關的可辨識的出土古器物推斷出來。就目前所知的，使用弓的最早明確證據來自於南非東海岸庫祖魯納塔爾省（KwaZulu-Natal）一處名為錫布杜岩洞（Sibudu Cave）的遺址。此岩洞位在德爾班（Durban）以北約 25 英里處，其中發現的骨製箭頭可追溯到約 61,000 年前（Wadley and Jacobs 2004, Blackwell, d'Errico and Wadley 2008）。然而，使用矛的歷史更可以追溯到約

50 萬年前，證據出自南非內陸的卡度潘一號（Kathu Pan 1）遺址。（Wilkins and Chazan 2012）

但這並不排除如下的可能性：帶石製箭頭的箭矢發明前，可能已出現不帶石製或骨製箭頭的箭矢。不過，一般而言，技術發展的歷史顯示器形的發展總由簡單趨向複雜，而矛用起來也比箭矢簡單，因為投擲前者的是人臂，並不需要借助中介的推進方法。在歷史上的某一刻，必然有人想到，利用弓弦的彈力向前射出一支小型的矛，要比單靠人臂擲矛拋得更遠、更有力量，而且比較省力（不妨把投矛器〔atlatl〕視為這兩種拋擲方式的折衷）。然而，還有其他理由可以導出這一結論，我們將在下文中檢視其中最重要的，也就是其他選項更普遍的分布。

▶ 2.2 ｜彩虹是神的鐮刀、劍或其他武器

在多種語言中，彩虹被視為某位神祇的鐮刀、寶劍等象徵物。我們再次看到，無論彩虹在不同文化中被比擬為何種事物，它始終與神性有所聯繫。

2.2.1 歐洲

愛沙尼亞語以 vikerkaar 指稱彩虹，是由 vikat（鐮刀）和 kaar（弧形、弓、曲線，源自含義相同的原始芬蘭語 *kaari）組合而成。這裡的確切概念有點難從詞源一窺端倪，但更接近的似乎是「鐮刀」而不是「弓」。（Guy Smoot，私人通訊，2017 年 9 月 26 日）

2.2.2 東南亞島嶼

據說印尼蘇拉威西島中部一些托拉賈人（the Toraja）將彩虹視為神的劍。（Adriani and Kruyt 1950-1951:407）

2.2.3 非洲

馬利東南部的密揚卡族（the Minyanka）稱彩虹為「神之劍」。（Lucia Brubaker，私人通訊，報導人 Edmond Dembele，1982 年 12 月 20 日）

馬達加斯加的馬拉加西人稱彩虹為 antsiben andriamanitra，意即「神之劍」。（Richardson 1885，在 ántsy 條目下）

在上述兩種語言中，有關彩虹的描述可能受阿拉伯語的接觸影響所致。同樣，這也不太適合做為彩虹原始概念的出處，因為這暗指人類對冶金術的知識，而冶金術是人類歷史上很晚才出現的技術。

▶▶ 2.3 ｜彩虹是座靈橋

也有一些語言將彩虹視為天堂與地球間的橋樑，因此也認為是死者靈魂進入「彼界」的通道。

2.3.1 歐洲

在冰島的傳說中，比伏勒斯特（Bifröst）是一座燃燒的彩虹橋，連接米德加德（Midgard，意即「人間」）和阿斯加德（Asgard，意即「諸神之境」）。守衛這座橋的是神祇海姆達爾（Heimdall），為那些贏得進入這處聖域資格的英雄指引通往瓦爾哈拉[2]的道路。值得注意的是，儘管中世紀北歐的傳說將彩虹描繪為一座橋樑，不過彩虹在現代冰島語和其他日耳曼語中的名稱（如丹麥語、挪威語的 regnbue =「雨」+「弓」、德語的 Regenbogen、荷蘭語的 regenboog、英語 rainbow）都顯示它早期即被比喻為射手的弓。

「英國已經遺忘靈橋的傳統，但在民間關於彩虹的信仰中，仍有蛛絲馬跡顯露其神聖和神祕的意義」。（Radford and Radford 1975:279）

在古希臘的傳說中，彩虹之神伊麗絲（Iris）是神的使者，但對於這個神話人物似乎有不同的概念，這反映在不同詩人對她的描寫裡。根據史密斯（Smith 1851:400）的說法：

---

[2] Valhalla：在北歐神話中，瓦爾哈拉是位於阿斯加德的一個雄偉的大廳，由奧丁統治。在戰鬥中死去的人，有一半在死後由女武神瓦爾基麗（Valkyrja）帶領前往瓦爾哈拉，與奧丁在相伴。在瓦爾哈拉，死去的戰士和日爾曼英雄和國王一起，準備在諸神的黃昏中幫助奧丁。

伊麗絲起初是以彩虹的象徵出現，因為天空中這種瞬間到來，又瞬間消失的光彩現象被視為神的迅捷信使……有些詩人則把伊麗絲描述為彩虹本身，但又有其他作家將彩虹形容為伊麗絲行走的道路，因此只有女神需要時它才會出現，如果不再需要就會消失。

2.3.2 南亞
在尼泊爾（未特指哪一個民族），彩虹傳統上是地球與天堂之間的橋樑。（Kirsti Kirjavainen，私人通訊，報導人 Harkha Pariyar 與 Okhal Dhunga，1982 年 6 月 9 日）

2.3.3 中亞和東亞
中國人有時將彩虹視為人與天帝間的橋樑；只有神祇或如巫師或教士等特定人選才有資格登上。（Zhou 2001）

2.3.4 北美洲和墨西哥
阿拉斯加南部的特林基特族（the Tlingit）印第安人將彩虹視為死者靈魂通往上界的道路（Swanton 1908）。

美國西南部有些納瓦荷族人認為太陽神「走在天空中一條由陽光或彩虹形成的神聖小徑上」。（Matthews 1902:30）

南卡羅來納州的卡陶巴族稱彩虹為「亡者之路」。（Leach and Fried 1972）

尤奇族（the Yuchi）把彩虹視為死者靈魂過渡到來世的橋樑。（Speck 1909:57）

2.3.5 中美洲和南美洲
哥倫比亞的因加人（the Inga）有時會說彩虹是一座能幫助他們逃離危險的橋。（S.H. Levinsohn，私人通訊，1982 年 5 月 15 日）

厄瓜多爾有些查奇人（the Chachi，舊稱「卡亞帕人」〔the Cayapa〕）

則認為彩虹是山洞和山丘神靈以及河流神靈所用的橋樑。一旦神靈到達目的地了，因為不再需要，小徑或橋樑便會消失。其他人則認為彩虹是一條蟒蛇。（Neil Wiebe，私人通訊，報導人 Alfredo Salazar，1982 年 3 月 16 日）

我們可注意到「靈橋」（spirit bridge），亦即需要時便會出現，之後即消失的這個概念，跟古希臘神話中的彩虹女神伊麗絲為神的迅捷信使的概念非常相似。埃文斯（Evans 1923:52）也描述了一個非常類似的概念，出現在北婆羅洲圖蘭都順族（the Tuaran Dusun）。這些例子顯然都受到彩虹短暫特性的啟發——它轉瞬即逝，剎那可見，下一刻便消失無蹤，這種現象對於尚未發展文字的早期人類而言，無疑是一個令人困惑的謎題。

2.3.6 東南亞大陸

據一位曾在印度東北阿薩姆州（Assam）與原住民族一起生活多年的英國殖民官員所述，塞馬納加族（the Sema Naga）「稱彩虹為 kungumi 'pukhu，給我的翻譯是『天空神靈的腿』，但也許同樣可以解釋為『天空神靈的橋』。」（Hutton 1921b:304, fn. 2, 收錄於 Mills 1926:304）

2.3.7 東南亞島嶼

在緬甸南方孟加拉灣裡安達曼的群島上，住著語言和血緣均不同的民族。他們相信，彩虹與叢林或海洋的神靈有關。一個非常普遍的說法是，彩虹是一座手杖搭成的橋，橫跨這個世界以及亡靈世界。神靈就沿著彩虹橋來到我們的世界。（Radcliffe-Brown 1922:145ff）

台灣北部的泰雅族稱彩虹為「神靈的橋樑」。（Egerod 1965:281）

菲律賓北部呂宋島拉蓋的尼格利陀族（the Negritos of Ragay）「認為彩虹是一座橋，是好的神靈從天空的一方到另一方時走的。」（Garvan 1963:205）

北婆羅洲沙巴的圖蘭都順族還有以下這個關於彩虹的信仰，不過

據說取自某個故事，報導人自己不見得相信。「很久以前，彩虹是人類的途徑。住在北部的男人以彩虹當橋到南部去找妻子。」（Evans 1923:51-52）

根據一個說法，峇里島人稱彩虹為 cegcegan dedari，意為「仙人之梯」，又說可以藉此登上天堂（Adrian Clynes，私人通訊，1982年）。

印尼蘇拉威西島中部有些托拉賈族群的祭司階級認為，彩虹是死者靈魂通往天堂的橋樑，不過一般平民也有其他想法。（Adriani and Kruyt 1950-1951:407）

蘇拉威西島西南部的布金人（the Buginese）和馬卡薩爾人（the Makasarese）認為彩虹是死者靈魂通往來世的橋樑。（Wilken 1912:3:259）

2.3.8 紐幾內亞及其衛星島嶼

印尼紐幾內亞內陸高地卡茲登茲山脈[3]南側講巴布亞語的眾族群「相信彩虹是座橋樑，死者靈魂藉此通往另一世界」。（Le Roux 1950:2:610）

紐幾內亞東南部的塔瓦拉人將彩虹視為「死者通道，藉此前往另一世界。」（John Lynch，私人通訊，1982年9月2日；Gouli Tarumuri，私人通訊，1987年）

紐幾內亞東南部羅塞爾島（Rossel Island）的葉雷族人對彩虹的觀點分成好幾種，其中一種認為彩虹「可說是連結善與惡的橋樑。」（Susan Warkentin，私人通訊，1983年）

2.3.9 太平洋島嶼

索羅門群島東南部的聖克里斯托瓦爾島（San Cristobal Island）的阿羅西人（the Arosi）認為，彩虹是「海洋神靈的大道；人們要是看

---

3 Carstensz range：最高點查亞峰（Puncak Jaya）海拔 4,884 公尺，是印尼、紐幾內亞、馬來群島以至大洋洲的最高峰，也是喜馬拉雅山及安地斯山之間的最高點，同時也是世界上最高的島嶼山峰。

見一道彩虹，就認為有個神靈正沿著這大道向自己走來，這就是他們之所以害怕彩虹的原因。甚至現在，族人一看到彩虹仍會跑進屋裡。」（Fox 1924:133）。

古代夏威夷人有時認為彩虹是天堂與人間的橋樑。（Beckwith 1976:248, 527）

2.3.10 非洲

在伊索匹亞的沃拉摩人（the Wolamo）看來，彩虹是惡靈從其底部的住所衝出時所行經的橋樑。（Haberland 1963:592）

同樣，雖然彩虹橋的信仰極為普遍，但其在人類思維中古老的程度是值得懷疑的，因為那只能在人類已有某種橋的知識後才能構想出來。最早的橋樑可能是由藤蔓和木板搭成的吊橋，但因為建造的材料會朽壞，此一技術的歷史幾乎無法考證。甚至在吊橋發明之前，有人可能已簡單用原木橫置小溪之上以利通行，但這種原始橋樑不太可能是通往天堂之彩虹橋的原型。大多數「彩虹為橋」的概念都認定它是為亡者的靈魂通往來世而設的。其他關於彩虹橋用途的想法，如圖蘭都順族的觀點，顯然是後來才發展起來的。在好幾個文化中，個別報導人對於彩虹之性質的說法不只一種，而天堂與人間有橋的概念僅是其中之一。

2.4 ｜彩虹是神靈的腰帶、披巾、腰布等

2.4.1 歐洲

在立陶宛語中，彩虹稱為 laumēs juosta，意為「仙人的腰帶／束帶」，不同於印歐語言常見的、認為彩虹是弓箭手武器的說法。（Piesarskas and Svecevičius 1994）

雖然標準義大利語用其他名詞來指彩虹，但在義大利北部的皮埃蒙特（Piemonte）、提契諾（Ticino）等地區，一般稱其為「龍的腰帶」（Alinei 1983:52）。

在阿爾巴尼亞語中，彩虹稱為 brezi i Perëndise，意為「上帝的腰

帶或束帶」，同樣與印歐語系語言普遍傾向把彩虹看作弓箭手的弓的看法不同。（Drizari 1957）

2.4.2 中亞和東亞

西伯利亞中部和西部的薩莫耶德人（the Samoyed）稱彩虹為「太陽神外衣的下襬」。（Voegelin 1972:922）

中國人有時會說彩虹像是婦女配飾用的多彩袖子或腰帶。（Zhou 2001）

2.4.3 中美洲和南美洲

秘魯安第斯山東坡的阿姆埃夏人（the Amuesha）相信，彩虹是巨蟒的腰帶。（Martha Tripp，私人通訊，1982年4月）

2.4.4 東南亞島嶼

菲律賓呂宋北部的邦托克人（the Bontok）認為彩虹是某一神靈的腰布。這可能因為邦托克人的腰布是用長條材料編織成條狀圖案，表面上看起來像彩虹所致。「彩虹出現是不祥的預兆，會導致正在舉行的任何儀式推遲或延長。田地或倉庫上方若有彩虹，那麼它會吸收稻米的精華。稻米雖然還在，但其價值不復存在。人吃完後仍感饑餓。」（Lawrence A. Reid，私人通訊，2000年3月10日）

馬來西亞沙巴州（北婆羅洲）的圖蘭都順族說，彩虹是金哈林甘（Kinharingan，一位神祇）戰鬥時披的圍巾，可用此止住降雨。（Evans 1923:15）

龍目島（Lombok Island，位於峇里島東邊）上的薩薩克人稱彩虹為 sabuk Déwa，意為「神祇的腰帶／束帶」。（Goris 1938:257）

蘇拉威西島中部一些托拉賈的族群將彩虹視為神祇的圍巾。（Adriani and Kruyt 1950-1951:407）

印尼東部佛羅勒斯島（Flores）上的尼賈答人以及其他講南島語系語言的族群認為，彩虹是地靈的披肩，拿出來曬乾。（Bader 1971:948）

印尼東部帝汶島東邊薩瑪塔群島（Sermata archipelago）上的鑾族（the Luang）認為，彩虹是上界住民的旗幟。（Mark Taber，私人通訊，1994年）

2.4.5 太平洋島嶼

紐幾內亞東部俾斯麥群島（Bismarck Archipelago）西部新不列顛島（New Britain）的巴里艾人（the Bariai）將彩虹視為神靈或神祇的腰布。（Lafeber 1914:275）

庫克群島北部曼加雅（Mangaia）的波利尼西亞人視彩虹為「海神坦加羅亞（Tangaroa）的束帶。每次祂想下凡，就將束帶鬆開，讓它垂下使末端觸及地表。」（Gill 1876:44）

2.4.6 非洲

伊索匹亞的伽拉人（the Galla，又稱奧羅莫人〔the Oromo〕）將彩虹稱為「神之腰帶」或者「神之手杖」。（Haberland 1963:592）

努埃人（the Nuer）則將彩虹說成「神的項鍊」。（Pritchard 1956:2）

這是一個變異頗多、涵蓋各式各樣服飾品項的條目，而擁有者有些是神靈，有些是神祇，有些則是天界的人，更有一些是龍或蛇。這種彩虹的概念不太可能很古老，尤其當它被說成是龍或巨蛇的腰帶時，其次要性顯得格外明顯。

2.5 ｜彩虹是一張網

2.5.1 東南亞島嶼

位於印尼蘇門答臘島西方尼亞斯島上的人據說「看到彩虹會發抖，因為他們認為那是某個強大神靈所鋪開的網，用以捕捉他們的影子。」（Frazer 1920:3:79）

▸▸ 2.6 ｜ 彩虹是個神靈

2.6.1 歐洲

如前所述，阿黎內在調查歐洲民間信仰中的彩虹時指出，傳統上彩虹被視為「惡魔，能致病致死。」（Alinei 1982:52）

2.6.2 北美洲和墨西哥

北達科他州的曼丹族（the Mandan）印第安人說彩虹是陪伴太陽的一種神靈。（Wallis 1918:371）

2.6.3 中南美洲

對於蓋亞那地區[4]和加勒比部分地區講加勒比語（Carib）的印第安人來說，彩虹（paramu）「不是和平的象徵。相反的，只要它掛在天空，人就不能離家，因為它是一個能致人於死的邪惡神靈（yoroka）。彩虹上色彩最繽紛的部分就是神靈用來裝飾其頭部的羽冠……」（Ahlbrinck 1931:361）。

對於住在巴西西部馬托格羅索（Mato Grosso）地區的凱瓦人（the Kaiwá）來說，彩虹不是橋也不是蛇；反之，「它只是邪靈安海伊（anháy）的一種樣貌。」（David Harthan，私人通訊，1982年6月2日）

2.6.4 東南亞大陸

根據米恩（Milne 1924:354）的說法，緬甸撣邦的巴勞恩人（the Palaung）認為，

> 當彩虹從地平線的一端延伸到地平線的另一端時，人稱造出彩虹的神靈（karnam）為「帕爾雍」（par-yon）。祂們雖小卻很可怕，藏身天空，想喝水時降至地表。沒有延伸成拱門形的短彩

---

4 the Guianas：包括委內瑞拉蓋亞那（舊日的西屬圭亞納）、蓋亞那（舊日的英屬圭亞納）、法屬圭亞那、蘇利南（舊日的荷屬圭亞納）以及巴西阿馬帕州（Amapá，舊日的葡屬圭亞納）。

虹稱為「罕姆罕姆」（ham-ham），也是住在天上的神靈。帕爾雍和罕姆罕姆都是像蟲一樣的生物，色彩非常鮮豔，沒有腿……應該避免在這些神靈喝水的泉水處喝水……否則你的胃會腫起來。

2.6.5 東南亞島嶼

印尼北蘇門答臘島西邊錫默盧島（island of Simeulue）上的錫默盧人稱彩虹為 jumbalaŋ，但這個詞也可指一種可以危害人類的惡魔（kobold）或地靈。（Kähler 1961:57）

2.6.6 太平洋島嶼

新不列顛島南部海岸的阿瓦族（the Avau）有人相信，彩虹是神靈（marsalai）打哈欠的結果。來自同一地區的阿科萊特人（the Akolet）也有類似的概念，因為他們稱彩虹為 tamara mamaunga，亦即「神靈在打哈欠」。（Hiroko Sato，私人通訊，2017 年 9 月 29 日）

所羅門群島東南部的薩阿人（the Sa'a）和烏拉瓦人（the Ulawa）都非常害怕邪惡的海靈。就像依文思（Ivens 1972:201）所描述的：

> 彩虹、水龍捲或黑色狂風（black squall）是那些與邪惡海靈密不可分的同夥。彩虹是祂們特殊的表徵，因為祂們行走在彩虹上面滑來滑去。海上或陸上下起太陽雨的時候就會出現彩虹，這無疑是海靈存在的明確表徵……出海捕鰹魚的獨木舟會遠避彩虹或水龍捲。

2.6.7 非洲

象牙海岸的迪達人（the Dida）表示，有些人相信彩虹來自於「某個（守護）神靈的作為。」（Denis Masson，私人通訊，報導人 M. Sergui Goston，1982 年 12 月 1 日）。這種信仰可能反映出傳教士的教誨。

蘇丹南部的羅族（the Luo）認為彩虹是「神（juog，亦即「神靈」）的一種」。（匿名報導人填寫的問卷，由 Jon Arensen 轉交，1982 年）

在大多數的傳統社會中，彩虹與神靈世界毫無疑問是相關聯的，但是如下所示，它通常更具體地與一種超自然的蛇（即靈蛇）連結在一起。

▸▸ 2.7 ｜ 彩虹是某神祇的陰莖

這種令人意想不到的、對於彩虹看法出現在三個相隔遙遠的地區，不過其中兩個的訊息很少。

2.7.1 北美洲和墨西哥

加州西北部的尤洛克人（the Yurok）相信，彩虹是個陰莖。（Driver 1939:343，資料只見於檢表）

2.7.2 東南亞島嶼

胡卡斯（Hooykaas 1956:301）提到峇里島一個關於彩虹起源的神話，故事裡神祇古魯（Guru）對祂創造出來以慰藉自己的烏瑪（Uma）女神產生愛慕之情：

> 古魯神滿懷激情看著烏瑪女神。說（她）是男性，也不是男性，說（她）是女性，也不是女性：她有男性的性器官。古魯神想要交媾，於是抓住了她。神看到她的男性性器官後感到恐懼，於是將它扯下，然後拋向天空：這就成為彩虹。

這個案例為「彩虹是陰莖，特別是雌雄同體之神祇的陰莖」的觀點提供了一個神話的背景。

2.7.3 太平洋島嶼

美拉尼西亞南部的新喀里多尼亞島上中南部的沙拉庫烏人（Xârâcùù）相信，彩虹是雷神的陰莖。此外沒有進一步的解釋。（J.C. Rivierre，私人通訊，1985 年 3 月 5 日）

2.8 ｜ 彩虹是一條巨蛇

至今在世界上許多不同的文化中，對於彩虹最普遍的看法是將其視為一條超自然的巨蛇。論述如下：

2.8.1 歐洲

據格林的觀察，羅馬人相信彩虹會從地表喝水。這想必是要解釋水如何轉移到天空中，然後再以雨水的形式落下。（Grimm 1844:695）

即使大多數有關龍的資料在這個問題上皆無著墨，負責撰寫《歐洲語言地圖》（Atlas Linguarum Europae）中「彩虹」詞條的義大利語言學家阿黎內（Mario Alinei）卻獨自注意到，歐洲存在一種與世界其他地區部落社會非常相似的信念：

> 始自普勞圖斯[5]，拉丁文中有無數證據都證明彩虹會從地表「喝」水的說法。但我們在拉丁文中卻找不到這概念的完整呈現。只有在現代的民間傳說以及現代的「原始」民族中，我們才能找到完整的相關描述。彩虹是種巨大的動物，就是這個動物不但喝地上的水，而且有時還吸進包括人類在內的所有其他東西。（Alinei 1982:52）

作者在其他地方（Alinei 1985:332）更具體地將喝水的彩虹與巨蛇形式出現的彩虹聯繫起來：

> 就像普勞圖斯文本所說的 bibit arcus（Curculio 132），拉丁人認為彩虹會「喝」地表的水。然而，拉丁文學中並沒有任何跡象表明「喝水」的彩虹底層的信仰，實際上就是一條蛇、一條龍或是一個巨大的動物，而這些觀念在「喝水」彩虹的名稱和相關

---

[5] Plautus：約西元前 254 年－前 184 年，古羅馬劇作家，他的喜劇是現在仍保存完好的拉丁語文學最早的作品，現存 21 部喜劇，代表作有《吹牛軍人》、《撒謊者》、《俘虜》等。

的民間傳說中都清楚地保存下來。

阿黎內在後來出版的著作中,將彩虹和龍與現代歐洲民間傳說中圖騰思想的痕跡連結起來,不過並未明確指出,龍的概念是從早期將彩虹視為彩虹巨蛇的看法中衍生出來的。格林也曾在論及前基督教時代的歐洲時,順帶提到過類似的觀點,不過同樣也未下定論彩虹巨蛇和龍是同樣的實體。(Grimm 1844:695)

2.8.2 南亞

印度丘塔那格浦爾(Chōta Nāgpur)叢林部落的比爾霍爾人(the Birhor)相信,彩虹「是邦戴雷雷蛇(Baṇḍē-lēlē snake)口中吐出的水形成的。」(Roy 1925:497ff.)

印度北部北方邦(Uttar Pradesh)的科爾人(the Kols)同時用Lūrbeng一詞表示「彩虹」和「蛇」。(Crooke 1925:46)

2.8.3 中亞和東亞

根據甘肅省蘭州的中國民間信仰,彩虹是一條龍,會從海中吸水,然後再將水以雨的形式噴灑出來。(羅錦堂,私人通訊,1990年)

在中國,根據動物喝水的類比,彩虹變成了有生命的形象,而最早的紀錄可以追溯到商代(Kuo 2000)。人們相信彩虹會從泉、井、河中,甚至從烹飪用具中吸水的紀錄可在至少四川、江西,青海等地找到。(Zhou 2001)

在沖繩,彩虹被稱為あみぬみや(aminumiya,ami＝水,numi＝喝,ya＝人／物)。あみぬみや 是一條帶有紅色斑點的蛇(龍)。人們相信,這條蛇在天空喝水時就不會降雨。(Hiroko Sato 轉述 Obayashi 1999,私人通訊,2017年12月16日)

在日本南部琉球群島的奄美大島上,彩虹被稱為てぃんなぎゃ(tinnagya,tin＝天空,nagya＝長形昆蟲或者蠕蟲),也就是說,是一條蛇(Hiroko Sato 轉述 Obayashi 1999,私人通訊,2017年12月16日)。

2.8.4 北美和墨西哥

墨西哥南部的阿穆茲戈人（the Amuzgo）認為，彩虹是一條巨蛇。如果有人看到了這條蛇，就不會下雨，換句話說，就是相信彩虹蛇會阻止降雨。（Cloyd Stewart，私人通訊，1982年）

墨西哥南部的托托納克人（the Totonac）相信，彩虹與水蛇（mazacuate）相關聯。（Ichon 1969:137）

2.8.5 中美洲和南美洲

瓜地馬拉托多斯桑托斯（Todos Santos）的馬姆人（the Mam）對於彩虹的看法有好幾種。其中與本主題最相關的兩個是：1. 巨蛇抬起尾巴，而尾巴又彎曲下來觸及自己的身體；2. 巨蛇與水接觸，導致蒸汽逸入空中，形成一個巨大彩弧。（Richard Reimer，私人通訊，1982年）[6]

上文在幾個不同的情況中提到，瓜地馬拉的丘爾蒂族相信「奇昌是數一數二重要的本土神祇，一般認為祂是一條巨蛇，只不過這個樣態多有更改……彩虹就是身體橫陳天際的奇昌。」（Wisdom 1974:392-394）

此外，上述作者又指出，天空中的奇昌與幾位基督教聖人融為一體，北方的是巴爾塔薩爾（Balthazar），其他方位還有加百利、拉斐爾、米迦勒、彼得、保羅和希望天使，這顯示了引入的基督教意識形態與原生信仰系統兩者在靈界概念上的合一。

秘魯高山的阿瓜盧納人（the Aguaruna）稱彩虹為 págki wajáu，其中 págki 意為「蟒蛇」（anaconda），而 wajáu 則含義不明（Larson 1966:51）。

秘魯東北部的坎多希人（the Candoshi）相信彩虹是水蟒靈力的一種表現。也有人說它是蟒蛇的吊床。根據一些人的說法，它可以奪走人的靈魂，致其生病或者死亡。（Wahacha Tsirimpo，私人通訊，

6　此種描述不約而同地在中國古文物中也有類似的型態，見彩圖8。

1982年）

厄瓜多的查奇族有些人認為彩虹是一條巨蟒，其他人則認為它是一座靈橋。（Neil Wiebe，私人通訊，報導人 Alfredo Salazar，1982年）

哥倫比亞西南部普圖馬約區（Putumayo district）的因加人（the Inga）傳統上認為彩虹是一條巨蛇。在民間傳說中，這條蛇變成了一位強大的巫師，不過，如前所述，族人也認為彩虹是一座橋，可以幫助他們逃離危險。（S.H. Levinsohn，私人通訊，1982年4月）

巴拉圭的連卦族（the Lengua）印地安人相信，「有些人認為彩虹象徵某種蛇怪，只要它出現在西方或西北方，印第安人因怕受傷，就不操弄刀斧等鋒利的器具……一般而言，他們視彩虹為災難的先兆。」（Grubb 1911:141）。

曾在北連卦人（the Lengua Norte，現稱北恩舍特人〔Enxet Norte〕）之間傳教的羅文（Loewen）也提出類似的觀察結果：「另一個大家聞之色變的神靈是蛇精。這是所有蛇的化身，而且彩虹似乎就是其最高層面的展現，因為人們認為彩虹就是一種蛇形怪物。」（Loewen 1965:293）

根據尼穆恩達茹（Nimuendajú 1946:234）的報導，巴西中、東部地帶的東丁比拉人（Eastern Timbira）認為：

> 彩虹（又稱「雨人」）的兩端倚靠在蘇庫利糾（sucuriju）蛇張開的嘴巴裡，而這些蛇本身也會帶來雨水。彩虹出現代表雨停了。等到彩虹消失，會有兩條類似鰻魚的魚……升向天空，然後掉進一個水坑。下大雨時，牠們再次落到陸上水中。有一位報導人稱，蛇會經由彩虹升上天，以免地上有太多。

2.8.6 東南亞大陸

在坎底語（Khamti，一種在緬甸和印度使用的西南傣語〔又稱：台語〕支語言）中，彩虹稱為 huŋ kin nam，意為「龍飲水」，在馬

來半島西部的雪蘭莪州使用的方言中，彩虹則稱為 ular minum，其中 ular ＝蛇，minum ＝喝。因此，彩虹字面的意思為「蛇飲水」。

在緬甸撣邦的巴勞恩族裡，有些人「相信彩虹是一條那伽（龍）」。（Milne 1924:354）

馬來半島內陸地區的金達克邦族（the Kintak Bong）和門尼克凱恩尼格利陀族（the Menik Kaien Negritos）認為，彩虹「是兩條稱為胡亞克（Huyak）的蛇，牠們來喝水」。（Evans 1923:155）

馬來半島一支未指名的尼格利陀族群中，彩虹稱為 Hwē-ā。族人相信那是一條巨大的蛇或蟒蛇的身體，而牠觸及地面之處酷熱且不適居住。（Skeat and Blagden 1906:2:203–204）

一個世紀前，很多馬來鄉下人相信彩虹是「天上的一條巨蛇」。（Wilkinson 1906:29）

2.8.7 東南亞島嶼

蘇門答臘北部內陸的托巴巴塔克族（the Toba Batak）有個用語叫 halibu tongan marsobur（＝彩虹＋動物飲水），意味彩虹從陸上的水體喝水。（Sitor Situmorang，私人通訊，1983 年 8 月 3 日）

蘇門答臘西部的米囊加保人（the Minangkabau）稱彩虹為 ula məniaŋ，意為「閃耀／光亮的蛇」。

如第五章第 3.6 節中的特徵 6（龍有角）所述，爪哇民間信仰認為彩虹是一條弓著身軀、跨域爪哇島的巨大靈蛇，「末端有鹿頭或牛頭，其中一個頭從印度洋喝水，另一個頭則從爪哇海喝水。」一旦喝足了水，牠們會將水化作雨吐到地表上。（Hooykaas 1956:291）

印尼東部佛羅勒斯島上的毛梅雷人（the Maumere）同樣認為彩虹是「一條喝雨水的蛇」。（Bader 1971:950）

印尼蘇拉威西島北部的凱迪龐人（the Kaidipang）認為，「彩虹與地下掌控水的蛇有關」。（Hunggu Tajuddin Usup，私人通訊，1981 年）

印尼東部龍布陵島（island of Lembata）的克丹人相信，雷烏瓦將（Léuwajang）的村泉代表社區的生命之水，其主人是一條十分巨大的蛇，而「在泉水附近看到的彩虹就是這條蛇。」（Barnes 1974:62）

　　無論現代講這些語言的人是否相信彩虹是一條從地表水源喝水的巨蛇，這點並不重要。就像多數現代英語使用者不會把「rainbow（彩虹）」中的「-bow」和弓箭手的武器聯想在一起（儘管這個詞語在歷史上確實有這樣的關聯也一樣），今天大多數講坎底語或雪蘭莪馬來語（Selangor Malay）的人可能也看不出他們表示彩虹的詞與蛇喝水有什麼關聯，但這種信仰曾經存在的證據在語言裡保存下來，並在下一章所探討的民族誌證據中得到充分的佐證。

2.8.8. 紐幾內亞及其衛星島嶼

　　在英國社會人類學家雷德克利夫－布朗將彩虹蛇神話描述為澳洲大陸大部分地區所共有的以後不久，美國社會人類學家瑪格麗特·米德（Margaret Mead）也提出「彩虹蛇複合體」（Rainbow Serpent Complex）也存在於一些紐幾內亞的族群中。一般來說，她將這些蛇稱為馬薩萊（marsalais，意即「叢林神靈」）。特別的一個例子是她對山地阿拉佩什族（the Mountain Arapesh）的觀察到的要更具體一些：彩虹（alut）本身據說是由兩個馬薩萊構成的，一個是巨大的拉合溫（lahowhin，即「毒蛇」），而另一個則是巨大的須茂恩（shemaun，即「儒艮」）。陸地上的彩虹是拉合溫馬薩萊，而海上的則是須茂恩馬薩萊。（Mead 1933:37）

　　根據布倫博（Brumbaugh 1987:25-26）的說法，紐幾內亞的費蘭敏人（the Feranmin）和山地奧克人（the Mountain Ok）間流傳一個有關荒野叢林中怪異生物的故事：

> 這個幻化無常、正式名稱包括馬加利姆（Magalim）和阿南卡亞克（Anangkayaak）等的生物在當地即被人們認定為彩虹蛇……彩虹（wepal）據說是馬加利姆的跡象，其繽紛色彩顯露

牠的皮膚的顏色，就像彩虹那般耀眼。

和其他很多地方的情況不同，族人並未將馬加利姆視為與雷聲閃電相敵對的東西，反而「有時認為閃電是馬加利姆黃色閃閃發光的皮膚，而雷聲則是牠尾巴的拍打聲。」（Brumbaugh 1987:26）

巴布亞紐幾內亞馬當區（Madang district）的馬朗人（the Malaeng）表示看到彩虹時，他們就會想起一條蛇，而彩虹起始處就是蛇棲息的地方。雙彩虹／霓虹（double rainbow）出現時代表蛇改變了位置。（John Verhaar，私人通訊，1986年4月20日）

巴布亞紐幾內亞西高地省（Western Highlands Province）哈根山（Mount Hagen）西側的坦布爾－科里卡人（the Tambul-Korika）普遍認為彩虹是蛇的現身。（John Lynch，私人通訊，1987年）

2.8.9 澳洲

如前所述，澳洲大陸各處已做過民族誌調查的地方幾乎普遍都有彩虹蛇的信仰。澳洲東南部和塔斯馬尼亞的許多傳統文化在記錄有關此一傳說之前就已消失，因此我們對這些地區考證甚少。以下我們從眾多不同語言族群分支中選出一小部分例子做討論，當然可提及的不止這些。

澳洲大陸北部梅爾維爾與巴瑟斯特群島（Melville and Bathurst islands）上的提維人（the Tiwi）稱虹蛇為形似蜥蜴的「馬拉特吉」（Maratji）。（Mountford 1958:155）

澳洲北部阿納姆地（Arnhem Land）的卡卡杜／嘎古朱人（the Kakadu/Gaagudju）相信，「彩虹就是一條努梅瑞吉（Numereji）蛇的『伊瓦優』（Iwaiyu，意即「神靈」），而這蛇吐口水就能興雨，這時牠說：『去天上，伊瓦優，去吧，唾沫，我的伊瓦優。』彩虹形式的伊瓦優照辦了，然後會使雨停。」（Baldwin 1914:326）

正如拉德克利夫－布朗（Radcliffe-Brown 1926:20）所描述的，昆士蘭海岸克比族（the Kabi）的信仰「有點類似布里斯班那邊的信仰……

稱為達干（Dhakkan）或塔干（Takkan）的彩虹是魚和蛇的結合體，並棲身在最深的水坑裡。當魚蛇現身為彩虹時，就表示牠正從一處水坑移往另一處水坑。」此一觀念與美國東南部克里克人有關帶蛇的信仰相似：帶蛇興雨是為方便自己從一條河川移往另一條河川。唯一的差異是在北美的情境中，有角水蛇在觀念上已從起源於彩虹分離。

2.8.10 非洲

迦納北部的喬科西／阿努福人（the Chokosi／the Anufo）說，彩虹與蟒蛇有關，甚至用同一語詞來描述兩者。（Dean L. Jordan，私人通訊，1982 年 9 月 2 日）

約魯巴族（the Yoruba）對於彩虹有一種類似於喬科西族的信仰：「地底大蛇是約魯巴族的彩虹神。祂有時會升到天空喝水，其使者是一種蟒蛇。」（Ellis 1966:81）

奈及利亞北部的豪薩族（the Hausa）認為，「賈吉馬雷（Gajjimare，意即「彩虹」）的形狀有些像蛇，不過卻是雌雄一體，或至少是雙性並存，雄性部分為紅色，雌性部分為藍色。」（Tremearne 1968:340）

奈及利亞東南部尼日河三角洲的安東尼人（Andoni）或奧博洛人（Obolo）至少一位族人給了以下的資料：

> 年紀很小的孩子認為，彩虹是條蟒蛇，但長者最終會告訴孩子，彩虹是雨和太陽相互競勢所引起的。然後會教孩子唱「豹子在阿科樹（ako tree）腳下生了一個孩子」的歌（阿科樹是一種生長在灌木叢中的高大硬木樹）。從此以後，孩子一看到彩虹時就會唱這首歌。（Clinton Utong，私人通訊，1982 年）

由於此一族群接觸西方文化已經一個多世紀了，所以聽起來很有可能原住民的信仰如今只看作是小孩天真的想法，而一個普遍存在於整個族群的信仰已經由西方的解釋取代了。

喀麥隆西北部的尼索／拉姆恩索人（the Nso'/the Lamnso'）「相

信彩虹是從蛇的嘴裡起始的，然而那不是一條已知的蛇，而是一條大家不認識的巨蛇。」（Karl Grebe，私人通訊，報導人 Patrick Sligatan 與 Francis Taata，1982 年）

喀麥隆西部的巴米萊克人（the Bamileke）認為「彩虹是一條尾端浸入河流的蛇。每條河都與不同圖騰的族群的領袖相關聯。彩虹出現是邪惡之事即將發生的徵兆。住在其流域附近的族群會遭到負面影響」。（Jan Voorhoeve，私人通訊，1982 年）

南蘇丹的莫魯人（the Moru）相信，「彩虹與在竹林中看到的大蛇有關。莫魯人相信彩虹源自森林。」（Darius K. Jonathan，私人通訊，1985 年）

許多橫跨非洲中部和西部的班圖語族人將彩虹視為「兩條棲息在不同河流中的雄蛇和雌蛇於天上結合的結果。這些多彩的生物會停止雨水降落；不過根據另一些人的說法，是導致雨水降落」。（de Heusch 1982:35）

坦尚尼亞南部的尼亞基烏沙人（the Nyakyusa）認為：「下雨之際，會從地底鑽出一條蛇，並去天空喝水。彩虹則是牠翻身時所展現的閃亮下側」。（Tom Cook，私人通訊，1980 年 4 月 21 日）

正如本章開頭所指出的，非洲南部的祖魯族「害怕彩虹，並將其與蛇聯想在一起。據說彩虹與蛇住在一起，或至少每當彩虹出現時蛇就出現。只要看到彩虹的一端觸及大地，人們就認為牠正從某處池塘吸水。」（Hole 1983:2333）

有時，彩虹與巨蛇的關聯是間接的，這時彩虹不是蛇的本身，而是蛇的呼吸或影子。

▶ 2.9 | 彩虹是巨蛇的影子或映像

2.9.1 東南亞島嶼

馬來西亞叢林中的貝朗薩凱（the Behrang Sakai）或森諾伊人（the Senoi）認定彩虹是一條龍。說得更確切些，彩虹是一條住在地下的

巨蛇身體造成的影子。彩虹的紅色是牠的身，綠色是牠的肝，黃色是牠的胃。（Evans 1923:208）

2.9.2 中南美洲

哥倫比亞南部亞馬遜省（Amazonas province）穆伊南尼族（Muinane）的一位報導人主動提供如下的看法：「彩虹是一個『蟒精』，或者也有可能是某條神蟒的『映像』」。（James W. Walton，私人通訊，報導人 Andres Paky，1982 年 4 月）

厄瓜多東部的卡內洛斯族（the Canelos）或稱卡內洛斯－基楚亞族（the Canelos-Quichua）的印第安人以及其他一些部落「幻想它（彩虹）只不過是空中的一條巨蟒，或者族人也常說，彩虹是『蟒蛇的影子』」。（Karsten 1926:360–361）

2.9.3 非洲

奈及利亞的伊克維雷人（the Ikwerre）認定，彩虹是「水中一條巨蛇在天空中的映像（據說這是個預示某個非常重要的人物即將死去的惡兆）」。（Kay Williamson，私人通訊，報導人 J.T.N. Wali，1982 年）

「值得注意的是，吉庫尤人認為，水中〔指：瀑布的水霧〕和空中的彩虹並非動物本身，而是牠的影像，因為在西非一個非常遙遠的地區，多哥的依維人也有如此一說：彩虹是雲中蛇的映像。」（Werner 1933:232）

▶▶ 2.10 ｜彩虹是神靈或巨蛇的呼氣

2.10.1 南亞

印度北部的印度教徒認為，彩虹「是藏身地下一條大蛇吐出的煙霧。人們看不見蛇的本體，只看到煙霧從地表的一個洞裡吐出」。（Crooke 1925:46）

2.10.2 北美洲和墨西哥

墨西哥維拉克魯茲州（state of Vera Cruz）的席埃拉布波盧卡人（the Sierra Popoluca）認定，彩虹是一條巨蛇去見另一條蛇時走的路徑，但其他人則相信彩虹只是一條巨蛇的呼氣，預示雨水即將落下。」（Foster 1945:187）

墨西哥瓦哈卡州講科特蘭語（Coatlan）的米克謝人認為，彩虹是神蛇的呼氣，而非蛇的本身。人們告誡小孩，看彩虹時不要張開嘴巴。（Searle Hoogshagen，私人通訊，1982年）

2.10.3 中南美洲

哥倫比亞東部和委內瑞拉西部的瓜希博人（the Guahibo）相信，彩虹是一條蜥蜴從一處洞穴爬向另一處洞穴時的呼氣。蜥蜴種屬的資訊無從取得。（Riena Kondo，私人通訊，報導人 Marcelino Sosa，1982年4月）

委內瑞拉的帕納雷人（the Panare）認為，彩虹是一條巨蛇的呼氣。（Vicente Diaz，私人通訊，1982年4月）

2.10.4 東南亞大陸

印度東部阿薩姆邦的崙格瑪那加人（the Rengma Nagas）相信，「一道彩虹……從潮濕的地方升起，那是神靈的呼氣。」（Mills 1979:245）

2.10.5 東南亞島嶼

在印尼東部阿洛島（island of Alor）的沃伊席卡人（the Woisika）認為，有條巨大的蛇或鰻魚會來河中喝水，然後打個哈欠，呼出的蒸氣散到天空即成彩虹。（Wim Stokhof，私人通訊，1983年）

2.10.6 紐幾內亞及其衛星島嶼

如前所述，紐幾內亞的山地阿拉佩什人認為：「彩虹（alut）是由巨大的馬薩萊（叢林神靈）造成的，其中包括來自海洋的須茂恩（即

「儒艮」）以及來自陸地的拉合溫（即「毒蛇」）。馬薩萊會張開嘴，而彩虹則是陽光照射其噴出的呼吸所形成的。」（Mead 1940:392）

2.10.7 非洲

象牙海岸的沃比人（the Wobe）認為彩虹是「一隻稱為圖歐科波歐（tuo kpooɔ）的蟾蜍所呼出的氣」。（Verena Hofe，私人通訊，報導人 Bozou Paul、Tohoun Benoit 與 Fae Sae Abossolo，1982 年 12 月）

迦納中西部的戴格人（the Deg）相信，「彩虹代表一條大蟒蛇的嘴巴，從中冒出的煙霧形成了彩虹的顏色。你千萬別想靠近彩虹，否則大蟒蛇會把你吃掉。」（Philip Hewer，私人通訊，1982 年 9 月 2 日）

2.11 ｜彩虹是一條巨蛇的舌頭

2.11.1 中亞和東亞

俄羅斯西伯利亞東北部的尤卡吉爾人稱「彩虹為 pu'gud-onorā'，字面意思是『太陽的舌頭』。」（Jochelson 1910:144）

2.11.2 東南亞島嶼

在印尼東部佛羅勒斯島上有些尼賈答人（the Ngadha）認為，彩虹是一條巨蛇的舌頭。（Bader 1971:950）

2.11.3 非洲

奈及利亞北部高原北部的庫列雷人相信，「彩虹是一條巨蛇的舌頭；蛇伸出舌頭的時候雨就停了。」（Neiers 1979:54）

2.12 ｜其他有關彩虹的描述

2.12.1 中亞和東亞

在西伯利亞葉尼塞河沿岸克特人（the Ket）和尤格人（the Yugh）的語言裡，對應彩虹的詞反映了原始克特－尤格語的 *ekŋanna qo't，而這個詞又由 *ekŋan（雷〔複數〕）＋ na（有生命的複數所有者）

+ qo't（道路）共同構成，可以直譯為「雷之道路」。「克特人相信雷神共有七個（亦即天空中的生命體，通常稱為「聲音」）。表示雷的詞彙似乎也出自於一個意為『聲音』或『名字』的詞彙。」（Edward Vajda，私人通訊，2018 年 8 月 10 日）

俄羅斯遠東、北海道北方的庫頁島上使用的尼夫赫／吉里雅克（Nivkh/Gilyak）語中，有兩個表示彩虹的用詞，其中一個無法分析，另一個則是 lïy petr，字面意思是「雷之飾品」。（Alexander Vovin, p.c., 9/24/17）

彩虹在現代韓語中是무지개（mujigɛ），在中古韓語是 mïcikey（mïr〔水〕+ cikey〔軛〕），字面意思都是「A 形框」，是一種方便水桶提水與攜帶其他物品的裝置。（Alexander Vovin，私人通訊，2017 年 9 月 24 日）

2.12.2 北美洲和墨西哥

根據美國語言學家愛德華・薩皮爾（Edward Sapir）開創性的田野調查，俄勒岡州南部的維斯拉姆人（the Wishram）相信，「如果出現彩虹，就真表示有女人將要生下孩子」。（Bright 1990:217）

加州北部的托洛瓦人（the Tolowa）同樣表示，彩虹是某地將有小孩出生的徵兆（Driver 1939）。

正如稍後我們還要再提到的，李維史陀（Lévi-Strauss 1981:243）對這一特徵非常重視，但該特徵似乎僅限於俄勒岡州和加州州沿岸邊界或邊界附近的少數的民族語言族群。紐幾內亞東南部的蘇奧人也有類似的觀念，不過，只限於出現雙彩虹／霓虹時才有這種意義。

尤洛克人稱彩虹為 wonewslepah，該詞源於 wonew(s)（意即「上面、頭上、在山上」）以及 lepah(tep)（意即「拉伸、爬行」），因此意為「在上方伸展或爬行的東西」。（Robins 1958:265）

加州中部杜拉雷湖的尤克茲人認為，「彩虹⋯⋯係由花朵組成，有四個條紋：紫紅色、藍色、黃色、橙色，每條由不同種類的花朵組

成。除了 waṭa'gu（橙色的）以外，這些花朵都可以食用。彩虹預示豐足的食物供應，但不具超自然的意義」（Gayton 1948:24）。

別稱大盆地巴納敏特肖許尼族（Panamint Shoshone of Great Basin）的屯比沙族（the Tümpisa）稱彩虹為 ümatünna poton，意即「雨的拐杖」。（Dayley 1989:220, 370）

傳統上住在密西根湖和休倫湖之間大片土地的波塔瓦托米人稱彩虹為 jigwe-myew，詞面意思顯然是「雷之道路」。（Hockett 1939:44）

2.12.3　中南美洲

巴西東部的博托庫多人認為「彩虹是太陽的影子」。（Métraux 1963a：540）

2.12.4　東南亞大陸

米爾斯（Mills 1926:304）指出：

> 印度阿薩姆邦的奧那加人（Ao Nagas）只是單純看待彩虹而不費心加以解釋，不過彩虹多少也象徵財富。在許多村莊裡，富人停屍台的前面會設置一支代表彩虹的竹弓，但似乎沒有人知道緣由……；彩虹也與雨水有關，因此也與戰利品和祭祀品能招來的昌盛相關。

2.12.5　東南亞島嶼

緬甸南方孟加拉灣大安達曼群島的人據稱將彩虹視為某種空中神靈的舞台。（Man 1932:86）

印尼東部佛羅勒斯島的那節人（the Nage）認為彩虹是邪靈諾阿（Noa）用來擊打人類和動物的棍棒（德文原文：Der Regenbogen ist die Keule des bösen Geistes Noa, mit der er menschen und Tieren trifft）。（Bader 1971:952）

2.12.6 非洲

肯亞北部的仁迪爾人（the Rendille）說到彩虹時認為：「孩子們好玩地指著彩虹，說那是父親的珠串。」（Mr. and Mrs. N. Swanepoel，私人通訊，1982年）

3　分布情況摘要

為了方便比較彩虹這象徵出現的頻率，以下是前述頁面所涵蓋的內容，以及相關的民族語言群：

一、弓：1. 英語，2. 德語，3. 丹麥語，4. 挪威語，5. 法語，6. 梵語，7. 加泰隆尼亞語，8. 雷托・羅曼什語，9. 拉丁語，10. 古代／現代愛爾蘭語，11. 古代／現代俄語，12. 捷克語，13. 塞爾維亞－克羅埃西亞語，14. 孟加拉語，15. 現代希臘語，16. 阿爾巴尼亞語，17. 馬爾他語，18. 古典亞美尼亞語，19. 義大利語，20. 薩米語，21. 中古蒙古語，22. 喀爾喀蒙古語，23. 漢語，24. 卡陶巴語，25. 歐弗語，26. 古典阿拉伯語，27. 庫薩西語，28. 斯瓦希利語，29. 伊拉語，30. 巴通加語

二、鐮刀／劍：1. 愛沙尼亞語，2. 托拉賈語，3. 密揚卡語，4. 馬拉加西語

三、橋／路徑：1. 冰島語，2. 古希臘語，3. 尼泊爾語，4. 漢語，5. 特林基特語，6. 納瓦荷語，7. 卡陶巴語，8. 尤奇語，9. 查奇語，10. 塞馬納加語，11. 安達曼語，12. 泰雅語，13. 拉蓋尼格利陀語，14. 圖蘭都順語，15. 峇厘語，16. 托拉賈語，17. 布金－馬卡薩爾語，18. 卡茲登茲山脈南側紐幾內亞諸語，19. 塔瓦拉語，20. 葉雷語，21. 阿羅西語，22. 夏威夷語，23. 沃拉摩語

四、腰帶／披巾／腰布：1. 立陶宛語，2. 義大利方言，3. 阿爾巴尼亞語，4. 薩莫耶德語，5. 漢語，6. 阿姆埃夏語，7. 邦托克語，8. 圖蘭都順語，9. 薩薩克語，10. 托拉賈語，11. 尼賈答語，12. 彎語，13. 巴里艾語，14. 曼加安語，15. 伽拉／奧羅莫語，16. 努埃語

五、網：1. 尼亞斯語

六、神靈：1. 曼丹語，2. 加勒比語，3. 巴勞恩語，4. 錫默盧語，5. 阿瓦語，6. 薩阿／烏拉瓦語，7. 迪達語，8. 羅語

七、巨蛇：1. 坎底語，2. 雪蘭莪馬來語，3. 托巴巴塔克語，4. 比爾霍爾語，5. 漢語（蘭州），6. 沖繩語，7. 阿穆茲戈語，8. 托托納克語，9. 馬姆語，10. 丘爾蒂語，11. 阿瓜盧納語，12. 坎多希語，13. 查奇語，14. 因加語，15. 連卦語，16. 東丁比拉語，17. 巴勞恩語，18. 金達克邦語，19. 米囊加保語，20. 爪哇語，21. 毛梅雷語，22. 凱迪龐語，23. 克丹語，24. 馬朗語，25. 坦布爾科里卡語，26. 提維語，27. 卡卡杜語，28. 克比語，29. 喬科西語，30. 約魯巴語，31. 豪薩語，32. 奧博洛語，33. 尼索語，34. 巴米萊克語，35. 莫魯語，36. 尼亞庫薩語（Nyakusa），37. 祖魯語，38. 貝朗薩凱語，39. 穆伊南尼語，40. 卡內洛斯語，41. 伊克維雷語，42. 吉庫尤語，43. 依維語，44. 席埃拉布波盧卡語，45. 科特蘭米克謝語，46. 瓜希博語，47. 帕納雷語，48. 崙格瑪那加語，49. 沃伊席卡語，50. 山地阿拉佩什語，51. 沃比語，52. 戴格語，53. 尼賈答語，54. 庫列雷語

本章表明，世界各地的人對彩虹的理解多有不同。其中一些概念很罕見，如第五項的「網」，而另一些則很常見，如第一項的「弓」、第三項的「橋／路徑」或第七項的「巨蛇」。最後這一項尤其引人注意。在計算案例時，不能忽視「高爾頓問題」（Levinson and Malone 1980:14），亦即需要確保受比較之單元的歷史獨立性。雖然許多民族語言群將彩虹視為弓箭手的武器，但這裡引用的 30 個案例中有 19 個（占 63%）來自印歐語系的報導人，也就代表約 6,000 年前一個單一民族語言群的延續，而不是許多歷史上獨立的傳統。相比之下，許多文化中都出現將彩虹描述成巨蛇的概念，而這些文化之間並沒有明確從語言關係可推斷的歷史聯繫。如後文會再強調的一個重點，即使在書面傳統中明顯將龍和彩虹蛇區分開來的文化中，比如歐洲、古代近東、印度或中國，其民間傳統卻更像部落民族的傳統，甚於接近

自己文化中的文學傳統。阿黎內（Alinei 1982, 1983, 1985）尤其清晰指出了這一點。該作者點出了這些值得注意的差異，比如彩虹在標準德語中的 Regenboog（雨＋弓）對比在義大利北部日耳曼方言中的 Regenwurm（雨＋蟲），以及可以上溯公元前三世紀之羅馬戲劇家普勞圖斯將彩虹描述為從地表「吸水」的說法。

且讓我們回到本章開頭提出的思想實驗。人類在面對一種不僅在視覺上和認知上都令人震驚，而且還很神祕的現象時（因為它可能前一分鐘仍在天空，但下一分鐘就消失了），那個已完全具備現代人思考能力的大腦（或許早在 15 萬到 20 萬年前就形成了）是怎麼解釋那引人注目的彩虹的呢？我們不要忘記，大腦雖是自然生成，但心靈則由文化形塑。今天所謂的「原始族群」無論其物質文化的水準如何，他們的大腦與生俱來的認知能力和我們的大腦並無不同，而這是從在解剖學上認定的現代人開始存在以來就一直沒變的。有了這層認識，就可清楚知道，某些疑問無可避免地在過去的人腦裡產生，而且非得找出答案不可，而這個思考過程很可能像下面這樣：

問：那是什麼？
答：一條巨大的靈蛇。
問：牠在天上做什麼？
答：從地表喝水，然後噴水出來成為雨，把雨喝掉，好讓雨停止。
問：牠不在天上時去了哪裡？
答：在泉水、水坑、湖泊、河流等可以喝水的地方。
問：牠在那些地方時做什麼？
答：守護水源。

簡而言之，這裡所提供的分布證據對以下假設提出了最合理的解釋：遠古時代的人類將彩虹視為一條巨大的靈蛇，要麼從地表喝水，然後噴出來造雨，要麼喝掉雨水，使雨停止，因為彩虹自然出現時可

比喻為正好是火和水在天空爭奪控制權的關鍵點。彩虹不在天空中時，就在那些它汲水以興雨的地方棲止，也就是泉水、湖泊或河流。打從一開始，彩虹蛇就必然具有一個雙重身分，既是彩虹，又是地表守護水體的蛇。在世界的某些地區，如澳洲，彩虹的這兩種互為分身的表徵仍然清晰可見，而在另一些地區，如歐洲或北美的原住民文化，該兩者已經分離到無法辨認的程度。另外還有其他地區，例如中國，彩虹的這兩個分身在「高層的」（帝國的）傳統中是分開的，但在「低層的」（民間的）傳統中仍然是明顯相關的。

這個解釋當然會修正一般認為「彩虹蛇神話」是澳洲原住民獨有的說法。由於本書中所涉及的十二個區域中除了古代近東（資料樣本有限）和太平洋島嶼（其中許多沒有蛇）之外，基本上都記錄了同一概念，所以很難不將它視為一種普遍的文化現象，從數萬年前傳承下來，或者在人類歷史中曾多次被創造出來。然而，「彩虹蛇乃澳洲獨有之現象」的這一觀念已然根深蒂固持續至今，以至於我們查閱維基百科〈彩虹蛇〉時可看到該條目指出「本文是關於一個澳洲原住民宗教形象」，卻未提到在世界許多其他的地區也存在本質上相同的信仰。

在一個由萬物有靈思想主導的社會中，將彩虹視為巨大的靈蛇並不稀奇，正如同將許多自然現象都視為是神靈出現所為（Tylor 1871）。將彩虹視為弓、鐮刀／劍、橋／路徑、腰帶／被巾／腰布或網這些另外的概念，幾乎可以肯定是後起的發明，要麼取代了彩虹即是彩虹蛇的初始概念，要麼疊加其上。在某些情況下，這是昭然若揭的事，畢竟鐮刀或劍要到冶金時代才出現，此外，人類首次將彩虹與橋聯想在一起的時間也不明確，但絕不是古遠的。還有，無論弓出現的年代有多古老，但像澳洲或非洲的許多地區都沒有弓，因此我們幾乎可以肯定，弓是從之前矛的使用演變而來的。一旦理解到這一點，龍的許多屬性就可自然地解釋成是起源自彩虹蛇的緣故了。

現在，有了這個背景，該是探討關於彩虹的民族學的時候了，正如我們在第五章中檢閱龍的民族學。

第七章

彩虹的民族學

在一本致力於解釋龍的概念為何普世存在的書中，讀者可能合理假設最重要的部分應該是第五章〈龍的民族學〉。然而，事實並非如此。本書最重要的章節應屬彩虹的民族學，因為正是透過對這一信仰體系的探討，我們才能了解龍是如何產生的：龍的概念是文字發明以前的人類為努力解釋自然環境的特質所導致的自然結果，畢竟身為具思考能力的人類，我們終其一生都接觸過這些自然環境的現象。正因為 130 多年來有關龍的論述都忽略了這一研究方法，才造成在為何世界各地都相信龍存在這個主題上，大量的、甚至離譜的臆測論點。

本章的目的在為全世界有關彩虹的觀念提出一個跨文化的概述，特別聚焦於共有的觀點，因為這些普遍觀點最可能出自於人類對自然環境產生的同樣心理反應。由於本章牽涉的內容相當複雜，有必要分為四個子部分加以探討：1. 龍的誕生；2. 彩虹之謎；3. 太陽雨；4. 彩虹禁忌。最後這個子題非常重要且具獨立性，因此已由專篇論文單獨論述（詳見 Blust 2021），不過，因為彩虹禁忌是彩虹民族學的關鍵要素，在此也必須簡短概述其重點。

第一部分彙整了彩虹那些具有明確觀察基礎的特徵，並指出這些特徵如何被後來的龍所承襲——雖然這些特徵在龍身上的起源則要模糊得多。因此，本節的架構緊密呼應第五章中觀念的總覽，盡可能涵蓋其中所列的各項龍的特徵，以凸顯文化中對這一神話生物的詮釋，與自然現象之間的異同。為了方便比較，彩虹的每個普遍特徵都與龍

對應的特徵相配比。正如第五章所述，我們有時很難在沒有提及彩虹的情況下描述世界上某些地方的龍。即便將龍分離探討的民族學不易，但現在則無須再將兩者嚴格區分，因此接下來將直接探討它們之間的相似性。如此一來，大多數早期試圖以憑印象、零碎不全、及高度臆測方式來理解龍這一普世概念的主張，將被一套客觀且可重複驗證的彩虹信仰紀錄所取代。最終，這些關於彩虹的信仰將被證明與對「彩虹蛇」的信仰密不可分，進而與龍的觀念合而為一。

第二節繼續探討彩虹的民族學，介紹一些全球各地普遍存在的信仰，這些信仰雖然不一定符合龍的特徵，而且也沒有明確的觀察依據，可是仍然普遍出現。這些信仰之所以會在世界各地出現，其實很難理解，因為它們看起來非常隨意，卻在彼此距離遙遠的文化中都能找到類似說法。不過，如果這些信仰和關於龍的類似信仰一致，那它們就能進一步有力支持如下這個觀點：也就是「龍」這個概念，其實起源於「彩虹巨蛇」，也因此起源於早期人類在沒有文字的時代，想要解釋彩虹的嘗試。

第三節挑出彩虹民族學中太陽雨（太陽普照時下著雨）這一特別現象加以探討。這是與彩虹密切相關的現象，但在許多文化中卻與彩虹有所區分，並且如我在另一處（Blust 1999a）中討論的，此現象也有其特別的特徵，分布於世界各地。

第四節簡要記錄了彩虹禁忌的普世性，並對其為何存在之理由勾勒出最起碼的解釋。

最後，這裡再次強調，我收集的有關彩虹民族學的材料是受資訊來源所限制的。有關龍和彩虹信仰的出版資料儘管非常寶貴，然而如果沒有利用問卷調查，我在某些主題上的資料會減少很多。本人深信，自己所收集的資料只揭露了世上無數令人讚嘆的民族文化的冰山一角而已。我也毫不懷疑，在全球化腳步不斷加速，以及對高科技世界趨之若鶩的今天，大部分我在四十年前仍能一窺真相留存的萬物有靈思維，如今在許多地方正在迅速消失中。

1 龍是如何誕生的？

彩虹的民族學是個複雜的主題，在文化人類學和民俗學中均未適當探討過。這個主題的部分內容與龍這一觀念的起源直接相關，而其他部分則不是。本節著重於介紹那些分布全球、與龍的信仰可密切對照而且有類似分布的彩虹信仰。兩者中特徵的分布無法以擴散的結果來解釋，因此只能推論為兩種可能：要麼是遠古的遺存，要麼是人類在面對自然環境時，反覆且獨立做出類似回應的結果。

▶▶ 1.1 │ 特徵 1：彩虹施予雨水／扣留雨水

1.1.1 施予雨水

1.1.1.1 歐洲

愛爾蘭語表示彩虹的詞彙有許多個，其中包括 tuar ceatha。該詞的 tuar 意為「徵兆、預示、標誌」，而 ceatha 則是 cith（意為「陣雨」）的屬格，因此彩虹的字面意思是「陣雨的預示」或「下雨的徵兆」。

格林（Grimm 1844:695）觀察到，羅馬人相信彩虹會從地表喝水。想必這是它轉移到天空並降落為雨的原因。

在俄羅斯民間傳說中，彩虹從湖泊、河流和海洋中喝水，然後化作雨水落下。有時據說還會連水一起吞下魚和青蛙，致使牠們也從天而降。這個很像一個更古老的信仰，即彩虹是條巨蛇，會從地表的水源吸水，然後將其噴出成為雨水，但是巨蛇這一環節已被抹除，因為在現今講印歐語言的地區，彩虹和龍是嚴格區分開的。（Timothy Barnes，私人通訊，2017 年 9 月 30 日）

1.1.1.2 南亞

尼泊爾（民族未明）有個傳統觀點認為，彩虹「將河水帶上陸地，為其澆水，並且會有更多雨水降下」。（Glenys Walker，私人通訊，報導人 Chakra Bdr. Shahi，1982 年 6 月 9 日）。

1.1.1.3 北美和墨西哥

加州北部的托洛瓦族人認為,彩虹是即將降雨的跡象(Driver 1939:343)。

墨西哥維拉克魯茲州有些席埃拉布波盧卡人相信,「彩虹只是巨蛇呼出的氣,預示雨水即將落下」。(Foster 1945:187)

1.1.1.4 中南美洲

委內瑞拉的帕納雷族人相信彩虹能造成降雨。(Vicente Diaz,私人通訊,1982 年 4 月)

1.1.1.5 東南亞島嶼

菲律賓一些講他加祿語(Tagalog)的人認為,「彩虹出現代表快要下雨」。(Demetrio 1991:2:380)

印尼中部蘇拉威西島的巴勒埃族人(the Bare'e)說彩虹會召來雨水(荷蘭文原文:De regenboog roept regen, zegt men)。(Adriani and Kruyt 1950-1951:405)

1.1.1.6 太平洋島嶼

萬那杜南部坦納島(Tanna Island)的夸梅拉人(the Kwamera)認為彩虹是下雨的前兆。(Lamont Lindstrom,私人通訊,1985 年 7 月 20 日)

1.1.1.7 非洲

非洲中部和西部許多說班圖語的族群認為彩虹是由交纏的雄蛇和雌蛇所形成的,並且「阻止雨水落下;另一些人則認為牠們會導致雨水落下。」(de Heusch 1982:35)

象牙海岸的尼亞布瓦族人(the Nyabwa)明確地敘述,彩虹「消失時就下雨了。(所以它在雨前出現)。」(Julie Bentinck,私人通訊,1982 年 7 月 8 日)

伊索匹亞的伽拉人(又稱奧羅莫人)有多個指稱彩虹的詞彙,其

中之一是「下雨的徵兆」。（Haberland 1963:592）

從某些角度來看，這種說法殊難理解，因為彩虹出現以前顯然需要雨水，所以除非它預示還有更多雨水即將落下，否則很難將其視為快要下雨的跡象。儘管如此，根據報告，有多個原住民民族均持有這種觀點。

1.1.2　扣留雨水

1.1.2.1　南亞

印度東部安得拉邦（Andhra Pradesh）的穆里亞人（the Muria）認為，「彩虹是從蟻丘升起的大蛇布姆塔拉斯（Bhumtaras），牠會令雨中止」。（Elwin 1947:262）

1.1.2.2　中亞和東亞

沖繩傳統上認為彩虹是一條蛇或龍，且由於這條蛇在天空飲水，所以不會下雨。（Hiroko Sato 轉述 Obayashi 1999，私人通訊，2017年12月16日）

1.1.2.3　北美和墨西哥

阿拉斯加南部的阿特納人（the Ahtna）稱彩虹為 sabiiłe'，可直譯為「陽光陷阱」，源自詞根 biiłe'，亦即「捕捉大型獵物的陷阱」（Kari1990:107）；另一個名稱為 tuslahdzaey ggaal'，可直譯為「蜘蛛陷阱」，源自詞根 ggaal'，亦即「陷阱」。（Kari 1990:190）

加州州西北部的下卡洛克人（the Lower Karok）人認為，彩虹是天氣乾燥的跡象。（Driver 1939:343）

亞利桑那州南部吉拉河（Gila River）的馬里科帕人（Maricopa）認為「彩虹（kwálice'rc）出現代表雨水將止」。（Spier 1978:150）

魁北克東部以及拉布拉多的納斯卡皮人（the Naskapi）認為彩虹會遏止雨水。（Speck 1977:64）

生活在加拿大南部蘇必略湖和哈德遜灣之間且最早與歐洲人接觸

的阿西尼博因人（the Assiniboine）認為彩虹即是「雨之陷阱」。（未提供當地術語原文；Lowie 1909:56）而與之關係密切的達科他人（the Dakota，或稱拉科塔人〔the Lakota〕）似乎也有同樣的想法，因為他們的 wihmuŋke 可解釋為「彩虹、陷阱」（Williamson 1902:164）。

在許多講歐吉布伊語的族群中（傳統上分布在明尼蘇達州北部和相鄰之五大湖以北的加拿大地區），表示「彩虹」的詞包含了「陷阱」的詞素，比如「雷之陷阱」，暗示彩虹捕捉雨水，阻其落至地面。（Valentine 1994:822）

美國東南部的尤奇人相信，「彩虹橫跨天空的時候會阻止雨水落下。如此一來，雨停了，天氣也變乾燥」。（Speck 1909:110）

穆斯科基人（the Muskogee，又稱克里克印第安人，首次與歐洲接觸時住在現今的喬治亞州），認為彩虹「……是一條名為 Oskintatcǎ（「阻斷雨水者」）的大蛇」。（Grantham 2002:34）

墨西哥南部的左其勒人（the Tzotzil）認定，彩虹是「一個冷酷的查穆拉（Chamula）女魔，會偷走玉米的靈魂……阻礙雨水經過，並會引發胃痛。如要防止彩虹尾隨某人，據說在四周灑下咀嚼過的菸草，或向它小便或者向它現身都能奏效」。（Laughlin 1975:232）

1.1.2.4 中南美洲

住在哥倫比亞和委內瑞拉邊界奧里諾科河上游各支流流域的皮阿波科人（the Piapoco）認為，「叢林惡魔會用煙霧生成彩虹；該惡魔像風一樣無形地來去。彩虹可以將雨俘虜，使它無法落下，在某些情況下，這個過程可由巫師的介入產生。」（Jim Klumpp，私人通訊，1982 年 4 月 15 日）

巴西中東部的東丁比拉人認為，「彩虹（又稱「雨人」）的兩端著落在蘇庫利糾蛇張開的嘴巴裡，而這些蛇本身會帶來雨水。彩虹出現代表雨停了。」（Nimuendajú 1946:234）。

與北美的阿特納人（the Ahtna）、歐吉布伊人（the Ojibwe）和

阿西尼博因人（the Assiniboine）一樣，玻利維亞東部的席里歐諾人（the Sirionó）也使用彩虹＝陷阱的隱喻（Schermair 1957a:103, 1957b:118, 204，為 Holmer 1966:76, fn. 102 所引用）。儘管這種用語的觀念基礎尚不完全清楚，但是幾種北美印第安語言和席里歐諾語將彩虹比作陷阱的說法至少表明了新世界的一個古老信念，即彩虹「捕捉」雨水，以防止其落下。由於這一聯想極其獨特，而且目前僅在美洲發現，我們不禁要問，這是否可能是一個歷史連續性的跡象，也就是從單一的一個語族社會，亦即包括那丁族（the Nadene）在內的現在美洲原住民的祖先，歷史延續此概念的結果。

1.1.2.5　東南亞島嶼

菲律賓中部講宿霧米沙鄢語（Cebuano Bisayan）的人相信，「一旦出現彩虹，就不會再下雨了」。（Wolff 1972，列於 balánaw〔亦即「彩虹」〕條目下）

沙巴的圖蘭都順人認為，彩虹是神祇金哈林甘（Kinharingan）的戰鬥圍巾，祂以此來阻止降雨（Evans 1923:15）。

印尼蘇門答臘北部的托巴巴塔克人傳統上認為，彩虹喝掉雨水，那是乾季即將來臨的前兆。（Sitor Situmorang，私人通訊，1983 年 8 月 3 日）

印尼東部小巽他群島佛羅勒斯島上的那節人相信，彩虹橫亙雨水前面，阻止它不再落下（德文原文：Der Regenbogen legt sich quer vor den Regen und hindert ihn so, weiterzukommen）。（Bader 1971:952）

印尼東部帝汶島東方的塞馬塔群島（Sermata archipelago）上的巒族認為，彩虹「可視為當天不會再下雨的跡象。因此，如果看到彩虹，可以放心出門，不用害怕下雨」。（Mark Taber，私人通訊，1994 年）

1.1.2.6　紐幾內亞及其衛星島嶼

根據依阿特莫爾人（the Iatmul）的說法，彩虹一旦出現，當天雨不會繼續下了。（Susan Warkentin，私人通訊，報導人 Joe

Mencindimi, 1983 年）

　　巴布亞紐幾內亞本島維瓦克（Wewak）地區的杜奧人（the Duo）傳統上相信彩虹能阻止雨水落下。（Richard Sikani，私人通訊，1985 年）

　　對紐幾內亞內陸的席納席納人（the Sinasina）認為彩虹意味雨水將止。（Malcolm D. Ross，私人通訊，1982 年 6 月 25 日）

　　紐幾內亞東南方路易西亞德群島（Louisiade archipelago）羅塞爾島（Rossel Island）上的葉雷人（the Yele）認為，彩虹象徵雨已停止。（Susan Warkentin，私人通訊，1983 年）

1.1.2.7 澳洲

　　如前文已述，澳洲北部阿納姆地的卡卡杜／嘎古朱人認為，「彩虹是一條努梅瑞吉蛇的『伊瓦優』（意即「神靈」），而這蛇吐口水就能興雨，同時牠也會說：『飛上天吧，伊瓦優，去吧，唾沫，伊瓦優。』彩虹形式的伊瓦優照辦了，據說可令雨停。」（Baldwin 1914:326）。

　　澳洲昆士蘭州北部奔尼菲德河（Pennefeather River）的原住民認為，彩虹是一條顏色非常鮮豔的蛇，現身時是為了阻止敵人蓄意造雨；彩虹和蛇的名稱都叫「安德連金夷」（Andrénjinyi）。（Radcliffe-Brown 1926:19）

1.1.2.8 非洲

　　馬利的密揚卡人認為彩虹一旦出現就不會再下雨了。（Lucia Brubaker，私人通訊，報導人 Edmond Dembele，1982 年 12 月 20 日）

　　奈及利亞的伊喬人認為，「陣雨中如果出現彩虹，大家相信雨很快就會停止」。（Timitimi 1971:34）。

　　奈及利亞一位說卡拉巴里語（Kalabari）的報導人表示，「傳統上我們認為，彩虹出現時，雨季就快結束」。（Kay Williamson，私人通訊，報導人 S. Owiye，1982 年）

奈及利亞北部的豪薩人說：「彩虹從鹽井中升起，然後進入一座蟻丘。它會喝掉雨水，從而阻止更多降雨」。（Tremearne 1968:218）

奈及利亞的伊讓人（the Izon）表示，「傳統的概念是，彩虹無論何時出現，都代表乾季來了」。（Kay Williamson，私人通訊，報導人 R.A. Freemann，1982 年）

奈及利亞南部的約魯巴人認為，「『地下大蛇』便是彩虹之神，有時會上來喝從天而降的水。該神的信使是各種蟒蛇」。（Ellis 1966:81）

奈及利亞北部的巴羅切人（the Barotse）相信，「任何人都可以用杵指著耀眼的彩虹以防止雨水落下」。（Reynolds 1963:128）

奈及利亞北部的莫富－古杜爾人（Mofu-Gudur）或南莫富人（the South Mofu）都會告訴孩子，「祖先從白蟻穴／窩中出來並上升到天空／天堂時便出現彩虹，目的在於阻止雨水，因為有人要求他們升空並做獻祭，以對付地上的某人，並對其做出不利的事，亦即阻止雨水降下」。（K. Hollingsworth，私人通訊，Abdias Galla，1982 年 4 月 16 日）

奈及利亞北部高原的庫列雷人表示，「彩虹是一條巨蛇的舌頭；只要巨蛇伸出舌頭，雨就停了」。（Neiers 1979:54）

奈及利亞的伊克維雷人族相信，彩虹出現是「一次雨停的跡象，代表乾季來臨」。（J.T.N. Wali，私人通訊，1982 年）。

蘇丹南部的門都人（the Mündü）認為，彩虹是「一條住在地下洞穴裡的巨蛇，會出來驅走大雨（喝雨水？）」（Jon Arensen，私人通訊，1982 年）

迦納的庫薩西人將彩虹與變色龍聯想在一起，並「相信變色龍驅走雨水，雨就不會下了」。（Philip Hewer，私人通訊，1982 年 9 月 2 日）

喀麥隆最北方的朱爾果人（the Zulgo）相信，「彩虹一出現，就不會有更多的降雨」。（Beat Haller，私人通訊，1982 年）

尚比亞和辛巴布威的伊拉人有一種信仰，認為自己可以用魔法驅走彩虹，從而釋放期盼的雨水：

第七章 彩虹的民族學

彩虹變得很明亮時，他們不作聲拿起一根杵（munsha）指向彩虹以驅趕它，這是因為族人認為彩虹會妨礙雨水落下。（Smith 1920:2:220）

維納（Werner 1933:232）在評論同一族群時表示：「他們不用手指而用磨穀物的杵指向彩虹以驅趕它。他們稱彩虹為勒撒（Leza，亦即神）之弓，但仍認為它會阻止雨水降落。」

橫跨赤道非洲許多講班圖語的族群認為，彩虹是由交纏的雄蛇和雌蛇所形成的，牠們「妨礙雨水落下；不過另一些族卻認為牠們可以造成降雨」。（de Heusch 1982:35）在此我們回顧一下，這個說法與第三章有關海地巫毒教在跌水瀑布朝聖儀式中對彩虹阿伊達維多（Ayida Wedo）以及其蛇伴侶達姆巴拉（Damballah）的描述頗有相似之處，也支持如下觀點：海地的儀式延續了西非的傳統。在討論特徵21項下，這種解釋會得到更明確的佐證。

龍的屬性與彩虹屬性之間的相似特徵幾乎不可能是偶發的。不同來源的紀錄都報導，在印度、東亞、北美和中美洲，龍是雨水的施予者，而彩虹在歐洲、墨西哥、東南亞島嶼和非洲也具有相同的特徵。同樣的，各種報導表明，在歐洲、古代近東、東亞和中美洲，龍會扣留雨水，而彩虹在印度、沖繩、北美和墨西哥、南美、東南亞島嶼、紐幾內亞和非洲也有相同的特徵。這兩種情況都存在明顯的矛盾，有些社會認為龍／彩虹能造雨，而另一些社會認為它會阻礙降雨。偶爾甚至彼此有密切關係的民族也會在採納其中哪一種觀點時出現分歧，兩者間雨水施予者的角色通常被認為是正面，而雨水扣留者的角色則是負面的。因此，對於彩虹的態度不可避免是矛盾的，因為判定彩虹在降雨中的作用時，兩種立場都有同樣有力的論點支持。

起初，有關龍的矛盾特徵出現看似是任意無據的，也就是說，為什麼人們會對一種虛構的生物產生正面和負面的聯想呢？然而，如果從彩虹的角度來考慮，情況就完全不同了：作為雨水的施予者，許多

文化將彩虹聯想成正面的，雨水對於人類賴以維生的作物的生長是必要的；而為雨水的扣留者，其聯想則為負面的。這一點不得不多加強調，只是，人們觀察彩虹時產生這種矛盾聯想是自然而然的，可是這種矛盾出現於龍這個純粹想像的幻獸時就站不住腳了。然而，假設龍起源於彩虹巨蛇，那麼龍作為雨水的施予者或扣留者的矛盾性特質就可得到直截了當的解釋。

1.2 ｜特徵 2：彩虹守護泉水或其他水體

1.2.1 北美洲和墨西哥

墨西哥維拉克魯茲州和普埃布拉州（Puebla）的托托納克族印第安人將霓虹（雙彩虹）描述為「白的」（指那道較大的虹弧）、「細長的」（指第二道虹弧）。族人將這二道虹弧聯想成水蛇，並認為它「極其不祥」，因為若有人走近其棲身的井或水池，牠們就會吸走那些人（尤其是兒童）的魂魄。要想重獲魂魄，就得向彩虹獻祭。（Ichon 1969:137）

1.2.2 中美洲和南美洲

巴西－秘魯－哥倫比亞邊境的圖庫納族印第安人（the Tucuna）相信存在一種稱為 dyë'vaë 的生物，並將其描述為「蛇形或鯰形的碩大怪物，會造成險惡的水流。有些 dyë'vaë 繽紛如彩虹，而彩虹本身其實就是這些惡魔其中之一。有一個 dyë'vaë 擁有索利蒙伊斯河（Solimões River）的魚，會現身為東方的彩虹」。（Nimuendajú 1952:119–120）

根據巴拉圭查科（Chaco）地區托巴族、馬塔科族（the Mataco）和連卦族印第安人的神話，世界曾四度遭不同的災難摧毀。其中一次是因為一位適逢經期的女孩靠近泉水取水，冒犯了一條水蟒（彩虹）而引發洪水。（Métraux 1946:29）

1.2.3 東南亞島嶼

印尼蘇拉威西北部凱迪龍人將「彩虹與一條控制水棲於地下的蛇聯想在一起」。（Hunggu Tajuddin Usup，私人通訊，1981 年）在這裡，

控制水的無論是彩虹還是蛇似乎都不關緊要，正因本章引用的眾多描述都顯示，彩虹或蛇都只是同一現象在天空或地上呈現罷了。

印尼東部龍布陵島的克丹人（the Kédang）相信，雷烏瓦將村的泉水代表社區的生命之水：

> 泉水邊的蛇殺不得，因為那可能是人稱 wei nimon 或 wei murun 的泉水守護神靈，而這兩個詞意思都是水的所有者或保護者……這種蛇沒有毒性，但非常巨大……在泉水附近看到的彩虹就是這種蛇。（Barnes 1974:62）

1.2.4 紐幾內亞及其衛星島嶼

紐幾內亞的塞皮克河（Sepik River）源頭的費蘭敏人和山地奧克人相信，死水池裡藏著彩虹巨蛇馬加利姆。這蛇起來時，水也跟著漲高（因此，被馬加利姆吞噬的受害者看起來像溺水而死）。（Brumbaugh 1987:26）

1.2.5 澳洲

澳洲大陸北邊梅爾維爾與巴瑟斯特群島的提維人相信，稱為馬拉特吉（Maratji）的彩虹巨蛇類似蜥蜴：

> 牠們以某種形態存在於多數的大水坑裡，並且與水、彩虹、閃電和雷有關……這些巨蛇通常像彩虹那樣色彩豐富，也長著鬃毛和鬍鬚。當地原住民聲稱，牠們可能危害所有走近水坑的陌生人，甚至對在喝水前未先舉行適當儀式的當地原住民也是如此……如果有人未經許可便侵擾馬拉特吉的水坑，牠們就會惱怒，並且大聲吼叫，令水冒泡……同時又將一股水柱射入空中，而隨之降下的暴雨則會淹沒鄉間。有一條馬拉特吉隨後會變成彩虹，穿越地表，找尋並傷害冒犯者或走在牠路徑上的人。（Mountford 1958:155）

澳洲東北部約克角半島（Cape York peninsula）的維克穆恩坎人（Wik Mungkan）人視彩虹為「住在一些水坑和淡水溪流中的蛇，會懲罰任何貿然涉入其中的人，尤其是帶著幼童以及懷孕的婦女」。（Chris Kilham，私人通訊，1983年11月13日）

正如弗雷澤（Frazer 1932, vol. 2:156）對於澳洲另一地區的描述那樣，「西澳洲的一些原住民害怕走近大水池，認為那裡藏著一條巨蛇，如果自己膽敢夜裡去那邊喝水或取水，就會被蛇弄死。」

1.2.6 非洲

蘇丹的烏杜克人認為，蟒蛇「跟彩虹有一種矛盾性的關聯：從其動作和正常習性來看，蟒蛇是各地上的生物，然而，牠也會化為彩虹躍入空中，或像沼蛇一樣在水池裡睡覺」。（James 1988:33）

薩巴歐特人（厄爾貢山馬賽族人）（the Sabaot or Mt. Elgon Maasai）表示：「彩虹止於某條河流，但來到那條河附近非常危險。要是這樣做，會被彩虹吞掉或者生病。有個人說自己曾試過一次，但彩虹移開了。彩虹移動的方向十分重要，它會隨雨的方向而去」。（Iver Lerun，私人通訊，1982年）

非洲東部的吉庫尤人相信，彩虹「是一隻『邪惡的動物』，牠藏身水裡，夜間才出現，吃山羊和牛，甚至吃人也時有所聞」。（Werner 1933:232）

薩伊的讓德族（the Zande）認為，

> 尼加姆布維（Ngambue）是一條巨蛇。牠的皮膚覆蓋著白色的粉狀物質，並且長有鬍子。這種長著毒牙的生物可能藏身於任何水域。雅姆比歐（Yambio）的井中據說住著條這樣的蛇。彩虹萬谷（wangu）生活在沼澤中，或者在靠近溪流的裂縫和洞穴中，就像條蛇（Hambly 1931:42）。

在維多利亞湖附近的山丘上，當地（可能講班圖語）的族群相信

「有蛇守護著井。必須先向這些守護的蛇獻祭人牲才能走近。」同樣，烏干達的巴格蘇人（the Bagesu）也說「泉水裡有條蛇，會攻擊任何去汲水的人」。（Hambly 1931:40）

正如第六章已指出的，非洲南部的祖魯族相信，彩虹在地面上的化身和蛇同住或總是與蛇在一起，並居住於水坑或池塘中：

> 人們看見彩虹的一端與地表接觸時，便相信它正從水池裡喝水。有時彩虹住在一大水池裡，人們擔心可能被它抓住並且吞噬，因此害怕在這樣的水域中洗澡。在乾燥的地方，牠會毒死碰上的每一個人，或者使人患病。（Hole 1983:2333）

世界上某些地區，比如歐洲、印度、中國或北美等明確區分龍與彩虹的文化中，像泉或井等水源是由龍守護的。而在兩者分辨不清的地區裡，文獻中的記述較不關心某處泉水究竟是由水蛇抑或彩虹看守，因為水蛇或彩虹可視為一體的兩面。在上述每一個案例中，守護水體的蛇就是彩虹，因此最好將那些案例視為彩虹民族學的一部分。當然，在這項考察中，關鍵的是，不同的文化傳統會認為泉水和其他水體同時由龍和彩虹看守。再者，基於上述關鍵點，我們也不得不將彩虹視為一個有能力傷害人類的生命體。

這就將我們帶回到萬物有靈之自然觀的邏輯思考。彩虹是種短暫的現象，可看到天出現的一道弧形，可能維持幾秒、幾分鐘，或有時更久些，但絕非天上恆久不變的東西。文字發明前的人類可能不理解彩虹出現的物理基礎，然而一旦將它想為靈蛇，就有必要解釋，該蛇不在天空中時會在哪裡，而最直接的解釋便是，牠們棲息在池塘、湖泊或河流中，並從那裡喝水以造成雨水。旱季時牠們待在那裡，還有雨季大部分時間也待在那裡。只要牠們在，就會守護寶貴水源以免人類侵擾。

1.3 | 特徵 3：彩虹藏身洞穴

1.3.1 中南美洲

厄瓜多有些查奇人（舊稱「卡亞帕人」）認為，彩虹是洞穴和山丘神靈以及河流神靈使用的橋（Neil Wiebe，私人通訊，報導人 Alfredo Salazar, 1982 年）。族人並沒有說彩虹本身住在洞穴，而是認為它與洞穴相連，好讓生活在那裡的自然神靈藉它來往其他地方。

1.3.2 非洲

在研究蘇丹的烏杜克人時，人類學家溫迪・詹姆斯被人帶到一個名為「西拉克」（Silak）的地方。她參觀了「一處頗令人印象深刻的洞穴和瀑布，據說那裡住著一道彩虹……一條飢餓的肉食彩虹。」（James 1988:276）

蘇丹的穆爾勒人（the Murle）認為，「彩虹是一條似龍的大蛇，如果不在空中飛行，便會躲在洞穴睡覺。」（Jon Arensen，私人通訊，1982 年）

就像一般認為龍住在洞穴中一樣，彩虹與洞穴的關聯可能源自彩虹與瀑布的聯繫，導致與瀑布底部因自然水力侵蝕岩石而形成的洞穴連結上了。

1.4 | 特徵 4：彩虹能飛

雖然龍的飛行能力顯然值得一提，但討論彩虹的類似能力似乎是多餘的，因為對於大多數現代讀者而言，彩虹出現時必然在空中。然而，這裡我們又要提醒讀者別以自己民族為中心的先入為主思維來限制我們洞察文字發明以前民族的思考過程。要是彩虹不在天空時，就以蛇的身形住在地表的水體中，那麼它就得在下陣雨時飛昇天空。不過，天空沒有彩虹時雨水又是如何降落的？這是個原住民族似乎沒有回答的問題。

1.5 ｜ 特徵 5 至特徵 8：彩虹融合火與水、熱與冷

至於龍的各種特徵如何源自其彩虹巨蛇的前身？這裡另有一個觀察：龍是混合體的幻獸（chimerical），結合了爬蟲類動物覆鱗的軀體以及哺乳類動物的角和毛或者鳥類的羽毛。雖說彩虹通常沒有這些特徵，但它只能結合對立的火與水方能存在，此論點在 de Heusch（1982）清楚描述的中非班圖語系其中一系列的社會中可見。在這些彼此相關的文化中，閃電與彩虹之間存有的永恆衝突以無數個版本被人重複流傳，其中閃電代表雷雨、雨水，因此代表水，而彩虹則意味雨水停止，其因是雨水被太陽的火「燒掉」了。因此，彩虹是熱與冷的融合，而龍在萬物有靈思想中結合了冷血和溫血動物特徵就是反映出這一點。

這裡不需要重複再提支持這一說法的資料。在爪哇，人們將彩虹描述為一條兩端各長出一個哺乳類動物頭部的巨蛇，而且兩個頭會從不同的海域飲水。這點清楚表明，彩虹（而不是龍）是混合體，另外詹姆斯描述之烏杜克族心目中的彩虹也是如此，據說它長著蟒蛇的身、駱駝的口和耳，但識別為彩虹。澳洲的彩虹蛇也不例外。例如，澳洲中央西側沙漠的民族認為彩虹蛇沃南姆比（wonambi）是「一個巨大、多彩的生物，長著鬃毛和鬍鬚」。（Mountford 1958:154）

1.6 ｜ 特徵 9：彩虹與雷／閃電或太陽對立

在第四章中，我們看到龍是雷和閃電的死敵，這一事實在歐洲、古代近東、印度、中國和北美的不同背景下反覆出現。這一信念的自然基礎在於，彩虹無法出現在雷雨中，就像它也不會出現在無雨的晴空中那樣。從萬物有靈思想上來看，雷雨是彩虹的敵人，因為它阻止彩虹的生成，或者在太陽被遮住時把彩虹從天空趕走。

1.6.1 中南美洲

火地島的塞爾克納姆人（the Selk'nam）將彩虹與雷和閃電置於對立位置：「在我們印第安人想像的世界裡，彩虹查爾佩（Čălpe）是

與阿凱尼克（Akáinik）相對立的角色」。（Gusinde 1931:682–683）

1.6.2 非洲

在馬拉威南部曼格安加人（the Mang'anja）的心目中，名為「姆博納」（Mbona）的那種神話動物是以水蛇出現，但有一種特殊性質令牠與中非大部分班圖語系地區的一個神話體系連貫起來：「是什麼使姆博納有別於其他以水蛇為象徵的班圖神祇？這種神話動物構成了班圖神話中的一個重要主題，即閃電與彩虹之間的永恆衝突」。（Schoffeleers 1992:155）

在整個中非地區，彩虹和閃電是敵對的，分別與乾季和雨季相關聯。人類學者德・休斯（de Heusch 1982），以 40 頁的篇幅詳細描述閃電代表雨季開始、而彩虹代表雨季結束的神話競勢，並將這具戲劇性的情節中的彩虹擬人化，其名基本上就是「彩虹－巨蛇」，而閃電則是它的死敵。

這套神話敘述的核心是：代表溼季和致沃雨水之閃電，以及代表旱象與作物養分減少之彩虹，彼此間沒有休止的衝突。這和其他地區一樣，都透過萬物有靈的世界觀，對自然環境的特徵進行詮釋，而在這一套語族共有的神話中，閃電和彩虹都各有名稱，這無疑是為了在敘述或教育性質的故事中方便指稱。德・休斯對這種永恆衝突的描述，至少以最普遍的版本為例，很容易對應於北美雷鳥和有角水蛇之衝突的描述，只不過有角水蛇很少或者從未被認定為彩虹罷了。然而，如果將其有角水蛇置於更廣泛的背景下加以比較，牠顯然是龍的一個區域性變體，因此也是彩虹在地面上的代表。如此，牠與雷鳥間的衝突本質上就無異於班圖語族中，帶來雨水的雷雨和阻止降雨的彩虹間的衝突。後者已在西非和中非許多班圖語系民族的神話體系中流傳了無數代。

▶▶ 1.7 │ 特徵 10：彩虹具有雙性

如第五章所述，龍至少在歐洲的煉金術、中國道家的形而上學以

及古典和當代的中美洲記述中都被視為雙性。對尚未詳細研究龍的民族學之人而言，這點著實夠令人震驚；同樣地，要是把彩虹也認為可具有雙性，乍聽之下似乎也挺荒謬的。

有種說法是，神話和民間故事的許多主題，靈感都來自於自然界；最大力支持這論點的人，無疑是十九世紀的文獻學家和比較宗教學者繆勒。正如他在1891年的著作《物質宗教》（*Physical Religion*）中所言：

> 古人正是在這些自然現象中，首度察覺到一些超乎自身動物本能，使其驚訝不已的東西，驅使他去問：「這是什麼？這一切意味什麼？這一切從何而來？」這些問題於是迫使他在自然的戲碼的背後尋找演員和推動者……以他自己的語言或稱為超人，最終就是神力。（Müller 1891:335）

繆勒並沒有專門寫過彩虹，但他肯定會樂於見到以下幾件事情間的對應：這個現象的物理特質，不同文化對其萬物有靈論詮釋的高度一致性，還有這種詮釋如何說明了龍最令人困惑的特徵，亦即完全不同的文化會將其描述為亦雄亦雌。（Blust 2019）

彩虹自然呈現為雙弧型狀，其中一個弧的顏色順序在另一個弧中正好顛倒過來。歐洲人和其他一些民族習慣將太陽和月亮賦予性別（Lévi-Strauss 1976a），但通常不賦予彩虹性別。不過並非所有的文化都是這樣。例如，在美國西南部的納瓦荷人看來，「閃電和彩虹可視為相關現象；不過閃電活躍、吵鬧又具破壞性，因此歸為雄性，而彩虹溫和、安靜又無害，因此歸為雌性」。（Matthews 1902:52）

然而，在世界上許多地方，彩虹由於是雙重的，因此無法只具單一性別。相反，人們將這兩道弧分別稱為「雄性」和「雌性」，不過不同文化對於孰雄孰雌的見解會有出入，雄弧是較亮（較低）的那一道，抑或較暗（較高）的另一道？

1.7.1 中亞及東亞

中國的民間信仰認為雙重彩虹既是雄又是雌，較鮮豔的內弧為雄性，而較暗淡的外弧則為雌性（Zhou 2001）。儘管這一特徵很少出現在文獻中，但將近九十年前的霍普金斯（Hopkins 1931:609）以及比這更早半個多世紀的施萊格（Schlegel 1875:455-456）都提到了中國有關彩虹的概念。

1.7.2 北美洲及墨西哥

正如前文所述，墨西哥奇華華州的塔拉烏瑪拉族印第安人認為雙重彩虹的下弧是「上弧的女人」。（Thord-Gray 1955:960）

墨西哥維拉克魯茲州和普埃布拉州的托托納克族印第安人將彩虹描述為具有雌雄同體的特徵。（Ichon 1969:137）

墨西哥瓦哈卡州的充塔爾族印第安人表示：「完整彩虹是個男人，半個彩虹則是女人，後者非常邪惡。如果你向這個女性彩虹展示一塊紅布，就像朝著公牛那樣，那麼她就向你靠來」。（Carrasco 1960:107）

1.7.3 中美洲及南美洲

如第三章所述，海地的巫毒教信眾每年都會到拉通布河上的跌水瀑布朝聖。信眾在那裡尋求由阿伊達維多（意即彩虹）所守護之水的祝福，阿伊達維多（彩虹）跟她纏繞一起的伴侶達姆巴拉蛇橫跨於瀑布前。在這裡，彩虹和龍的身分是以雌雄兩元素的結合，而其身體各自獨立卻又交纏的形式所呈現。（Métraux 1959:329ff., Davis 1985:170-185）

巴拿馬東海岸聖布拉斯群島（San Blas islands）的庫納族（the Cuna）印第安人相信，「如果出現雙道彩虹，大家認為較亮的那一道是男的，另一道則是女的」。（Nordenskiöld 1938:394）

哥倫比亞西南部的因加族人認為雙彩虹的兩道弧分別稱為男弧和女弧。（S.H. Levinsohn，私人通訊，1982 年 5 月 15 日）

杜蒙（Dumont 1976:105）在討論委內瑞拉帕納雷族印第安人賦予天體的性別時，指出太陽是雄性，月亮是雌性，而星星和銀河則既非雄性也非雌性。相較之下，彩虹始終一致地被描述為亦雄亦雌，因此呈現出的是鮮明的矛盾性，而非模稜兩可；這點可以從作者所收到之報導人的回應中看出：

	雄性	雌性
太陽	是	否
月亮	否	是
星星	否	否
銀河	否	否
彩虹	是	是

雖然作者一開始認為彩虹具有的雙性特徵可能是因為溝通不良，但最終他察覺到，這是回應他問卷之巴納雷人真確的答案。作者進一步對於所謂的「天體性別」（astrosexuality）進行分析，對於其象徵的可能聯想採用李維史陀派的、迂迴的辦法加以探索（李維史陀在自己的著作中經常如此從事），也許可說越過了科學和藝術間的界線。然而，最值得注意的是，他的分析卻絲毫未加著墨雙彩虹及其此問題可能有的重要性，畢竟巴納雷人很可能像許多其他原住民族一樣，也分別賦予兩道弧線不同的性別。

1.7.4 東南亞大陸

緬甸半島和泰國的克倫人（the Karen）將「賀庫台」（Hkü Te）視為死亡之域的主宰，它偶爾可見於西方出現的為西方的一道彩虹，而且其妻「台烏克威」（Teu Kweh）則為東方的一道彩虹。「當兩道彩虹都出現在東方時，位在上方較大的那一道是她丈夫，正來此與她相聚」。（Marshall 1922:228）

1.7.5 東南亞島嶼

在馬來語中，單一彩虹稱為「佩蘭吉」（pelangi），但雙重彩虹

則稱為「佩蘭吉賽克拉敏」（pelangi sekelamin），其中 se- 是表示「一」的前綴詞，kelamin 則是「家庭」的意思（在詞源上意味丈夫、妻子和同住一屋子裡的子女）。因此，在傳統馬來人的眼裡，雙重彩虹是一對已婚夫婦，是男女的結合。（Skeat 1900:15, fn. 2）

峇里島關於彩虹起源的神話在第六章第 2.7 節中已有描述。在那個故事中，女神烏瑪的美貌極其誘人，但卻是個雌雄同體。神祇古魯奪下她的陰莖，就變成了彩虹。（Hooykaas 1956:301）

1.7.6 澳洲

梅爾維爾與巴瑟斯特群島（Melville and Bathurst islands）上的提維人認為，「馬拉特吉（Maratji）」是守護水塘的蛇。「彩虹身為馬拉特吉……大家普遍都怕，而原住民族群相信，主弧是雄體的伊蒙卡（imunka，亦即「神靈」），而副弧是則是雌性馬拉特吉的靈魂」。（Mountford 1958:156）

如斯坦納（W.E.H. Stanner）首度報導所言，澳洲北領地的穆林－巴塔人（the Murrinh-Patha）認為，「彩虹蛇不是雙性就是女性。人們有時將其描述為男性，但又描繪成有女性的乳房」。（Mercatante 1988:546）

泰勒（Taylor 1990:330）在特別提到阿納姆地西部的卡卡杜／嘎古朱人時做了如下的觀察：有一些獨立研究的學者「都注意到遍及整個阿納姆地區之彩虹神話中雌雄同體的主題」。自不待言，這導致了精神分析和結構主義學者（李維史陀派的）做出一些推測性的複雜解釋，但他們卻未表示意識到彩虹雌雄同體的自然基礎。

1.7.7 太平洋島嶼

西密克羅尼西的帛琉人認為，「雙重彩虹中那道清晰的弧是雌的，而那道模糊的則是雄的」。（Sandra Chung，報導人 Roy Ngirchechol，私人通訊，1982 年 2 月 23 日）

密克羅尼西亞加羅林群島（Caroline islands）東部帕金環礁（Pakin

atoll）的莫特洛克人（the Mortlockese）相信，雙重彩虹由內側的雌弧和外側的雄弧所構成。（Emerson Odango，私人通訊，2013年9月8日）

紐西蘭毛利人將雙重彩虹的上弧視為雄性，下弧視為雌性。（Best 1922:58）

1.7.8 非洲

奈及利亞北部的豪薩人相信，「『加吉瑪雷』（Gajjimare，亦即「彩虹」）的形狀類似蛇，不過卻是兼具雌雄性器官的（hermaphrodite），或至少是雙性的（double gendered），雄性器官是紅的，而雌性是藍的」。（Tremearne 1968:340）

非洲中部和西部有許多班圖人認為，「彩虹有效地體現了一種矛盾：它同時是雄性和雌性，又結合了火和水、高和低」。（de Heusch 1982:37）

儘管乍看之下令人驚訝，但在世界上彼此相距遙遠的地區中，彩虹因為通常以雙重的樣態呈現，所以在文化上被認定為雄雌兼具，並且許多萬物有靈信仰的文化都賦予兩道虹弧對立／互補的性別。龍的雙性特質，正是源自「彩虹蛇」這一普遍可見的自然現象，因此成為其起源的一項單純結果。

其他有關雙重彩虹的信念則與龍的概念沒有明顯的連結，但這些幾乎總是局限於單一的文化或文化地區。例如，位於紐幾內亞島米爾恩灣省的蘇奧人相信，雙重彩虹預示將有嬰兒誕生（John Lynch，私人通訊，報導人 Michael Morauta，1987年），而俄勒岡州南部的維斯拉姆人則將雙重彩虹視為雙胞胎的象徵。

▶ 1.8 ｜特徵11：彩虹色彩繽紛／紅色

1.8.1 中亞和東亞

馬丁（Martin 1987:498）從現代日本-琉球語系（Japonic）中有關彩虹的詞彙重建了原始日琉語 *ni-m（u）si（意即「紅色／美麗的

蛇」）。然而，感謝亞歷山大·沃文（Alexander Vovin，私人通訊，2017 年 9 月 24 日）卻指出，-musi 是「昆蟲」，而不是「蛇」。這可能類似於中文「虹」字的部首中的「虫」可能指「蠕蟲」或「昆蟲」那樣。無論如何，這個詞包含的「紅色」語意似乎是明確的。

1.8.2　北美和墨西哥

在加州北部尤基人的眼裡，「彩虹由紅、白、藍三種顏色組成：紅色是由世間所有女性的經血所造成，而且彩虹是由在初經期間死去的女孩形成登向天堂的路徑」。（Foster 1941:208）

1.8.3　中美洲和南美洲

南美洲東北部的阿雷庫納人相信，龍和彩虹很難分開。然而，我們在描述彩虹的蛇形時得知，「彩虹克耶梅出現時，族人認為那是生活在高大瀑布中的一條多彩的大蛇」。（Koch-Grünberg 1924:15）

在對圭亞那說阿拉瓦克族（the Arawakan）語的印第安人的一般性陳述中，羅斯（Roth 1915:268）表示：「阿拉瓦克人稱彩虹為雅瓦利（Yawarri，亦即「負鼠」〔Didelphis sp.〕），因為其偏紅的毛皮想像中多少有些像彩虹的顏色」。這裡將彩虹主要的顏色比擬為負鼠皮毛的顏色。

1.8.4　東南亞島嶼

台灣布農族人認為彩虹的紅色是血（Chen 1991:66）。

菲律賓民答那峨島東北部的瑪曼瓦尼格利陀族（the Mamanwa Negritos）認為：「一道非常紅的彩虹預示死亡，通常被視為不祥之兆」。（Maceda 1964:115）

菲律賓南部民答那峨島有一些曼諾博族人（the Manobo）認為，「如果彩虹的顏色中紅色占了主要地位，那麼就是威猛的戰爭神靈在進行肉搏戰；如果彩虹的顏色暗淡，那便是屠殺的徵兆。」（Garvan 1941:224）。

在馬來西亞婆羅洲砂勝越南部伊班人的族語中，內拉賈（neraja）一詞具有「紅色、發炎（像長麻疹的皮膚）」和「彩虹」的雙重含義（Richards 1981:228）。

對於蘇拉威西島中部的巴勒埃人來說，「最令人畏懼的跡象是：彩虹停在某人周圍，而色澤不一致，四下擴散，這種現象稱為『達沙勿』（daa sawu），亦即『四濺的血』」。（Adriani and Kruyt 1950–1951:3:406）

印尼東部佛羅勒斯島上的毛梅雷人認為，彩虹是一條生活在地下的靈蛇，會在大雨中鑽出來；據說牠「長著黃色／綠色／藍色的條紋，但其基底顏色則為紅色」。（Bader 1971:950）

1.8.5 紐幾內亞及其衛星島嶼

紐幾內亞北岸的布卡瓦（the Bukawa）人說，彩虹（gasibueb）是那些在戰鬥中遭屠戮的人所流的血，從森林或海灘升到天上。（Lehner 1911:3:431）

紐幾內亞南部高地的科瓦比人（the Kewabi）表示，「彩虹可視為在部落戰爭中遭屠戮的人混合的血液」。（James Yoko，私人通訊，1986年4月20日）

1.8.6 澳洲

由於人們將彩虹蛇與彩虹等同起來，所以前者必定是一種多彩生物。有些紀錄明確地指出這點，例如蒙佛爾德就曾描述，在澳洲中部的西邊沙漠中，「沃南姆比（亦即「蛇」）是一種巨大的、多彩的生物，有鬃毛和鬍鬚」。（Mountford 1958:154）

1.8.7 太平洋島嶼

根據福克斯（Fox 1955:73）的說法，所羅門群島中央佛羅里達島（Florida island）的尼傑拉人（the Nggela）稱彩虹為「蘭吉干姆布」（langi gambu，亦即「天空」＋「血」＝「血染的天空」）。

1.8.8 非洲

蘇丹與伊索匹亞邊界的烏杜克人認為：「彩虹如果很靠近你，你只會看到一片紅光。它會使此地和人體發生改變；你的身體也會變成有色的，如同彩虹那般……」（James 1988:297）。

人們普遍認為彩虹基本呈現紅色、還有這種顏色呼應血色，這兩者又如何與有關龍顏色的看法產生關聯，目前還很難說。就像第五章中所述，人們有時將龍說成紅色，但更常將牠描述為「五顏六色」（colorful）或者「繽紛多彩」（multicolored），而其中任何一個詞同樣都可以適用於彩虹。儘管如此，無論是龍還是彩虹，我們都可見反覆地強調紅色作為基色或主色的特點。單就彩虹而言，這很可能出於與血的聯想，這種聯想隨後由彩虹蛇傳遞給了龍。

1.9 ｜特徵 12 與 13：彩虹涉及寶藏

從古典希臘文獻到北歐的神話，歐洲龍一直是寶藏的守護者。印度的那伽、中國龍以及間接有關的「歐洲龍的前額寶石」（dracontias）還有北美有角水蛇的角之紀錄中都有類似的主題。說英語的兒童最早學到有關彩虹的事其中之一就是：在彩虹的末端（若你能抵達那不斷退後的地方的話）你可以取得一盆黃金。這個彩虹末端與寶藏的關聯並不限於歐洲傳統，在世界上其他許多地方也都能找到。

1.9.1 歐洲

「愛爾蘭人認為，如果有人能找到彩虹觸及地面的末端，他將會在那端下發現一盆黃金」。（Radford and Radford 1975:279）

西里西亞（Silesia）說德語和波蘭語的報導人說，天使將金子置於彩虹的末端，只有赤裸身體的人才能獲得。（Voegelin 1972:922）

1.9.2 中南美洲

瓜地馬拉托多斯桑托斯的馬姆人說，當彩虹出現時，某座特定的山的神祇正指著地下藏有黃金的地方。（Richard Reimer，私人通訊，1982 年）

1.9.3 東南亞島嶼

霹靂州（Perak）的馬來人認為，「彩虹底端藏著成千上萬的寶藏」。（Skeat 1900:15）

印尼佛羅勒斯島上的毛梅雷人認為，寶藏在彩虹觸及地表之處。（Bader 1971:954）

印尼東部龍布陵島上雷烏瓦將村的克丹人相信，村裡的泉水與蛇、彩虹和黃金有關聯。

根據巴恩斯（Barnes 1974:62）所述，

> 近春時節看到的彩虹（nado-tado）就是這條蛇。彩虹特別與黃金相關，也就是在黃金內的蛇形守護神靈可能呈現的一種樣態。因此，泉源處的金罐正是彩虹的出處。

1.9.4 非洲

象牙海岸的尼日布瓦人認為彩虹盡頭處是一個幸福之地；那裡的黃金標誌著一年的結束。（Julie Bentinck，私人通訊，1982年7月8日）

象牙海岸以及迦納和象牙海岸相鄰地區的安伊桑維人（the Anyi Sanvi）認為，

> 人稱彩虹為尼安貢東（nyanngondon）。有人說它象徵一個以蛇形出現的神靈或威力強大的神靈。有些人將其與黃金神靈聯想起來，認為它隨著煙霧從白蟻丘中出來。當彩虹出來時，那個地方的黃金就會消失。（Jonathan Burmeister, 私人通訊，報導人 Aka Amalan，1982年11月24日）

蘇丹的穆爾勒族人（the Murle）也有把黃金和在陸地上以蛇形出現的彩虹連在一起的類似說法：

> 彩虹是一條（類似龍的）大蛇，如果不在天空飛就在洞穴裡睡覺。這是一種能藉閃電殺人的壞東西（穆爾勒語的「博洛伊」

〔bɔrɔi〕含意包括彩虹、雷聲和閃電），在洞穴中會睡在一張黃金凳上。不同地區各有自己的彩虹，每道彩虹都擁有自己的洞穴（Jon Arensen，私人通訊，1982 年）。

可能也跟彩虹的末端藏有難尋的寶藏這個概念有關的是南美熱帶地區的民族，他們普遍相信，彩虹的盡頭處蘊藏最優質的陶土（Lévi-Strauss 1970:247），而依維人傳統上也認為珍貴的「阿格雷珠」（Aggrey beads）也出現在這個地方。（Werner 1933:233）

從不曾有人在彩虹難以尋覓的末端找到寶藏，那麼這種信念為何如此普遍，特別是為何寶藏會是黃金呢？其中一項可能性將我們帶回到文字發明以前人類的萬物有靈思維。人們相信彩虹會從陸地的水源喝水以生成雨水，因此，彩虹的端頭必定接觸到河流或是其他水源。正如 Blust（2000a:532）所指出的：

> 黃金與大多數金屬不同，經常可在河流沖刷的沖積層中少量存在，用肉眼就能輕易看到。因此，黃金毫無疑問是早期人類在冶金技術尚未發明之前就知道的第一種貴重金屬，而這個事實或許部分解釋了黃金在神話和心理學中特殊顯要的地位。由於彩虹觸及泉水或河流，其末端覆蓋了一個產金的所在地。再者，由於彩虹是一條巨蛇，當它不在天空出現時，便守護泉水和河流，於是也就守護著在那裡發現的黃金。

1.10 ｜ 特徵 14：彩虹居住在瀑布中

除了如下這點以外，其他無需多加解釋：水量小的瀑布比較不太可能藏龍，因為大瀑布如尼加拉或伊瓜蘇等水量如此豐沛才會因不斷升起的水霧（就像雨水般）在陽光的照射下產生彩虹。

尚未提及的例子包括米德（Mead 1933:39）注意到的、有關紐幾內亞山地阿拉佩什人的觀念：馬薩萊（意即「叢林神靈」）包括彩虹，而這些神靈居住的地方「幾乎都是不安全的斜坡、瀑布、流沙、沼澤

或者水坑這些靠近就有危險的地方。」

同樣，東非的吉庫尤人相信湖泊和瀑布中住著一個彩虹怪物：

> 牠夜裡出來吃山羊和牛，但牠的尾巴始終留在水中。馬賽族（the Masai）一些戰士會把自己的矛燒熱，然後前去攻擊彩虹，即是被視為是水體守護者的蛇。根據傳說，這些戰士將矛刺進彩虹的脖子，這是它唯一脆弱的部位，然後它就倒地死了。（Hambly 1931:41）

最後，英國社會人類學家拉德克利夫－布朗在對澳洲大部分地區的彩虹蛇神話的調查（Radcliffe-Brown 1930–1931:343）中，也注意到：雖然彩虹蛇通常出沒在深深的潟湖和水坑中，「但在新英格蘭高地（New England tableland）上，牠特別與瀑布相關，可能是因為在這樣的地方經常能看到彩虹」。

▶▶ 1.11 | 特徵 15：彩虹為圓形

正如我們將在第八章中進一步探討的，某些大氣現象造成顯得像圓形的彩虹，基於先前既有將彩虹視為彩虹蛇的概念，這就可能為「啣尾蛇」（即咬住自己尾巴或圈繞地球的龍）提供了一個的自然的模型。

2 彩虹的奧祕

所有本章第一節論及的 15 個取決於文化的彩虹特徵，都能與分散遙遠地區的龍的類似特徵相配對（見第五章，其中龍的第 12 和 13 項特徵在本章 7.1.9. 項合併討論）。重要的是，每一個例都對彩虹的信念提出實際觀察得來的根據，而且這些觀察根據也都顯示出，為何類似的信念也同樣出現於龍的描述，即便起初這些信念顯得是任意武斷的。因此，我們可以有自信地將這些所觀察到的稱為「有實證根據的」（empirically well-grounded）龍之特徵。

相較之下，本節中關於彩虹的 31 個信念顯示出，還有其他分布於全球的彩虹特徵，由於其觀察基礎尚未確立，因此在某種程度上可算是「奧祕的」。儘管成因未知，但特徵 16 至 27 項也與有記錄的龍的特徵密切相符，進一步強化了「龍這概念的典型（如歐洲的或中國的）是從更早對彩虹蛇的信仰演變而來的」的論點。這兩個分類的結合產生了 27 個跟龍有關的普遍特徵，而這些特徵承襲自彩虹蛇，其中 15 個可合理地視為由觀察自然世界而引發，另外 12 個則不是。本節將檢視這 12 種情況以及其他 19 個廣泛分布但無法確定與彩虹蛇／龍有關的彩虹信念。

2.1 ｜ 特徵 16：彩虹驚嚇女性／可能使她們懷上魔胎

2.1.1 北美洲和墨西哥

加州州克利爾湖（Clear Lake）地區的西南波莫人（Southwestern Pomo）相信，年輕女孩看彩虹是禁忌，但男孩則不受此限（Gifford 1967:45）。

2.1.2 中美洲和南美洲

巴西－秘魯－哥倫比亞邊界地區的圖庫納族（the Tucuna）印第安人認為，

> 陶土受到一定程度的尊重，因為其守護者是一種稱為「迪埃瓦埃」（dyë'vaë，意即「陶土之主」）的水怪，牠有時會以西方的彩虹現身。孕婦去河邊取陶土很是危險，而且孕婦碰觸過的陶土，甚至僅是靠近過的，都不適合用來製陶了。（Nimuendajú 1952:119-120）

厄瓜多東部的卡內洛斯族印第安人，其語言隸屬關係尚不明確，因為他們與歐洲人接觸後不久便放棄自己的母語，轉而使用克丘亞語（Quechua）。據族人說，彩虹對年輕女性特別危險。「彩虹出現時，處於經期的女性不應外出，以免『庫伊奇蘇派』（Cuichi Supai，意即

「彩虹惡靈」）使其懷孕，因為如果懷孕，她將生下惡魔般的孩子」。（Karsten 1926:360–361）

2.1.3 東南亞島嶼

佛羅勒斯島西部的尼賈答人認為，彩虹能使無辜的女性懷孕。貝德（Bader 1971:949）描述的一個離奇神話生動地說明了這一點：

> 曾經有一個美麗、出身良好的孤女吉娜（Gena）。父母雙亡後，鄰人將她撫養長大。雖然她拒絕所有婚事，但有一天竟然懷孕了，而且不知道緣由。有天她外出時，碰上強烈風暴，雨勢十分駭人。然而，她產下的不是孩子，而是果皮。吉娜的養母沒聽見嬰兒的啼哭聲，便將果皮撕成碎片，結果水呈弧線噴向天空⋯⋯不久之後，吉娜死去，風暴停止。彩虹出現了，天氣變得炎熱而乾燥。那時大家才知道，令吉娜受孕的不是男人，而是彩虹神靈。從那時起，該地區便稱彩虹為「伯勒內吉娜」（bole ne Gena，意即「吉娜的果皮」）。

前文已多次提到，在印尼東部龍布陵島上克丹人的村落雷鳥瓦將裡，泉水的使用受限於各種禁令，因為它是村民物質生活和精神生活的焦點。守護這處泉水的神靈是一條類似蟒蛇的大蛇。根據巴恩斯（Barnes 1974:62）的說法：

> 女人去該處沐浴前必須先摘掉所有的珠寶、手鐲和類似的外部飾品，尤其不能打濕頭髮。在這方面，女人與男人的對比十分鮮明，因為男人在那裡洗頭髮完全不受限制。女人如此做的話，就有被泉水之神娶去並且因此發瘋的危險。

2.1.4 紐幾內亞及其衛星島嶼

紐幾內亞塞皮克河（Sepik）上游盆地的費蘭敏人以及與其密切相關的族群相信：

所有與婦女和生育有關的氣味都會從馬加利姆（彩虹蛇）那裡招來危險。她可能使女人受孕、吃掉尚未出生的孩子，以留下自己的孩子，或者隱身來到正在樹叢間交媾的男女，以自己的孩子取代他們的孩子，然後可能要看是男人強還是馬加利姆強，由兩人間的競賽來決定孩子的樣態。（Brumbaugh 1987:27）

2.1.5 澳洲

阿納姆地西部的布拉拉人（the Burarra）認為，「婦女和孩子不能走近彩虹的末端腳下，以免遭到彩虹殺害；只有男人和老人不受此限」。（Kathy Glasgow，私人通訊，1983年11月13日）

澳洲東北部約克角半島的維克穆恩坎人（the Wik Mungkan）把彩虹視為「棲息在某些水坑和淡水溪的蛇，會懲罰任何貿然進入的人，特別是孕婦以及帶著年幼孩子的女人」。（Chris Kilham，私人通訊，1983年11月13日）

2.1.6 非洲

十九世紀位於今天的貝南共和國、說豐語（Fon）的達荷美王國（kingdom of Dahomey）有記載，彩虹蛇是一條守護水源的巨蟒。巨蟒除了擁有其他特徵之外，

> 還會以駭人的身形出現在一些最漂亮的女孩面前。然後，她們就只得進入蟒蛇廟裡服侍。塞內甘比亞[1]的撒拉寇萊人（the Saracolais）有個傳說，大概是說他們國家曾一度依靠向蛇怪獻祭最漂亮、最有才華的女孩方得確保繁榮。有一次，充當祭品的女

---

[1] Senegambia：是西非國家塞內加爾和甘比亞所組成的邦聯。兩國在1981年簽署合作協議，次年邦聯正式建立。1989邦聯最終解散。塞內加爾和甘比亞在民族和文化上相似之處很多，兩國因列強的殖民地分割而分裂：塞內加爾屬法國，甘比亞則屬於英國。塞內加爾也因甘比亞領土深深嵌入其國土正中央而造成該國南北交通不便，需甘比亞協調處理。但兩國在結為邦聯之後，圍繞邦聯主導權產生爭執而分裂，最後在1989年解散邦聯。

孩被帶到蛇習慣出沒的水坑邊，因為牠有把祭品拖到水下的習性。及至關鍵時刻，女孩的悲慘下場似乎不可避免時，不料有一位年輕人騎馬衝過來，把蛇怪斬成兩截後，就將那女孩占為己有（Hambly 1931:37）。

非洲中部俾格米人（the Pygmy）的神話表達了一個極其相似關於彩虹的想法。在伊圖里森林（Ituri Forest）的班布蒂人（the Bambuti）中，「被視為『天蛇』的彩虹不僅在非洲俾格米人的神話中扮演一個重要的角色，而且也在他們整個的宗教生活中占有重要的地位。族人認為彩虹是魔幻的、恐怖的、奪命的蛇怪，不但吞食人類且會引發災難。」（Schebesta 1950:156）

就像其他地方的情況一樣，年輕女孩必須避開水源，因為彩虹可能以一條善妒之蛇的樣態在附近出沒。班布蒂人（the Bambuti）有個神話說：

> 有些女孩出去砍柴。她們穿越一條旁邊有一棵倒下的樹的小溪。但實際上，這棵樹是名為克利馬（Klima，意即「彩虹」）的壞水怪。她們返程時，大家都已渡過小溪，除了其中走得最慢的一個女孩和一個等著她的男人以外。當後面這兩個人越過一半時，那棵死樹（實際上是一道彩虹，而又是一個水怪），突然潛入水中，將那兩人擄走。後來，有人看到這對男女坐在小溪中間的岩石上，但是從那以後再也見不到他們的蹤跡。（Turnbull 1959:56）

歐洲神話中的龍會攻擊年輕女性的掠奪本性是人盡皆知。歐洲與龍有關的繪畫中，最常見的主題之一，便是英勇騎士以長槍刺穿正準備玷汙少女的龍。由於歐洲傳統常將龍描繪為怪物，所以牠的這種惡行並不完全出人意料。然而，對於在這種觀念下長大的人來說，要將彩虹把彩虹這個美麗或者象徵神聖允諾的無生命體聯想為類似的好色怪物，幾乎是不可思議的事。然而，許多文字發明以前的族群傳統中

將彩虹對於年輕脆弱女性的行徑視為與龍無異。換言之，龍與彩虹都具有的神力，亦即如果年輕女子闖入龍和彩虹所守護的水源，就會懷上魔胎的這個實證，而這是正是兩者共享相同起源的有力證據。

▶ 2.2 │ 特徵 17：彩虹憎惡月經

彩虹民族學中最令人困惑的特徵之一就是月經會觸犯彩虹，而對於處於月經初潮期的年輕女孩而言，彩虹尤其危險。如果這種信仰僅限於某一地理區域或者某一語族中的相關族群，那麼解釋起來也不至於那麼困難，然而，此特徵在好幾個彼此相距甚遠的地區都有，意味著它是由某種外部刺激所引起的。

2.2.1 北美和墨西哥

加州北部圖勒湖（Tule Lake）的克拉馬斯－莫多克人（the Klamath-Modoc）以及加州最東北部之西部與東部阿丘馬維人（Western and Eastern Achumawi）都認為，彩虹是一種跡象，代表鮰魚（suckers，一種頭頂上有一個吸盤的魚）正在「呼喚雲朵降雨，因為有個女孩剛剛經歷初經，就走近河流或泉水，而這些都是『她不應該去的地方』。雲朵散去後，彩虹出現了」。（Voegelin 1942:236）

莫多克族人中，如果女性在月經期間夢到彩虹，那就是惡兆，代表有個神靈正試圖得到她（Voegelin 1942:236-237）。

麥克勞德河（McCloud River）畔溫圖人（the Wintu）的信仰稍微不同。他們認為，母親如在產後夢到彩虹，就預示她不久將會死去。（Voegelin 1942:237）

如前文所述，根據佛斯特（Foster 1941:208）調查，加州北部的尤基族印第安人：

> 認為彩虹由三種顏色組成，白色、藍色和紅色：紅色是由世界上所有婦女的經血造成的，而彩虹也是由在初經期間死去的女孩形成的一道登向天堂的路徑……經血是所有毒素中最致命的，

所以即使距離彩虹很遠,它也可能造成所描述的不良影響。

加州中部的山麓、山地與南部尼塞南族人(the Foothill, Mountain and Southern Nisenan)認為:「彩虹的末端如果落在某村莊附近,就意味著那裡有個女孩最近有了初經。」(Voegelin 1942:236)。

加州中部杜拉雷湖畔的尤克茲人說:「彩虹是波寇(Pokoh,意即「造物主」)的姐妹,她的乳房覆蓋著花朵。然而,有些人則認為彩虹標記處女的初經」。(Gayton1948:24, fn. 56)

儘管這種信仰在加州記錄得最詳細,但北美其他地區也可發現:「對東南部的一些部落來說,彩虹意味有個女孩正經歷初經,或者即將發生什麼邪惡的事」。(Gill and Sullivan 1992:252)

之前已講過的,肖尼族的神話裡有關有角水蛇如何被人制伏的故事:就是故意將一名經期中的女孩送入有角水蛇水窟的故事。其他大多數的故事都則說一位經期中的女孩或婦女被彩虹看見就會有危險。不過肖尼族的傳說卻顛倒了加害者/受害者的角色。(Gatschet 1899:256-257)

2.2.2 中南美洲

正如前文所述,厄瓜多東部的卡內洛斯族印第安人相信,彩虹是個邪靈,對於經期中的女性尤其危險。巴拉圭大廈谷(the Gran Chaco,又譯:大查克)的托巴族印第安人中也有類似的觀念,因為在他們的神話中,有位年輕女孩在一處有蛇守護的泉水裡洗澡時受孕,結果生下一窩小蛇(讓人想起尼加拉瀑布的龍)。根據卡爾斯騰(Karsten 1964:54)的說法,「女孩第一次來月經時,必須小心包覆自己的身體,因為邪靈會趁機以化為蛇形的生殖器鑽進她們的身體,結果導致超自然的受孕或者招致疾病,最終一命嗚呼。」

如前所述,同樣這些族群以及鄰近的馬塔科族和連卦族印第安人傳統上都認為,世界遭四場災難摧毀,其中之一是因為一個經期中的女孩去泉水取水,冒犯了一條水蟒(彩虹),從而引發一場大

洪水（Métraux 1946:29，Lévi-Strauss 1970:305 亦加引用）。卡爾斯騰（Karsten 1964:54）描述大廈谷原住民族群的這一信仰時僅提到守護水源的蛇，沒有提到彩虹，但研究同一地區的梅特侯則明確指出，這種蛇等同彩虹。

2.2.3 紐幾內亞及其衛星島嶼

米德（Mead 1940:392）在探討紐幾內亞山區阿拉佩什人的「馬薩萊」（叢林神靈），其中包括彩虹）時表示：

> 經期中的女人、靠近經期女人的男人、剛發生過性行為的男人或女人以及孕婦均不得入侵馬薩萊的地盤。入侵者身體的氣味會觸犯馬薩萊，致使後者會追捕入侵者，以疾病、畸形或死亡懲罰他們或是他們未出生孩子。

作者後來稍微修改了這一說法：「所有的馬薩萊（叢林神靈）對經期中的女人以及性行為後的男女懷有敵意，冒犯這些禁忌的後果基本上是相同的」。（Mead 1940:392）

布倫博（Brumbaugh 1987:25）如出一轍地講述了一則塞皮克河源頭處費蘭敏人的民間故事，其中「女主角讓自己的經血流在山澗附近，結果馬加利姆蛇從深處浮上來，造成地震和雷雨；雖然她不斷地企圖逃脫，最後還是被馬加利姆吞食了。」

2.2.4 澳洲

整體而言，澳洲的彩虹蛇可以解釋為蛇（龍）或彩虹。不管我們採用哪種解釋，以下的案例全都適用。

澳洲梅爾維爾與巴瑟斯特群島上的提維人認為，月經會冒犯彩虹蛇：「女人月經或懷孕期間都不應該渡河、乘船或在雨中行走。蛇會聞到血腥味並傷害她們。唯一能保護她們的是光線，所以此般的婦女都會攜帶火炬或手電筒以驅走邪靈」。（R. David Zorc，私人通訊，1980 年 9 月 22 日）

澳洲西北部達利河（Daly River）地區的甘文古安人（the Gunwinggu）相信：

> 經期中的女孩和剛分娩的女人一樣，都須小心不可引起彩虹注意，所以要靠近火堆，不要靠近水潭：火有助於保護她……達利河周圍和以南的族群，例如尼古魯格翁加人（the Ngulugwongga）和馬德恩加拉人（the Madngala）、沃吉曼人（the Wogiman）和楠吉歐梅里人（the Nangiomeri），也有相同信念：簡而言之，初經期的女孩必須隔離在一個特別的小屋中（之後再由母親燒掉小屋），此外還須遵守各種食物禁忌，並對彩虹心懷戒慎。（Berndt and Berndt 1964:153-154）

同樣的兩位作者還指出，甘文古安族會為初經期的女孩精心策劃一場儀式，目的在於保護她和整個社區免受神靈攻擊。她被隔離起來，避免吃與水有關的食物，此外還用赭土覆蓋她的頭髮和身體，有時也在她的雙乳之間繪上彩虹。她回營地的消息由男性宣布，尤其是那些可歸屬為「父親」輩的男性，後者會敲擊木棍並吹起迪吉里杜管[2]。不過，在赭土和顏料消失前，

> 她都不可以去任何水潭或溪流洗澡或喝水。如果她這樣做，或者想要隱瞞自己月經來了，那麼陷入險境的人就不只她一個。這個地區的神話強調：彩虹會吞噬或殺死冒犯，或吸引它（或她）的人，嬰兒和幼童尤其易受危害（Berndt and Berndt 1964:154）。

弗雷澤（Frazer 1922:698ff.）注意到初經的女孩以及所有來月經

2　didjeridoo：源自澳洲原住民的管樂器，迄今已有至少一千年的歷史，管身通常為圓柱形或圓錐形，長度在1至3公尺間，多數約為1.2米長。一般來說，這種樂器越長，其音高就越低；而末端有喇叭形的樂器比同樣長度的無喇叭形的樂器音調要高。吹奏迪吉里杜管時嘴唇應振動，並採用循環呼吸法，以此發出持續的鳴聲。

的女性所受到的一般限制：

> 對青春期女孩通常施加限制的原因是，原始人對經血普遍懷有根深蒂固的恐懼。固然他們總是害怕經血，對於初經經血尤為恐懼；因此，她們第一次月經來潮時，所受到的限制通常比她們日後再流出這種神祕液體時必須遵守的規矩更加嚴格……澳洲中部的迪埃利人（the Dieri）相信，如果女性在初經期間吃魚或在河中洗澡，魚會全數死掉，河水則會乾涸。同一地區的阿倫塔（the Arunta）族禁止經期間的婦女採集伊利阿庫拉（irriakura）的球莖（不論男女都以此為主食）。他們認為，如果哪個女人違反這項規定，球莖的供應量就會耗盡。

彩虹對年輕女性，尤其對初經期的女孩懷有敵意，這點很是令人驚訝。月經禁忌在世界各文化中普遍存在，但為什麼偏偏認定這件事如此容易冒犯彩虹而不是自然界很多其他的東西呢？又為什麼彩虹對此事的反應又是如此具攻擊性呢？對於這種文化感知的反應，最可能的解釋是：有些人可能對月經來潮的婦女進入飲用水的泉源這個想法感到嫌惡。由於守護泉水的是以蛇形出現的彩虹，因此彩虹蛇可能會為捍衛水質潔淨而作出反應，這種可能性可以藉由前文引用過的肖尼族的傳說加以解釋：一條有角水蛇（與彩虹無關）之所以被制伏，是因為族人蓄意讓一個經期中的女孩進入蛇藏身的湖中，以便削弱牠、征服牠。

2.2.5 非洲

韓布利（Hambly 1931:40）在一個名為〈彩虹蛇〉的專章中論及非洲東部維多利亞湖附近一個或多個未指明的語言民族時指出，在這個地區存在蟒蛇崇拜，而穆齊尼河（Muzini）和卡夫河（Kafu）則是聖蛇的居所。

人們相信，河水突然暴漲都歸因於這些蛇。穆齊尼有一位巫

醫負責管理河流和聖蛇，如果有人想過河，他會向聖蛇獻供……前一晚跟女人睡過的男人不准渡河。經期中的女人同樣不准渡河。

有鑑於這信仰的全球性分布，不准經期女性進入彩虹蛇所守護之水源的禁忌，顯然需要一個超乎個別文化或文化區域的解釋。奈特（Knight 1983:21）沿襲許多其他學者誤把彩虹蛇視為澳洲獨有的現象，並且主張「產生彩虹蛇神話的邏輯（澳洲每個地方普遍都有自己的一套）正是月經同步（menstrual synchrony）本身的文化邏輯，不過透過男性的虛擬生殖儀式（male rituals of pseudo-procreation）來重演神話，使其經歷結構上的倒轉。」由於這個論點的連貫性取決於「男性的虛擬生殖儀式」，那麼我們就必須問，為什麼許多沒有這種儀式的社會仍有相同的禁忌？又或者為什麼這一禁忌特別強調初經來潮，而初經來潮並不可能發生同步現象？

▶ 2.3 ｜特徵 18：彩虹與有蹄哺乳類動物有關

儘管人們通常將彩虹視為蛇（必定因為其形狀和顏色），但在世界許多地方彩虹最離奇的特徵之一就是將它與有蹄的哺乳類動物聯想起來，就像對龍的認知那樣。大家可回想一下，在蘇格蘭的傳說中，龍可以「尼克西」（意即「水馬」）的樣態呈現。此外，中國的古典作品也記載牠長著駱駝頭、鹿角和牛耳，而赫胥黎（Huxley 1979:20）也引述一句古代日本的格言，「馬到天上變成龍，龍臨人間化為馬。」最後，俄勒岡州東部的烏馬提拉族（the Umatilla）印第安人口中的「水麋鹿」（water elk）等同於北美其他地方的有角水蛇，而新墨西哥州的暖泉阿帕奇族人則將有角水蛇形容為「有羽毛」和「類似水牛」。對於尋常概念中的龍來說，這樣已經夠奇怪了，此種體貌描述又怎麼能適用於彩虹呢？

2.3.1 歐洲

在俄羅斯西北部當年科米蘇維埃社會主義自治共和國（Komi Autonomous Soviet Socialist Republic）廣大吉利安（Zyryan）地區講科維語（Kovi）的族群間，「人們稱彩虹為『一隻公牛和一隻母牛』」，民間傳說清楚地刻劃出牠們在喝水（Alinei 1983:51）。

在斯洛維文亞語中，瑪伏利卡（mavrica）既代表「黑牛」又代表「彩虹」。（Murko 1833:577）

2.3.2 南亞

在印度中央邦（Madhya Pradesh）、奧里薩邦（Orissa）和西孟加拉邦（West Bengal）的拜加人（the Baiga）中，彩虹被稱為「畢姆森的馬」（the horse of Bhimsen），而畢姆森正是一位雨神（Elwin 1947:262）。

2.3.3 中亞和東亞

「文學作品除了將彩虹描述為蛇（頭）之外，也描寫為驢頭，如北宋時期黃休復和曾慥的文學作品所形容的」。（Zhou 2001）

2.3.4 東南亞島嶼

如前所述，爪哇的民間傳統認為彩虹是一條巨蛇，弓著身體橫跨在爪哇島上，「一端是鹿頭，另一端為牛頭，兩頭分別從爪哇海和印度洋喝水」。（Hooykaas 1956:305）

在有關峇里島神祇古魯的神話中，彩虹是某位神祇被割斷並墜落地表的陰莖。從這陰莖「流出芳香的血液，這就是水牛的起源；血液被擦拭掉後，那就是母牛的起源」。（Hooykaas 1956:301）

印尼東部佛羅勒斯島西部有些尼賈答人認為，彩虹結合了馬，有很多神祇騎乘這種彩虹馬，蓋戴瓦（Gae Dewa）是其中一位高神，會把死者的靈魂帶往來世。（Bader 1971:950）

2.3.5 非洲

象牙海岸的尼亞布瓦人相信彩虹是雨水在展示自己的一頭牛，之後就會將牠吃掉。（Julie Bentinck，私人通訊，報導人 Sely Keipo Marcel，1982 年 7 月 8 日）

如前所述，蘇丹－伊索匹亞邊境地區的烏杜克人認為彩虹雖是蟒蛇，卻長著像駱駝一樣的耳朵和嘴巴（James 1988:297）。

肯亞的薩巴歐特人認為彩虹總在移動，並且末端總是會落入一條河裡。「彩虹進入河川時會像羊那樣咩咩叫，因此有些人認為彩虹可能是一隻羊。牠從河裡喝水的時候不可以打擾」。（Iver Lerun，私人通訊，1982 年）

辛巴布威的伊拉族「有個非常奇特的想法，就是彩虹觸及地表的正下方有一頭像火一樣燃燒、異常兇猛的公山羊。」（Smith 1920:2:220）。

在非洲南部一些說班圖語的民族中，有人說彩虹是「一隻胡狼般大小的動物，長著蓬鬆的尾巴。其他人說它像一條多彩的蛇，這就比較容易理解了。有些祖魯人說它是一頭羊，或者和一頭羊生活在一起」。（Werner 1933:232）

在祖魯語中，- 尼亞馬（-nyama）或烏姆尼亞馬（umnyama）一詞具有多重意義，其中之一如下：「傳說中的動物，據說像一隻羊，居住在彩虹終端的池塘中，身上脂肪據說呈現彩虹的各種顏色」。（Doke and Vilakazi 1964）現在大家對於將羊與彩虹聯想在一起，而且相信池塘中住著一種有蹄動物的這一說法應該不陌生了，因為這裡的羊對應於許多其他具有類似信仰的文化中的蛇。

儘管對於不是在在萬物有靈思想社會長大的人來說，彩虹竟然跟龍一樣，有時竟會與有蹄哺乳動物混為一談，似乎是件極奇怪的事。人們從不曾將彩虹本身描述為長著鱗片、角、毛或羽，而這些特質都是身為一混合體幻獸的龍的合理產物，亦即冷血爬蟲類動物的基底與溫血哺乳類動物或鳥類的特徵結合在一起。儘管乍看之下似乎缺乏自

然動因，但這一共同特徵很可能源於對彩虹（等同對彩虹蛇）是由火與水、太陽與雨結合而生的感知，因為唯有在這兩對立元素共時存在的瞬間彩虹才會出現。無論如何，廣泛分布的文化中龍和彩虹所共有的這種奇特之處，顯然有力證明了兩者就是同一種東西。

▶▶ 2.4 ｜特徵 19：彩虹能引發火災

若說龍是根據實際生物而造出的，那麼最難解釋的就是噴火這一特徵，而歐洲龍在這方面雖然表現得尤其明顯，但在中國的龍神話中也占有一席之地。再次強調，考量到西方對於彩虹的概念，我們沒有理由認為，這一特徵與天氣現象有關。然而，這點再度提醒我們以民族中心的思想提出論點的危險；在這方面，即使是受過訓練以避免身陷其中的學者也不例外。

2.4.1 北美洲和墨西哥

如前所述，墨西哥瓦哈卡州的充塔爾族印第安人認為：「完整的彩虹是一個男人，半個彩虹則是一個女人，而且非常邪惡。如果你像對待公牛那樣，向這雌性彩虹展示一塊紅布，她就會朝你而來。她會引發火災，但我們的報導人並未聽說過如下這個普遍流行於墨西哥的信仰：用手指向彩虹很不吉利，你的手指會因此腐爛，或者你的牙會蛀掉」。（Carrasco 1960:107）

2.4.2 東南亞島嶼

蘇門答臘北部的托巴巴塔克人相信，彩虹的腳無論踏在哪裡，都可能引起流行性疾病、火災等等（Sitor Situmorang，私人通訊，1983 年 8 月 3 日）。

蘇拉威西中部洛爾（Lore）地區的西托拉賈族人說：「要是有人在建造房屋時彩虹很接近，他就得立即停工，否則房屋日後會遭燒毀」。（Kruyt 1938:2:359）

2.4.3 非洲

某些說班圖語的民族有時認為，彩虹的顏色「是一把毀滅性的大火在流動。」而烏干達的盧依／盧依亞人（the Luyi/Luyia）則相信，彩虹如果落在樹上，就會燒掉所有葉子。（Werner 1933:231）

如前所述，人們有時會將彩虹和有蹄動物聯想在一起，而辛巴布威的伊拉人則相信，「彩虹觸及地表的正下方有一隻非常兇猛的大公羊；牠像火一般地燃燒著」。（Smith 1920:2:220）

剛果民主共和國許多彼此密切關聯、說班圖語的民族相信，彩虹是由藏身在不同河流中的雄蛇和雌蛇所形成的，據說「兩條水蛇在天空中相遇時，牠們噴發的火焰會燒毀大地。從范阿弗馬特（van Avermaet）所報導的如下諺語中可以看出，這種火不利於雨水的生成，那是因為彩虹『燒掉』（驅散）了雨水」。（de Heusch 1982:36）。

由於彩虹不會引發火災，但為什麼至少在墨西哥南部、印尼兩個分隔很遠的地區以及整個中非地區卻存有這種信仰？不管其動因為何，這一信念的廣泛分布意味著這是有某種的觀念基礎的。最有可能的情況是，彩虹出現在太陽正將雨水「燒乾」之際，以致雨停，這一觀察把太陽，亦即（因果關係中的）誘因，轉移到了彩虹本身，而後者為前者造成的結果的產物。總之，此信念的普世分布顯示它是古老之彩虹蛇文化複合體[3]的一部分，而龍的概念則是從中演化而來的，而彩虹燃燒的那端成了噴出火焰的龍口。

▶▶ 2.5 │ 特徵 20：彩虹發出臭氣或毒氣

如第五章所述，人們如果不將龍的呼氣描述為噴火，有時就會將它描述為難聞或者有毒，而這一特徵在歐洲、中國、北美洲和北非都有紀錄。如同前述各項，從西方對於自然的觀點來看，此類特徵

---

3 culture complex：文化複合體指的是一組相互關聯且在特定文化中共享的特質、信念、行為和符號。這些特質可以包括語言、習俗、傳統、儀式、藝術、音樂、飲食、服裝和特定社會的價值觀。

出現於彩虹是意想不到的,然而它的確可於數個相隔甚遠的民族中發現。

2.5.1 北美洲和墨西哥

加州東北部的阿丘馬維人相信,「如果彩虹喜歡一個人,就會允許他靠近;這個人會發現彩虹聞起來很臭」。(Voegelin 1942:237)

墨西哥北部的塔拉烏瑪拉族印第安人認為,彩虹「比臭鼬還臭」。(Bennett and Zingg 1935:325)

2.5.2 非洲

人類學家溫迪・詹姆斯記錄了一則蘇丹－衣索匹亞邊境地區烏杜克人的故事,那是一個名叫努爾(Nuur)的人與彩虹之間所發生的不愉快衝突:

> 努爾和他新婚的妻子一起去一個名叫「彩虹洞」的地方拿取木材……根據傳言,他們正要喝水的時候,……努爾說道:「這地方為什麼聞起來像煙管?」從那以後……他就生病了。阿魯姆(Arum,意即「彩虹」)在那裡捕捉了他的元神,並將其扣住。(James 1988:297)

剛果民主共和國的勒拉人(the Lela)相信,彩虹巨蟒「住在一個白蟻丘裡,只有下雨天時才會出來;為了躲避牠那致命的氣息,人們必須發出噪音」。(de Heusch 1982:38)

有關這種信念的報導,彩虹的例子不及龍的例子那麼多而有力,但至少在加州北部、墨西哥北部和中非都有紀錄,顯示此類彩虹的例子可能比現有的樣本所呈現的更為普遍。儘管被閃電擊中的有機物質可能會散發出難聞的氣味,但畢竟彩虹本身不會發出氣味,因此無從斷定此信念的緣由。在獲得更理想的資料前,唯一可以肯定的是,彩虹會發惡臭的說法吻合對龍的氣息的描述。

▶▶ 2.6 ｜特徵 21：彩虹引發地震

2.6.1 東南亞大陸

緬甸半島和泰國的卡倫人「如果早晨觀察到彩虹劃過西方天空時，特別是這個現象又伴隨著雷聲和地震，他們就會感到驚恐萬分」。（Marshall 1922:228）

2.6.2 東南亞島嶼

緬甸南方孟加拉灣安達曼群島南部的居民曾經相信彩虹會引發地震。（Radcliffe-Brown 1922:290）

2.6.3 紐幾內亞及其衛星島嶼

如前所述，紐幾內亞塞皮克河上游的費蘭敏人曾講述一個故事：彩虹蛇馬加利姆被激怒時，會引發地震和雷雨。（Brumbaugh 1987:25）

2.6.4 非洲

十九世紀達荷美王國（即今天的貝南）的豐人認為，

> 最初，埃多伏維多（Aido Hwedo）這條蛇用嘴含著馬烏（Mawu，一位文化英雄），將他帶來帶去，而這條蛇在地球形成前就已存在。兩者無論在哪裡過夜，埃多伏維多的排泄物形成山，並且在他們的旅程中，蛇的身體會勾勒出地勢的起伏。這種埃多伏維多共有兩條。雌性的生活在天空中，尾巴上掛著能向地表投擲的雷霆。有人說她既是閃電也是彩虹。雄性的那條蜷曲在地底，負責撐起過重的地表。雄蛇移動位置以求舒緩之際，地表就會顫動搖晃。（Herskovits and Herskovits 1933:56-57）

引起地震的究竟是彩虹的作為還是與彩虹在概念上有所不同的彩虹蛇？這點仍有爭議。然而，這裡大家可注意到另一個在第三章提到的描述，就是海地巫毒信仰中彩虹神阿伊達維多（Ayida Wedo）以及

蛇神達姆巴拉（Damballah）的傳說，其歷史的來源是十分清楚的，不是來自達荷美就是來自西非十分相似的出處。在海地的版本中，埃多伏維多（Aido Hwedo）是彩虹，但在達荷美，阿伊達維多卻是蛇，而這事實更凸顯了蛇和彩虹終究是同一種東西的說法。

說到非洲南部的巴通加人，朱諾（Junod 1927:312）不知何故，將關於地震和彩虹的信仰合併在書中的第三部份（〈地震和彩虹〉）一起討論。不過，作者並未以任何方式將兩者貫串起來，同時指出：「族人稱彩虹為『席寬古拉提羅』（shikwangulatilo，意即『那一個能從天上移除危險的』）……至於移除的危險是什麼，沒有人說得上來；部落過去可能對這個問題具有較明確的想法，而如今這些想法已經遭揚棄了。」然而，作者後來又補充道（1927:313）：「最讓非洲南部人驚奇的兩個現象就是閃電和降雨」，同時明確指出，在該地區，下雨時節如果不對，可能會妨礙作物的栽培，而食物的短缺則會對社群造成災難。如此說來，彩虹從天上移除的危險有可能是閃電，也等於移除經常伴隨閃電而來的豪雨，因為彩虹出現在暴風雨結束時。從更廣的角度來看，這讓人想起了非洲其他地區彩虹與閃電間的衝突。

如第五章所述，至少歐洲、美國西南部、講瑪雅語的中美洲以及菲律賓南部都有龍會引起地震的信仰，所以這裡我們再度發現彩虹與龍相似的、令人困惑的一個特徵。

▶ 2.7 ｜ 特徵 22：彩虹造成旋風／暴風雨或水龍捲

2.7.1 東南亞島嶼

如前所述，峇里島人相信以下這個神話：彩虹是烏瑪此一雌雄同體之（女）神那斷裂的陰莖。該器官落到地表時便颳起龍捲風（Hooykaas 1956:301）。

2.7.2 紐幾內亞及其衛星島嶼

紐幾內亞東南部米爾恩灣省（Milne Bay province）的蘇奧人認為，

「彩虹腳下會颳起強烈的旋風」（John Lynch，私人通訊，報導人 Michael Morauta，1987年）。

2.7.3 澳洲

梅爾維爾與巴瑟斯特群島的提維人相信，彩虹蛇（馬拉特吉）會保護自己的水坑免遭人類入侵。如果有人粗心大意褻瀆了如此神聖的地方，

> 彩虹蛇會大聲吼叫，使水冒起泡來……並將一道水龍卷射進空中，使其變成暴雨傾盆而下，又讓洪水肆虐鄉間。然後，其中一隻馬拉特吉便化身彩虹，穿越大地找尋那個冒犯自己的人，傷害那人或者途中所遇到的其他人（Mountford 1958:155）。

科立格（Kolig 1981:315）觀察到，西澳洲北部金伯利山脈（Kimberley mountains）中南部的未指明的某原住民族群，認為：

> 水蛇如果聽見有人膽敢說出牠的名字，或者看見有人闖入自己的地盤，那麼牠會引發洪水威脅整個世界，或散播流行病，或以巨大的神力出擊，而這些手段遠比其他神話人物的正常憤怒行為要激烈得多……但水蛇殺人也是為了保護法律。

他舉出一個觀察到的案例作為說明，一個犯了謀殺罪而且逃離安德森山（Mount Anderson）警局的一名原住民，跑到一個名為馬拉拉（Malala）的地方躲藏。受害者的親屬說動了彩虹蛇，讓牠前往追捕罪犯，而牠則「挾著可怕的旋風前行，這時天空晦暗、閃電不斷」。

2.7.4 太平洋島嶼

如前所述，所羅門群島東南部的薩阿島和烏拉瓦島的人都害怕邪惡的海靈：「彩虹或水龍卷或烏雲狂風正是與海靈如影隨形的夥伴……出海捕捉鰹魚的獨木舟會遠遠避開彩虹或水龍卷」。（Ivens 1972:201）

新喀里多尼亞附近羅雅提群島（Loyalty Islands）上的德胡人（the Dehu）認為「勒文」（lewen，意即「彩虹」）無害，不過如果出現得太頻繁，可能就是饑荒或颶風來臨的前兆。（Hadfield 1920:113）。

紐西蘭毛利人有關彩虹的信仰之一是旋風起自男性和女性彩虹的結合。

2.8 ｜特徵 23：彩虹引發洪水

2.8.1 中南美洲

哥倫比亞西南部的因加人相信，非常低的彩虹就表示「將發生廣泛的洪水，人們會被淹死」。（S.H. Le vinsohn，私人通訊，1982年5月15日）

如前所述，巴拉圭大廈谷的托巴族、馬塔科和連卦族印第安人講述了有個正來月經的女孩去取水，因此冒犯了一條水蟒（彩虹），進而引發大規模洪水的故事。（Métraux 1946:29）

2.8.2 東南亞大陸

馬來半島至少有些賽芒族（the Semang）群體認為，洪水可歸因於彩虹蛇的活動（Maceda 1964:115）。

2.8.3 紐幾內亞及其衛星島嶼

根據紐幾內亞塞皮克河上游盆地的費蘭敏族和山地奧克族的說法，彩虹蛇（馬加利姆）「與風暴和洪水有關，但同時也因雨水和地下水的關係而與肥沃地力和生長有關」。（Brumbaugh 1987:26）

2.8.4 澳洲

梅爾維爾與巴瑟斯特群島的提維人稱馬拉蒂斯（彩虹蛇）會引發水龍捲和洪水。（Mountford 1958:155）

2.9 │ 特徵 24：彩虹是戰爭的徵兆

許多彼此相隔遙遠的社會都將彩虹視為戰爭的徵兆，例如：

2.9.1　歐洲

「在古希臘人看來，彩虹似乎是天神朱彼特從天上投下的，而這個紫色標誌代表戰爭與暴風雨」。（Tylor 1958:1:297）

公元一世紀的羅馬博物學家老普林尼（Pliny the Elder）「認為彩虹純粹是自然現象，否定它代表吉兆或凶兆，不過他也承認，彩虹要麼意味戰爭，要麼預示嚴冬將終止人們的勞作同時傷害羊隻」。（Wallis 1918:372）

2.9.2　南亞

古印度的梵文文獻指出，彩虹是飢荒或是敵方入侵的徵兆。如果行軍時看到前方有彩虹，那就是將吃敗仗的預告。（Kern 1913:1:201）

2.9.3　中亞和東亞

二十世紀三〇年代，江蘇農村的中國人認為，出現在北方天空的彩虹預示戰爭即將爆發。（張祥順，私人通訊，1994 年）

2.9.4　北美和墨西哥

阿拉斯加南部的特林基特人相信，彩虹是死者靈魂的橋樑，尤其是那些在戰鬥中陣亡的人（關於這點，請參考本書第六章第 2.3 節斯旺頓（Swanton 1908）所提供的更簡潔的、更常被引用的描述）：

> 戰死的人或是遭謀殺的人都會前往「基瓦科安」（kee wa-kow-anne，亦即「上人之地」）。他們經由彩虹到達彼處。武士的靈魂出來遊玩時，人們可以在極光的閃爍中看到他們。那是最高居所，大家都冀望所歸之處，因此特林基特人在戰鬥中視死如歸（Emmons 1991:289）。

2.9.5 中南美洲

在哥倫比亞西南部的穆伊南尼人（the Muinane）認為，「出現在西邊的彩虹預示惡事將至；最普通的觀點是，彩虹象徵血腥，戰事或是鬥爭將會隨之而來，但也可能預示嚴重的疾病」。（James W. Walton，私人通訊，報導人 Andres Paky，1982 年 4 月）。

葛魯伯（Grubb 1911:50ff.）將這種一致性解釋為族群接觸的證據，根據他的說法，巴拉圭大廈谷的連卦族印第安人「很怕看到西天的彩虹，而因加人的徽章就是彩虹。」對於作者所說的「徽章」所指為何，我們不得而知，因為上下文中把彩虹的出現跟徽章連在一起有些奇怪，我們能做的最合理的解釋是，那是軍旗上的徽飾。

巴西的卡亞波人（the Kayapó）認為，「彩虹是代表不吉利的壞事，像色彩繽紛的落日或泛紅的雲朵般；它象徵著敵人、戰爭、殺戮」（Ruth Thomson，私人通訊，1982 年 6 月 2 日）。

2.9.6 東南亞大陸

阿薩姆邦的塞馬納加族稱彩虹為「米列須」（Milesü）或「昆古米普庫」）（Kungumi-pukhu= 昆古米的腿），「彩虹接觸地表的地點總是田地和莊稼獻過祭品的地方」，但如果彩虹落在一個村莊內，則代表其中某個居民必定很快就會戰死」。（Hutton 1921b:195）

2.9.7 東南亞島嶼

菲律賓南部民答那峨島上的曼諾博人（the Manobo）認為：

> 根據一般說法，彩虹是戰神莫名其妙的顯示。人們認為彩虹的一端有隻寬達一噚的巨龜。彩虹的出現表示戰神帶著他們的副首領和戰士，從死亡之域出發前去尋找鮮血。如果彩虹以紅色為主，人們認為強大的戰爭神靈正在進行肉搏戰；但是如果顏色是深色的，那就是屠戮的跡象。如果彩虹似乎向人們過來，就必須採取預防措施，保護房屋免遭攻擊，因為人們相信真的戰爭隊伍要逼近了。（Garvan 1941:224）

印尼蘇拉威西島中部的西托拉賈人（the West Toraja）深信他們不能在彩虹出現的同一天出發去獵人頭。托納普人（To Napu）去打仗時，如果看到「皮諾拉」（pinoraa，亦即「午後彩虹」）出現在前方，他們就很高興，因為那代表敵人的血；反之，如果看到身後出現一道「平福克」（pingfke，亦即「晨虹」），他們就會停止前行，因為那代表自己將要流淌的血。而對科羅人（the Koro）來說，一天中不論何時出現彩虹，對於參戰方都是壞兆頭，因為這意味了，不管敵方或是我方都會流很多血。（Kruyt 1938:2:356）

　　印尼東部佛羅勒斯島的一些民族說，彩虹來自那些戰死的或遭謀殺的人的墳墓。這些人的血會趁著下太陽雨的時候升到天上。這血起初看起來是白色的，但在大氣中它會分解成白黃綠三色。尼賈答人說，彩虹是由所有「死於非命」者的屍體產生的蒸氣所形成的，而所謂的「死於非命者」包括死於村外以及遭兵器殺害的人。（Bader 1971:348）

2.9.8 紐幾內亞及其衛星島嶼

　　印尼紐幾內亞的森塔尼人（the Sentani）稱彩虹為「雅哈費拉哈」（ya ha fela ha，ya＝雨、天＋ha＝與……有關的事物＋fela＝箭），據說意思是戰爭、疾病和苦難的徵兆。如果北方出現彩虹，他們就知道戰禍將從那個方向來襲，也代表所有的成年男子都須備好矛和箭；同樣，出現在其他任何方位的彩虹也是如此。傳統上，彩虹出現時，婦女和兒童會留在室內，避免去看或者討論它，因為他們天生無力躲開彩虹可能帶來的惡事。（Andreas Deda，私人通訊，2006年11月6日）

2.9.9 太平洋島嶼

　　紐幾內亞北海岸的布考瓦人（the Bukaua）認為，加西布埃布（gasibueb，亦即「彩虹」）是那些在戰場上遭屠殺的人的鮮血，且從森林或海灘上升於天。（Lehner 1911:3:431）

密克羅尼西亞加羅林群島東部的楚克塞／特魯克塞人（the Chuukese/Trukese）相信，彩虹並不是討喜的東西，因為人們視它為死亡的標誌（Bollig 1927：12）。在其他地方我們發現「開戰前人們會向戰神拉西姆（Rasim）祈禱。祂討厭女人。因此，戰爭時期，任何男人都不得與女人性交，否則拉西姆會用矛刺殺他，令他猝死」。（Frazer 1924：3：126）另外我們可以補充一下，雷希姆（resiim）一字可定義為「彩虹；傳統的彩虹神（該神住在天空，也是戰爭及紅色耳飾之神）」。（Goodenough and Sugita 1980）

在薩摩亞語中，彩虹的名稱不只一個，「拉阿茂茂」（La'amaomao）即為其中之一，字面意思是「偉大步伐」：

> 它代表幾個村莊的戰神。征途之中，人們如果看見前方出現彩虹，而且跨越道路或是橫過獨木舟的海上航線，那麼軍隊和船隊就會返回。如果彩虹橫拱，也就是神的「長步」出現在後方，那麼情況也是如此。然而，如果彩虹出現在側面，他們就會興高采烈地繼續趕路，並認定神與他們並行，而且鼓舞他們前進（Turner 1884:35）。

紐西蘭毛利人賦予彩虹的名稱包括卡胡庫拉（Kahukura）、烏埃努庫（Uenuku）、海雷（Haere）和普特阿尼瓦尼瓦（Pou-te-aniwaniwa）。其中第二個也稱為烏埃努庫蘭吉（Uenuku-rangi）和烏埃努庫凱坦加塔（Uenuku kai tangata）。他兼具各種身分，其中包括戰神（Best 1922:58）。毛利人也相信，出現在出征隊伍前的彩虹是惡兆，提醒他們應該調頭回去。（Best 1922:73）

乍看之下，這種聯想似乎是任意無章的，但這可能是來自如下的關係鏈：紅色＝血液＝戰爭，而紅色則被普遍視為是彩虹基本的或最主要的顏色。無論是彩虹，還是天氣的其他現象（例如日落時的紅霞），事實上，最顯目的火紅色就可能意味著戰爭（因為與血聯想在一起）。正如穆斯特（Musters 1969:222）的評論所述：阿根廷彭巴草

原的特維爾切人（the Tehuelche）認為，紅色的夕陽預示戰爭即將爆發。因此，我們可以相當肯定地將彩虹與戰爭間廣泛的關聯歸因於以下這個關係鏈：從紅色聯想到血液，再聯想到導致流血的肉體衝突，亦即戰爭。

▶ 2.10 ｜ 特徵 25：彩虹導致生病、疾病或死亡

文字發明以前的社會既然普遍對彩虹存有的負面的聯想，那麼認為彩虹會帶來疾病也就不足為奇了。在某些情況下，這個聯想特別針對彩虹接觸過的東西（如飲用水），因此與彩虹的末端處相關。

2.10.1 歐洲

如前所述，關於彩虹在歐洲的民間信仰的調查中，阿黎內（Alinei 1982:52）提出，傳統上一般將彩虹視為「會致病和致死的一個惡魔」。

2.10.2 北美和墨西哥

曾住在現今喬治亞州的克里克印第安人相信，彩虹是一條阻斷雨水的大蛇。以更寬廣的角度來看，它是那類被稱為「雷體」（Thunder Beings）的神話角色之一，至少在克里克聯盟的密卡蘇奇分支（the Mikasuki branch）中，人們相信「無論何種雷體都能使人生病」。（Grantham 2002:34）

2.10.3 中南美洲

哥倫比亞庫艾克爾族（the Cuaiquer）印第安人認為，「在彩虹『腳』觸地之處行走是不利的，因為它會讓人們生病，不過他們有藥可治」。（Vicente Paskal，私人通訊，1982年4月22日）

哥倫比亞高地的瓜姆比亞諾人（the Guambiano）相信，「彩虹末端接觸地表或河面之處會產生一種特異效果，可使之後站在其處的任何人長出皮疹」。（Ana Leonor de Velasco，私人通訊，1982年4月）

哥倫比亞的派茲人（the Paez）認為，「巫師咀嚼煙草以便吹走彩虹，這樣孩子就不會染上疥瘡了」。（Wilbert 1979:24）

如前所述，哥倫比亞西南部的穆伊南尼人認為：「西邊出現彩虹代表邪惡即將來臨，最廣泛的觀點是，彩虹象徵血腥，戰爭或鬥爭將隨之而來，也可能預示惡疾」。（James W. Walton，私人通訊，報導人 Andres Paky，1982 年 4 月）

印加帝國的人認為，「彩虹通常是種兇兆，而彗星、日蝕和流星尤其不祥，後者預示皇帝死亡」。（Mason 1957:218）

秘魯高山的阿瓜盧納人認為，彩虹接觸地表之處就會有人死亡。（Jeane Grover，私人通訊，1982 年 4 月）

根據 Roth（1915：268）的說法，小安的列斯群島的加勒比島人（the Island Caribs）稱彩虹為「朱盧卡」（Joulouca，意即「彩虹神靈」），他們相信：

> 朱盧卡便是我們看到的彩虹：雲層妨礙我們看到祂身體的其他部分。祂在天上沒東西可吃時，就會讓加勒比人生病。族人在海上時如果出現美麗的彩虹，他們便認為這是旅途順利的好兆頭。但是彩虹出現時族人在陸地上的話，他們就會躲在家裡，認為那是一個詭異的、無主的、想殺人的神靈。

玻利維亞東部的席里歐諾人相信，彩虹出現「預示流感爆發」。根據研究該族群之主要民族誌學家的說法，「有一位住在卡薩拉貝村（Casarabe）的報導人肯達（Kénda）告訴我，彩虹裡有一個「阿巴奇克瓦亞」（abačikwaia，意即「邪靈」），會讓人生鼻喉病」（Holmberg 1969:120）。

2.10.4 東南亞大陸

如前所述，根據米恩（Milne 1924:354）的說法，緬甸撣邦的巴勞恩人是如此描述彩虹的：它由稱為「帕里翁」（par-yon）的微小神靈所構成，而這些神靈雖活在空中，但也接觸地表有水的地方。在後一種情況下，「這些神靈喝過的水泉要避免去喝（萬一喝了，胃會腫脹）」。

2.10.5 東南亞島嶼

對於緬甸南方孟加拉灣裡的安達曼人而言,「彩虹通常代表兇兆,預示疾病將臨」。(Radcliffe-Brown 1922:146)

如前所述,菲律賓呂宋島北部的伊斯內格人認為,「布恩格倫」(bunglún,意即「彩虹」)是一種可能致病的神靈,這點可見於其衍生詞「帕邦邦魯南」(pagbungbunglúnan,意即「使染上彩虹病」)。(範諾弗貝爾〔Vanoverbergh〕 1972:182)

呂宋島北部的康納耶人(the Kankanaey)會唸「恩加利斯迪阿索」(ngális di áso),那是「人們在看到彩虹時口中唸的迷信成語,以免彩虹吞噬人的靈魂,從而使人變瘦」。(Vanoverbergh 1933:317)

菲律賓南部民答那峨島特博里語(Tboli)字典中的詞條 léwés(意即「彩虹」)下收錄一個例句,可翻譯為「彩虹出現時,他們說有人被謀殺了」(Awed, Underwood and van Wynen 2004:390)。

印尼蘇拉威西島中部的科羅托拉賈人(the Koro Toraja)相信,任何被彩虹觸碰到的人都會生病(Kruyt 1938:2:358)。

峇里島的居民稱彩虹為「揚拉拉」(yanglalah),其中 yang 的意思是「神靈」,而 lalah 的意思則是「傳染性的、用於疾病」。因此,他們認為彩虹是散播疾病的神靈。(Barber 1979:314, 779)

2.10.6 紐幾內亞及其衛星島嶼

印尼紐幾內亞的森塔尼人相信,「彩虹可能是疾病或詛咒的徵兆。這與社群中某些人的超自然力量有關,因為他們有能力與自然對話,從而使樹木、石頭等服從其命令」(Andreas Deda,私人通訊,2006 年 11 月 6 日)。

如前所述,紐幾內亞的山地阿拉佩什人認為,如果有人冒犯了馬薩萊(一種包括彩虹在內的神靈類別),它將追逐冒犯者,並以疾病、畸形或死亡懲罰其本人或是他們未出生孩子。(Mead 1933:43)。

2.10.7 太平洋島嶼

所羅門群島東南部北馬萊塔（northern Malaita）地區的勞族（the Lau）認為，「麻耶」（mae）一詞的意思是「死亡」、「戰爭」和「彩虹」，而「麻耶席伏利亞」（mae sifolia＝「死亡」＋「放下」，意即「遭彩虹碰觸而死」），這複合詞清楚地說明了這些想法相互間的關聯。（Fox 1974：125）

所羅門群島東南部的薩阿島和烏拉瓦島的民族認為，近距離的彩虹是不祥之兆。例如，在依文思（Ivens 1972:197）講述的一則故事中，我們知道「彩虹落在村莊上，這是即將發生事端的明確跡象」。

2.10.8 非洲

在非洲中部和南部許多講班圖語的民族中，彩虹是令人恐懼的，因為「不管誰看到它，也就是說，看到其末端好像碰到地表上的某處，都會以最快的速度逃開。彩虹如果看到你，就會把你殺死。」（Werner 1933:231）

如前所述，非洲南部的祖魯人相信，彩虹「有時住在一個大水池裡，而人們因害怕彩虹會抓住自己且並且吃掉，所以不敢在這樣的水裡洗澡。在乾地上，彩虹會毒害所遇到的任何人，或使他生病。」（Hole 1995:2153）

目前尚不清楚為何彩虹與疾病有關，唯一結論是可能這也是傳統文化普遍對彩虹持負面態度的表徵。這一特徵通常與龍無關，只不過第五章也曾提到，關於北美有角水蛇的報導；其中，北美易洛魁族群認為有角水蛇就是尼加拉瀑布那一條造成「神祕瘟疫」的龍，令瀑布上方卡雲嘉溪的塞內卡族村民深受其害。此外，莫霍克族也認為，若暴露在有角水蛇歐尼亞雷的呼氣中就會引起疾病。

▶ 2.11 ｜ 特徵 26：彩虹可具有人類特質

2.11.1 中亞和東亞

在中國，彩虹有時被描繪成美女、仙女或是女神，這種描述可以追溯到漢代。彩虹有時也被認為是男人，但這種信仰出現的時間要晚得多，不過兩者都可能源自雙重彩虹的形象。（Zhou 2001）

2.11.2 北美與墨西哥

在卑詩省的湯普森族印第安人眼中，「據說彩虹曾經是人，是雷神的朋友，並習慣經常在臉上塗上鮮豔的顏彩」（Teit 1900:342）。

墨西哥瓦哈卡州的印第安充塔爾族表示，「全虹是男人，半虹是女人，後者非常邪惡」。（Carrasco 1960:107）。

2.11.3 中南美洲

如第三章所述，二十世紀早期的德國探險家格倫貝格（Grünberg 1924:15）曾報導，南美洲東北部的阿雷庫納人稱彩虹為克耶梅（Keyeme），並視其為一條活在瀑布水霧中的多彩巨蛇。不過當克耶梅褪去爬蟲類動物的皮膚時，就會變成人形。

2.11.4 紐幾內亞及其衛星島嶼

米德（Mead 1933:39）討論與澳洲崇拜之彩虹蛇相似的紐幾內亞主島在托克皮辛語（Tok Pisin）裡稱為馬薩萊〔意即「叢林神靈」〕時指出：

> 馬薩萊是有名字的。在某些情況下，馬薩萊一詞也用來指馬薩萊的棲地，而在其他情況下，馬薩萊及其棲地會被分別命名。馬薩萊被概念化為一種非常強大的人形生命體，不是能化身人形，就是能為他（或她）自己裝扮成人形，雖然如此，其下仍是某種動物或爬蟲類物種的身形，主要是蛇和蜥蜴，而這也是馬薩萊體現的典型。

布倫博（Brumbaugh 1987:26）講述了塞皮克河上游費蘭敏人及其相鄰族群類似的故事。

> 其中字頭大寫的 Magalim（馬加利姆）代表全體彩虹蛇的單一「父親」，而他的孩子則是與特定地點相關的、字頭小寫的 magalim。更遠的後輩便是該地區已知的各種蛇類，每一種都表現出馬加利姆的一些特別屬性⋯⋯與 Magalim 的形態最相似的首推蟒蛇，不過牠的體型十分龐大。就像所有的神靈和聰明的人類那樣，牠可以改變外貌，以人或以自己喜歡的任何動物樣態出現。奇怪的行為或顏色可能會讓人們察覺自己看到的是以動物身形現身的馬加利姆。不過當牠撤下偽裝並以真容顯現時，牠就又是一條巨蛇了。

2.11.5 澳洲

澳洲北領地的穆林－巴塔人表示：

> 彩虹代表彩虹蛇，牠原本是一個有兩個孩子（一男一女）的男人。當蝙蝠（當時也是個人）刺傷牠時，他將火棒拿出來丟入海中，意圖將火撲滅，以致撲滅地球上一切的火，但屠夫鳥（一個人）從他那裡奪下火棒。牠溺水時就變成了彩虹蛇，陣雨之後仍會出現。（Chester Street，私人通訊，報導人 Gregory Panpawa Mollingin，1983 年 11 月 13 日）

根據艾倫（Allen 1975:81）的說法，「濟慈港（Port Keats）西北部地區的穆林－巴塔人講述了彩虹蛇以昆曼古爾（Kunmanggur）形象現身的故事。昆曼古爾造出人類並且教導他們和平生活。」

2.12 ｜特徵 27：彩虹可擬人化

既然將彩虹視為有生命的實體，這樣就為彩虹可擬人化的想法提供了空間，也就是說，賦予個別的名字以辨別身分，就像為人命名（或

者為龍命名）那樣。之前順便提及的例子包括如下：

2.12.1 澳洲

澳洲大陸上賦予彩虹蛇的別名因民族語言群體不同而異。以下是一些例子：加萊魯（Galeru）、朱隆古爾（Julunggul）、昆曼古爾（Kunmanggur）、蘭加垃（Langal）、穆伊特（Muit）、太攀（Taipan）、溫古爾（Ungur）、華倫夸（Wollunqua）、沃納比（Wonambi）、沃農古爾（Wonungur）、沃隆比（Worombi）、耶羅（Yero）和尤隆古爾（Yurlunggur）（Mercatante 1988：546）。每個個例的名字都是某個「角色」的個別稱呼，也就是說，在敘事語境中具有功能，且有明確定義的個人。

2.12.2 太平洋島嶼

紐西蘭毛利人對彩虹的稱呼已在第 24 項特徵的 2.9.9. 節提及。這種做法在太平洋島嶼間有多普遍，不得而知，不過波利尼西亞有可能能找到其他的例子。

2.12.3 非洲

關於神話系統內部的運作方式，比利時人類學德・休斯（Luc de Heusch）為我們提供了一個難得一見的例子，就是非洲中部一些講班圖語的民族所共有的神話架構，由此共同形成了一個「偽歷史文本（pseudohistorical text），以便構成國家的創建神話」。這個神話其中的一位主角「名字就是以彩虹命名的恩孔戈洛（Nkongolo，意即「彩虹」）。（de Heusch 1982:35）

同一作者在另一處也分析了薩伊馬約姆貝族（the Mayombe）的一個神話。該神話「描述了雨和閃電動物（lightning animal）間的衝突」。這則故事的標題是〈彩虹和閃電的爭吵〉，開頭是這樣寫的：

> 有一天，彩虹姆本巴（Mbumba）離開自己位於水邊的洞，升到天空，並在那裡發現了閃電恩扎齊（Nzazi）。他們一起建

造了一座村莊。身為天空主宰的恩札齊打算讓姆本巴擔任村莊的守護者，但姆本巴不從，並且返回地表，然後跳進水裡……（de Heusch 1982：42）。

我們在這裡看到擬人化的彩虹從天空返回地球，並且化為一條水蛇。根據廣為流傳的說法，在那之後，牠會藉爬樹返回天空。彩虹的擬人化也許並無什麼神祕之處。一旦人們認定它有生命（即便只是一個神靈），它就得以參與敘事文本中開展的情節。這在講班圖語的民族那整套閃電與彩虹永恆衝突的神話中尤其突出，不過也在世界其他地方以較不顯著的方式出現。

2.13 ｜特徵 28：彩虹預示飢荒

2.13.1 南亞

在印度典型的民間信仰中，彩虹示意飢荒或者敵人入侵。（Kern 1913:1:201）

2.13.2 中亞與東亞

二十世紀三〇年代，中國江蘇省北部的農村流傳「南面彩虹，飢荒賣兒」的說法。（張祥順，私人通訊，1994 年）根據報導，河北省也有相同的說法。（Zhou 2001）

2.13.3 太平洋島嶼

如在前文第 22 項特徵，2.7.4 節已述，美拉尼西亞南部羅雅提群島的德胡人相信，「『勒文』（彩虹）無害，不過如果出現得太頻繁，可能就是饑荒或颶風的前兆」。（Hadfield 1920:113）

2.14 | 特質 29：彩虹具有雙頭

2.14.1 中亞和東亞

由於彩虹的描述通常會將它描寫為一條巨蛇，這就表示它有一個頭和一條尾。然而，在一些描述中，彩虹是一條兩端都長了頭的巨蛇。例如，在中國商代（約公元前 1600-1046 年）的甲骨文中，「虹」的象形字體就就可描述為「雙頭蛇或雙頭龍」（Eberhard 1968:246）。其呈現的圖像是一個彎曲如彩虹的拱形物[4]，但兩端都有頭，嘴巴都張得很大。

2.14.2 北美和墨西哥

俄勒岡州東部的烏馬提拉人相信可能有一種長了雙頭的蛇，而且在湖泊和陸地上都可以見到。（Ray 1942:255-256）

2.14.3 中南美洲

大約 3,500 年前，玻利維亞高地的的喀喀湖地區已將「亞雅麻麻」（Yaya-Mama）一詞應用於其宗教傳統。這項傳統的特徵是石碑上鐫刻著分散的雙頭蛇形象，交錯於男人和女人的形象間。有人請現代的印第安艾馬拉族人（the Aymara）對這些雕刻發表看法，他們表示：雙頭蛇「其實是連接大地和天空的彩虹」。族人也稱彩虹為彩虹河，據說是因為彩虹有兩種，石碑上位於男性一側的是天空中帶來雨水的彩虹，而另一條則是從地上流出的水。換句話說，第二條蛇據說像一條河流或一股泉水，整個圖像被解釋為「求水的祈禱」。（Kolata 1996:93-94）

2.14.4 東南亞島嶼

如前文已述，印尼西部的爪哇人認為，「彩虹是一條長著兩個鹿

---

4 此種描述雖未出現於漢學文獻，但在中國古文物中有不少此類雙頭龍形的文物，視覺上與彩虹最有關聯的是璜型玉器，如彩圖 9。

頭或牛頭的巨蛇，其中一個從印度洋喝水，另一個從爪哇海喝水」。（Hooykaas 1956:291）根據這個描述，每個頭很明顯分別位於彩虹／蛇的一端。

目前還不清楚是什麼啟發了彩虹的這種表現形式，而據現有資料所知，龍似乎並沒有相應的形象，也就是說，並不存在身體兩端都長有頭的龍。[5] 然而，也有可能，雙頭彩虹蛇的形象是一種簡潔的象徵方式，用來表達一種信仰：彩虹一方面從地面的水源吸水，另一方面又在天空中吐出水分，從而降下雨水。

▶▶ 2.15 ｜ 特徵 30：彩虹造成分類反轉

彩虹還有另一項令人驚訝且與龍沒有已知關聯的特徵，即一個人走過彩虹下方時會發生分類反轉的現象。反轉的主題以三種不同的形式呈現：性別改變、種族改變以及精神狀態改變。

2.15.1 歐洲

羅馬尼亞有一個傳統信仰認為，人一旦在彩虹盡頭喝了水就會改變性別。此外在塞爾維亞，人們相信，經過彩虹下方的任何人都會發生類似的性別反轉。（Grimm 1844:421ff）

在馬其頓鄉下的利亞科維基亞（Liakkovikia）地區，人們稱彩虹被為「弓」，「人們普遍相信，如果男孩從彩虹下面經過，他就會變成女孩；如果是女孩，她就會變成男孩。」（Abbott 1903:71）

斯拉夫的民間信仰也說彩虹的出現預示將發生不幸的事，如果有人能設法走到虹拱的下方，那麼男人就會變成女人，女人就會變成男人。（Levkievskaia 2000，透過 Timothy Barnes，私人通訊，2017 年 9 月 30 日）

---

[5] 這點在作者過世後，其家屬整理稿件時，提供了中國殷商文物玉璜（如附圖）的資料，可作為龍與彩虹間關聯的物質證據。雖然可惜作者在世時未曾發現這類資料，但中國殷商（或更早期的）物質文化對作者「龍起源於彩虹」的論述提供了強而有利的佐證。

2.15.2 南亞

巴基斯坦北部的巴坦／普什圖人（the Pathāns ／ the Pashtuns）「認為，如果你想改變性別，只要到彩虹下面滾一滾。」（Crooke 1925:46）

2.15.3 中南美洲

根據巴西的民間信仰，男人如果從彩虹下方走過，就會變成女人，走過的如果是女人則會變成男人（Maria de Lourdes Sampaio，私人通訊，1983 年）。這種性別反轉的傳說儘管在講印歐語系（葡萄牙語、俄語、羅馬尼亞語、希臘語、伊朗語）語言的族群間十分普遍，但目前也僅在該語系中找得到。然而，巴西許多民間信仰都本源於原住民，但在此案例中，是否亦屬如此，則尚不可知。這種共享的信念可能基於如下的先決條件：由於彩虹的雙弧配有不同性別，因此彩虹才兼有（＋男性）和（＋女性）的成分，然而這樣不一定就解釋得通。

葛魯伯（Grubb 1914:66-67）報告了巴拉圭大廈谷地區連卦族的另一種反轉個案：「據說托沃特里族（the Towothlii，也稱馬卡族〔Maká〕，一個講馬塔科安語的民族）出於某個原因向南遷徙，並因時運不濟，陷入嚴重飢荒。有一天，族裡某位巫醫看到西南天邊出現了一道彩虹，即使他不知道那是什麼，但是認為可能是種美味的東西。部落朝著彩虹前進，最終趕上它了。他們把彩虹的一部分吃了，突然他們的語言變混亂了，從此就講一種與連卦－馬塔科安（the Lengua-Mascoy）語系不同的語言」。（引文由 John Elliott 提供，2018 年 12 月 13 日）

2.15.4 東南亞島嶼

關於這種信仰，在印尼東部發現了一種內容不同但結構等同的形式。那裡講克丹語的人說，如果彩虹出現在當地人的面前，那麼他／她便應該趕緊回屋子裡去，否則就有變成白種人的風險。或者，人們可以叫一隻公狗來讓彩虹消失（Bader 1971：953）。在這個以及印歐

語系的例子中，其結局是相同的：敢在彩虹下行走或與任何與彩虹密切接觸的人，都會經歷分類反變，也就是說，分類中相對應的成員中的一個會變成另一個。

第三種反轉主題牽涉到精神狀態的變化。佛羅勒斯島的里奧人（the Lio）表示：「開始下雨時，古魯吉瓦（Guru Giwa）神就會騎上他的駿馬，登上彩虹橋。任誰看到那匹馬（吉拉尼圖〔jara nitu〕=「靈馬」）就會失去理智。他的親戚必須立即宰殺一隻紅山羊，用它的皮包裹一棵香蕉樹，並為那些瘋子將祭品放在彩虹下。如此一來，瘋子又變回正常了。」（Bader 1971:951）

最後，如前所述，克丹人相信，膽敢在村裡有彩虹守護之泉水裡洗頭的女人，就會招來被常駐神靈娶走並遭逼瘋的危險。（Barnes 1974:62）

2.16 ｜特徵 31：裸體可收保護之效

2.16.1 歐洲

西里西亞講德語和波蘭語的人傳說，天使將黃金放在彩虹的盡頭，只有裸體的男人才能獲取。（Voegelin 1972:922）

2.16.2 東南亞島嶼

印尼東部佛羅勒斯島上的毛梅雷人認為，「如果有人從彩虹下方經過，就必須立即脫掉衣服並且躺在地上，這樣虹光就會從他身上移開。然後他便可以保持健康。」（Bader 1971：953）

印尼東部的克丹人把雷烏瓦將村的泉水與蛇以及彩虹與黃金聯想在一起，並且據說「女人不應該在泉水洗頭或者弄濕衣服，但在那裡裸體沐浴倒無所謂」。（Barnes 1974:611）。

2.16.3 太平洋島嶼

根據貝斯特（Best 1922:58）的報告，紐西蘭的毛利人「用『伊穆蘭吉』（Imurangi）一詞指稱某種形式的天體輝光」。然後，他引用

了一位毛利長者的話：「如果看到『紅色惡魔』在天空中閃閃發光……就知道那是伊穆蘭吉，地上見到光附近的人都將受某種厄運的威脅。精明的人會立刻脫下衣服，遂以避免危險。」威廉斯「伊穆蘭吉」為「幻日 [6]、零碎的彩虹」。（Williams 1971:77）稱

雖然這個概念可視為與彩虹的民族學有關，但也可以從其他情境中得知，例如羅馬時代有些塞爾特族相信，戰士如果赤身露體參戰即能毫髮無傷抵抗敵人攻擊。（Ross 1986:50）

2.17 ｜特徵 32：彩虹導致蛀牙

2.17.1 北美和墨西哥

墨西哥民間普遍認為以手指指向彩虹會導致蛀牙（Carrasco 1960:107）。

2.17.2 中南美洲

早期的秘魯歷史學家加西拉索・德拉・維加（Garcilaso de la Vega）於 1539 年出生於庫斯科（Cuzco），是一位西班牙貴族和一位印加公主的私生子。他的著作《印加王室述評》（*The Royal Commentaries of the Inca*）描述印加帝國如何在西班牙人物質和文化的侵襲下崩潰了。在第三卷〈論寺廟寺院及月星雷電彩虹之狀況〉（*Regarding the temple cloisters, and the situation of the moon, the stars, thunder, lightning, and the rainbow*）中，他描述了寺廟建築群的五個房間，並且指出：

> 第四個房間專門為彩虹而建，據說彩虹出自太陽，而印加國王的皇旗上即有彩虹。該房間完全以金覆牆，其中一堵整面繪有顏色美麗的彩虹。他們稱彩虹為「庫伊楚」（cuichu），對它非

6　sun-dog：一種大氣光學現象，由於天空中的卷雲大量漂浮著六角形冰晶，整齊折射太陽光線，從而在真實太陽位置兩側產生兩個太陽的虛像，如沒有較低的雲塊阻礙視野，便可看到此種景象。幻日通常在日出或日落期間出現，因為這時太陽仰角低，接近地平線。

常崇敬。當彩虹出現時，他們會出於恐懼立即用手搗嘴，因為他們認為，彩虹可能導致他們牙齒爛掉。（de la Vega 1961:77）

這個信念目前已知的的分布僅限於美洲，但因有據可考的地點，所以擴散（因接觸而借用）的解釋可能無法成立。

▶▶ 2.18 | 特徵 33：彩虹和巫師（「薩滿」）

2.18.1 北美和墨西哥

加州北部的莫多克人和東沙斯塔人（the Eastern Shasta）相信，凡是能奔越彩虹的人都會成為良醫。（Voegelin 1942:237）

2.18.2 中南美洲

哥倫比亞的因加人傳統上認為，彩虹是一條巨蛇，會化身為強大的巫醫出現。（S.H. Levinsohn，私人通訊，1982 年 4 月）

論及圭亞那的中央阿拉瓦克人（the Central Arawaks）時，法拉比（Farabee 1918:151）說到，族人相信埃塞奎博河沿岸許多水池中都棲息著巨大的靈蛇，如果有任何一條太會惹事，巫醫可能會將牠殺死，因為大概也只有他才辦得到。

2.18.3 東南亞大陸

馬來半島至少有些尼格利陀人相信，「那條升入天空沐浴的蟒蛇（彩虹）也是『哈拉克』（意即『薩滿』）」。（Evans 1937:206）

2.18.4 澳洲

拉德克利夫－布朗（Radcliffe-Brown 1930）和艾爾金（Elkin 1930-1931）都強調巫師（或稱「薩滿」）與澳洲原住民的彩虹蛇的特殊關係。正如前面第一位作者所說（1930:343）：「在這些部落中，人們相信蛇會吞噬接近其巢穴的人，但是巫醫不在此限……巫醫從彩虹蛇中獲得力量。」

薩滿不僅可以免受彩虹的惡意侵害，而且還與彩虹在靈性上有密切的聯繫：「在維多利亞大沙漠7的部分地區，彩虹稱為沃納比（Wonambi），棲息在死水潭和岩池中，在原住民醫師的入行儀式中扮演重要的角色。」（Berndt and Berndt 1964:209）

2.18.5 非洲

詹姆斯（James 1988:276）在描述蘇丹－衣索匹亞邊境地區的烏杜克族時，清楚指出薩滿與非洲彩虹蛇之間類似的特殊關係。這些「烏木占卜師團」（Order of Ebony Diviners）的成員扮演著社會上具有神力的保護者的角色，並且熟悉神諭、占卜等。如前所述，傑貝爾西拉克（Jebel Silak）有「一處壯觀的洞穴和瀑布，據說那裡就有彩虹」。新手烏木占卜師的入行儀式便是要他們浸泡在這處洞穴的泉水中。

但在他們進入水中之前，要先放入稱為「噶歐」（gao）的羊肉。如果彩虹吃掉放在水裡的肉，那就代表飢腸獲得滿足，牠高興了，而這時新手便可以安全入水，並且習得知識。他們「學到一切」。不過，從彩虹這生物的洞裡所濺出的水會「殺死」新手，要用香料方能使他甦醒。

作者在書中他處還指出，普通人對彩虹產生的恐懼與對危險掠食動物的並無不同。相較之下，烏木占卜師團的成員卻會毫不猶豫地「打擊」或「騎乘」自己的靈性導師兼對手。

▶▶ 2.19 ｜特徵34：彩虹和尿液

2.19.1 北美和墨西哥

在墨西哥西北部的塔拉烏瑪拉族人說，「有一股黃水據說是從彩

7　Great Victoria Desert：位於澳洲內陸西南部，跨南澳州和西澳州，東西長1,000多公里，最寬約550公里，面積達424,400平方公里；平均海拔150－300公尺，多沙丘、沙原和鹽沼。

虹流出的。萬一牛喝下了，體重會減輕並且死亡。人類也不喝。」
（Bennett and Zingg 1935:325）

2.19.2 中南美洲

哥倫比亞的因加人說：「不要在能看見彩虹的時候洗澡，那樣會非常糟糕，因為彩虹會在你身上撒尿，讓你長出疹子。」（S.H. Levinsohn，私人通訊，1982年5月15日）

根據哥倫比亞庫艾克爾族的說法，彩虹有兩道，小的那道小便時會發光（這一道是黃色的，非常壞），另一道大的彩虹小便時也會發光。（Vicente Paskal，私人通訊，1982年4月22日）

巴西東部的博托庫多人說：「水王是條大蛇，牠會向雨發出訊號，使之落下；人們稱彩虹為『大蛇的尿』。」（Métraux 1963a:540）

2.19.3 東南亞島嶼

（Vanoverbergh 1972:145）表示，伊斯內格人口中的「巴隆」（bárong）可以指膀胱或是彩虹的排泄物，不過未再進一步解釋或說明。

二十世紀上半葉，荷蘭民族學家尼古拉斯・阿德里安尼（Nikolaus Adriani）和阿爾伯特・克魯特（Albert C. Kruyt）從印尼蘇拉威西中部托拉賈族群中一些個別成員那裡收集到種類繁多的傳統信仰。兩位學者表示，這些族群中有些人認為彩虹會將尿撒在地面上。（Adriani and Kruyt 1950-1951:407）

2.19.4 紐幾內亞島及其衛星島嶼

紐幾內亞島塞皮克河上游盆地的費蘭敏人以及與其關係密切的民族都把雨稱為馬加利姆（彩虹蛇）的尿液或眼淚。（Brumbaugh 1987:26）

尚不清楚這種信念為何如此普遍。然而，有鑑於彩虹通常被視為

一條藏身在地表水下的巨蛇，那麼有些相信萬物有靈論的人若認為，牠在天空時需要排泄也可能是再自然不過的。此一信念也許不可避免地導致下一種信念的產生。

2.20 ｜ 特徵 35：彩虹和糞便

人們有時會在彩虹的末端發現糞便，而非黃金。

2.20.1 中南美洲

巴拉圭大廈谷地區的托巴人認為，「灌木叢中有一種黑色、粉紅色、黃色或綠色的物質，外觀像洋蔥，但很軟。印地安人稱之為彩虹的排泄物。這種東西具有魔力，印第安人很熱衷收集，以便將其裝入掛在脖子上的小袋子裡帶走。」（Métraux 1946:38）

2.20.2 東南亞島嶼

如前所述，伊斯內格人口中的「巴隆」可以指膀胱或是彩虹的排泄物。（Vanoverbergh 1972:145）

2.20.3 紐幾內亞島及其衛星島嶼

紐幾內亞島的克溫人（the Keweng）表示，「彩虹是雨水和陽光的混合物，其末端可能留下一堆排泄物」。（Malcolm D. Ross，私人通訊，1982 年 6 月 25 日）

佛洛伊德（Freud 1961:403）引起人們注意精神分析中黃金和糞便的關聯，並認為這種關聯「也從社會人類學中得到大量證據的支持」。為了證實這一說法，該作者引用了如下的資料：第一，1913 年達特納（B. Dattner）在《國際精神分析雜誌》（*Internationales Zeitschrift für Psychoanalyse*）上發表一頁名為〈黃金與糞便〉（*Gold und Kot*）的註記；第二，兩年後雷克（T. Reik）在同一本期刊中發表一頁同名的後續註記；第三，奧圖・蘭克（Otto Rank）在某出版物順帶發表的一些評論；第四，奧圖・蘭克最初出版於 1908 年的《性格和肛門色情》（*Charakter und Analerotik*）。我一直無法取得達特納和雷克出版的文字，但在蘭

克或佛洛伊德（Freud 1908）的著作中找到的線索過於薄弱，並不足以支持「從社會人類學中得到大量證據支持」的說法。榮格引用了佛洛伊德並重申這一主張，同時堅信民間傳說中糞便和黃金的關聯得到了德古貝爾納蒂斯[8]的支持。（Jung 1956:189, fn. 23）然而，對於德·古柏那提斯（de Gubernatis 1968，原作於 1872 年）的論述，經過一番搜尋，也找不到在這方面的任何資訊。

無論較廣泛的精神分析主張有什麼優點，從本文所回顧的整體觀念體系來看，將糞便視為肛門色情「寶藏」的精神分析詮釋是無法明確得到彩虹民族學資料支持的。正如我們將進一步探討的，彩虹的末端是強大靈力的所在地，能夠導致例如性別、種族或精神改變的自然反轉。在這種情境下，黃金和排泄物兩者間不穩定的關係也許就不足為奇了。

▶ 2.21 ｜特徵 36：彩虹是祝福或好運的標誌

儘管在跨文化中很少見，但有時彩虹也被視為祝福或好運的標誌。這也許可以解釋彩虹末端發現寶藏的情況，但由於該特徵在 12 至 13 項下單獨處理，因此這裡不再贅述。

2.21.1 北美和墨西哥

在加州南部加布里埃利諾族（the Gabrielino）印第安人看來，彩虹據說可以招來好運。（Bean and Smith 1978:548）

猶他州落基山脈南部的烏特人相信，彩虹「是天堂的神靈，總是在天上出現的那個是良善的，但只是有時才出現」。（Talmy Givón，私人通訊，1983 年）

2.21.2 中南美洲

如前所述，小安的列斯群島的加勒比島人有一個奇特的想法：如

---

[8] De Gubernatis：1840 － 1913 年，係義大利的一位民族學家、語言學家、東方學家、文學史學家及劇作家。

果「海上出現彩虹」，他們就認為是旅途順利的好兆頭。但彩虹如果出現在陸上，他們就會躲在家裡，認為那是一個怪異的、無主的神靈想要殺人了」。（Roth 1915:268）

2.21.3 紐幾內亞島及其衛星島嶼

印尼紐幾內亞鳥頭半島（Bird's Head peninsula）的泰希特人（the Tehit）視彩虹為神靈祝福的徵象。不過根據報導，彩虹與蛇沒有任何關聯（Don A.L. Flassy，私人通訊，1982 年）。這可能是傳教士訓誨的影響。

紐幾內亞島的伊姆邦古人（the Imbonggu）也有類似想法，因為他們說：「人生病時，彩虹代表超自然的同情心。」（Malcolm D. Ross，私人通訊，1982 年 6 月 25 日）

2.21.4 太平洋島嶼

密克羅尼西亞西部的帛琉人認為，「如果你能摸到彩虹，應該可以招來好運，可惜這當然是不可能的。」（Sandra Chung，報導人 Roy Ngirchechol，私人通訊，1982 年 2 月 23 日）

2.22 ｜特徵 37：彩虹預示重要人物死亡

2.22.1 東南亞島嶼

馬來半島霹靂州的馬來人說：「西方的彩虹如果破散了，那就代表王子、國王即將去世。」（Skeat 1900:15）

印尼西部爪哇人有關彩虹的民間信仰之一是：彩虹是重要人物死亡的徵兆。（Sriyoso，私人通訊，1980 年 3 月）

印尼中部蘇拉威西島的西托拉賈人（the West Toraja）認為，「晨空出現彩虹意味王子或是薩滿即將死去。」（Kruyt 1938:2:359）

2.22.2 太平洋島嶼

夏威夷人曾經視彩虹為大酋長的標誌（Beckwith 1976: 152, 209,

366, etc.）。更具體說，「『阿努埃努埃』（Ānuenue，意即「彩虹」）是卡納（Kane）和卡納洛加（Kanaloa）的姐妹並且充當他們的使者，或者盤旋在像神般等級的孩子的上方。」（Beckwith 1976:521）在這方面，彩虹（Ānuenue）跟古希臘眾神的女信使伊麗絲很像。

2.22.3 非洲

象牙海岸的巴烏萊人（the Baoule）相信，彩虹的出現就象徵會有偉大人物（酋長、國王）過世。（Denys Creissels，私人通訊，1981年11月20日）

奈及利亞的伊克維雷人認為彩虹「是個不祥之兆，預示某個非常重要的人物將要死去。」（Kay Williamson，私人通訊，報導人 J.T.N. Wali，1982年）

奈及利亞河流州（Rivers State）講卡納語的人表示，「在我住的地區，人們普遍相信（實際上也是唯一已知的看法）彩虹出現就代表有個偉人、英雄在某處死去或將死去。」（Nwinee B. Williamson，私人通訊，1982年）

喀麥隆的門丹人（the Mundani）表示：「破散開來的彩虹意味某位像酋長那樣的重要人物即將死去。」（Julie Kuperus，私人通訊，1982年4月）

其他不尋常的天體現象也與重要人物的死亡聯想在一起。其中最常見的是彗星或隕石（「流星」）的出現，都可視其為光輝的物體墜入黑暗，讓人很容易聯想到人間，這是一種普世分布的民間信仰，例如莎士比亞的《凱撒大帝》（ii, ii:30-31）就寫道：

> 乞丐死時，彗星不見；
> 王子之死，天庭熾火自燃。

然而，為何彩虹也有相同的象徵涵義就不甚清楚了。

2.23 ｜特徵 38：彩虹與工作

2.23.1 東南亞大陸

如前所述，緬甸半島地區和泰國的克倫人（the Karen）「清晨如果看到西天出現彩虹就會感到惶恐萬分，尤其是伴隨響雷、地震而來的話。在這種情況下，他們不會去工作，因為這是禁忌。」（Marshall 1922:228）

2.23.2 東南亞島嶼

菲律賓呂宋島北部的伊斯內格語裡有個衍生詞「mabunglún-ān」意思是：「很快就死去（建築時有彩虹環繞的房屋建成後）」；所指的人就是房屋的主人。（Vanoverbergh 1972:182）

而菲律賓呂宋島北部山區的邦托克人也相信：

> 某些儀式，特別是水稻收割之前，或是全村通常得停工三日的儀式，在進行中若有彩虹出現，就會使「休假」再延長一天。有人告訴我這麼一個案例：由於每天都出現彩虹，人們有九天都不准工作。我也親身經歷過，當時的情境是：有個在外地遭人殺死的人運回村裡埋葬時，因舉行葬禮的「休假」期間出現彩虹，於是族人宣布延長。（Lawrence A. Reid，私人通訊，2000 年 4 月 7 日）

「所有的西托拉賈人普遍相信：如果出現彩虹，必須立即停止田間一切工作。如果繼續耕作，以後也無法收成，因為各種動物會來毀壞糧食。」在蘇拉威西中部的洛爾地區，人們傳說「建造房屋的時候，要是有彩虹靠近，就得立即停止勞作，否則日後房屋會被燒毀。」（Kruyt 1938:2:359）

同一洛爾地區的納普托拉賈人（Napu Toraja）相信，「如果敲打樹皮做樹皮布時出現彩虹，仍須繼續工作，否則韌皮變乾，就不適合進行下一步工序了。」（Kruyt 1938:2:360）

印尼東部佛羅勒斯島的里奧人認為，彩虹出現的那一天，人們不能下田工作，因為這樣幹活也將徒勞無功。（Bader 1971:953）

2.23.3 非洲

象牙海岸的安伊桑維人（Anyi Sanvi）認為，「大多數人相信，彩虹出現是個不祥之兆。有人認為，這表示你看到的彩虹方向出現了蛇形神靈。他們於是整天都不去該地區的田地。」（Jonathan Burmeister，私人通訊，報導人 Aka Amalan，1982 年 11 月 24 日）

2.24 | 特徵 39：白虹

2.24.1 東南亞島嶼

根據印尼東部佛羅勒斯島上毛梅雷人的說法，彩虹出自戰死者或是被謀殺者的墳墓。每當下著小雨但陽光燦爛的時候，那些人的熱血就往上升。那種血看起來是白色的，但是到了大氣之中，就會分離變成白、黃、綠色。（Bader 1971:947）

2.24.2 北美和墨西哥

馬修斯（Matthews 1902:208）曾對納瓦荷人（the Navaho）夜間吟唱的儀式做過細緻且詳盡的描述，並講述了幾位旅者穿越納瓦荷鄉下的一趟旅程。在那趟旅途中，他們遇到了一位「住在一個洞穴岩石間中的神。而祂家裡有一道白色的虹」。這裡沒有進一步的情境或是解釋，因此讀者不禁好奇，此項觀察對納瓦荷族的意義為何。

墨西哥維拉克魯茲州和普埃布拉州的托托納克人認為，雙重彩虹中比較亮的那道弧是「白色」的。（Ichon 1969:137）。

2.24.3 中亞和東亞

在中國的民間信仰中，白色彩虹有較隱約或淡的色澤；通常出現在霧氣上方；一直升到天空。白色彩虹很少見，是血跡和戰爭的徵象，可能代表好也可能代表壞。（Zhou 2001）

在一本譯成英文的日本小說中，我們讀到作者提自己見過「白色彩虹」的經歷，但沒有進一步解釋：

> 我把自己去甲斐的路上看到白色彩虹的經歷告訴工廠經理和工人。經理大聲地拍了一下桌面並且驚叫道：「喔，原來你也見到了白虹！二六事件的前一天，我在東京時也看過。那是一道白虹咧！」他看到的彩虹和我看到的一樣，都是水平橫跨過太陽的。（井伏鱒二 1979:292）

在某些情況下，就像在這個日本文學的例子中，他們指的似乎是日暈、月暈或是幻日現象而不是彩虹本身，因此才沒出現本該有的光譜色差。

2.25 特徵 40：破散彩虹

2.25.1 歐洲

在不列顛群島不同的地區中，「多雲天空中的破散彩虹有時稱為『風犬』（Wind-dogs）或『風瘻』（Weather-galls），預示暴風雨或狂風的天氣即將到來。」（Radford and Radford 1975:279）

2.25.2 中南美洲

在巴西－阿根廷－巴拉圭邊境地區的凱瓦人認為破散的彩虹不是「彩虹」，反而認為「那是邪惡的帶靈者較普遍呈現的樣子。」（David Harthan，私人通訊，1982 年 6 月 2 日）

2.25.3 東南亞島嶼

如前所述，馬來半島霹靂州的馬來人認為「西天破散的彩虹預示王子、國王即將死去。」（Skeat 1900:15）

在彭亨州沿海（coastal Pahang）的馬來人中，破散的彩虹是重要人物即將去世或者國家即將陷入混亂的徵兆。（James T. Collins，私人通訊，1982 年 6 月 12 日）

蘇拉威西中部的巴勒埃人認為，破散的彩虹是女祭司將死的徵兆。（Adriani and Kruyt 1950:406）

印尼東部佛羅勒斯島的那節人認為，破散的彩虹對兒童和狗來說非常危險。因此，當這種彩虹出現時，人們就把他們叫回家。（Bader 1971:952）

2.25.4 紐幾內亞島及其衛星島嶼

紐幾內亞島東南部的塔瓦拉人相信彩虹是通往來世的橋，但是破散的彩虹就「代表死者是個壞人，因而沒有完整的橋供他前往亡靈境地」。（Brian Ezard，私人通訊，報導人 Yailo Robert，1982 年）

2.25.5 太平洋島嶼

根據所羅門群島埃迪斯通島（Eddystone island，又名曼德古蘇島〔Mandegusu〕住民的說法，流行性疾病是由阿維（Ave）此一神靈所造成，而祂出現時每每伴隨「破散的彩虹、流星、紅雲以及陽光燦爛時下細雨等天象」。阿維引發之疾病的症狀通常是發燒、頭痛和咳嗽」。（Rivers 1924:47）

在紐西蘭的毛利人看來，彩虹破散或者呈色蒼白都是不祥預兆。（Best 1922:72）

2.25.6 非洲

如第 37 項特徵那節所述，喀麥隆的門丹人認為，「破散的彩虹意味著一位像酋長一樣的重要人物即將死去」。（Julie Kuperus，私人通訊，1982 年 4 月）

2.26 ｜特徵 41：彩虹從地表或天空喝水

2.26.1 歐洲

由於與此特徵相關的大部分資料已在第六章述及，因此這裡只會簡單帶過。

格林（Grimm 1844:695）曾觀察到，羅馬人相信彩虹會喝地表的水。

在俄羅斯的民間傳說中，彩虹喝了湖泊、河流和海洋的水，然後將其化做雨水落下。（Timothy Barnes，私人通訊，2017年9月30日）

2.26.2　南亞

印度丘塔那格浦爾叢林部落的比爾霍爾人認為，彩虹「是邦戴雷雷蛇漱口吐出的水形成的。」（Roy 1925:497ff.）。

2.26.3　東南亞島嶼

如前所述，在爪哇人眼裡，「彩虹是一條長著兩個鹿頭或牛頭的巨蛇，其中一個從印度洋喝水，另一個從爪哇海喝水。」（Hooykaas 1956:291）

2.26.4　非洲

奈及利亞南部的約魯巴人認為，「『下界之巨蛇』就是彩虹神。祂有時會起身去喝天上的水。這條地底蛇神的使者是各種蟒蛇。」（Ellis 1966:81）

2.27 ｜特徵42：彩虹的末端（或稱彩虹腳）

彩虹的末端常常與出乎意料、有時甚至怪異的物體、神靈或事件聯想在一起。其中有些信仰相當普遍，因此會另作專門討論；另一些則在細節上各有特點，但它們仍展現出一個共同的特徵，也就是彩虹的末端是一個強大靈力失衡的地方，以致產生出自然怪象、自然性質的反轉以及可能失控肆虐的強烈物理力量。對這一概念的解釋不只一種，其中一種便是：從靈性的角度來看，接觸彩虹是危險的，而彩虹的末端正是唯一可以接觸到它的地方。另一個說法是，彩虹的末端處是天與地、神聖與世俗這些完全相異性質的交會點。因此，可以把它想成是一種靈性的突觸（spiritual synapse），藉通過此處使讓強大能量在其中跳躍和旋轉。

2.27.1 北美洲和墨西哥

美國西部大盆地的肖許尼人害怕彩虹。他們會說:「有人丟了刀子,而刀在地底下。彩虹觸地之處就有刀。不要用手指指向它,否則彩虹會切斷你手指。」(Lowie 1924:293)

2.27.2 中南美洲

如前已述,哥倫比亞的庫艾克爾人認為,「在彩虹觸地之處行走不安全,因為它會使人生病。」(Vicente Paskal,私人通訊,1982 年 4 月 22 日)

哥倫比亞的瓜姆比亞諾人(the Guambiano)認為,誰站在彩虹才剛接觸地面的地點都會長出疹子。(Ana Leonor de Velasco,私人通訊,1982 年 4 月)

秘魯北部的坎多希人相信,一個人如果走到彩虹的末端,那麼他的頭皮和皮膚就會變髒或者腐爛;順便一提,族人一般都認為皮膚病是神靈攻擊所造成的結果。(Wahacha Tsirimpo,私人通訊,1982 年)

2.27.3 東南亞大陸

在尼泊爾(未指明民族語言群體),如果彩虹末端觸及房屋,據說該房屋裡有人會死。(Kirsti Kirjavainen,私人通訊,報導人 Harkha Pariyar,1982 年)

一位曾在印度東部阿薩姆邦安加米那加人(the Angami Nagas)之間居住多年的英國殖民官員指出,「安加米人對他們有接近彩虹末端的人都會死這個信念的解釋是:彩虹神靈會殺掉魯莽的人。」(Hutton 1921a:2511)

2.27.4 東南亞島嶼

呂宋島北部邦托克人也相信彩虹的末端很危險,因為他們認為「彩虹一旦落在河面,便會殺死河裡的螃蟹。因為有些儀式舉行期間必須收集螃蟹,這個活動也在一些儀式的祈禱文中會提到,因此我

認為螃蟹死亡會干擾儀式的完成。」（Lawrence A. Reid，私人通訊，2000年4月7日）

如前文第 12-13 項特徵已述，霹靂州的馬來人認為「彩虹腳下有無數的寶藏。」（Skeat 1900:15）

前文也提到過，印尼蘇門答臘島北部的托巴巴塔克人認為，彩虹腳觸地面之處會發生流行病、火災等。（Sitor Situmorang，私人通訊，1983年8月3日）。

印尼蘇拉威西島中部的西托拉賈人相信，

> 彩虹腳如果落在村莊、水牛欄、牧場或田野，這就是非常不吉利的徵兆。彩虹腳如果落在村莊上，以前族人認為敵人會來殺掉所有的人……如果落在水牛欄或是牧場上，水牛就會生病。如果落在田裡，科羅托拉賈人認為地主就不能再吃那裡的農產品了……任何遭彩虹觸碰的人都會生病。（Kruyt 1938:2:358）

這些人還說，除了與彩虹接觸會引起一般疾病以外，如果有人踩到彩虹腳，「他的腿就會腫起來。水牛也會如此。」（Kruyt 1938:2:358）

此外，某些托拉賈的族群相信，彩虹的末端是導致動物畸形的地方：人們在那裡發現頭部和臀部都長角的水牛，還有怪異的蛇、豬和其他野獸（Adriani and Kruyt 1950–1951:3:406）。

再往南去，佛羅勒斯島西部的曼加萊人（the Manggarai）認為，在彩虹接觸地表的地方，人們應該避免洗頭或是梳頭，否則頭髮就會脫落。（Bader 1971:955）

2.27.5 紐幾內亞島及其衛星島嶼

依阿特莫爾人聲稱，人們可能在彩虹的末端發現蛇、鱷魚，如果幸運的話，有時還會發現小鳥和鳥蛋。（Susan Warkentin，私人通訊，報導人 Joe Mencindimi，1983年）

紐幾內亞島北海岸的布考瓦人說，彩虹從地表升起處藏著人的膽汁，膽汁向上噴射，將空氣染色。（Lehner 1911:431）

如前所述，紐幾內亞島東南部的蘇奧人相信，彩虹的末端可能有旋風。（John Lynch，私人通訊，報導人 Michael Morauta，1987 年）

2.27.6 澳洲

阿納姆地的布拉拉人相信，只有男人和老人才能走到彩虹的腳下，而婦女和兒童則不可，以免彩虹擊中（殺死）他們。」（Kathy Glasgow，私人通訊，報導人 Katy Cooper、Margaret Garrnyita 與 Michael Bururrbuma，1983 年 11 月 13 日）

2.27.7 太平洋島嶼

俾斯麥群島馬努斯島（Manus Island）西部的利庫姆人（the Likum）認為，「要是彩虹腳碰到了一座房子，裡面的人就會死。」（Malcolm D. Ross，私人通訊，1982 年 6 月 25 日）

在巴布亞紐幾內亞布干維爾島（Bougainville Island）的泰來人（the Telei）中，據說「如果彩虹腳觸及某個村莊，那裡就會有人死掉。」（Malcolm D. Ross，私人通訊，1982 年 6 月 25 日）

2.27.8 非洲

象牙海岸的迪達人認為，彩虹末端會有雷電生成。（Denis Masson，私人通訊，報導人 M. Sergui Goston，1982 年）

南蘇丹的莫魯人相信，經過彩虹腳下的人或是自家房屋遭彩虹覆蓋的人皮膚都會出現色素沉澱的斑塊。（Darius K. Jonathan，私人通訊，1985 年）

蘇丹南部的曼達里人（the Mandari）相信接觸彩虹末端（有時是因巫師施法所致）可能導致精神錯亂或是嚴重痙攣。（Buxton 1973:37）

前文多次提到，辛巴布威的伊拉人相信，「彩虹觸地的正下方有隻極兇猛的公羊，就像火般燃燒。」（Smith 1920:2:220）

在非洲南部講班圖語的各民族中,任何人看到彩虹,「也就是說,看到彩虹末端落在地表之處的人,都要盡快逃開:一旦彩虹看到了你,就會把你殺死」。(Werner 1933:231)

▶▶ 2.28 | 特徵 43:早晨的虹／下午的虹

2.28.1 歐洲

在不列顛群島,人們可從順口溜中看出天氣徵兆:「晨虹出,牧人慌……晚虹現,雨停歇」。「這個說法通常正確,因為天氣一般從西往東移,晨虹表明雨從西邊過來,而晚虹則說明雨已經過去了。」(Radford and Radford 1975:279)

2.28.2 東南亞大陸

如前所述,緬甸半島地區和泰國的克倫人「清晨要是看見彩虹橫劃過西方,就會非常恐懼,特別是如果還伴隨著雷聲和地震。」(Marshall 1922:228)

2.28.3 東南亞島嶼

在印尼中部蘇拉威西島的西托拉賈地區,「晨虹意味有王子或薩滿即將死去」。(Kruyt 1938:2:359)

一般來說,托拉賈人懼怕彩虹。不過,其中有些族群認為只有晨虹是壞的,其他時間出現的彩虹則無所謂好壞。(Kruyt 1938:2:356)

另外,前文另一處提到的,印尼亞蘇拉威西島中部的納普托拉賈人參加戰爭時,如果看到「皮諾拉」(午後彩虹)就很高興,因為那代表敵人流的鮮血;但是如果看到自己背後出現一道「平福克」(晨虹),他們就會打消作戰的念頭,因為這意味流淌的將是自己的血。(Kruyt 1938:2:356)

2.28.4 紐幾內亞島及其衛星島嶼

巴布亞紐幾內亞西高地省的伊姆邦古人說,下午的彩虹預示霜

凍。（Malcolm D. Ross，私人通訊，1982 年 6 月 25 日）

2.28.5 太平洋島嶼

密克羅尼西亞西部的帛琉人認為，早晨的彩虹是好天氣的標誌，或是釣魚會有收穫的一天。如果下午才現彩虹，那麼就是一個警兆：不能出去釣魚。（Sandra Chung，私人通訊，報導人 Roy Ngirchechol，1982 年 2 月 23 日）

▶ 2.29 │ 特徵 44：東／西／南／北方向的彩虹

2.29.1 歐洲

在羅馬古典作家所記錄的民間信仰中，塞尼加（Seneca）「告訴我們，南天的彩虹是豪雨的預兆；西天出彩虹則是降露水和下毛毛雨的徵兆」。（Wallis 1918:372）

2.29.2 中亞與東亞

中國古詩〈蝃蝀〉（亦即「東天之虹」）創作於西元前 700 年左右，收入《詩經》，其中有句「蝃蝀在東，莫之敢指」（白話文的意思就是東邊出現彩虹，人們不敢用手指去指它）。（Karlgren 1950:33）

1930 年代，在江蘇省北部的中國農村中，出現在四方天際的彩虹會引發如下的聯想：東方彩虹＝霧將掩至；西方彩虹＝即將下雨；南方彩虹＝（由於飢荒）販賣兒童；北方彩虹＝戰爭即將爆發。（張祥順，私人通訊，1994 年）

在山東省，據說北方出現彩虹時，皇帝就會被殺。

在河北省，北方出現彩虹就會發生暴動，南方出現彩虹就因為飢荒需要賣孩子（Zhou 2001）。陝西人說，如果南方出現彩虹，破壞農作物的大雨或冰雹即將到來。在寧夏，無論是北天或南天出現彩虹都需要賣孩子（因為飢荒即將肆虐）。在青海也有南天出現彩虹便是災難將至的徵兆的說法。（Zhou 2001）

2.29.3 中南美洲

如前所述，哥倫比亞西南部的穆伊南尼人認為，「西天若現彩虹，表示邪惡之事即將發生；最普遍的看法如下：彩虹象徵血腥，戰爭或鬥爭將隨之而來。彩虹也有可能預示嚴重的疾病」。（James W. Walton，私人通訊，報導人 Andres Paky，1982 年 4 月）

同樣住在哥倫比亞西南部的因加人相信，東天彩虹意味著雨季將至，而西天彩虹則代表旱季開始。（S.H. Levinsohn，私人通訊，報導人 Andres Paky，1982 年 5 月 15 日）

對於住在巴西西部馬托格羅索地區的凱瓦人來說，西天出現彩虹是有人即將死去的預兆。（David Harthan，私人通訊，1982 年 6 月 2 日）

南美洲南部火地島的塞爾克納姆人表示：「東方出現彩虹，惡劣的天氣即隨之而來；西方如果出現彩虹，不僅好天氣可期，而且瞬間風暴（instantaneous storms，該地區的典型現象）也幾乎消失。」（Gusinde 1931:686）

巴拉圭大廈谷地區的印第安連卦族「很怕看到西方出現彩虹」。（Grubb 1911:50ff.）

2.29.4 東南亞大陸

緬甸半島地區和泰國的克倫人認為：

> 赫庫特（Hkü Te）主宰死亡地界，乃是冥界之王……赫庫特偶爾會化身為一道西天的彩虹。根據傳說的一個版本，彩虹出現時，祂放下一根管子，藉此吸取婚宴上所提供的酒……如果談到東方的彩虹，人們會說，那是赫庫特懷孕的妻子特奎（Teu Kweh）。她現在與大地分離，變成了天空中的希望之弓，人們不時可看到她在東方為自己取水。懷孕時死去的婦女，除非彩虹神祇給她水喝，否則她的靈魂就會找不到喝的。（Marshall 1922:227-228）

2.29.5 東南亞島嶼

印尼蘇拉威西島中部的托拉賈人害怕西天出現彩虹，因為那是死亡將來臨的徵兆。（Adriani and Kruyt 1950–1951:405）

2.29.6 太平洋島嶼

紐幾內亞島尾端米爾恩灣省的蘇奧人表示，「如果東方出現彩虹，那麼未來日子艱難。如果它出現在西天，那麼好天氣似乎即將到來」。（John Lynch，私人通訊，報導人 Michael Morauta，1987 年）

2.29.7 非洲

在喀麥隆的門丹人看來，「西邊出現彩虹，表示這個村莊有人會死；東方出現彩虹則意味有人會死在另一個地方。」（Julie Kuperus，私人通訊，1982 年 4 月）

值得注意的是，在許多文化中，彩虹具有的不同意義取決於它與觀察者的相對方位。然而，這些聯想似乎缺乏跨文化的共識。再者，必須說明的一點就是：就其本質而言，出現在西方的彩虹必定是在早上出現，而出現在東方的彩虹則是必然下午或傍晚出現，而出現在南北向的彩虹則取決於當地的地形和降雨條件。

2.30 ｜特徵 45：割斷彩虹

這個想法似乎很怪，不過卻很普遍。人們顯然相信，割斷彩虹要麼可以有效阻止過量降雨，要麼可以有效釋放留存在彩虹中的雨水。這裡提供的大多數引文都支持第一種解釋，但瑞格里（Wrigley）的引文則表現了相反的意圖。

2.30.1 中亞和東亞

在日本本島的部分地區，傳統上認為應該用手或斧頭做出假裝割斷彩虹的動作，否則彩虹會追著你跑。（Hiroko Sato，轉述 Obayashi 1999，私人通訊，2017 年 12 月 16 日）

2.30.2 北美和墨西哥

貝內特與辛格（Bennett and Zingg 1935:325）在提到墨西哥北部一位塔拉烏瑪拉族的報導人時表示，彩虹「有時實在很接近。洛倫佐曾企圖用他的刀子割斷一個，但它卻逃脫了。」

墨西哥維拉克魯茲州的席埃拉布波盧卡人認定，當你看到彩虹，「如果不想下雨，可以用手做出七次割斷動作，彩虹就會消失，但是剩下的一整天裡，你的手臂會痛。」（Foster 1945:187）

2.30.3 中南美洲

哥倫比亞西南部的因加人有一種大同小異的觀念，因為他們認為，「人們可用開山刀劃個十字，以便保護自己免受彩虹傷害。這樣彩虹便會消失。」（S.H. Levinsohn，私人通訊，1982 年 5 月 15 日）

自不待言，無論原住民最初的信仰是什麼（也許是用開山刀割斷彩虹？），如今它已然融合了基督教的元素。

2.30.4 東南亞島嶼

印尼蘇拉威西島中部的巴勒埃人相信，旅人如果看到彩虹，那就是快下雨的徵兆。為了防止這種情況發生，可用刀朝向彩虹砍幾下，同時唸道：「砍刀快砍，彩虹死掉。」之後，彩虹就會消失，也就免除了下雨的風險。（Adriani and Kruyt 1950-1951:3:405-406）

2.30.5 澳洲

根據侯威特（Howitt 1996:398），當年住在澳洲布里斯班附近而現今已消失的圖爾巴勒族（the Turrbal）相信：

> 如果有人在河邊看到彩虹，巫醫就前往該處，「將彩虹附著於河床的根部割斷」。布里斯班河沿岸只有一段地區有這習俗。當彩虹占有優越的位置時，每個巫醫都到自己特定的河段去施法。

2.30.6 太平洋島嶼

莫塔人（the Mota）和萬那杜北部班克斯群島（the Banks islands）與其有密切關係的民族都認為：「孩子……看見彩虹出現時，會玩一種假裝切斷彩虹末端、名叫『托托賈西奧西奧』（toto gasiosio）的遊戲，並且認為，如能將彩虹截短，雨就不會再下了。」（Codrington 1972:341）

2.30.7 非洲

坦尚尼亞北部的查加人（the Chaga）講述過一則故事：「一個貧困的多羅博人（Dorobo）從家裡出發，去向伊魯瓦（Iruwa，彩虹神）要牛……他來到彩虹的末端並開始祈禱。由於沒有得到回應，他憤怒地拔出劍，將彩虹砍成兩半。」（Werner 1933:233）

瑞格里（Wrigley 1988:372）在一篇有關彩虹民族學及非洲社會中彩虹與閃電之關係的概括性文章中寫道：

> 關於閃電和彩虹的要點是，自從最早天地分離以來，兩者一直是現存唯一連結天與地的東西。兩者都是極其難捉摸的勢力。閃電帶來賜與生命的雨水，但自己卻也是殺手。在非洲人的思想中，彩虹是一條藏身水中的大蛇，但是等牠升入天際，便將地表的水和天界的水分開，因此必須將其斬成兩截、砍下腦袋，以使它釋放雨水。

這些不同解釋再次說明了彩虹固有的歧異：它到底帶來雨水還是阻擋雨水？早期人類顯然無法在兩者中決定做哪個選擇。最重要的是，如第五章所示，中國龍也被賦予了完全相同的屬性，雖然牠在主流的（亦即宮廷）傳統中已經進化到不再與彩虹有明確的關聯，但是過去一定曾有這種關聯，而且仍存在於至少某些地區的民間傳統中。

▶ 2.31 ｜特徵 46：彩虹從螞蟻窩或白蟻丘升起或鑽入

令人驚訝的是，至少在印度部落、墨西哥、南美巴拉圭－阿根廷邊境、東南亞島嶼和非洲大部分地區，人們認為彩虹是從螞蟻窩或白蟻丘升起或鑽入的。

2.31.1 南亞

印度東部安得拉邦的穆里亞部落認為，「彩虹是一條大蛇布姆塔拉斯，牠從螞蟻窩升起以便止雨」（Elwin 1947:262）。

2.31.2 北美洲和墨西哥

墨西哥中東部的歐托米人（the Otomí）認為，「彩虹出自紅螞蟻的窩。這就是我們看到的、有許多美麗顏色的東西。」這段文字的作者還附了一張線條畫，標題為〈彩虹出自紅螞蟻的窩〉。（Pedraza 1978:1:185）

2.31.3 中南美洲

阿根廷－巴拉圭大廈谷地區的尼瓦克萊族（the Nivaklé）印第安人有一則關於彩虹乃由靈蛇造出的故事：

> 彩虹有個主人，那是一條蛇。彩虹是從一個很高的圓蟻丘中出來的。蟻丘裡面有一條蛇，眼睛和嘴巴都發光。蟻丘內部有濕氣。蛇將濕氣釋放到空氣中。然後，在另一邊，另一條蛇接收了濕氣。這條名叫托克洛克洛克（Tokloklók）的蛇，牠的肋部和胸部是紅色的，背部是白色和黑色的，又有一個很大的頭和一條同樣粗細的尾巴，但尾巴在哪裡沒人知道。這條蛇吸收了蟻丘中的濕氣，從而形成了一個拱。托克洛克洛克是一種神靈。（Wilbert and Simoneau 1987:80）

2.31.4 東南亞島嶼

荷蘭殖民人類學家阿德里安尼和克魯特觀察到，印尼蘇拉威西島

中部的托拉賈人「對彩虹抱有很多幻想」。據報導，有些托拉賈人認為，彩虹從腐爛的樹幹中出現，並從那裡延展到天空，而另一些人則認為，彩虹是從翁提雷伊（onti lei，一種大型、具有惡毒叮咬力的紅螞蟻）的窩巢裡出現的。（Adriani and Kruyt 1950-1951:407）。

2.31.5 非洲

塞內加爾的曼丁卡人（the Mandinka）和沃洛夫人（the Wolof）都說彩虹出自白蟻丘。（Denys Creissels，私人通訊，1981 年 11 月 20 日）

如前所述，象牙海岸和迦納鄰近象牙海岸之地區的安伊桑維人表示：

> 人們稱彩虹為尼安貢東（nyanngonndon），據說那象徵一種神靈或是強大的蛇形神靈。有些人將彩虹與黃金神靈或神靈聯想起來。人們認為彩虹會由伴隨的煙霧從白蟻丘裡冒出來。當彩虹出現，那地方的黃金就消失了。（Jonathan Burmeister，報導人 Aka Amalan，私人通訊，1982 年 11 月 24 日）

在西非，這種信念似乎相當普遍。關於豪薩人，有兩份獨立的報告證實了該信念的存在。根據 Tremearne（1968:218）的說法，「彩虹從鹽井升起，進入蟻丘。它會喝雨水，從而防止雨水繼續落下」。而巴爾傑瑞（Bargery 1934）則認為賈吉馬里（gajimari）一詞具有兩種意義，其一是彩虹，其二是一種據說藏身在古井、大枯樹、某些螞蟻窩等並以彩虹樣態出現的神靈。

奈及利亞北部的莫富人或古杜爾人認為，「當祖先離開白蟻窩巢，升到天空阻止降雨時，彩虹就會出現。」（K. Hollingsworth，私人通訊，報導人 Abdias Galla，1982 年 4 月 16 日）

剛果民主共和國的勒拉人相信，彩虹蟒蛇「藏身白蟻丘中，只有下雨的時候才出現；為了避開它致命的呼吸，人們必須發出聲響。」（de Heusch 1982:38）

盧巴－亨巴人（the Luba-Hemba）也有類似的傳統：「彩虹其實是從一條名叫孔戈洛（Kongolo）的大紅蛇嘴裡噴出來的蒸氣或煙霧。同樣的黑煙有時會從白蟻丘裡冒出來，形成雲的形狀，殺死其行經路徑上的任何人。」（de Heusch 1982:38）

維納（Werner 1933:231）指出，非洲南部講班圖語的民族也有類似的信仰，但沒有明確指出哪些民族。「在非洲南部一些講班圖語的民族中，彩虹奇怪地與螞蟻堆聯想在一起，據說彩虹應該『住』在那兒」。（Werner 1933:231）

德·休斯（de Heusch 1982:54ff.）對這種意想不到的關聯做了最詳盡的討論。他觀察到，對於澤拉人（the Zela）和剛果民主共和國其他密切相關的民族來說，恩孔戈洛（Nkongolo，意即「彩虹」）：

> 具有雙重樣態：其一為彩虹，會從陸地的水域中升起，並且燃燒雨水；其二為蛇，從白蟻丘裡現身，威脅人類⋯⋯在澤拉人看來，恩孔戈洛蛇就像彩虹那樣，只在下雨時出現。根據開賽盧巴人（the Luba of Kasai）的信仰，牠產生的致命氣息直接影響降雨，他們將彩虹與恩孔戈洛蛇的呼氣明確地等同起來。這種彩色的呼氣在盧巴－亨巴人（the Luba-Hemba）的觀念中變成了黑煙，而且據他們說，當恩孔戈洛神靈在異地時，人們會看到濃密且陰暗的蒸氣游動著，並破壞它所接觸到的一切。有人可能會認為這種想法指的是旋風，但根據為我們報告這項資訊的科勒（Colle），白蟻丘有時也會噴出同樣的煙霧。這種從地面升騰到天空的「危險蒸氣」很可能就是雨季開始時離開蟻丘、準備交配的白蟻群。

多虧有這份極富洞察力的段落，要不然世界上至少五個相距遙遠地區有關彩虹和白蟻丘之間的關聯就會仍是一個無解的謎。但是，有了這段文字，我們就可領悟到：彩虹的顯現和從白蟻丘飛出交配的白蟻群都同時出現於熱帶雨季的開端之際，並且在某些文化中，兩者之

間存有因果關係。最重要的是，我們再次看到，對於分布全球，起初看來是任意無章的彩虹信念實際上是可有自然解釋的。同時我們不得不想起，繆勒在 130 多年前（1891 年）的著作《物質宗教》中所發表的（然而長期不為學界支持的）觀點，並不能因為一時找不到堅實的例證而加以揚棄。繆勒和任何人一樣，可能也犯過一些錯誤，導致後來一頭熱的批評者揚棄他的整本著作，認為他的論點走偏了。然而，一些他從未思考過，或甚至根本沒有察覺到的民族學難題，例如在此提到的，相距遙遠的不同文化都將彩虹和白蟻丘聯想起來，如今可以利用與他曾經堅持主張之非常相似的方法加以解釋，也就是說，將許多神話主題視為文字發明以前的人類試圖解釋自然環境中事事物物的反映。

▶ 2.32 ｜ 彩虹民族學的總結

這些有關彩虹之五花八門的看法，顯然與西方文化中的彩虹概念有很大的出入。西方文化將彩虹視為美麗的東西（通常在它那難以捉摸的末端藏有一盆金子），或者根據聖經裡的記載，彩虹標誌著洪水（暫時）掃除了世界上的邪惡之後，上帝與人類之間的新約定。然而，大多數傳統民族並不將彩虹視為無生命的、代表希望或美麗的象徵，而是將其視為有生命的、本質邪惡且常會攻擊並傷害人類，讓人類畏懼的物體。

將彩虹視為邪惡之超自然現象的觀點顯然是個遠古的想法，幾乎可以肯定的是，它以十分相似的形式存在於我們假設的、舊石器時代觀察者的腦海中。這些遠祖不斷地問：「這是什麼？」對他們來說，彩虹所呈現的必定是令人敬畏的威儀，必須要尊重，且由於文字發明以前的人類大多以萬物有靈的視角看待自然，於是將彩虹解釋為一條巨大的靈蛇，認為牠有時藏身於陸上的水體，有時生活在天上。

儘管這裡收集了大量與彩虹民族學相關的資料，但我可能僅觸及到表面上的皮毛而已。以民族誌為重心的研究工作在許多地區幾乎未

曾推動,而在其他地區,外地人擅入調查會受當地人排拒。德・休斯對中非一系列班圖語民族的詳細研究讓人理解到,世界其他地區有關彩虹信仰的報導可能忽略了多少內容,因為這些報導大多數都非常簡短、粗略。他在〈彩虹與閃電〉這長達 42 頁的一章,以實事求是的態度開始極為正確的陳述:「班圖人有關宇宙進化(cosmogonic)的思想很少成為科學探究的對象,要麼因為它對草率的觀察者來說顯得貧乏,要麼是因為它被隱藏在入教儀式中,不對民族誌研究者開放。」對世界其他地方來說事實肯定也是如此。

簡而言之,德・休斯的論述提出下面這一點是令人信服的:閃電與彩虹之間的衝突,對於非洲中部講班圖語的諸民族來說,說明了為其精神生活中心的整體世界觀,而絕不是一兩個沒關聯、任意造作的民間信仰。這兩個自然現象相互衝突,閃電代表濕季以及賦予生命之雨水的到來,彩虹則代表乾季以及阻擋雨水的趨勢。這兩個天上的對手間的衝突反映在神話和民間傳說中,而最重要的是,它與北美原住民信仰中的雷鳥(=閃電)和有角水蛇(=彩虹)之間對抗的情節驚人地相似。雖然北美原住民並未將他們的「龍」與彩虹連貫起來,但這種自然的對立卻強而有力地指出了一種共同的信仰體系基底,而該信仰體系後來已經從彩虹轉變為彩虹蛇,然後再轉變為龍了。

至於彩虹蛇的神話,魯倫斯坦的著作(Lœwenstein 1961)是試圖理解這個主題最完備的研究之一。它簡要調查了世界多個地區對彩虹的信仰,其中包括馬來半島和安達曼群島的尼格利陀人,以及澳洲、非洲和南美洲的原住民。儘管他沒有討論龍的本身,但他注意到,在相距甚遠的地區,彩虹與蛇之間有著驚人的連結,並設法找出一種解釋來說明為什麼不同地區的人們再三地獨立發現這個相關性。他的結論是,彩虹與蛇的聯想只發生在世界上出產巨蛇的地區:

> 彩虹巨蛇的神話在熱帶地區的部落中很常見,而在熱帶以外的地區則很難找到彩虹蛇的概念。這點表明,該神話必然與特

定的蛇類動物蚺科（Boidae）的出沒及其地理分布密切相關，而該蚺科動物包括現存體型最大的品種，亦及蟒（Pythons）和蚺（Boas）。（Lœwenstein 1961:37）

後面這一類中，作者算進了從印度東部延伸到馬來半島和東南亞大部分島嶼的網紋蟒（Python reticulatus）、紐幾內亞島和澳洲的鱗蟒（Python spilotes）、澳洲北部的紫晶蟒（Python amethystinus）、非洲大陸的岩蟒（Python sebae 或 Rock Python），以及南美洲北部的森蚺（anaconda 或 Eunectes murinus）。從這一點開始，魯倫斯坦的論證完全失控，因為他認為彩虹蛇複合體（Rainbow Serpent complex）的靈感是源自於人們看到巨蛇，並因其多彩的外皮而與彩虹相提並論。因此在他看來，彩虹蛇複合體不是源自渴望理解彩虹的本質，而是出自人們於對蛇的崇拜，而這種情況只可能發生在巨蛇大量存在的熱帶地區。為了解釋彩虹蛇複合體的普世分布，他被迫採用激進擴散理論的論點：

> 然而，僅靠動物學的證據是無法解釋彩虹蛇神話幾乎遍布全球的。事實上，這個在各地都表現出共同特徵的神話似乎不太可能是在熱帶相隔遙遠的區域獨立起源的。因此，我們就有理由相信，這個概念在很早的時代就擴散出去，發源地似乎就是黑種民族原生的地區。（Lœwenstein 1961:38）

之後這個推理鏈迅速地惡化。因為魯倫斯坦不得不假設，東南亞的格利陀族（the Negritos；過去也俗稱為「矮黑人」）將自己蛇崇拜的想法傳播到澳洲和西太平洋。他雖未進一步主張，只靠採集為生的尼格利陀族人竟可能跨越太平洋，將彩虹蛇複合體的概念帶入南美洲，但在這裡，他轉而求助於非洲，只是我們要願意接受一條更加曲折的推理路徑：

> 就新大陸熱帶地區的彩虹蛇神話而言，沒有任何證據顯示這

些故事確實原創於南美洲的印地安族群。相反的,神話中奇特的基督教和其他信仰的混合,以及與非洲和其他地方已記載的神話明顯相似,都暗示其源自外地。此外,眾所周知,南美印第安人都多多少少與其他種族混血,許多人也因此有黑人血統。所以,蛇的信仰看來是借自於黑人的思想,也就是在十六世紀下半一直持續到十九世紀中葉之後,西非奴隸貿易時期傳入的。（Lœwenstein 1961:40）

儘管這篇文章有不可否認的學術價值,但是由於其扭曲的論點,最後難免陷入毫無根據的斷言（例如,南美的彩虹蛇複合體是從移入的非洲奴隸那裡借來的）。我無意暗示其論點一無可取,只不過我們顯然無法藉此釐清本章所探討的任何彩虹的特徵,此外該文也始終沒有切入龍的主題。

毫無疑問,彩虹蛇神話在熱帶地區更為清晰,可能是因為接觸大蛇可加強彩虹與巨大靈蛇之間的聯想。最早彩虹蛇的觀念甚至有可能起源於我們人類早期的祖先,也就是在他們離開非洲熱帶這人類搖籃之前。但是,提出其他地區從未存在過同樣的聯想,是犯了一個本末倒置的錯誤。龍無論在哪裡發現,都一定是從彩虹蛇演變而來的,正如上文已詳細論述過、而且還會在第九章進一步總結的那樣。魯倫斯坦的主要貢獻在於表明,彩虹與由它而生的神話蛇兩者間的分離,在熱帶以外的地區（但他從未提及）比在熱帶地區更加容易、更加澈底。不過,由於文字的使用在非熱帶地區比熱帶地區更早,而世界上許多產大蛇（蟒、蚺）的地區,往往在過去一兩個世紀前仍處於文字發明以前的世代,因此很難區分物質、生物環境的因素以及文化的因素。無論如何,科學理論的成敗僅取決於其對觀察結果的解釋能力,而魯倫斯坦所提出的關於彩虹蛇複合體起源的理論,並無法解釋大量相關的觀察結果（例如本章所涵蓋的大多數的觀察結果）。

儘管有這些明顯的缺失，至今維基百科中仍然可看得到一個非常相似的說法：「彩虹蛇的靈感可能源自四種蛇，其中包括紫晶蟒（又稱「灌木叢蟒」〔Scrub Python〕）、太攀蛇和瘰鱗蛇（file snake），而且每種蛇都具有一種與彩虹蛇相關的特徵，但有人推測，彩虹蛇最有可能的發想來源是水蟒（Liasis Fuscus）」。在這段文字中，我們再度看到因果關係顛倒的情況。萬物有靈論的思維將神靈或靈性歸因於自然界的特徵，而不是將自然界的特徵歸因於神靈的存在。彩虹的民族學的探討闡明了在幾乎所有文化中，彩虹都被視為一種神靈，而且無論人們多麼恐懼蛇、崇敬蛇，牠們都是自然界的特徵，而非神靈。

　　這裡不得不強調一下這項錯誤，因為它在不同的出處中反覆出現。這篇文章的作者並沒看出，文字發明以前的人類對彩虹性質的解釋有明顯的需求，因此選擇當地所產的蛇作為這種解釋的物質模型，反而提出了一個因果錯置的論點，斷定彩虹蛇這概念之所以形成，是因為人們認為蛇像彩虹，而非彩虹像蛇。倘若這種顛倒的因果是正確的，那為什麼彩虹蛇（和龍）在相隔遙遠的地區都可以控制天氣、身居瀑布、與雷電對抗，又或者是雌雄同體（這裡只挑出了目前討論過的龍與彩虹蛇共有特徵的幾個而已）？這些顯然都是有關彩虹而非有關蛇的信仰。再者，拿水蟒來說吧，根據推測，是牠引起澳洲原住民害怕接近水坑，那麼二十世紀初馬其頓的鄉下人怎麼可能在靠近「龍泉」（dragon springs）時也產生類似的恐懼（參見第五章的特徵2）？又如何解釋中國人害怕有龍出沒的井（即使是人工開鑿出來，顯然沒有真蛇出沒的），或者北美原住民對有角水蛇守護的湖泊或河流感到敬畏呢？難道世界各地這些連細節都相似的信仰只能被視為一個天大的巧合？

　　這裡還需扼要地提一下另外兩篇涉及彩虹蛇觀念的比較研究。

　　在第一個研究中，霍普金斯（Hopkins 1931）探究了中國商代甲骨文中的一個象形符號，該符號在前面章節也曾提及，也就是「虹」：它具有彩虹的形狀，兩端各長有動物的頭（參見 Hentze1966 與

Eberhard 1968）。作者很正確地觀察到，這個象形文字將彩虹與龍聯貫起來，兩者間的聯繫比中國後期的文字更為明顯，因為後期的書寫系統已大多不再用象形示意的方法。但可惜的是，作者並沒有在下文循著這個線索進而提出啟發性的論述，反而將整篇文章的大部分篇幅用來辯駁一位持不同見解的日本學者，試圖證明自己對雙頭彩虹的解釋更好。最後，文章並未得出實質性的結論，僅僅指出早在三千六百年前的商朝，中國文化中就已將彩虹與龍聯繫在一起。至於為何有這種的關聯，作者並沒有設法解釋，自然也沒有也沒有進一步提到龍如何從彩虹進化而來的任何特徵，而那些有助於重構龍從彩虹演化而來的重要特徵，也未再被提及。[9]

在第二個研究中，伊凡諾夫和托波羅夫（Ivanov and Toporov 1970）對立陶宛和白俄羅斯的一些雷神神話及其與蛇的關係做出了李維史陀式的解釋，認為那是上層世界與下層世界的二元關係。在分析這些神話的過程中，他們察覺到蛇與人類、馬或牛之間的轉形（1970:1190, 1193），以及印歐語系民族的蛇神話與非洲傳統神話間的相似性這些奇特之處（1970:1201），但他們從未提出將龍的概念與彩虹蛇的演化連貫起來的理論。

令人驚訝的是，即使是經驗豐富的學者在理解彩虹的民族學上也只能探測性地走出一小步。例如，關於俄勒岡州南部和加州州北部的原住民族，李維史陀根據神話分析和彩虹與出生的零散聯想，極力主張「該地區的所有相信幻日具邪惡本質的部落」，似乎認為幻日與彩虹相對立，而彩虹意味生命」。（Lévi-Strauss 1981:243）然而，這一結論與加州大學「文化元素分布」（Culture Element Distribution）調查的結果不一致。該調查於二十世紀四〇年代大致在同一地區進行，而根據當時的報導，人們常認為彩虹對於年輕女性（尤其是月

---

[9] 甲骨文的「虹」字圖像可見於江柏毅博士於 2022 年發表文章，〈商代的怪物—甲骨文的「虹」字〉，載於台大科教中心 CASE 報科學網站，以及作者所著之《從考古看甲骨》。見彩圖 10。

經來潮的）具威脅性（Essene 1942, Voegelin 1942），或視其為惡兆（Voegelin 1942，研究對象包括莫多克人、西部阿丘馬維人〔又稱本支阿丘馬維人〔Achumawi Proper〕〕、東部阿丘馬維人〔又稱哈姆馬維人〔Hammawi〕〕、麥克克勞德河畔溫圖人、沙加緬度河畔溫圖人〔Sacramento River Wintu〕、山麓丘陵尼塞南人〔Foothill Nisenan〕）。同樣，作者對南美洲彩虹信仰的評論顯得片斷且不完整，比方他說（1970:246）：「在南美洲，彩虹具有雙重意義。一方面，它和其他地方一樣，宣告降雨結束；另一方面，人們認定它是疾病和各種自然災害的罪魁禍首。」正如李維史陀部分認定的，這些想法並不侷限於南美洲，而且除了這些信念以外，還有其他信念也與南美洲及其他地方的彩虹普遍相關。

　　簡而言之，彩虹的因果關係模糊，以致它的出現顯然令早期人類感到困惑。自然界的大多數事物都按照規律的、可預期的模式運作，因此自古以來人類便認為那是自然界運作的方式。凡是打破此一規律、挑戰常人智慧的東西，就成為了靈界的東西。就像物理現象一樣，植物界或動物界的某些現象也可納入靈界。為什麼與任何其他植物不同且一夜之間突然冒出的蘑菇常與屬靈領域連結在一起？難道是因為其非典型的生長模式讓文字發明以前的人類感到困惑？（Blust 2000b）。同樣的，彩虹的突然出現（和消失）同樣對科學尚未建立以前的人們造成認知上的挑戰。與許多有關龍的記載不同，彩虹現象不是空洞的臆測，而是可以透過報導人的陳述來加以記錄的。例如，Walker（1980:71–72）指出，北部平原的拉科塔人認為某些東西是「瓦坎的」（wakan，意即「神聖的／神祕的」），並且：

> 這些東西擁有凌駕於人和事物之上的力量。它們是「沃瓦坎」（wo wakan，意即「屬於玄祕世界的」），是「塔庫瓦坎」（taku wakan，意即「玄祕事物」）。瓦金揚（wakinyan，意即「雷鳥」）正是其中之一……太陽、月亮、晨星、昏星、北極星、七星、六星和彩虹，這些都是「瓦坎」。

一位屬於該部落傳統派的何皮族人（Hopi）在私人通訊中向作者表達了類似的想法。他說，小時候有人警告他不要以手指指向彩虹，但是他和玩伴對此只是一笑置之。不過，他說到了成年時，自己開始意識到有必要「尊重」像彩虹這樣「特殊」的東西。

3 太陽雨

太陽雨（出太陽時下雨）很自然地與彩虹聯想在一起，因為彩虹的出現就是需要這樣的組合。然而，人們通常將太陽雨視為與彩虹相異的東西，因為前者出現時可能不產生彩色的視覺效果，因此與這裡考慮的其他現象有些不同。實際上，太陽雨一般發生在彩虹出現之際，但人們的注意力都集中在雨水與身體的接觸上，而不是雨水與頭頂陽光接觸所產生的壯觀色彩上。

根據目前所知，有兩種與太陽雨相關的信仰體系。第一種關於人，尤其是兒童，強調被太陽雨滴到的危險。第二種觀念分布得更廣，且令人費解，就是有些民族認為下太陽雨時，有貓類或狗類的動物正在「交配」或者正在分娩。（Blust 1999a）

▶ 3.1 ｜ 太陽雨也稱「熱雨」

在東南亞的許多島嶼上以及至少一部分的大陸地區中，人們稱太陽雨為「熱雨」（馬來語為 hujan panas），而其中「熱」（panas）具有雙重意義。首先，它描述雨水在太陽照耀的情況下繼續降落的事實；其次，它也指熱／涼象徵性的對比，其中「熱」代表在儀式上或精神上失去平衡的人、事物或情況，必須藉「冷卻」的步驟重新建立起儀式或精神的平衡，才能安全接觸。（Fox 1972:108, Sather 1993:85）。下太陽雨的時候，人們通常被告誡要待在室內，避免接觸「熱雨」，年幼的孩子尤其需注意，可能因為他們更有可能不顧天氣在外玩耍。這種信念的起因顯然是人們認為邪靈會在這種異常的狀況下（陽光和

雨並存時）出現，因此雨滴會具有超自然的惡意力量。有鑑於許多傳統民族都認為彩虹具有恐嚇的屬性，這種對於太陽雨的態度也許並不令人意外。以下是從我自己關於彩虹信仰更大的文本庫中所選出來、有關太陽雨的參考資料。

3.1.1 東南亞大陸

東南亞大陸地區的金達克邦族和門尼克凱恩族的尼格利陀人認為，「懷孕的女人在下熱雨（即又出太陽又下雨）時不能外出，這是令人極害怕的」。（Evans 1923:208）

馬來半島的傑哈族伊尼格利陀人（the Jehai Negritos）「信仰彩虹蛇胡拉（Hurā），認為牠有時會把牠洗澡的水撒出來，導致「熱雨」降下，人們必須避免淋到避免」。（Evans 1937:167）

馬來半島其他未指明的尼格利陀人在提及雷神卡里（Kari）時稱：

> 在名為塔希格（Tasig）的天界下，也就是在卡里的座位下，出現彩虹巨蛇（稱為伊庫柏胡雅〔Ikub Huyā〕或侯雅〔Hoyā〕）的身體，而這身體一直延伸到地獄。這蛇遵照皮雷（Ple，亦即「主神」）的命令，將頭鑽入平坦的地殼，讓來自地下深處的水流到地表，從而導致源泉湧出，以供賽芒人飲用。彩虹出現時，毛毛細雨正是那條爬蟲類動物的汗水，如果這汗水碰巧落在未戴特別臂環的人身上，就會引發一種叫「里寧卡」（lininka）的病。（Evans 1937:206）

3.1.2 東南亞島嶼

菲律賓南部民答那峨島的曼諾博人「晴天下雨時，不宜外出，因為邪靈四處遊蕩。不過，人們可以用一縷白茅（Imperata cylindrica）綁住頭髮來嚇走這些邪靈。」（Demetrio 1991:2:379, item 6811）

婆羅洲北部的登巴素克都順人（the Tempasuk Dusun）不喜歡並且害怕「熱雨」：

馬來西亞半島的人以及都順人普遍認為，下這種雨時，一定會有邪靈，而且特別兇惡……如果開始下起「熱雨」，人們就摘幾片草，有的話最好用茅草（白茅），然後放在遮陽帽或頭飾前面。邪靈看到這草，就認為佩戴的人身上有標記，不得碰他。有種名為巴泰馬諾克（patai manok，亦即「殺鳥」）的灌木與茅草同樣有效。（Evans 1953:189）。

　　印尼蘇門答臘島以西巴利耶群島（Barrier islands）的恩加諾人（the Enggano）也有這樣一個故事：「人在出太陽又下雨的天走路就會生病。是（彩虹／太陽雨的）惡魔令他們生病的（發燒、頭痛）」。（Kähler 1975:122）

　　印尼東部摩鹿加群島中塞蘭島（Seram）的阿盧內人（the Alune）認為，烏拉內阿巴拉內（ulane 'abalane，亦即「太陽雨」）會造成像流感那樣症狀的疾病。「幼童被強烈勸阻不要在下太陽雨時出去或玩耍。把一塊薑縫上孩子的衣服上可保護他們。」（Margaret Florey，私人通訊，1998 年 2 月 12 日）

3.1.3 紐幾內亞島及其衛星島嶼

　　中部高地的坦布爾－科里卡人相信，「又出太陽又下雨，這是一件美妙的事，代表幸福；大家都很享受這種時光。」（John Lynch，私人通訊，1987 年）

　　芬什港（Finschhafen）地區的德杜阿人（the Dedua）表示，「在又出太陽又下雨的時候，孩子必須趕緊回到室內，以免雨水導致他們生病。」（Metone Wamma，私人通訊）

　　紐幾內亞東南部的塔瓦拉人（the Tawala）認為，下太陽雨的時候，「一般相信有人會死，人（尤其是嬰兒）不應該暴露在這種天候下。」（John Lynch，私人通訊，報導人 Gouli Tarumuri，1987 年）

　　紐幾內亞米爾恩灣省的蘇奧人在談到太陽雨的時候表示，「讓兒童接觸到這樣的雨是不好的。人們相信太陽雨會令小孩生病。」（John

Lynch，私人通訊，報導人 Michael Morauta，1987 年）

3.1.4 太平洋島嶼

索羅門群島東南部的聖克里斯托瓦爾島的阿羅西人稱太陽雨為「烏塔歐拉」（utaora），其中 uta ＝雨，而 ora ＝被惡鬼、人或石頭附身，這反映出人們對這種現象所抱持的負面看法。阿黎多（arito）是「烏塔歐拉」的同義詞，含意包括「太陽雨、雨天光照、轉晴（人們怕鬼因而此時待在室內）」。（Fox 1970）

在密克羅尼西亞東部的吉伯特斯語（Gilbertese）中，里里納尼莫安阿圖（ririŋa ni moan atu，意即「早晨兩場陣雨間的太陽」）和里里納尼莫安瓦耶（ririŋa ni moan wae，意即「黃昏兩場陣雨間的太陽」）都是死亡的徵兆。（Sabatier 1971:320）

密克羅尼西亞東部的楚克塞人認為，「太陽雨是個壞兆頭。這預示某個重要人物將會過世。如果太陽雨的雨水接觸到孕婦，可能導致流產，因為有惡靈企圖殺死她那未出生的孩子。」（John Sound，私人通訊，1985 年）

這種信仰複合體（belief complex）已知的分布只限於講南島語系語言的東南亞島嶼和太平洋島嶼，講南亞語言但長期與馬來人接觸的的尼格利陀族群，以及一個說巴布亞語的族群（紐幾內亞島芬什港地區的德杜阿人，可能借自講南島語的族群）。其分布可能更加廣泛，不過這還有待確定。整體而言，其模式顯然帶有負面意涵，並與行為禁忌相關，但坦布爾－科里卡人（一個與南島語族並無接觸的巴布亞語族群）的信仰則與其他族群截然不同。

▶ 3.2 ｜太陽雨是野獸產崽的跡象

3.2.1 歐洲

阿黎內（Alinei 1983）提供我們對於歐洲語言中有關彩虹用語的寶貴資料，其中包括許多通常難以獲得的方言形式。在探討用動物

名稱為彩虹命名的一節中，他指出保加利亞和烏克蘭都有「狐狸腰帶」、「狐狸衣服」以及「狐狸娶親」的說法，而且西班牙和葡萄牙邊境地區的人也使用上述術語中的第一個和第三個。接著作者補充道（1983:52）：「眾所周知，『狐狸娶親』是『太陽雨』的一個極其常見的說法。然而限於篇幅，我們無法深入思考這個相當有趣的語義關聯。」

儘管他簡要地指出，「狐狸」和「彩虹」這兩個詞彙在高加索語的克瓦希語（Khvarsh）中有關聯，但考慮到他主要關注的地理範圍，他未完成的論述中所提到「太陽雨＝狐狸娶親」這一等式「極為普遍」，推測應是指歐洲其他地區。然而，他沒有提到的是，與這幾乎完全相同的信念也普遍存在於日本，從北海道到琉球群島，人們都將太陽雨稱為「狐の嫁入り」，字面意為「狐狸娶親」。（Kakuko Shoji, p.c., 2000）

儘管地理空間相距遙遠，人們仍難免傾向將這些相似信仰解釋為文化擴散的結果。不難想像，「太陽雨＝狐狸娶親」的說法在中亞和近東許多地區都很普遍，只是根本未經披露而已。對於這個說法，有損擴散論點之可信度的關鍵是：以更廣泛的區域來看，狐狸娶親只是好幾個類似的信念之一，而且這些信念都是將貓科動物或犬科動物（通常是在產崽當頭）與太陽雨聯繫起來。

3.2.2 近東
誠如沃（Vaux 1998）所指出的，太陽雨在亞美尼亞語中被稱為「狐狸娶親」。

3.2.3 南亞
印度大部分地區都將太陽雨稱為「豺狼娶親」（Kuusi 1957）。

3.2.4 中亞和東亞
在韓國，據說太陽雨表示老虎正在娶親，不過有些地區也有狐狸

娶親的報導。（Min-Sun Song，私人通訊，1999 年）

日本傳統的「狐狸娶親」在黑澤明的電影《夢》（1990 年）的開場中以一種特別令人難忘的影像呈現出來。一個小男孩在太陽雨中玩耍，他的母親非常擔心，於是催促他趕快進入室內以策安全。母子在那裡聽見微弱的節慶音樂從森林裡傳來，然後聲音越變越大。幾分鐘後，狐狸在隨從的陪伴下穿過樹林出現，而且穿著華麗的婚禮服飾。男孩震驚之餘，只是訝異看著，而遊行隊伍繼續行經他家的房子，然後消失在遠方了。觀眾相信這是電影大師創造的純藝術，但如前已述，它取材自民間傳統，一個古遠程度不可考的民俗傳說。

3.2.5 東南亞大陸

埃文斯（Evans 1923:208）報導在講南亞語的馬來原住民族群間的一種獨特但相似的信仰：「根據傑拉姆卡萬薩凱人（the Sakai of Jeram Kawan，又稱宋凱人〔Sungkai〕）的說法……陣雨過後、陽光再現之際，彩虹從老虎生病之處冒出。」

3.2.6 東南亞島嶼

下太陽雨的時候，蘇門答臘島北部的托巴巴塔克人就會說老虎出來四處遊蕩，但西爪哇的巽他人（the Sundanese）則認為，下太陽雨有兩個原因，一是叢林裡出來一隻老虎，由於毛皮被雨水淋濕，來陽光下將其曬乾（大概同時抖動身體），或者有隻老虎產下幼崽。（Dudu Prawiraatmaja，私人通訊，1983 年）

在峇里語中，「烏丹艾」（udan ai，意即「太陽雨」）據說指棲息在河流和僻靜地方的惡靈正在分娩。（Adrian Clynes，私人通訊，1998 年）

婆羅洲東南部的尼賈朱達雅克人（Ngaju Dayak）中存在太陽雨與動物之聯想的一種版本：據說下太陽雨的時候就是比納唐普爾巴（binatang purba，來自遠古的動物）在地表上漫遊的時候。（Durdje Durasid，私人通訊，1983 年）

3.2.7 非洲

根據報道，阿爾及利亞說利夫語（Rif）和卡拜爾柏柏語（Kabyle Berber）的人稱太陽雨為「豺狼娶親」（Kuusi 1957:233）。

根據修沃（Philip Hewer，私人通訊，1982 年）的說法，迦納的北春布魯人（the Northern Chumburu）認為看到彩虹時最恰當說法是「大象生下幼崽」。而這裡的「看到彩虹」可能是指「在下太陽雨時」。

奈及利亞的伊喬人（the Ijo）也有一種非常相似的說法，他們說，下太陽雨的時候，有隻豹子在森林裡產崽。（Kay Williamson，私人通訊，1982 年）

下太陽雨的時候，南蘇丹的莫魯人會說，有隻鬣狗正在產崽。（Darius Jonathan，私人通訊，1985 年）

坦尚尼亞維多利亞湖西岸的哈亞人（the Haya）相信，下太陽雨的時候，有隻獅子正在產崽。（Abdul Khamisi，私人通訊，1998 年）

3.3 ｜ 太陽雨的民族學總結

古西（Kuusi 1957）列出了不下 145 種世界各地與太陽雨相關的信仰，並按頻率排序（Blust 1999a:496–498 中有詳細摘要）。其中最常見的是「魔鬼在揍妻子」，這在美國南部的鄉村十分普遍，不過僅有歐洲和美洲的歐洲裔人群中方有報導。「狐狸娶親」在古西（Kuusi 1957）清單中的 145 個版本中排名第五，但是分布地區寬廣得多。在其他關於太陽雨的信仰中，與狐狸娶親似乎明顯相關的版本是採自印度和北非的「豺狼娶親」，以及沃（Vaux 1998）提供的許多其他變體，包括芬蘭的「老鼠娶親」；保加利亞的「熊娶親」；黎巴嫩和敘利亞的「老鼠娶親」；伊朗阿拉姆語（Aramaic）的「野狼娶親」；祖魯語、南非荷蘭語和南非英語的「猴子娶親」；衣索匹亞阿姆哈拉語（Amharic）的「鬣狗產崽」以及衣索匹亞提格雷尼亞語（Tigrinya）中的「狐狸產崽」。

這個顯然任意的聯想，其分布情況不得不讓我們提出有關起源的

根本問題。由於紐幾內亞、澳洲或美洲的原住民族似乎沒有這種聯想，人們很容易假設，它在歐亞大陸大部分地區的存在是擴散所造成的。然而，由於「狐狸娶親」出現在東方的日本、西方的芬蘭和葡萄牙，並以多少不同的形式，擴及東南亞和非洲的大部分地區，所以僅靠擴散似乎不可能。民俗學家一直傾向假設，有些民間故事的普遍存在是擴散的結果（Dorson 1968），但是這些民間故事具有娛樂價值，這點可能使其比較容易借用，然而「狐狸娶親」這個普遍的信念，看來只不過是有關太陽雨的陳述而已。

這種信念有個令人費解的模式。一般來說它通常與太陽雨（而非彩虹）相關，並與某種貓科或犬科動物的生產行為相連，（鬣狗雖非貓亦非狗，但通常被視為犬類；老鼠與大象則屬於例外，且其分布範圍相當有限）。如果從比較的角度來看，歐洲、近東和東亞的信念似乎是一種經過改進的重新詮釋：分娩的概念轉變為夫妻結合的概念，因此這一聯想已從自然行為（分娩）提升到人類的文化建構（婚姻）。所以，與其把所有這些令人驚訝一致的例子都當作是擴散的證據，不如將「婚禮」這一變體視為對某種古老信仰的平行再詮釋，而更古老的信念在文字發明以前的文化中以較殘續的形式遺留下來。然而，一些關鍵問題仍然懸而未決：這種信念已有多久的歷史？還有，它最初為何會出現？

4 彩虹禁忌

如我在作者序中所解釋的，「彩虹禁忌」是個普遍分布於全球的信念，就是認為人不應該伸出食指指向彩虹，以免這根手指會永久彎曲、腐爛、遭超自然力量截斷或者就是掉落。讀者可能還記得，我是在印尼偶然間發現彩虹禁忌的，而正是因為我努力想理解這一信念背後的動機，逐漸才引領我走上探索龍的起源這條道路。

有些學者已經意識到彩虹禁忌在大陸範圍內的分布。例如，人類

學家詹姆斯・穆尼（James Mooney 1970:442）在專門評論印第安切羅基族（the Cherokee Indians，其原鄉是田納西州大煙山〔Great Smoky Mountains〕和北卡羅萊納州的鄰近地區）時指出，不僅該族有彩虹禁忌，而且「不知何故，大多數部落甚至連太平洋沿岸的部落都怕用手指向彩虹，唯恐手指會因此萎縮或變形。作者原先是從華盛頓州普吉特海灣（Puget Sound）地區一個普亞勒普族（Puyallup）男孩那裡聽說這件事的。」這句引文的出處最初出版於 1900 年，穆尼在察覺到彩虹禁忌在北美原住民間的廣泛流傳上功不可沒。然而，他似乎沒有意識到，包括歐洲在內的許多其他地區也有同樣的信念，此外他也沒有設法解釋為何存在。其他為人所知的有關彩虹禁忌的參考資料還有湯普森（Thompson 1955–1958:1, C843.1），他寫了〈禁忌：手指彩虹〉一文，其內容似乎完全參考菲爾貝格（Feilberg 1886-1914），因此限於歐洲地區；利奇和弗里德（Leach and Fried 1972:922–923）指出，北美印第安人眾多族群中都可發現彩虹禁忌，並看來符合湯普森的民間故事主題（C843.1），卻沒有沒有進一步做出結論；霍樂（Hole 1995:2155）則未具體指出族群，只是概括性地指出，「許多地區都可發現一個共同傳統：就是直接用手指彩虹是非常不吉利的，正如同用手指太陽、月亮或是任何星星同樣也是如此。」這些陳述都未試著提出任何解釋。

因為彩虹禁忌是一個屬實的普世文化現象，所以對其做全球性的廣泛紀錄是非常重要的，我在他處（Blust 2021）已做了完整處理。然而，因為它與龍的起源關係不大，所以這裡的處理僅限於提供最起碼的證據，來證明彩虹禁忌是種普世的文化現象，並為它存在的原因勾勒出大概輪廓。

在引用具體案例之前，先介紹一下文化的普世性（cultural universals）這概念會有所助益。文化的普世性不見得非存在於所有的文化中不可。在過去的半個多世紀裡，語言學家也許比其他社會科學學門的學者對於普世性的問題做了更多的思考，並且一致認為，對於

語言的普世性通則,其分布不能輕易用偶然、接觸(借用),或源自某個可認定的祖先族群加以解釋(Greenberg 1978)。一旦去除了某特徵在分布上的這些潛在解釋因子,唯一剩下的選項就是獨立發明,而且當這種現象大規模發生時,那就反映出人類心理構造中的共通成因。

儘管我手上有關彩虹禁忌的資料要廣泛得多,但以下資料以最精簡的方式提供下面這個論點的足夠證據:這個特徵要麼在人類社會中已獨立創出過無數次,要麼就是從遠在大約在十五萬至二十萬年前最早的智人出現、最初面對彩虹的反應時開始,就一直延續著類似的禁忌:

4.1 ｜ 歐洲

一個多世紀前,彩虹禁忌在丹麥依然存在,並且十分盛行,可從菲爾貝格(Feilberg 1886–1914:2:800)的紀錄看出:作者觀察到「日德蘭半島(the Jutland peninsula)的鄉民說認為,不可單用一根手指指向彩虹、閃電、月蝕或日蝕,否則它會發炎、腫脹。不過,可以用整隻手來指。」

在十八世紀的德國,老百姓認為「不可用手指向彩虹,因為他們視彩虹為天使的面容」。因為 1754 年,下薩克森州布藍茲維(Braunschweig)市的法令曾提出如此的訓誡(Grimm 1844:695)。

在十九世紀,講捷克語的人仍然相信「如果有人用手或手指指向彩虹,就會立刻打雷,或者手指會從手上掉下來」。(Gaidoz and Rolland 1884-1893:2:16)

4.2 ｜ 中亞與東亞

公元前十一至前六世紀的中國古典文學《詩經》中提到,手指向東方彩虹的禁忌,否則手會立刻潰爛。(Grimm 1844:695, Gaidoz and Rolland 1884–1893:216)

在沖繩和日本本島的一些地區,「傳統上人們認為不應該用手指指向彩虹,否則那根手指會壞掉並脫落。」(Hiroko Sato 轉述 Obayashi 1999,私人通訊,2017 年 12 月 16 日)

▶ 4.3 ｜北美和墨西哥

卑詩省的印第安湯普森人「不敢用手指向彩虹,因為這麼做的話,他們的手指就會長滿瘡。如果他們真想指,就會把小指放入嘴裡濡濕,或者向它吐口水。」(Teit 1900:346)

加州和俄勒岡州邊界地區的沙斯塔人說,「太陽畫完畫後,有時會倒掉洗筆水,從而形成了彩虹。如果有人指向彩虹,他的手指就會像彩虹一樣彎曲。」(Holt 1946:327)

美國北部平原的提頓拉科塔人(the Teton Lakota)說,人們「不敢用食指指向彩虹,若真想指,嘴或用手肘都可以。如果有誰忘了而用食指去指,旁人就會嘲笑他說:『朋友啊,漸漸地你的手指會變得又大又圓,那時讓我們拿來做球棒吧』。」(Dorsey 1889:137)。

亞利桑那州東北部的何皮人會告誡孩子,要是用手指向彩虹,他們的食指就會脫落,不過用嘴的姿勢來指倒沒問題。如果有人忘了,並且伸手去指,他可去咬一下手指以便解除禍害。(私人通訊,來自時事通訊《地球與生命》的一位匿名工作人員,該印刷品係亞利桑那州霍特維拉〔Hotevilla〕何皮族傳統派分送之刊物)。

在納瓦荷人看來,「用大拇指以外的手指指向彩虹都是不吉利的。如果你那麼做了,他們說你的那根手指會得甲溝炎。」(Matthews 1902:314)

根據墨西哥的民間信仰,「用手指向彩虹是不吉利,因為那會讓你的手指爛掉或者牙齒蛀掉。」(Carrasco 1960:107)

墨西哥中南部伊達爾戈州(Hidalgo)的歐托米人說,「任何手指彩虹的人手上都會長疣」。(Pedraza 1978:1:184)

墨西哥南部恰帕斯州(Chiapas)的左其勒人相信,「孩子不應

手指彩虹，以免手指腐爛，也不應該盯著彩虹看，以免肚臍腐爛。」（Laughlin 1975:232）

▶▶ 4.4 ｜ 中南美洲

瓜地馬拉托多斯桑托斯的馬姆人「告訴孩子不可用食指指向彩虹，因為這樣可能導致手指病痛，甚至可能導致死亡。不過，他們倒可以對著彩虹噘嘴。」（Richard Reimer，私人通訊，1982 年）

哥倫比亞西部的因加人警告孩子不要指著彩虹，以免手指腐爛。「然而，他們用嘴唇或下巴指就不受懲罰（這也是族人指一切東西的正常方式），可能就不會受到傷害。」（S.H. Levinsohn，私人通訊，1982 年 4 月）

巴西民間文化中有這樣的說法：不能用食指指向彩虹，否則食指會長疣。不過用整支手去指或者噘嘴示意則不在此限。（Maria de Lourdes Sampaio，私人通訊，1983 年）

巴拉圭大廈谷的托巴人說：「千萬不要用手指向彩虹，否則你的手指恐怕就此彎曲」（Métraux 1946:39），而同一地區的南恩舍特人（Enxet Sur，亦即連卦人）也表示：「用手指向彩虹可能導致手指灼傷或是脫落。」（John Elliott，私人通訊，2018 年 12 月 13 日）

▶▶ 4.5 ｜ 東南亞大陸

緬甸與阿薩姆邦邊界的拉祜人（the Lakher）表示：「用手指向彩虹很不吉利，因為人們相信，指向彩虹的手指會意外被砍刀或鋒利的竹子砍斷。」如果哪個拉祜族男孩不經意地用手指指向彩虹，那麼為了防止這種不幸的情況發生，他必須將手指放到肛門去。除此之外，沒有其他補救辦法。」（Parry 1932:499）。

許多講泰語的人表示，「如果你用手指去指彩虹，手指就會被砍掉或者類似的事。如果孩子莽撞地用手指指了，那就應該將惹禍的那根手指插入一堆水牛糞裡，或者根據一些人的說法，插入自己的肛

門。」（Lertdow Sayankena，私人通訊，1986 年）

緬甸半島地區和泰國的克倫人認為，「如果有人用手指向⋯⋯彩虹，為免失去那根闖禍的手指，就該立即將它插入自己的肚臍。」（Marshall 1922:228）

彭亨半島的馬來人相信，「人們不可以用食指指向彩虹，以免那隻手因冒犯而潰爛或脫落，不過可以用嘴或抬眼示意的方式代替。如果有人忘了，竟用手去指，那麼必須將口水吐在食指上，以防止傷害。」（James T. Collins，私人通訊，1983 年）

▶▶ 4.6 ｜ 東南亞島嶼

菲律賓呂宋島北部和中部講伊洛卡諾語（Ilokano）和他加祿語的人表示：「不可用手指向彩虹，否則食指將會永久彎曲。」（Priscilia Reid，私人通訊，1986 年）

同樣，菲律賓南部民答那峨島的馬諾博人認為，「無論如何都不可以用手指指向彩虹，否則手指可能成為彎的。」（Garvan 1941:224）

同一座島上的特博里人警告孩子「不可用手指向彩虹，不然你的手指可能腫脹。萬一你忘記了，就把手指放進嘴裡。」（Forsberg and Lindquist 1955:49）

印尼蘇門答臘島北部的托巴巴塔克人認為，用伸直的手指指向彩虹是「不吉利的」，不過如果用在第二個關節處彎曲的食指，這樣倒無所謂。（Sitor Situmorang，私人通訊，1983 年 8 月 3 日）

印尼西爪哇省的巽他人（the Sundanese）警告兒童不要用手指向彩虹，否則那根手指會因超自然力的介入而感染巽他語所稱的「希勒昂」（hileud-en，源自 hileud，意即「蛆蟲」），並且腫脹起來。（Dudu Prawiraatmaja，私人通訊，1981 年）

爪哇中部的爪哇人相信（或是過去曾經相信），「用手指指向彩虹會導致手指彎曲，但這實際是個笑話，因為什麼也沒發生。為了消除這種影響，人們認為應將手指戳進水牛糞裡。」（Stuart Robson，

私人通訊，1983 年 6 月 29 日）

蘇拉威西島南方布頓島（Buton）的沃里歐人（the Wolio），「禁止用食指指彩虹，不過如果指向彩虹時手指在中間關節處彎曲，就不會造成傷害。」（J.C. Anceaux，私人通訊，1983 年）

印尼東部小巽他群島佛羅勒斯島西部的曼加萊人（the Manggarai）認為：「無論是誰因一時疏忽用手指指向彩虹，都必須立刻將手指塞進肛門，以免手指永久僵硬，或者完全斷落。」（Ndanu of Nekang，收錄於 Bader 1971:953）

印尼東部龍布陵島東部的克丹人「對用手去指納多塔多（nado-tado，代表彩虹或任何其他神靈升起的光彩）心生畏懼。如果有誰確實用手去指，就會冒手指永久彎曲的風險。」（Barnes 1974:216）

印尼摩鹿加群島北部哈馬黑拉島（Halmahera）東南部的布利人（the Buli）認為，「萊（意即「彩虹」）充滿神奇的力量。如果有人用手指去指，他的手指就會萎縮。」（Maan 1940:92）

▶▶ 4.7 ｜紐幾內亞及其衛星島嶼

在紐幾內亞鳥頭地區的比亞克族（the Biak）裡，據說不應指向彩虹，以免手指彎曲。（Johsz Mansoben，私人通訊，1986 年）

巴布亞紐幾內亞西部高地省的伊姆邦古族勸人不要用手去指彩虹，否則手會被砍掉。如果幼童犯下這種過錯，他母親的乳房則會被割掉。（Malcolm D. Ross，私人通訊，1982 年 6 月 25 日）

紐幾內亞施拉德山脈（Schrader Mountains）凱隆克河（Kaironk）上游山谷的卡拉姆人（the Kalam）警告「孩子不要用手去指彩虹，否則他們的母親乳房上會長瘡。」（Saem Majnep，私人通訊，1986 年）

紐幾內亞西部高地省哈根山西邊的坦布爾－科里卡人「告誡孩子不要用手指向彩虹，否則食指會就會彎曲、變形或者切斷。」（John Lynch，私人通訊，1987 年）

紐幾內亞菲尼斯特雷山脈（Finisterre range）的克溫人（the

Keweng，又稱克威恩人〔the Kewieng〕）「告誡孩子不要用食指去指彩虹，因為此舉可能妨礙菜園裡的植物生長。不過如用任何其他方式去指彩虹，就不會遭懲罰了。」（Malcolm D. Ross，私人通訊，1982年6月25日）

位在紐幾內亞最東南米爾恩灣的蘇奧人警告兒童不要用手指彩虹，否則那根冒犯的手指會因意外遭砍斷或因疾病而縮短。果真有人用手指指向彩虹的話，就必須吸吮手指以避免後果。只要不用食指，用其他方法去指彩虹並不會惹禍。（John Lynch，私人通訊，報導人Michael Morauta，1987年）

所羅門群島的泰來人「告誡孩子不要用手去指彩虹，否則手指就會扭曲。不過口頭指稱或者仰頭示意彩虹倒沒問題」。（Malcolm D. Ross，私人通訊，1982年6月25日）另一報導指出，「人們警告孩子不要用手去指彩虹，否則他們母親的乳房會腫脹起來。不過可以朝著目的方向扭扭鼻子或者以眼斜視來指彩虹。」（Susan Warkentin，私人通訊，1983年）

▶▶ 4.8 ｜澳洲

澳洲北部阿納姆地的布拉拉人認為，「如果有人伸出食指指向彩虹，手指將會永久彎曲，或者導致末端關節脫落。然而，彎曲食指，然後用中間的關節去指倒沒問題」。（Kathy Glasgow, 報導人 Katy Cooper、Margaret Garrnyita 與 Michael Bururrbuma，私人通訊，1983年11月13日）

根據現已滅絕之維多利亞州西北部沃特裘巴魯克人（the Wotjobaluk）的說法：

> 如果一個人用伸直的手指去指彩虹，那麼彩虹會令他的手指彎曲或縮短。如此一來，他將無法用手做負鼠地毯上的裝飾印記。因此，指向彩虹時，手指必須互相轉疊起來，就是將第二根手指放在第一根上，第三根手指放在第二根上，小指則放在第三

根上，這樣可以避免惡事臨身。」（Howitt 1996:431）

▶▶ 4.9 ｜太平洋島嶼

所羅門群島西部舒瓦瑟爾島（Choiseul Island）上的巴巴塔納人（the Babatana）「告誡孩子不要用手指向彩虹，否則觸摸的那根手指將會被超自然力砍掉。不過，倒是可以用手肘來指。如果孩子忘了而用手指去指，大人可能會賞他們耳光。」（Malcolm D. Ross，私人通訊，1982 年 6 月 25 日）

所羅門群島東南部的薩阿島和烏拉瓦島的民族據說「不能用手去指彩虹，否則手指將會萎縮。」（Ivens 1927:201）

密克羅尼西亞東部的吉伯特斯人／伊 - 吉里巴斯人（Gilbertese/I-Kiribati）「告誡孩子不可用手指向彩虹，否則手指會變彎曲。」（蒂梅恩・約安〔Timeon Ioane〕私人通訊，1987 年）

密克羅尼西亞加羅林群島東部的波恩沛安（the Pohnpei）人表示：「假設你用手去指彩虹，手指就會潰爛」（Rehg and Sohl 1979:55; 引文開頭用條件句的標記 ma〔意即「假設」〕）。

馬紹爾人說，誰用手去指彩虹，誰的手指就會彎曲。（Erdland 1914:340）

美拉尼西亞南部新喀里多尼亞附近羅雅提群島力富（Lifu）的德胡人「嚴格禁止兒童用手指向彩虹，就怕此舉導致其母親死亡，就如同流星的情況一樣。」（Hadfield 1920:113）

在斐濟，據說「如果一個人用手去指彩虹，他的手就會像痲瘋病人的手一樣變白。如果他已不小心犯錯了，就應該在食指上吐口水或將它放進嘴裡，以免招來惡果。」（Paul Geraghty，私人通訊，1983 年）

▶▶ 4.10 ｜非洲

迦納北部沃爾塔（Volta）地區的阿德勒人（the Adele）表示，你不應該手指彩虹。「如果你這樣做，你的手會殘廢。就算你用身體任

何其他部位來指彩虹也不可以。」（Philip Hewer，私人通訊，1982年9月2日）

南蘇丹的莫魯人告誡兒童不要用食指去指彩虹，否則手指會像得痲瘋病一樣腐爛。要是真指了，就必須交叉手指（小指放在無名指上，無名指放在中指上，以此類推），然後再次指向彩虹以便抵銷冒犯行為。人們可用下巴指向彩虹，這樣不會受到懲罰。（Darius K. Jonathan，私人通訊，1985年）

在南蘇丹門都人（the Mündü）的眼裡，「彩虹是一條住在地洞裡的巨蛇，會出來驅走大雨（喝掉雨水？）。他們告誡小孩不能用食指去指彩虹，否則手指就會變紅。不過，那顏色洗得掉。可以用下嘴唇或彎起的食指指向彩虹。」（Jon Arensen，私人通訊，1982年）

烏干達的巴幹達人（the Baganda）表示，「如果你用手去指彩虹，那根手指就變僵硬。」（Werner 1933:232）

肯亞以及鄰近之蘇丹地區的羅人「告誡孩子不要用食指去指彩虹，否則彩虹會來抓他們。不過，用緊握的拳頭去指倒是可以的。」（Jon Arensen，私人通訊，1982年）

由於文化中大多數任意的特徵很可能在數千年內發生變化並且消失，看來彩虹禁忌很可能因為不是任意的，所以一次又一次被重新發明出來。要理解這一點，我們需要想想人們對於以下兩者：一為彩虹；一為指向某物的態度。

如我們在本章中已印證的，在所有主要的地理區域，彩虹都與「另一個世界」聯想在一起。人們就像通常對待靈界事物般，也對彩虹感到恐懼、敬畏和尊崇。一般來說，對彩虹的態度包含某種程度的負面情緒強度，且是與以下幾點特徵相關的：一、都市化的程度，二、參與世界主要宗教；當然還有，三、瞭解彩虹生成之自然過程等。在歐洲和亞洲都市化程度較深的社會中，彩虹禁忌可能會殘留下來，但不如大多數部落社會那樣顯著。在已經信奉伊斯蘭教的非洲社會中，彩虹禁忌不是已經消失，就是其靈力已被稀釋了，而這過程顯然也發

生在歐洲的基督教化期間（Grimm 1844:695, Alinei 1983, 1985）。最後，在某些地區（例如波利尼西亞的吐瓦魯），彩虹禁忌似乎完全不存在，不過，對於「未出現」的案例務必要謹慎處理。

在有確切可考的資訊中，彩虹禁忌都特定且強調適用於食指，除此也記錄了一些指向彩虹的替代方式。在大多數情況下，這些不過是所涉及的文化中用肢體語言來指向事物的慣用方式，通常是嘴、微抬下巴或某種兩者的組合。

然而，在其他情況下，替代的指向方式似乎涉及所謂的「迴避指向」（avoidance deixis），就是為特殊情況而用的手勢形式，用於不能使用食指，因為文化上是不可接受的，特種指示情況。「迴避指向」的形式包括：1. 用肘去指；2. 左拳握住右手食指去指；3. 從中間關節下彎右手食指去指；4. 舌頭伸出牙齒之外去指；5. 以眼示意；6. 以頭去指；7. 皺鼻去指；8. 用大拇指去指；9. 用整隻手去指；10. 緊握拳頭去指。

迄今所記錄到最引人注目的「迴避指示」（avoidance deixis）現象，無疑出現在南蘇丹的莫魯人和澳洲東南部已消失的沃特裘巴魯克人中，在這兩個文化中，均明確指出：如果將右手的每根手指都與其左邊的手指交叉，構成四指疊交的樣子，那麼就可以用右手去指彩虹了。這個十分特別的相似性雖然起初令人驚訝，但卻不容置疑是獨立發明的結果。

儘管薛爾澤（Sherzer 1973）早已注意到指向行為的跨文化差異，並且做出零星評論，但一直要等到二十世紀九〇年代，人類學家、語言學家、心理學家和其他學者才對指向的心理學和原因論[10]產生濃厚的興趣。然而，迄今為止的主要研究如基塔（Kita 2003）或恩菲爾

---

10 etiology：一門研究事件發生因果關係的學問。這一門學問在醫學上比較常見，被稱為「病原學」或「病因學」，專門研究有關疾病的成因及解決方法。另外在神祕學、哲學或其他學科亦有採用原因論的方法，包括探究為甚麼事件會發生，以及事件發生背後的牽動因由。

第七章 彩虹的民族學

德與萊文森（Enfield and Levinson 2006）（兩者都出自於荷蘭奈梅亨〔Nijmegen〕的馬克斯普朗克心理語言學研究院〔Max Planck Institute for Psycholinguistics〕所推動的肢體語言研究計畫〔Gesture Project〕）等，都未對食指指向人被看作一種侵犯行為這主題做出研究結果，儘管幾乎所有文化都強烈反對此種行為，這是相當令人訝異的。從基塔的論文中我僅找到唯一的相關參考資料出自肯登和韋爾桑特（Kendon and Versante 2003:110）提到近距離指著別人的作法僅限於憤怒或責備的情境，而該文也扼要提到卡布里斯（Calbris 1990:128）對此指向用法的討論。因此，儘管這些書中的論文涵蓋的主題很廣泛，其中包括幼兒指向手勢的形態發生（ontogeny）及其與語言發展的關係、人類和猿類有意義地使用指向手勢的能力差異，以及使用指向手勢來指出目標場域中物體的方法等；但是論文集中提出論文的作者都沒有談到「迴避指向」，顯然假設，如果發生這種情況，那總是無標記（unmarked）之指向方式（用嘴唇或下巴等）的延伸而非代替手指指向。可以肯定的是，在許多文化中，指示物體、方向等的正常方式是微抬頭部並利用嘴唇或下巴示意，但這並不代表用食指指向他人的情況永遠不會發生，特別是在憤怒或指責的情況下。然而，本人所收集的資料顯示，為了避免產生任何攻擊性的暗示，人們會使用不同替代在近距離內以食指指向他人的方式，但如果是指向遠處的人就不需要這些替代。

為什麼彩虹禁忌就專門適用於食指的指向？特殊的是，在對於個別社會的描述中幾乎看不到有關此一主題的資訊。儘管在跨文化行為的實用指南（例如和平工作團[11]手冊）中提到了有關指向行為的訓誡，但即使是最詳細的民族誌也未著墨這個主題。實際上，人類好像有個默契，亦即只在憤怒和指責的情況下才容忍你用食指指著別人，因此

---

[11] Peace Corps：美國政府運營的一個志願者獨立機構，旨在展開國際社會與經濟援助活動。

視該主題為不言而喻的背景知識。

　　總結一下，彩虹禁忌在人類社會中一再出現，那是因為：1. 一般認定以手指指向他人具侵犯性；2. 一般認為彩虹是神聖的。如果指向他人被認定為一種侵犯行為而遭禁止，那麼用手指去指超自然的神力，肯定會遭到神明的報應。從前面的討論中我們也可清楚地看出，禁止用手指指向彩虹的禁忌與彩虹本身倒是無關。反而，那是因為彩虹隸屬於必須受尊重的一類現象中的一員，因為此類現象都與靈界有關，所以等於和危險的靈力有關。其他細節，例如彩虹禁忌的形式變化，都在我的其他著作（Blust 2021）中做了詳盡的處理。

第八章

一瞥光環

　　彩虹有個只有極少數人才知道的祕密。1961年我21歲，第一次搭乘商用飛機時目睹了它的全部的光彩。

　　當時我正在從舊金山飛往加州的長灘，路程400英哩，而飛機上幾乎全空（當年有可能出現這種情況）。儘管飛行時間很短，但在不超過一個小時的時間內，發生了兩件令我難忘的事。首先，飛機為乘客提供飲料，大家喝了起來。我的那一杯前一刻還握在手裡，但轉瞬間都灑在衣服上了。前幾秒鐘，我還不知道為何會發生這種情況，但接著我明白（一部分是因為機長的廣播），飛機撞上了氣穴，以致突然下墜數百英呎。我的飲料於是從手握的杯子內濺出，然後藉地心引力就撒在我的腿上了。

　　雖說在商業航班上遭遇氣穴是個壯觀的遭遇，但接下來發生的事則更加戲劇性。那架擁有200多個座位的飛機大概只坐了不到50名乘客。因此，我可以從分配到的座位上起身，相當自由地來去，並利用這個機會看向機窗外面。先看一側，然後再看另外一側。我不記得這種情況持續了多久，但到傍晚時分，飛機向南飛時，我看到了澈底讓我吃驚的現象，且使我目不轉睛地注視飛機朝向陸地的那一側。在距離大約100碼（換算約90多公尺）的地方（可能更遠，但在當時的情況下，距離並不容易估計），一道看似圈形的彩虹正穿過雲層，好像從這一朵雲跳到另一朵雲。最醒目的是，在這個圓圈的中間有一個完整的飛機輪廓，在我們飛行的過程中像幽浮那樣尾隨我們。這是

個超越世間的感覺。我不得不眨眨眼才能相信自己所看到的,而且這種情況持續了好幾分鐘,完全無法否定眼前一幕。

我不明白是什麼造成了這種罕見而美麗的奇觀,自然也不知道它的名稱。直到幾年後,一位從事光譜學工作的化學家朋友告訴我,這是一種已知的光學現象,其原理多年來還不是很清楚。他稱這種現象為「光環效應」(glory effect),但我從後來的研究得知,這通常簡稱為「光環」(the glory)。

從第一次目睹這種神奇的現象以後,我在搭機的時候又兩度看到這種光環,一次是在荷蘭飛往印尼的長途飛行中,光環出現在東南亞某個地方的上空,而最近的一次則是在巴爾的摩飛往檀香山的航班上,它出現在亞利桑那州鳳凰城附近,也有不同的型態。後面這次,光環並未在距離右翼尖端一百碼或的更遠地方跟著我們,而是以「忽隱忽現」的方式出現在飛機下方的雲頂之上。這一切自然取決於太陽相對於飛機的位置,以及空氣中必不可少的冰晶或水滴,以充當讓陽光穿過的小小稜鏡。這裡不必詳述光環顯現時所需的複雜物理條件,但概略說上幾句也無不妥。

對於物理學家來說,最重要的一點也許是產生彩虹與產生光環所需的條件有些不同。但在其他人的眼裡,最重要的可能是:幾乎在任何位置都能看到彩虹,而觀察光環的位置通常則必須比較高:

> 第一份觀測光環的報告於 1735 年面世,而其所呈現的效果雖然幾乎不遜於彩虹,但畢竟還是一種更加深奧的現象。想看到它……需要先定位反日點(antisolar point),通常是透過雲層上方某個物體(最常見的是飛機)的陰影來加以定位。(Nussenzveig 1979:1073)

這段引文的最後部分可能說明,光環不可能與古人對彩虹和相關現象的信仰有所牽涉,因為他們站的位置是永遠看不到光環的。然而,1735 年首度就有光環的報導問世,此一證據足以顯示事實並非

如此。正如薩森、阿諾特、巴尼特和奧倫巴赫（Sassen, Arnott, Barnett, and Aulenbach 1998:1428）所指出的，「小（就可見波長而言）雲滴（cloud droplet）獨特之後向散射（backscattering）反應所生成的光環，起初很少有人有福觀賞，有的話大多也只是早期的登山客，直到出現頻繁的航空運輸後，情況才改觀了。

不管彩虹和光環在產生光譜環（prismatic ring）這一視覺效果的物理成因如何不同，但是對外行人而言，光環看起來只是圈形的彩虹，並且從任何高度都可以看到。除了在飛行途中看過完整的圈形光環伴隨機身側影之外，我也在檀香山一棟公寓樓的十七樓見到過沒有側影封閉於圈形內的光環。當時正下一場細雨，有個光環竟在我下方停車場，鄰近教堂的前面的瀝青地上盤旋。

這和龍有什麼關係？雖說大多數的龍不以身體盤繞狀出現，但是把身體環繞成圈，吞下自己尾巴的蛇卻在多種文化的傳統中都出現，其中包括：

1 歐洲

在歐洲，口啣自身尾巴的龍在中世紀煉金術的傳統中被視為「整體」（totality）或「一統」（unity）的象徵。（Jung 1970:223）

根據艾倫和格里菲斯（Allen and Griffiths 1979:66）的說法，「在煉金術裡，龍通常表現為啣尾蛇的樣態，也就是一種咬住自身尾巴的圈形「蛇－龍」，不但象徵一統，也象徵宇宙的太初物質（prima materia），其歷史遠比煉金術古老，並且可能起源於埃及的阿波菲斯（Apophis），亦即「大地的環繞者」。

類似的主題出現在米德加德蛇中，例如冰島的傳奇將其描述為一條巨龍，用捲曲的龐大身軀盤繞地球，而且其中大部分都在水下，因此人不得見，此外據說牠一動起來會引發潮汐波及其他的海上凶事。

2　古代近東

關於古埃及的神話，我們知道「另一種生物……是神蛇西托（Sito），據說以其巨大的、蜷繞起來的身軀盤繞世界，而在其他幾個神話中也出現。人們常常只將西托描繪成一個嘴裡啣著尾巴的圓圈」。（Hogarth and Cleary 1979:19）

很難得知傳統民族對光環了解多少。他們必定看過類似圈形彩虹的月暈，有時甚至是日暈。然而，月暈和日暈是否會像普通彩虹一樣與龍聯想在一起？這仍然是個懸而未決的問題。此外，啣尾蛇似乎是埃及祭司階級的觀念，而創造出米德加德蛇的則似乎更像是寫出冰島《埃達》的文人，而非普通民眾的信仰，因此超自然靈蛇自啣尾巴形成一個圓圈的觀念，對世界其他地方的普通民眾（尤其部落族群），可能並不是很常見的。這個觀念的分布也相對有限，目前已知的僅限於古埃及、冰島傳說以及中世紀的煉金術，因此地域上僅限於埃及和歐洲，而在印度、遠東、美洲、紐幾內亞、澳洲、太平洋島嶼或撒哈拉以南非洲則仍未知。[1]

儘管如此，由於對大多數文字發明以前的民族來說，彩虹就是彩虹蛇，也因此等於龍，於是在他們眼裡，一個圈形彩虹也很有可能看做是一條啣住自己尾巴的龍。再者，先民看到光暈圍繞著太陽或月亮等天體，這也為龍盤繞地球的神話提供了一個模型。那麼，我們至少姑且可認為，啣尾蛇的概念無異於龍的概念本身，也可能源於對自然世界的觀察。

---

[1] 中國古代殷商時期的文物有這種圖形，具此推斷，這種觀念在中國古代也存在。見附圖，以補作者生前尚未探尋的層面。

第三部分

結論

第九章

串連各點

現在我們已經看到足夠的資料，可以藉此得出一些有力的結論。第五章和第七章都可各自獨立視為針對特定現象的研究，前者是分布全球關於龍的信念，而後者是分布全球關於彩虹的信念。本章的目的在於銜接這兩組觀察結果，以證明地球上相距遙遠的地區裡，歸屬於龍的許多特徵也可歸因屬於彩虹，而且這種對應關係的數量，顯示偶然巧合無法合理解釋此現象。

在某些情況下，這些特徵可以從明顯的物理角度加以解釋（例如認為龍和彩虹都能控制天氣），但在其他情況下則不然，比方相信兩者都會被月經觸犯。然而，只要存在一致性，那就是共同起源的證據，無論該特徵能否從物理的角度解釋。再者，這些共通的特徵當中有許多不僅存在於龍與彩虹幾乎無法區分的文化中（如澳洲原住民、東南亞和南美洲的部分地區以及非洲的大部分地區），同時也存在於普遍不將龍與彩虹連結在一起的文化中（如歐洲、印度、中國或北美原住民）。這在很多方面讓人想起泰勒早已被人揚棄的、但一定並非無用的「孑遺」（survivals）理論，亦即過去曾經存在、但是如今已不具概念基礎的文化習俗。就像泰勒在為自己的理論辯護時所引用的許多例子一樣，龍透過各種特徵來展現其繼承的遺緒，而無論文化的現狀如何，這些特徵只可能源自早期有關彩虹的信仰，才能得到合理的解釋。從這一層意義上看，我們可將那些特徵視為古代的孑遺，因為在那時代，人們普遍將龍想像為彩虹蛇。（Blust 2023）最後，有些特

徵基於對其本身內有的興趣，第七章中的彩虹民族學也收錄了這些目前尚未知與龍有何關聯的特徵，但出於明顯的原因，這些特徵在這裡就先不加著墨了。

　　本書以兩個主要部分開頭是有原因的。在大多數西方讀者身處的文化中，龍和彩虹之間的關聯遠非顯而易見。龍是民間傳說和神話中的生物，對於歐洲的傳統文化而言，龍是一種可憎的野獸，侵害人類社會，尤其威脅年輕女性，因此必須屠戮，而對於東亞文化來說，龍卻是一種仁善的動物。儘管有時只是被迫為之，但這種動物確能帶來致沃的雨水，並因為獲得了充分的尊崇，所以成為中國皇帝的象徵。另一方面，彩虹是真實的，而不是神話，是一種適合在詩歌中占有一席之地的美麗事物，或象徵神明的允諾，而不是個必需避免或消滅的怪物。從這個角度來看，幾乎沒有什麼比龍和彩虹差異更大的東西了。但是，一旦綜合世界各地民族對彩虹的態度的舉證，我們就會看到一幅截然不同的畫面。

　　對有些讀者來說，我想把第一部分和第二部分分開所面臨的困難可能是很明顯的。雖然在歐洲、近東、北美以及在很大程度上太平洋、中亞和東亞地區可以在不提及彩虹的情況下來討論龍，但在東南亞的大陸地區和島嶼地區、紐幾內亞、中南美洲、非洲，尤其是澳洲，將兩者分開討論要困難得多，因為在那些地區，這兩者經常融合在一起，以至於硬要挑出其間的差異似乎毫無意義。其他人也遇到過類似的問題，例如本尼迪克特（Benedict 1975:274）只以同一條目涵蓋「龍」和「彩虹」。

　　表2總結了龍全球分布的特徵以及與歸屬於彩虹的相似特徵之間的一致性。為了以系統化的方式呈現，我依循第五章和七章的架構，用數字來標示各個特徵出現的區域如下所示：1. 歐洲；2. 古代近東；3. 南亞；4. 中亞和東亞；5. 北美和墨西哥；6. 中南美洲；7. 東南亞大陸；8. 東南亞島嶼；9. 紐幾內亞及其衛星島嶼；10. 澳洲；11. 從所羅門群島開始的太平洋島嶼；12. 非洲。

表 2 告訴我們什麼？最根本的是，它告訴我們，許多廣泛報導為龍的特徵，同樣出現在關於「彩虹」的記載中，而這些重複出現的對應關係，顯然無法以偶然巧合來合理解釋。表 2 中那些對應關係最簡單的解釋是，在龍這一觀念的發展歷程中，今日被明確視為「龍」的存在，在某個歷史階段必然曾是「彩虹蛇」，也就是彩虹本身的象徵。表 2 告訴我們的第二件事是，看似像神話創造者異想天開發明出的龍的特徵中，其實明顯源自人們試圖解釋彩虹的成因與本質。雖然第五章和第七章已經分別討論了龍和彩虹的特徵，但現在這裡將把這些特徵（第 1-26 項）放在一起考量，以表明：許多讓學者們困惑百年的龍之特性，極可能源於其作為「彩虹蛇」的起源。。

表二　龍與彩虹之特徵的對應比較

	龍	彩虹（蛇）
1. 控制降雨	1, 2, 3, 4, 5?, 6	1, 3, 4, 5, 8, 11, 12
2. 守護水源	1, 3, 4, 5, 6	5, 6, 8, 10, 12
3. 藏身瀑布	5, 6, 8, 12	（所有主要的瀑布）
4. 藏身洞穴	1, 2, 4, 5, 6	6, 12
5. 會飛	1, 2, 3, 4, 6	（全部，天性使然）
6–9. 結合熱／冷、火／水	（所有地區）	（全部，天性使然）
10. 與雷／閃電或太陽對立	1, 2, 3, 4?, 5, 6	6, 12
11. 雌雄同體	1, 4, 6	4, 5, 6, 7, 8, 10, 11, 12
12. 色彩繽紛／紅色	1, 2, 4, 5	4, 5, 8, 9, 11, 12（紅）
13. 守護寶藏	1, 3, 4, (5), (6)	1, 6, 8, 12
14. 侵害年輕女性	1, 4, 5	5, 6, 8, 10, 12
15. 會受月經冒犯	5, 6	5, 6, 9?, 10
16. 與有蹄哺乳動物有關聯	1, 4, 5	1, 3, 4, 8, 12
17. 呼出火焰	1, 3, 4, 5?	5, 8, 12
18. 呼出臭氣、毒氣	1, 4, 5. 12	5, 12

	龍	彩虹（蛇）
19. 引發地震	1, 5, 6	7, 8, 12?
20. 引發旋風、風暴	1, 4, 5	8, 9, 10, 11
21. 引發洪水	1, 2, 4, 5, 6	6, 10
22. 是戰爭的標誌	1	1, 3, 4, 6, 7, 8, 9, 11
23. 引起身體病症、疾病、動亂	1, 5, 6	5, 6, 8, 11, 12
24. 可能具備人類特徵	1, 2, 3, 4, 5, 6	4, 5, 6, 12
25. 可擬人化	1, 3	10, 11, 12
26. 盤繞世界	1, 12	（光環）

1 控制降雨

　　如前所述，至少在歐洲、古代近東、印度、東亞以及中南美洲的民間傳統中，都存在龍具有賜雨或阻雨能力的觀念，其中有待商榷的案例來自北美，也是唯一的一個。如果這個特徵是隨機任意的發想，為什麼它會如此普遍？如果造龍的靈感來自實際生物、來自恐龍時代殘留在哺乳動物大腦中的記憶、來自排舞（line dancing）、來自擅闖墳丘，或者其他巧妙卻無啟發性的主張，那麼為什麼牠會具有控制降雨的能力呢？

　　這個問題的答案可以在表 2 中找到：彩虹只在雨將停但仍未停的臨界點出現。因此，人們可以將其想像為要麼帶來雨水（因為彩虹在雨落下之前不會出現），要麼將它想像為阻止降雨，（因為直到太陽衝破雲層彩虹才會出現）。因此，人們普遍將彩虹視為一條巨蛇，要不從陸上的水源喝水，然後將其噴出、形成降雨，要不把天上的雨水喝了，使雨停止。所以，即使在彼此有密切的親屬關係的民族中，對於彩虹與降雨的矛盾態度也是很容易理解，同時，這也為經常提到的龍是同時為善惡矛盾之力量的態度，提供了順理成章的解釋。

2　守護水源

表 2 中顯示的第二點是，人們普遍認為，幾乎在龍所存在的每個地方，牠都是泉水、水坑、河流、湖泊等的守護者，唯獨中東的乾旱地區例外（由於該地區的資料有限，如果有更多資訊可用，情況可能改觀）。在這裡，認為龍是真正水棲爬蟲類動物的念頭，乍看之下可能比牠身為降雨主宰的想法更具說服力。然而，這樣的龍模型的最佳選項是鱷魚或水蟒，而這兩種動物都不存在於歐洲、包括墨西哥在內的北美大部分地區、南美洲的大廈谷以及或澳洲（除了最北部以外）。再者，不論是在歐洲還是中國，龍都守衛水井，而井邊顯然不是會出現鱷魚或水蟒的場所。

同樣的，龍和彩虹的關聯在此是很容易理解的。文字發明以前的人類亟欲解釋，彩虹不在天空時究竟去了哪裡。由於彩虹必須從陸地水源喝水才能產生雨水，因此，當彩虹以巨蛇或龍的樣態出現在陸上時，它成為這些水源的守護者也就不足為奇了。

3　藏身瀑布

如表 2 所示，龍據報導會棲身於北美和南美（後者包括多個地點）、東南亞島嶼和非洲的瀑布中。事實上，如第三章已述，每一個收集得到民俗資料的主要瀑布都住著龍。以目前所知看來，這種出人意表的關聯僅限於水量豐沛的瀑布。細長的瀑布由於水花很少，大概不會有龍，而大瀑布產生的水花高高升入空中時會實質上產生逆雨現象，因此陽光照透水花之際，就形成了生成彩虹的條件。這一點在尼加拉尤為明顯：尼加拉河有多股急流直下的瀑布，其中之一即稱為「彩虹瀑布」，那是因為升起的薄霧中有轉瞬即逝的彩虹，而這些彩虹的出現和消失端看太陽的作用。因此，領土包括瀑布在內的塞內卡族印第安人相信，匯入尼加拉河的卡雲嘉溪處棲息著一條有角水蛇，這的

確是意料之中的。此外,值得注意的是,在這個案例中,龍在當地的版本(有角水蛇)是住在瀑布上方的,而非住在底部的洞穴裡,因為那裡才是彩虹出現的地方,也就是高懸於產生彩虹的瀑布上方。

英國社會人類學家拉德克利夫－布朗(Radcliffe-Brown 1930–1931:343)指出,澳洲的彩虹蛇與新英格蘭高原的瀑布特別有關,因為那裡的瀑布普遍可以見到彩虹。在這種情況下,龍在當地的版本(即彩虹蛇)與瀑布的關聯幾乎是多餘的,因為彩虹蛇就被視為彩虹。但在像尼加拉瀑布這樣的例子中,有角水蛇與瀑布的聯繫必然反映出一種早期的信念,即這種神話生物是一條彩虹蛇,但後來不知出於何故,失去了與彩虹的關聯。

4 藏身洞穴

雖然這不是龍這概念的固定特徵,但龍利用洞穴作為隱身之處的說法相當普遍。如表 2 所示,這項特徵出現在明確是龍,而表面分明不與彩虹相關的個案中,而目前為止,印度是唯一的例外。當然,洞穴可能是濕的或是乾的,龍與洞穴的關聯則不區分兩者。但這個信念的基礎可以再次追溯到龍與瀑布的聯想,因為許多重要瀑布的自然水力會侵蝕懸崖底部,產生洞穴,而彩虹可能會出現在洞穴前面。

5 會飛

迄今為止所提出的一切理論都無法解釋,為什麼龍基本上呈現巨蛇樣態時竟能飛行。但是身為彩虹蛇的後裔,牠與天空的關聯自是不言而喻的。彩虹自然不會飛,但它突然出現在空中,然後又很快消失了,在文字發明以前的人類思想中,這必定是因為它在地表的水鄉和雲層之間來來去去。這點在一些傳統社會中顯現出來,例如蘇丹的穆爾勒人,因為他們認為彩虹是一條像龍一樣的大蛇,不在天空飛翔的

時候就睡在山洞裡。因此，我們可以假設所有彩虹都能「飛翔」。

另一方面，龍在這項特徵上似乎各有不同。儘管有些證據顯示，上述每個地理區域的龍都會飛，但這一特徵在證據支持的強弱程度上存在差異。如前所述，在中美洲，由於羽毛蛇有羽無翅，所以關於牠是否能飛仍存在爭議。歐洲龍有時候以在天飛翔的形象出現，不過儘管有翅，人們更常將牠描繪為生活在陸地上。至於古代近東，龍能飛的證據雖有限，卻很有說服力。在印度，人們通常將那伽描述為住在水下璀璨的寶石宮殿中，但那伽也有不同類型，據說其中一些也會飛。在中國，還有大部分為衍生的日本的龍傳統中，龍一般雖沒有翅膀，卻通常在雲中飛行，因此也是所有龍的類型中飛行能力最強的。北美是唯一尚未發現龍飛的地區，因為那裡的有角水蛇通常只出沒於河流和湖泊，並且不再與彩虹有明顯的連結。一旦龍失去了與自然起源的連結，那麼也就沒必要認定其具飛行能力，不過這種情況並非到處都會發生。

6-9 結合熱／冷、火／水

上文已經多次提到，龍與所有其他生物（無論是真實的還是幻想的）的不同之處在於它的身體形態，因為牠將冷血爬蟲類動物的軀幹與哺乳動物或鳥類來的各種潤飾融為一體。除了爬蟲類動物的鱗片之外，取決於所處的地區，龍還長有角、毛或羽。

這種特徵組合本質上是相互牴觸的，因為這在現實世界中不可能發生。然而，我們再度想起，出現在相距甚遠之地區的、看似任意的龍的特徵必定有某種自然基礎，否則不可能有全球性的分布。這個基礎當然就是彩虹的本質。彩虹普遍被視為冷和熱或水和火的融合，因為單靠太陽或單靠雨水都無法形成彩虹，必須等到兩者並俱時，彩虹才會出現。文字發明以前的人類可能沒有近幾個世紀以來才出現的強大科學工具，但他們對自然界卻做了準確的觀察，而且這個觀察在各處都有。

10 與雷／閃電或太陽對立

　　為什麼龍與雷／閃電或太陽對立？雖然沒有任何明顯的理由，但表 2 表明，這個信念出現在幾乎所有有龍存在的地方，而且通常是天神拋擲雷電，將其擊斃的情節。其他關於龍的理論同樣對此特徵隻字不提，就像對待前面大多數的特徵一樣。但是，由於它在幾個大洲都有分布，因此不容忽視。

　　如果龍真是根據真實生物創造出來的，為什麼牠會與雷／閃電對立，甚至在某些情況下與太陽對立呢？此外，如果有任何其他理論聲稱可以解釋龍這概念的普世性，那麼又該如何解釋其性質中這一個穩固的特徵呢？關於這點，我們一旦認清龍的概念是以不同的速度在世界不同地區從彩虹蛇演化而來的，並且後者幾乎可以肯定地是人類首度嘗試理解彩虹的本質，那麼一切就順理成章了。彩虹完全不可能出現於暴雷雨之際，因為雷暴雨會掩蓋陽光。而沒有下雨的晴天也不會出現彩虹。在整個北美洲的神話和民間傳說中，有角水蛇與雷鳥的衝突都占有重要的地位，然而，這一對立背後的原初意義已大多遺失，原因在於「龍」這一概念幾乎普遍地與「彩虹蛇」的觀念脫鉤分離。不過，在墨西哥的某些地區，這種聯繫仍然存在。相對之下，在中非講班圖語的地區，人們通常將閃電和彩虹單純地描述為天氣現象（雖然會將水蛇視為彩虹的另一自我），因此兩者間的衝突很是明顯，而這一點德・休斯（de Heusch 1982）已經加以詳細描述。

11 雌雄同體

　　事實上，似乎沒有哪一位嘗試提出龍之起源理論的人曾意識到，在分布遙遠的文化中，龍是被視為雌雄同體的。這點在歐洲不難理解，因為龍的雙重性別雖在中世紀的煉金術中得到了強力的證據，但只出現在其傳統中。同樣的特徵也出現在中國古代道家的形而上學和

現代中國的民間傳統中,以及中美洲的羽毛蛇身上。沒有哪個生物模型可以解釋這一特徵,而且大多數的理論根本對此未加著墨。

然而,這個看似完全令人費解的特徵會再次把我們帶回到彩虹,以尋求人們賦予龍這個特徵的解釋。彩虹自然會有兩道(有些關於彩虹的物理論文提到「n階彩虹」,其中 n 最多可達到 10,只是大多數都是人類視覺無法察覺其到的)。由於人類在文字發明以前的社會有個共同的傾向,是將自然環境中幾乎所有不尋常的特質都賦予生命,因此,他們獨立地在地球上相距甚遠的地區做出相同解釋,也就不足為奇了,此解釋即:彩虹的一道弧是雄性,而另一道弧則是雌性。如果彩虹同時又雄又雌,並且如果龍是從彩虹蛇(在澳洲大部分土著民族區正是雌雄同體)演化而來,那麼龍的雙重性別這一反覆出現的主題就具備自然基礎了。

12　色彩繽紛／紅色

看不出龍有什麼理由應該是彩色的,或者像某些報導所描述,應該是紅色的。然而,這種特徵在歐洲和古代近東(那裡的一些資料將龍描述為「紅色的」)以及中國和北美(那裡的龍則被描述為「彩色」、「多彩」或「顏色像彩虹」)。如果龍脫胎自彩虹蛇,那麼人們有時將其描述為「五彩繽紛」,甚至呈現虹彩,那也不足為奇了。

彩虹本質上就是「彩色的」或者「繽紛」,但在表 2 中,我僅列出了以紅色為彩虹主色的那些區域。在大多數個例中,一般都會特別提及,彩虹的紅是人類流的血升向天空所致。雖然人血之說並未推及至龍,但有一些報導將龍說成是紅色,以及偶爾強調將紅色視為彩虹的基本顏色,這兩方面都為歐洲或北美等地各自生成的龍及其來源的彩虹蛇之間提供了額外的連結。

13 守護寶藏／頭藏寶石

歐洲龍尤其以守護黃金或其他寶藏而聞名，但牠們在這方面並非獨一無二。印度的那伽，或至少某些類型的那伽，也會守護一整批珍貴的珠寶，而中國人更經常把龍描繪成追逐被解釋為珍珠的圓形物體。此外，歐洲龍和北美有角水蛇有時也以額頭上戴著寶石的形象出現。

同時，至少歐洲、中美洲、東南亞島嶼和非洲的文化傳統都認為彩虹末端藏有寶藏。雖然龍所守護的寶藏，其性質不盡相同，但彩虹末端的寶藏幾乎總是黃金。如前文所述，這種關聯可能有其自然基礎，因為黃金的微粒常可在河沙中找到，而其光澤使它顯而易見。即然人們普遍認為彩虹的末端是彩虹蛇飲水的水源，於是，尤其是黃金此類的寶藏，同與彩虹的末端以及守護陸地水源的龍連結在一起就可想成是同一回事了。

14 侵害年輕女性

龍在歐洲被視為對年輕女性構成威脅的觀念已無需強調，而此主題也在西方藝術史上很常見。中國人則以更細膩的手法表達同樣的特徵，比如在古籍中有一段描述利用裸女來操控龍、以達降雨目的的記載。至於北美，有角水蛇也會侵害年輕女性，且可能致其懷上魔胎。

值得注意的是，彩虹對於年輕女性也扮演著類似威脅性的角色。雖然在世界大部分地區，這顯然是「彩虹即是彩虹蛇」之使然，但在北美，人們通常將有角水蛇和彩虹視為不同的實體，但兩者仍都威脅年輕女性。有人從心理分析的角度對彩虹蛇的這一特徵提出解釋（Tuschman 2008），但這裡的重點是，這個特徵在龍和彩虹上都找得到。

15　會受月經冒犯

儘管第 14 和 15 項特徵在世界某些地區顯然是分開的，但多少還是可以結合起來看待的。月經冒犯龍和彩虹的這一主題在北美、南美和澳洲都很普遍，連紐幾內亞和非洲也有一些報導，但在其他地方則未發現實證。在美洲和澳洲，月經初潮的女孩必須特別小心，避免飲用有蛇守護的泉水，尤其避免在泉水中洗澡。在北美，負責守護的是與彩虹沒有關聯的有角水蛇。在南美洲和澳洲，這個角色是彩虹蛇，因此也就等於彩虹。無論能否找到這行為的自然基礎，龍和彩虹實質上是無法分辨的。

16　與有蹄哺乳動物有關聯

龍是一種綜合體，結合了基本的爬蟲類動物身體形態和來自哺乳類動物或鳥類（較不常見，且主要是中美洲的大咬鵑〔quetzal〕）的附加特徵。因為彩虹需要有火和水共同存在，所以大致把冷血動物和溫血動物混合為一體不難理解，可是將龍與有蹄哺乳類動物（特別是馬）聯想在一起就令人費解了。

儘管這種聯想看起來令人驚訝，但更令人驚訝的是，即使在歐洲、印度或中國等彩虹與龍截然相異的地區，竟然對於彩虹也有類似的聯想。當我們讀到蘇丹的烏杜克人說到一種「飢餓的食肉彩虹」藏身山洞、長著耳朵以及駱駝般的嘴（也順便回顧一下，有個中國的古籍也提到龍首如駱駝頭），這時彩虹和龍兩者間的界線已全然消失了。

17　呼出火焰

龍會呼出火焰。在歐洲，這是指爐火般的猛火，而在中國，這火與普通的火不同。為什麼這樣奇特的特徵會賦予給一種以真實爬蟲類

動物為模型的神話動物呢?這點從未有人加以解釋,而且相同的缺失在幾乎所有其他關於龍的理論中都出現。「伊甸園之龍」(Sagan 1977)中的龍會噴火嗎?難道這個特徵只是人們跳著排舞、構思龍的樣態時想像出來的嗎?

在墨西哥、印尼和非洲,據說彩虹末端接觸地面之處會引發火災。這種信念的基礎可能是彩虹「燒掉」雨水而使雨停止(如前文所述,這種信念流傳於講班圖語的族群中,他們認為彩虹與他們期盼的降雨對立,因此將彩虹與旱季聯想在一起)。既然彩虹的末端對應彩虹蛇的頭部,而彩虹蛇必須從地表喝水才能降雨,因此火從彩虹末端冒出的想法就可容易地轉移到龍呼出火焰的概念了。

18 呼出臭氣、毒氣

北美的有角水蛇通常不會呼出火焰。然而,人們常說牠呼氣有毒,而歐洲、中國和非洲也可發現類似的特徵。目前還不清楚為何龍會遭受這種誹謗,不過這種信仰的廣泛分布顯示它應具備自然的基礎。我們再度在彩虹方面也發現了相同的特徵,就連與彩虹蛇無關的地區也一樣(例如在加州州北部或墨西哥北部)。由於彩虹不會散發任何氣味,我們只能推測,這一聯想可能與雷擊有關,因為被雷擊中的有機物質可能產生不尋常的氣味。然而,必須再次強調,即使沒有證據支持此一特徵有其自然基礎,它與龍和彩虹兩者的關聯也進一步強化了龍起源於彩虹蛇的論點。

19 引發地震

在歐洲、北美洲和中美洲,據說龍有時會引發地震。人們經常將龍描繪成又大又重的動物,因此可以想像,龍在地表上笨重地四處移動時應會產生足以引發地震的強烈振動。然而,在東南亞的大陸和島

嶼地區（包括長期與世隔絕的安達曼群島）以及至少在非洲的某些地區，彩虹也具有同樣的特徵。由於彩虹是天體現象，而地震卻是地面現象，因此很難理解為什麼彩虹出現竟會引發地震。唯一容易想到的連結是，在許多地方，人們都認為彩虹的末端具有高度的靈力，而且也會造成其他干擾，既然如此，就也有可能引發地震。

20 引發旋風、風暴

據說龍和彩虹都會造成旋風、水龍捲等。觸發旋風之說已在歐洲、中國、日本和北美西部有所報導。考量到神話傳說中的龍是一種巨大且多少有暴力的生物，並在雨季一開始時，便從地表上的水體升起，飛向天空，那麼認定牠在飛行時可能觸發旋風或風暴的說法也許就不足為奇了。然而，對於有相同的特徵的彩虹，這就很難說得通了。然而，對於解釋彩虹引發旋風或水龍捲的說法卻多種多樣。如前所述，在峇里島有關彩虹生成的神話中，是雌雄同體之烏瑪女神遭切斷的陰莖掉落到地面才引起旋風的，而紐幾內亞東南部的蘇奧人則認為，那完全是彩虹充滿靈力之末端所造成的同樣效果，至於紐西蘭的毛利人則認為是雄性和雌性彩虹的交合引發這種自然擾動。

21 引發洪水

因為此項特徵與第 19 和 20 項特徵非常相似，所以沒有必要詳加說明。儘管幾乎在所有發現龍傳說的地方都有牠會引發洪水的報導，但我們同樣地對此信念的成因還不明瞭，而且南美洲、東南亞大陸地區、紐幾內亞和澳洲的民族也把同樣的特徵與彩虹或彩虹蛇聯想在一起。

22　戰爭的標誌

我在這裡要稍微放寬標準。就目前所知,只有歐洲人才把龍視為戰爭的標誌。如前所述,羅馬帝國後期的軍隊將龍(draco)繪製在一個隊列(cohort,約500人)的軍旗上,後來維京人出發掠奪時,也十分搶眼地將船的前端雕成龍頭的樣子。英格索爾(Ingersoll 1928:129)提到,近東的一些印歐語系民族,如波斯人、斯基泰人和安息人,也有在戰爭中擎舉龍旗入陣的習慣,而閃語系的亞述人也是如此。然而,考慮到這些群體在地理位置上的連續性,亞述人可能經由接觸而獲得此特徵。

雖然戰爭與龍的關聯似乎並未見於世界其他地方,但彩虹就不同了,因為除了古代近東、北美、澳洲和非洲之外,在世界各地都可以找到它做為戰爭徵兆的記錄。無論將彩虹與戰爭聯想在一起的依據是什麼(紅色=血=流血?),龍和彩虹廣泛共有這個聯想的事實必須視為兩者終為一體的進一步證據。

23　引起病症、疾病、動亂

龍的危險不僅在於牠的攻擊行為,也在於牠可能由於呼出毒氣或者其他原因引起疾病。加拿大南部和巴拉圭的原著民相信,陸蛇或水蛇都可能使人生病,甚至有些情況就是被蛇看到就得生病。在歐洲、北美和南美、東南亞大陸和島嶼地區、紐幾內亞、太平洋島嶼和非洲各地,人們也將同樣的特徵與彩虹聯想在一起。

24　可能具備人類特徵

由於龍通常被視為與人類對立的存在,因此在世界各地的傳說中,牠們竟普遍被賦予人類特徵,甚至與人類通婚或混血,這一點實在令人意外。此外,中國、加拿大、卑詩省、墨西哥南部、瓜地馬拉

以及澳洲至少在北領地都對彩虹記錄了同樣的特徵，使龍與彩虹蛇之間建立了另一個連結。

25　可擬人化

與上一特徵密切相關的傾向是，神話或故事會藉賦予龍和彩虹單獨的名稱以將其擬人化。在歐洲，這是古希臘神話和日耳曼史詩的一個特徵，而在古代近東，它也出現在巴比倫的創世史詩中，至於印度，它出現在《本生經》（佛陀在成佛之前曾以人形和動物形轉世的故事）中。不過，中國龍或北美有角水蛇則從未有類似的報導。在北美的案例中，尼加拉龍的故事頗具啟示意義，因為殺死有角水蛇之雷電守護者名為「西諾」，因此被擬人化了，不過那條蛇即使具有人類的特徵，也僅被稱為「怪物」而已。

26　盤繞世界

最後這項連結是暫定的，不過仍然值得一提。如前文已指出的，在古埃及、北歐神話和歐洲煉金術中，一條盤成圈形並咬住自己尾巴的龍（即啣尾蛇）是個突出的象徵。這種概念已知的最早形象來自埃及，在那地方，龍「表現為一條環繞世界的蛇神西托，牠不是盤繞多圈，就是嘴啣尾巴，甚或用腿走路！」（Clark 1959:239–240）

如第八章中所見，圈形彩虹或者類似彩虹的大氣現象是存在的。在過去任何時代，只要人們站在夠高的位置向下望，就可以看到，也許這類的觀察正是啣尾蛇概念出現的原因。[1]

本章列出了龍的 26 個特徵（如果我們將 6-9 和 14-15 結合起來，

---

[1] 此種描述雖未出現於漢學文獻，但在中國殷墟文物中就有此類盤龍。除了彩圖 7 的玉璧，還有祭器上的紋飾，見彩圖 11。

則為 22 個），其中除了一個（戰爭的標誌）之外，所有的特徵都廣泛分布在世界文化中，並且與彩虹蛇的特徵密切相關。若說這個對應關係純屬巧合，那其機率實在會小得無法令人認真看待。最簡單的結論反而是，龍的概念出自於早期對於彩虹即為彩虹蛇的概念。

儘管在各種世界神話與民俗的通典中，「彩虹蛇」常被描述為一種澳洲特有的現象，但從前文的論述中可以明顯看出，此說並不可信。這一觀念本質上應曾是整個人類共同擁有的思想遺產。在文化上較為保守的地區，如澳洲原住民族、南美洲的部分地區以及撒哈拉以南的非洲，將彩虹視為一條巨蛇的觀點基本上保持不變，而在文化上較創新的地區，亦即開始出現農業、城市化和文字的地方，彩虹蛇的概念已分化為龍和彩虹。

前一點再如何強調都不為過。眾所周知，物種和語言會隨時間而改變，那麼為何文化不會呢？如果龍一開始是用來解釋彩虹的因果和本質的，那麼牠最早的樣態應該是彩虹蛇，而非如某些作者宣稱是古代近東的龍；會提出這樣主張的作者將文獻歷史（documentary history）與文化歷史（culture history）混為一談，才會有此偏差。出於同樣的原因，塔松、威爾森與齊彭代爾（Taçon, Wilson, and Chippendale 1996）所共同發表的一篇有用的論文暗示，澳洲的彩虹蛇約在 6,000 年前首度誕生於阿納姆地，因為它最早出現於當地的岩壁藝術。然而，我們必須以批判的眼光看待這一說法。

這裡所考量的證據顯示，彩虹蛇在大約 6 萬年前便隨著第一批人類的定居者進入澳洲，比龍在世界上任何地方出現的年代早了數萬年。在文化保守的地區，雖經歷了無數代，彩虹蛇只在細節上發生了變化，而在歐洲、古代近東、印度和中國等文化創新的地區，牠卻經歷了重大的轉變。簡而言之，龍像任何生物物種一樣，也有一段演化史，但那是由文化介導的，而不是由基因介導的。我們在考慮人類歷史上龍這概念的久遠時，要記住一個要點：大腦是由自然所造，但是思想則因文化而生。考古學家保羅·梅拉斯（Mellars 1996:366）曾完

善地闡述了尼安德塔人可能懂得使用符號的推斷問題：

> 把「行為簡單」和「思想簡單」不假思索地劃上等號顯然是危險的，因為這在某種程度上會阻礙科學分析，以有效率的假設來取代設法找出正解的努力。顯然，十六世紀的歐洲人以及現代社會中的澳洲原住民族、布須曼人等族群，儘管技術或經濟行為模式不那麼複雜，但這絕不意味他們和現代工業社會的人相比，天生智力低了一等或者認知能力較差。

雖然梅拉斯提出的觀點涉及對同一屬但不同種之人屬的認知能力的推論，但其普遍意義在於，只要生物發展的證據基本上相似，那麼無論過去歷史有多遙遠，我們就無權假設，古人的心智能力不如今天。根據均變論（uniformitarianism）「現今乃是過去最好的指南」的原理，只要我們祖先的大腦和我們的相同，他們的思考過程可能就和我們的類似，而當初彩虹之謎所引發的反應，很可能在今天仍信仰萬物有靈論的世界裡，還是會引發相同的反應。這意味著，彩虹蛇的歷史很可能上溯現代人類出現的年代，成為我們這物種精神生活中最古老的象徵，而講述它的話語就是人類最古老的故事。

龍這概念的普世性至少帶出了另一個重要的課題，即「龍是我們獨有的嗎？」有鑑於骸骨上的證據，目前大多數的觀點認為，現代人類大約出現於十五萬至二十萬年前（Fagan 2010:83ff.），而這使得他們的思維過程不太可能（甚至極不可能）與比較接近現代之狩獵採集者的思維過程有根本上的不同。因此，在缺乏明確證據的情況下，還是可以合理假設，彩虹蛇複合體已在體質上為現代人類出現時就已經發展成形。然而，一旦回顧到大約三萬年前，我們發現的人屬物種不只一個，而是至少兩個，即智人和尼安德塔人（迄今仍知之甚少的中亞丹尼索瓦人〔Denisovan population〕可能是第三個）。

帕帕加尼與莫斯（Papagianni and Morse 2013:80ff.）修正了一些早期有關我們的近親尼安德塔人與我們自己之間在遺傳系譜差異上的誤

解（現代人，也稱「智人」，是約 50 萬年前與尼安德塔人分支的），使我們對於尼安德塔人的種種得到更新的詮釋。他們修正的誤解之一是：由於考古紀錄顯示尼安德塔人很少使用如藝術等的符號系統，所以過去總認為他們缺乏現代人類的認知能力以及前瞻性的規劃能力。然而，位於英國和法國之間海峽群島中的澤西島上的一個著名的動物殺戮場——「聖布列拉德崖壁」（La Cotte de St Brelade）卻呈現了一個截然不同的情景。這個遺址的年代可追溯至十三萬年前以前，顯示出一種狩獵方式的明確證據——而這種方法直到十六世紀西班牙探險者意外將馬重新引入北美之前，仍被北美大平原的原住民所使用。運用此一策略時，獸群會受到一名人類領頭者（在美洲原住民的例子中，這種領頭者會先穿上水牛造型的長袍）的誘導走向懸崖，而其他隱身在牛群兩側土堆後的族人便開始大喊大叫，同時抖動著獸皮，或者其他方法讓獸群中殿後的動物驚慌地向前奔逃，最終將整個獸群逼到懸崖邊緣。而在懸崖下方，早有其他獵人等在那裡，準備殺掉尚未摔死的動物。

無需贅言，這種狩獵策略需要充分的前瞻性規劃，並協調扮演不同角色的個人，此外，語言溝通同樣毫無疑問地不可或缺。就算我們對於尼安德塔人其他方面的認知能力一無所知，這種驅趕獸群的證據仍可有力說明，他們大腦的運作方式在大多數面向上是與智人沒有太大不同的。如果這樣，我們必須自問：尼安德塔人看到彩虹時會有什麼反應？幾乎可以肯定的，他們問的問題會與早期智人相同：「那是什麼？」、「它是如何到上面去的？」、「它不在天上時，究竟待在哪裡？」唯一可能產生差異的因素可能是對蛇熟不熟悉：蛇無法在冰河時期的歐洲生存，但在溫暖的間冰期，他們很可能就認識蛇了。

總而言之，在農業、城市化和文字發展後轉變為龍概念的彩虹蛇概念可能獨立出現在兩支主要的原始人種裡，而這兩支人種在直到三萬年前仍共存於歐洲和中東地區。雖說我們可能永遠無法驗證此一假設，但它至少是合理的，畢竟只要物質環境足夠相似，便可以讓兩個人種將彩虹想像為一條巨大的靈蛇。

第十章

結論

　　一旦我們開始認真研究彩虹的民族學，我們就會發現，龍的真相就在我們周圍，就像一片剛落下的雪，完美無瑕、清晰可見。然而，我們看見的，是來來去去的，粗枝大葉，毫無根據的臆測，已將這片雪踩踏成面目全非的泥濘。這是一個多世紀以來發生在龍身上的故事。為了再次陳述本書所探討的證據唯一可支持的結論，且讓我拿本書開場的那句話作為結語：

> 龍是由彩虹演變而來的。

　　這個聲明現在不應該像第一次出現時那樣令讀者震驚了。一旦了解到西方有關彩虹的概念並非典型的傳統文化，而且，如果將龍視為彩虹蛇的遺緒，那麼許多原本晦澀模糊的關於龍的特徵就可有自然的解釋依據，許多之前令人費解之處也格外地清晰起來。

　　首先，如今已很明顯，彩虹蛇這個長久以來，甚至目前一般還被視為澳洲土著獨有的信仰，其實全球都有分布，而且即使各地形式不同，還是很容易識別出來，唯一的例外僅限於那些蛇和彩虹已全然分離並且轉化為龍和彩虹的區域。這種模式讓我們得出另一種見解，即神話生物會隨著時間的推移而演化，這是文化變遷的結果：澳洲的彩虹蛇可能表現出許多地方性的品種，但是誰也不會將它與歐洲、古代近東、南亞、中亞／東亞或北美的龍混淆起來。在像澳洲這種因地理位置孤立而造成文化停滯（cultural stasis）的地區，最古老形式的彩

虹蛇複合體保存了下來，經歷了數萬年只產生了些微的變化，而像中國那些經歷了高度演變的文化，則將一個同樣的原始概念轉化為異常豐富且複雜之龍的傳統。

為什麼過了這麼長時間才有人察覺到這一點？這無疑是龍學術史上最令人困擾的問題。依我看來，還是最好將尋找明確答案的任務留給科學史家。然而，由於本書比以前的任何著作都收集了更多相關的資料，以闡明龍的概念為何具有普世性，並且主張要用特定的實證方法（不知什麼原因，以前未曾有人採用）來解決問題，因此，要是我在書的結論處默默略過這個主題就不甚妥當了。

為何以前的學術研究未能解決龍的問題？其中的一個原因是：在早期所有提出的主張中，甚至是經驗豐富的科學家，都實質上揚棄了基本的科學方法。在任何科學領域中，解決所關注之問題的第一步，是收集跟回答該問題相關的一切觀察結果（以此書的主題為例，就是表1所臚列並在後面章節中一一討論的關於龍的廣泛特徵）。第二步則是提出一個假說（hypothesis），以直接的方式解釋儘可能最多的觀察結果，同時做儘可能最少的假設（assumptions）。最後一步則是將此假說與其他競爭的主張進行比較，以確定是否真的比其他主張更能解釋收集的資料。

截至本書撰寫之際，神話和民間傳說的百科全書都將彩虹、彩虹蛇和龍列為單獨的條目，既無交叉參考，也從未指出後兩者是同一神話生物不同的演化階段。有評論者私下表示，上述那些關係顯而易見，因此無需明說，但是如果真是這樣，為何以前從未有人明確提出？這裡舉個例子來說明這心態：二十年前我將一篇探討龍之起源的論文提交出版，當時有位讀者寫道：「只可惜這篇文章並未能廣泛吸引國際讀者，也未能對於當今世界的學術做出貢獻。」做出這個奇怪結論的原因之一是：「作者收集了數量相當大的樣本來證明他的說法，即龍確實是彩虹（無論是事實還是虛構），但這似乎並不是什麼驚天動地的發現。」然而，在同一組評語中，這位讀者主張，值得將羅海

姆（Roheim 1940）中的精神分析論點視為另類可成立的假說，並且指出，亨茲（Hentze 1966）提出的激進擴散論論點「是必要的」。然而，任何真正對這些取樣的資料感興趣的人必須要問：這兩篇論文有哪一篇討論過構成本書主體的特徵分布？更別說為它們提供解釋了。

另外，導致先前論述缺失的緣故還可歸因於科學社會學[1]中「非此即彼」的心態。十九世紀當演化人類學[2]受到走田野路線的學者排斥後，就全面遭到揚棄了。這意味著，無論出於何種情感原因，人們從此將早期作品視為一文不值，而這種反應顯然是不合理的。正如我們多次提到過的，泰勒在1871年提出的萬物有靈論的論點，至今仍像150年前提出時一樣具有堅實的基礎。後來的作者批評泰勒將歐洲人置於世界文化階層的頂端，但在十九世紀末，無論以哪種可衡量的物質或經濟的標準來看，歐洲人確實都處於這個階級的頂端。泰勒從未聲稱歐洲人天生就比其他人優越，相反的，他煞費苦心地表明，歐洲文化中許多已無法解釋清楚的特點，都是歐洲人從早先的部落民族的時代遺留下來的蛛絲馬跡。泰勒提出的「孑遺」的觀點（1958.1:70–111），正是他主張歐洲人曾經也像所謂「原始人」一樣生活的核心論據。對於任何具好奇心且思想開闊的人來說，這裡討論的龍的許多特徵就顯然是龍是彩虹蛇時代的孑遺。為什麼龍能掌控降雨？為什麼牠會守護泉、井、湖泊之類的水體？為什麼幾乎所有可找到民族誌資料的重要的瀑布都必然有龍藏身？龍為什麼住在山洞裡或具飛行能力？為什麼龍在相隔遙遠的文化中都與雷電對立？拒絕將這些例子以及其他例子視為泰勒所謂的孑遺，只是因為有些人認為泰勒的一切想法都是「過時的」，此一態度實為不可原諒的知識偏見。文化孑遺這一概念有其實用性，只要它可以提供無法以其他方式得到的洞見，就不應該不假思索地排除它。

1　sociology of science：探討科學的社會性質及科學與社會相互關係的科學。
2　evolutionary anthropology：對人類生理學和人類行為的進化以及原始人和非原始人靈長類動物之間關係的跨學科研究，並以自然科學和社會科學為基礎。

繆勒的論述也幾乎一樣。沒錯，他的「太陽崇拜理論」（solar theory）太過頭了些，而且就像今天的任何學者一樣，他也犯了其他錯誤。然而，這是否足以成為我們完全否定他核心主張的理由？畢竟，他的中心論點是：許多神話，至少在最初的形成階段，其實是人們試圖以象徵或隱喻的方式，解釋自然現象的運作。難道這個觀點，不值得認真對待與重新思考嗎？這裡的個基本主張是：龍這普世概念並不是異想天開的臆造，而是一種基本需求，可供解釋與人類有切身重要性的降雨此一自然界的重要因素。如果當初能進一步加以精煉、擴展和尊重十九世紀比較人類學的初步探索，而非幾乎全盤排斥，那麼一個世紀前必定已經有人討論彩虹的民族學了。假設當時果真如此，就不必浪費那麼多筆墨，去生產關於「龍為何具有普遍性」這一問題的大量毫無根據之推測。

　　長期以來，人們始終無法以科學求證的態度探討龍這概念的另一個原因是，研究者在數據資料不足的情況下便試圖提出概括性的論述，難免造成其在基本面上的混淆。史密斯的激進擴散理論，就是以人類基本上不具創造力這個可質疑的假設，以及龍最早的歷史紀錄來自埃及和美索不達米亞的觀察開端的。由於龍多少與水連結在一起，而這些乾旱地區的生存極度地依賴降雨，所以龍的概念必定始於古代近東，這就是該理論的邏輯。然而，這裡看不到邏輯上的過渡環節：僅僅因為描述龍這概念的最早文字紀錄來自埃及和美索不達米亞，並不表示該項概念就沒有更長的歷史。此外，還得加上控制降雨在世界大部分地區都很重要的這一事實，如此一來，史密斯的整個論點就站不住腳了。同樣地，魯倫斯坦（Lœwenstein 1961）對全世界彩虹與水蛇的關聯提供了有價值的調查，但他隨後將萬物有靈論的基本邏輯顛倒過來，認為彩虹蛇複合體用彩虹來代表大型且心理上令人驚駭的蛇，而不是用蛇來解釋彩虹。在所有這些不同的論述裡，人人都應該提出的最基本問題都完全被忽略了：文字發明前的人類如何解釋彩虹的出現？他們又如何呈現彩虹是在陽光和雨水在天際互別苗頭時才出

現的這個事實?還有,他們又如何解釋當彩虹不在天上時,它在哪裡?

最後,還有一個原因使學界未能利用已有的資源,得出龍是由彩虹蛇演化而來的結論,那就是激進歸納論(inductivism)的哲學立場受到廣泛的採用。這基本上意思就是,一切的比較都必須「自下而上」,也就是說,以了解最小和關係最密切的單位之間的相互關係為起始,然後再進而處理下一個較大的單位,依此類推。在這些學者看來,在沒有澈底分析所有中間過程的單位以前,便去比較關係較遠的資料是不足取的。

神話、傳說和民間故事的通典裡都有龍、彩虹蛇和彩虹的條目,但都分開處理,是因為有可能將之分開探討,而不是因為它們本質上互不相關。查爾斯・古爾德可能是第一個嘗試理解龍的普世性概念的學者,他曾說(Gould 1886:163–164):

> 龍以破壞性和混亂無序的象徵出現在幾乎每個國家的神話歷史和傳奇詩歌中⋯⋯沒有人試圖去整理埋藏在各地故事中的大量材料。如果這能完美實踐,那麼也許就可以對於龍的真實本質做出論斷,並可以像對待任何其他已確立的物種一樣,完整地寫出有關其特徵、親屬關聯以及習性的章節。

這段文字是在 130 多年前就提出的,然而迄今為止,古爾德所設想的研究計畫都還沒有付諸實行。有些已經快要獲得認可,但又突然停下來,顯然是因為他們覺得無法勝任這項使命。一個顯著的例子是拉德克利夫-布朗:他是他那世代數一數二重要的文化人類學家,雖然他看出了澳洲的彩虹蛇與世界其他地區的龍之間的關聯,但他不敢深入探索。用他的話說:

> 我不打算進入關於澳洲神話與其他文化中類似的神話之間關係這個又廣闊又艱難的課題;例如,中國龍,在代表水氣原理及

其與珍珠關聯上的定位。我相信，只有在分別深入研究每個文化區域的信仰或習俗之後，這種透過比較所得出的結論才站得住腳。在我們真正確定充分理解澳洲神話並使其成為比較研究的主題之前，有必要先對澳洲神話及其與澳洲文化其他元素的關係進行大量的深入研究。（Radcliffe-Brown 1926:25）

半個多世紀後，蒙佛爾德（Mountford 1978:92–93）也表達了類似的立場。他調查了澳洲的彩虹蛇神話，並得出了更具洞察力的結論：

> 澳洲的彩虹蛇神話是普世之蛇神話的延伸，而後者已滲透到過去和現在各民族的信仰中。許多國家都記錄了與澳洲彩虹蛇特徵相似的神話生物：中國的龍神話、印度的那伽神話、紐西蘭的塔尼瓦（taniwah）神話；歐洲以及希臘和埃及等古代世界許多模糊的、半失傳的神話；喀拉哈里沙漠原始布須曼人的水蛇神話；印尼和美拉尼西亞群島的相關神話。可惜我們無法進一步深入蛇信仰的廣袤領域。

兩位作者都察覺到，許多文化都有某種具普遍相似性的蛇神話，但他們不願意進一步探討為什麼會有這樣的情況。蒙佛爾德基本上是位只關注澳洲原住民文化的描寫主義者（descriptivist），很少在意一般性、普遍性的理論，而拉德克利夫－布朗則是他那時代文化人類學的重要人物，所以他在這個問題上的立場非常有影響力。有些人堅信「自下而上」逐步開展工作是唯一負責任的方法：首先僅比較最相似的文化，直到研究者確信已經理解這些文化間的差異，才會繼續進行下一個涵蓋範圍較廣的層次。然而，並不是每個人都認同這種「自下而上」的態度。反對者會辯稱，沒有理由以「戴上眼罩」的方式研究，無視於其他一切，要等到時機成熟，才對已經自下而上、本身已牢固確立的單位加以比較。在評估這兩種觀點的優勢時，也許首先該提的問題是：成功的科學研究工作是否始終遵循激進歸納論的研究方法，

在這方面，回顧其他社會科學領域的學術史，無疑能提供啟發。

一般認為，十九世紀的科學有兩項偉大成就：其一是印歐語系的發現，其二是達爾文物競天擇的演化論。從1816年開始，丹麥和德國的學者在長達數十年的歲月中一直致力於建構歷史語言學領域，而且他們很快就認識到，與地中海和印度的古典語言比較起來，所謂「沒有歷史」的日耳曼語言和北歐其他語言其實都與它們有關。這種見解並不必等待或需先對日耳曼語言、斯拉夫語言或其他語言進行「自下而上」的比較，先確定它們擁有關係最接近的共同祖先，然後再把它們拿來與希臘語、拉丁語或梵語進行比較。學者反而從一開始就採用了「自上而下」的方法，並且取得了非凡而持久的成就，而這是任何熟悉該領域學術史的人都知道的事。正如格林伯格（Greenberg 1957:50）在談到語言重構問題時所主張的，要解決這些問題，最好拿親屬關係較遠的同語系語言來進行比較：

> 這些例子以及其他許多可以引用的例子很值得我們注意，因為它們反駁了一般認為應該忽略較遠關係的一般見解，而每個不同的分支都要各別且獨立重構。在許多情況下，如果不把涵蓋更廣的語系納入考量，我們就無法在各種可能的重構選項之間做取決。事實上，在印歐語系中，對於整個語系原始語的重構進展得遠比各語支的重構快得多。此外，在重構原始日耳曼語以及其他等同的中間語族分支時，總是以一隻眼睛回顧著重構的原始印歐語，另一隻眼睛注視著眼前著當代的日耳曼諸語言。

格林伯格這段評論所指的是關於原始印歐語的重構，但促使這番言論的卻是一個在原始班圖語重構上的問題，並且輕易地表明採用相同的同時「自上而下」和「自下而上」的方法已成功地應用於大多數語系對其原始語階段的重構。例如鄧普沃爾夫（Dempwolff 1934-1938）以完全無需考量先要重構原始波利尼西亞語、原始密克羅尼西亞語等語支的態度，提出了他對原始南島語的重構。

如果我們將歷史語言學視為社會科學中科學探究的榜樣，那麼它並不支持以下的態度：推理過程必須從最受限的探究層面開始，然後才能擴展到更寬廣的領域。事實上，大多數物理和生物科學領域的學者可能也會認為這種程度的智識不安全感難以理解：為什麼要因為擔心可能導致不合理的推論而忽略相關聯的資訊？毋庸強調，從最近到最遠的所有比較的層級都存有錯誤的可能，而對付這種可能性的最佳控制法就是前面已概論過的：第一、收集所有與回答研究課題裡尚待解答的問題相關的資料；第二、構建一個假說，用最少的假設來解釋最多數量的相關觀察；其三、將首選的假說的解釋效能與其與其對手進行比較；其四、選出最具解釋效能者。

　　這項說明指出，「自下而上」的推論方式並非唯一合乎科學責任或具生產力的方法，這樣的觀點無疑值得肯定——但問題是：我們真的有必要特別強調這一點嗎？稍加思考就會發現，嚴格的「自下而上」方法本質上是有問題的，因為它會導致無限的回視。為了研究一個複雜的問題 A，就必須先研究 A 的每個子集（在拉德克利夫－布朗的例子中，也許等於澳洲境內的每一文化區域）。但為了理解 A 的每個子集，我們需要先了解 A 的每個子集下面的子集（在拉德克利夫－布朗的例子中，可能等於澳洲境內的每個民族語言群體）。接著，為了研究 A 的每個子集下的子集，我們需要先了解 A 的每個子集下的子集再下面的子集（在拉德克利夫－布朗的例子中，可能是每個當地的族群）。如果進行有意義的研究必須採用這種方法的制約，那麼我們該在哪裡打住（或者開始）呢？

　　拉德克利夫－布朗所提到的「澳洲之神話」暗示在整個澳洲大陸上就只有一個彩虹蛇的神話，而一旦我們對這個信仰複合群的細節有充分的了解，那麼進一步將其與中國和其他地區對龍的信念進行比較的時機就該成熟了。然而，半個世紀後，馬多克（Maddock 1978:19）卻結論，彩虹蛇不只一種，而是有許多種。文獻中所呈現的彩虹蛇概念並非一個明確的分類，因此，「拿『彩虹蛇』當作研究

對象可能徒勞無功。」

在澳洲境內（全球也是如此），彩虹蛇複合體有型態上的變異，應是不足為奇的。九十年前，皮丁頓（Piddington 1930:352）就注意到這一點了，他指出

> 西澳洲的卡拉傑里人（the Karadjeri）擁有非常豐富的神話傳說。其中神秘的水蛇卜萊恩（bulaiŋ）扮演十分重要角色。但是卡拉傑里的文化中多種反常現象之一就是：卜萊恩，雖然在澳洲其他地區顯然對應彩虹蛇，但它卻完全與彩虹沒有關聯。

皮丁頓接著將卜萊恩描述為「活在水坑中的巨蛇」。牠身體為一混合體的幻獸；除了大眼睛外，還長著長耳朵。儘管與彩虹沒有明顯的關聯，但是其他幾個特徵卻顯露出卡拉傑里人的卜萊恩其實是彩虹蛇的區域變體。例如，如果將牠烹煮，牠會爆裂開來以如此釋放出來的水淹沒鄉村。此外，儘管男性有自己不告訴外人的相異信念，但他們仍會告訴婦女卜萊恩能引發雨水和風暴，而這也是其他許多地區彩虹蛇／龍另外的特徵。

就算彩虹蛇在澳洲各地的樣貌有所不同，難道我們就不能相信它們其實都來自同一個源頭嗎？即使對這個信念的普世分布做粗淺的考量，也可看出它有多麼古老，可以上溯到現代人大腦完備之初，然後隨著時間推移，不同族群的分離勢必造成文化在各層面上發生變化。這在語言上表現得尤為明顯，一旦彩虹蛇以一種文化構建存在，便可以被自由運用於各種敘事情境，從而導致角色的鋪陳，以及信仰體系原始元素的喪失或者新元素的獲取。

可確定的是，本書所蒐集的普世及古老信仰的記載證明了，像馬多克所支持的那種化約論是徒勞無功的。如果這些角色幾乎都與彩虹有關，卻只是因為它們不完全一樣，就被當成彼此無關的存在——這樣做，真的有幫助我們理解什麼嗎？彩虹蛇的概念在澳洲的原住民社會中已經存在了無數世代。最初可能只是對於自然環境中的特徵產生

的單純信念，逐漸成為一個賦予個性的神話生物，使其在數千年間豐富的口頭傳說中扮演顯著的角色。如欲期待這種信仰體系或神話傳統在代代相傳的過程中維持不變，就如同期待語言在相同條件下一成不變似的，兩者顯然都是與事實相悖的。在最離譜的情況下，用化約論的方法處理同一分類內的成員，就會發生否認像鳥類這樣明顯分類的事。雀鳥、企鵝和鶴鴕是否因其體型大小、色彩或飛行能力均不同就不允許都歸入共同的分類呢？然而只有鳥類才有羽毛，幾乎沒有觀察者會有困難判斷什麼是鳥或者什麼不是鳥。在哺乳類動物方面，問題變得更極端些。生物學家告訴我們，鯨魚、蝙蝠、獅子和人類都隸屬於動物界裡的同一個哺乳綱。對於未經訓練的觀察者來說，這一事實並不明顯，例如在民間的分類中，鯨豚類就常與魚類混為一談，而非歸入其真正的親族分類。然而只有哺乳類動物才有毛髮和乳腺。

事實上，化約論方法對於理解龍的演化是沒有任何幫助的。這種方法基本上假設變化（variation）與關係（relationship）不可能共存，而這假說是與我們在科學分類中所知道的一切相悖的。麻雀和企鵝顯然非常不同，但這並不代表我們可以忽略兩者統一的特徵，進而將其視為完全不同之分類的成員。如果有一個名為「鳥」的有效分類，為什麼就不能有一個名為「彩虹蛇」的有效分類呢？無庸贅言，化約論所造成的問題也延伸至許多其他的情況，其中包括否定人種，而對本書而言最切要的，則是「沒有龍這回事」。

但是，龍是存在的，至少自從古爾德（Gould 1886）以來，就像許多學者所認定的那樣。雖然牠的細節因地而異，但都具有一組重疊的共同特徵，可將牠與任何其他（真實或虛構）的生物區分開來。從這個基本層面來看，龍的概念與鳥類或人類的概念一樣真實。波赫士（Borges 1978）在聲稱「我們對龍的意義一無所知，就像我們對宇宙的意義一無所知」時未免過於悲觀了。宇宙的意義我們可能永遠無法理解，但是龍的故事終於講述出來了。

附錄

以下是本書文中提到的所有民族語言群的完整清單，以及這些民族語言群各自在語系或語系主要分支內的分類資料。

編號	英文名	中文名
001	Achumawi: Palaihnihan	阿丘馬維語：帕萊尼安語系
002	Adele: Niger-Congo (Kwa)	阿德勒語：尼日爾-剛果語系（科瓦語族）
003	Aguaruna: Jivaroan	阿瓜盧納語：吉華羅語系
004	Ahtna: Nadene (Athapaskan, Tanaina-Ahtna)	阿特納語：納丁語系（阿薩帕斯坎語族，塔奈納-阿特納語支）
005	Akolet: Austronesian (Oceanic)	阿科萊特語：南島語系（大洋洲語族）
006	Albanian: Indo-European (Albanian)	阿爾巴尼亞語：印歐語系（阿爾巴尼亞語族）
007	Alune: Austronesian (Central Malayo-Polynesian)	阿盧內語：南島語系（中馬來波利尼西亞語族）
008	Amami Oshima: Japonic (Ryukyuan)	奄美大島語：日本琉球語系（琉球語系）
009	Amharic: Afroasiatic (Semitic, South, Southeast)	阿姆哈拉語：亞細亞-阿非羅語系（閃語族，南閃語支，東南閃語次語支）
010	Amuesha: Arawakan (Maipuran)	阿姆埃夏語：阿拉瓦坎語系（邁普蘭語族）
011	Amuzgo: Otomanguean (Amuzgoan)	阿穆茲戈語：奧托曼格伊語系（阿穆茲戈語族）
012	Andamanese: North Andaman	安達曼語：北安達曼語系
013	Andoni/Obolo: Niger-Congo (Benue-Congo)	安東尼/奧博洛語：尼日-剛果語系（貝努埃-剛果語族）

編號	英文名	中文名
014	Anufo/Chokosi: Niger-Congo (Kwa)	阿努福 / 喬科西語：尼日 - 剛果語系（科瓦語族）
015	Anyi Sanvi: Niger-Congo (Kwa)	安依桑維語：尼日 - 剛果語系（科瓦語族）
016	Apache: Nadene (Athapaskan, Apachean)	阿帕奇語：納丁語系（阿薩帕斯坎語族，阿帕奇語支）
017	Arabic: Afroasiatic (Semitic, South, Southwest)	阿拉伯語：亞細亞 - 阿非羅語系（閃語族，南閃語支，西南閃語次子支）
018	Aramaic: Afroasiatic (Semitic, Northwest, Canaanite)	亞拉姆語：亞細亞 - 阿非羅語系（閃語族，西北語支，迦南次語支）
019	Aranda: Australian (Pama-Nyungan)	阿蘭達語：澳洲語系（帕馬 - 紐干語族）
020	Arapaho: Algic (Algonquian, Arapahoan)	阿拉帕霍語：阿爾吉克語系（阿爾岡昆語族，阿拉帕霍語支）
021	Arapesh: Torricelli (Arapesh)	阿拉佩什語：托里塞利語系（阿拉佩什語族）
022	Arecuna/Pemon: Carib	阿雷庫納 / 佩蒙語：加勒比語系
023	Armenian: Indo-European (Armenian)	亞美尼亞人：印歐語系（亞美尼亞語族）
024	Arosi: Austronesian (Oceanic, Southeast Solomonic)	阿羅西語：南島語系（大洋洲語族，東南所羅門語支）
025	Assiniboine: Siouan-Catawba (Siouan, Mississippi Valley)	阿西尼博因語：席烏 - 卡陶巴語系（席烏語族，密西西比谷地語支）
026	Assyrian: Afroasiatic (East Semitic)	亞述語：亞細亞 - 阿非羅語系（東閃語族）
027	Atayal: Austronesian (Atayalic)	泰雅語：南島語系（泰雅語族）
028	Avau: Austronesian (Oceanic)	阿瓦語：南島語系（大洋洲語族）
029	Aymara: Jaqi	艾馬拉語：哈吉語系
030	Babatana: Austronesian (Oceanic, Northwest Solomonic)	巴巴塔納語：南島語系（大洋洲語族，西北所羅門語支）
031	Babylonian/Akkadian: Afroasiatic (East Semitic)	巴比倫 / 阿卡德語：亞細亞 - 阿非羅語系（東閃語族）

編號	英文名	中文名
032	Baganda: Niger-Congo (Bantu)	巴幹達語：尼日-剛果語系（班圖語族）
033	Bagesu: Niger-Congo (Bantu)	巴格蘇語：尼日-剛果語系（班圖語族）
034	Baiga: Indo-European (Indo-Iranian, Indic)	拜加語：印歐語系（印度-伊朗語族，印度語支）
035	Balinese: Austronesian (Western Malayo-Polynesian)	峇里語：南島語系（西馬來-波利尼西亞語支）
036	Bambuti: Niger-Congo (Bantoid)	班布蒂語：尼日-剛果語系（班圖語族）
037	Bamileke: Niger-Congo (Bantu)	巴米萊克語：尼日-剛果語系（班圖語族）
038	Baoule: Niger-Congo (Kwa)	巴烏萊語：尼日-剛果語系（科瓦語族）
039	Bare'e: Austronesian (Western Malayo-Polynesian, Celebic)	巴勒埃語：南島語系（西馬來-波利尼西亞語族，賽來比克語支）
040	Bargam/Mugil: Trans New Guinea (Madang-Adelbert Range)	巴爾甘/穆吉爾語：跨紐幾內亞語系（馬當-阿德爾伯特山脈語族）
041	Bariai: Austronesian (Oceanic, North New Guinea)	巴里艾語：南島語系（大洋洲語族，北紐幾內亞語支）
042	Barotse: Niger-Congo (Bantu)	巴羅切語：尼日-剛果語系（班圖語族）
043	Basuto/Basotho: Niger-Congo (Bantu)	巴蘇托/巴索托語：尼日-剛果語系（班圖語族）
044	Batak (Simalungun): Austronesian (Western Malayo-Polynesian, Batak-Barrier Islands)	巴塔克語（席馬崙剛人）：南島語系（西馬來-波利尼西亞語族，巴塔克-巴利耶群島語支）
045	Batak (Toba): Austronesian (Western Malayo-Polynesian, Batak-Barrier Islands)	巴塔克語（托巴人）：南島語系（西馬來-波利尼西亞語族，巴塔克-巴利耶群島語支）
046	Ba Thonga: Niger-Congo (Bantu)	巴通加語：尼日-剛果語系（班圖語族）
047	Bengali: Indo-European (Indo-Iranian, Indic)	孟加拉語：印歐語系（印度-伊朗語族，印度語支）

編號	英文名	中文名
048	Berawan: Austronesian (Western Malayo-Polynesian, North Sarawak)	別拉灣語：南島語系（西馬來-波利尼西亞語族，北砂勝越語支）
049	Berber: Afroasiatic (Berber)	柏柏語：亞細亞-阿非羅語系（柏柏語族）
050	Biak: Austronesian (South Halmahera-West New Guinea)	比亞克語：南島語系（南哈爾馬赫拉-西紐幾內亞語族）
051	Birhor: Austroasiatic (Munda)	比爾霍爾語：南亞語系（蒙達語族）
052	Blackfoot: Algic (Algonquian, Blackfoot)	黑腳語：阿爾吉克語系（阿爾岡昆語族，黑腳語支）
053	Bontok: Austronesian (Western Malayo-Polynesian, Philippine, Northern Luzon)	邦托克語：南島語系（西馬來-波利尼西亞語族，菲律賓語支，北呂宋次語支）
054	Botocudo/Krenak: Ge (Botocudo)	博托庫多/克雷納克語：葛語系（博托庫多語族）
055	Buginese: Austronesian (Western Malayo-Polynesian, South Sulawesi)	布金語：南島語系（西馬來-波利尼西亞語族，南蘇拉威西語支）
056	Bukaua/Bukawa: Austronesian (Oceanic, North New Guinea Cluster, Huon Gulf Family)	布考瓦/布卡瓦語：南島語系（大洋洲語族，北紐幾內亞語支，休恩灣群）
057	Bulgarian: Indo-European (Balto-Slavic, Slavic, South Slavic)	保加利亞語：印歐語系（波羅的-斯拉夫語族，斯拉夫語支，南斯拉夫次語支）
058	Buli: Austronesian (South Halmahera-West New Guinea)	布利語：南島語系（南哈爾馬赫拉-西紐幾內亞語族）
059	Bunun: Austronesian (Bunun)	布農語：南島語系（布農語族）
060	Burarra: Australian (Maningrida)	布拉拉語：澳洲語系（曼寧格里達語族）
061	Byelorussian: Indo-European (Balto-Slavic, Slavic, East Slavic)	白俄羅斯語：印歐語系（波羅的-斯拉夫語族，斯拉夫語支，東斯拉夫次語支）
062	Cahuilla: Uto-Aztecan (Takic, Cupan)	卡呼伊拉語：尤托-阿茲特克語系（塔奇克語族，庫潘語支）
063	Canaanite: Afroasiatic (Northwest Semitic)	迦南語：亞細亞-阿非羅語系（西北閃語族）

編號	英文名	中文名
064	Candoshi: Jivaroan	坎多希語：吉華羅語系
065	Canelos: Quechuan	卡內洛斯語：蓋丘亞語系
066	Catalan: Indo-European (Italic, Romance)	加泰隆尼亞語：印歐語系（義大利語族，羅曼語支）
067	Catawba: Siouan (Catawban)	卡陶巴語：席烏語系（卡陶巴語族）
068	Cebuano Bisayan: Austronesian (Western Malayo-Polynesian, Philippine, Central Philippines)	宿霧維薩亞斯語：南島語系（西馬來-波利尼西亞語族，菲律賓語支，中菲律賓次語支）
069	Chachi/Cayapa: Paezan	查奇/卡亞帕語：派茲語系
070	Chaga: Niger-Congo (Bantu)	查加語：尼日-剛果語系（班圖語族）
071	Chemehuevi: Uto-Aztecan (Numic, Southern Numic)	切梅胡埃維語：尤托-阿茲特克語系（紐米克語族，南紐米克語支）
072	Cherokee: Iroquoian (Southern)	切羅基語：易洛魁語系（南語族）
073	Cheyenne: Algic (Algonquian, Cheyenne)	夏延語：阿爾吉克語系（阿爾岡昆語族，夏延語支）
074	Chilula: Nadene (Athapaskan, Pacific Coast)	奇盧拉語：納丁語系（阿薩帕斯坎語族，太平洋岸語支）
075	Chontal: Tequistlatecan	充塔爾語：特基斯特拉特坎語系
076	Chortí: Mayan (Greater Tzeltalan)	丘爾蒂語：瑪雅語系（大特澤爾特蘭語族）
077	Chumburu, Northern Niger-Congo (Kwa)	春布魯語：尼日-剛果語系（科瓦語族）
078	Chuukese: Austronesian (Oceanic, Micronesian)	楚克塞語：南島語系（大洋洲語族，密克羅尼西亞語支）
079	Cofán: Jivaroan	科梵語：吉華羅語系
080	Cree: Algic (Algonquian, Cree-Montagnais)	克里語：阿爾吉克語系（阿爾岡昆語族，克里-蒙塔格內語支）
081	Creek/Muskogee: Muskogean (Central)	克里克/穆斯科基語：馬斯科基安語系（中央語族）
082	Cuaiquer: Chibchan	庫艾克爾語：奇布查語系
083	Cuna: Chibchan (Cuna)	庫納語：奇布查語系（庫納語族）

編號	英文名	中文名
084	Czech: Indo-European (Balto-Slavic, Slavic, West Slavic)	捷克語：印歐語系（波羅的 - 斯拉夫語族，斯拉夫語支，西斯拉夫次語支）
085	Danish: Indo-European (Germanic, North Germanic)	丹麥語：印歐語系（日爾曼語族，北日爾曼語支）
086	Dedua: Trans New Guinea (Huon-Finisterre)	德杜阿語：跨紐幾內亞語系（休恩 - 芬尼斯特雷語族）
087	Deg: Niger-Congo (Gur)	戴格語：尼日 - 剛果（古爾）
088	Dehu: Austronesian (Oceanic, Southern Oceanic Linkage)	德胡語：南島語系（大洋洲語族，南大洋洲連結群）
089	Dida: Niger-Congo (Kru)	迪達語：尼日 - 剛果語系（庫魯語族）
090	Diegueño: Cochimí-Yuman (Yuman, Delta-California)	迭根奧語：科奇米 - 尤馬語系（尤馬語族，戴爾塔 - 加州語支）
091	Djimini/Southern Senoufo: Niger-Congo (Gur)	吉米尼 / 南塞努福語：尼日 - 剛果語系（古爾語族）
092	Duo: Papuan	杜奧語：巴布亞語系
093	Eddystone/Mandegusu: Austronesian (Oceanic, Northwest Solomonic)	埃迪斯通 / 曼德古蘇語：南島語系（大洋洲語族，西索羅門群島語支）
094	Egyptian: Afroasiatic (Egyptian)	埃及語：亞細亞 - 阿非羅語系（埃及語族）
095	Enggano: Austronesian (Western Malayo-Polynesian)	恩加諾語：南島語系（西馬來 - 波利尼西亞語族）
096	English: Indo-European (Germanic, West Germanic)	英語：印歐語系（日爾曼語族，西日爾曼語支）
097	Estonian: Uralic-Yukaghir (Uralic, Finno-Ugric, Finnic)	愛沙尼亞語：烏拉爾 - 尤卡吉爾語系（烏拉爾語族，芬蘭 - 烏戈爾語支，芬蘭次語支）
098	Ewe: Niger-Congo (Bantu)	依維語：尼日 - 剛果語系（班圖語族）
099	Feranmin: Trans New Guinea (Oksapmin)	費蘭敏語：跨紐幾內亞語系（奧克薩普敏語族）
100	Fijian: Austronesian (Oceanic, Central Pacific)	斐濟語：南島語系（大洋洲語族，中央太平洋語支）

編號	英文名	中文名
101	Fon: Niger-Congo (Kwa)	豐語：尼日 - 剛果語系（科瓦語族）
102	Frafra: Niger-Congo (Gur)	弗拉夫拉語：尼日 - 剛果語系（古爾語族）
103	French: Indo-European (Italic, Romance, Gallo-Romance)	法國語：印歐語系（義大利語族，羅曼語支，高盧 - 羅曼次語支）
104	Fulani/Fufulde: Niger-Congo (West Atlantic)	富拉尼 / 富富爾德語：尼日 - 剛果語系（西大西洋語族）
105	Gabrielino: Uto-Aztecan (Takic, Serrano-Gabrielino)	加布里埃利諾語：尤托 - 阿茲特克語系（塔奇克語族，塞拉諾 - 加布里埃利諾語支）
106	Galla/Oromo: Afroasiatic (Cushitic)	伽拉 / 奧羅莫語：亞細亞 - 阿非羅語系（庫西特語族）
107	German: Indo-European (Germanic, West Germanic)	德語：印歐語系（日爾曼語族，西日爾曼語支）
108	Gilbertese/I-Kiribati: Austronesian (Oceanic, Micronesian)	吉伯特斯 / 伊 - 吉里巴斯語：南島語系（大洋洲語族，密克羅尼西亞語支）
109	Gilyak/Nivkh: Isolate	吉里雅克 / 尼夫赫語：孤立語
110	Gogodala: Trans New Guinea (Central and Western Highlands)	戈戈達拉語：跨紐幾內亞語系（中部及西部高地語族）
111	Gosiute: Uto-Aztecan (Numic, Southern Numic)	戈修特語：尤托 - 阿茲特克語系（紐米克語族，南紐米克語支）
112	Greek: Indo-European (Greek)	希臘語：印歐語系（希臘語族）
113	Gros Ventre/Atsina: Algic (Algonquian, Arapahoan)	格羅斯文特 / 阿齊納語：阿爾吉克語系（阿爾岡昆語族，阿拉帕霍語支）
114	Guahibo: Guahiban	瓜希博語：瓜希博語系
115	Guambiano: Paezan	瓜姆比亞諾語：派茲語系
116	Guarani: Tupi-Guarani	瓜拉尼語：圖皮 - 瓜拉尼語系
117	Gunwinggu/Kunwinjku: Australian (Gunwingguan)	岡溫古 / 昆溫傑庫語：澳洲語系（岡溫古語族）
118	Hakka: Sino-Tibetan (Sinitic)	客家語：漢藏語系（漢語族）
119	Hausa: Afroasiatic (Chadic)	豪薩語：亞細亞 - 阿非羅語系（查蒂克語族）

編號	英文名	中文名
120	Hawaiian: Austronesian (Oceanic, Central Pacific, Polynesian)	夏威夷語：南島語系（大洋洲語族，中央太平洋語支，波利尼西亞次語支）
121	Haya: Niger-Congo (Bantu)	哈亞語：尼日-剛果語系（班圖語族）
122	Hittite: Indo-European (Anatolian)	西台語：印歐語系（安那托利亞語族）
123	Hopi: Uto-Aztecan (Hopi)	何皮語：尤托-阿茲特克語系（何皮語族）
124	Huastec: Mayan (Huastecan)	華斯特克語：瑪雅語系（華斯特克語族）
125	Hupa: Nadene (Athapaskan, Pacific Coast)	胡帕語：納丁（阿薩帕斯坎語系，太平洋岸語族）
126	Iatmul: Sepik-Ramu (Sepik-Ramu, Middle Sepik)	依阿特莫爾語：塞皮克-拉姆語系（塞皮克-拉姆語族，中央塞皮克語支）
127	Iban: Austronesian (Western Malayo-Polynesian, Malayo-Chamic)	伊班語：南島語系（西馬來-波利尼西亞語族，馬來-占語支）
128	Icelandic: Indo-European (Germanic, North Germanic)	冰島語：印歐語系（日爾曼語族，北日爾曼語支）
129	Igbo: Niger-Congo (Kwa)	伊格博語：尼日-剛果語系（科瓦語族）
130	Ijo: Niger-Congo (Kwa)	伊喬語：尼日-剛果語系（科瓦語族）
131	Ijok Negritos (Austroasiatic, Aslian)	伊喬克尼格利陀語：南亞語系（阿斯利安語族）
132	Ikwerre: Niger-Congo (Kwa)	伊克維雷語：尼日-剛果語系（科瓦語族）
133	Ila: Niger-Congo (Bantu)	伊拉語：尼日-剛果語系（班圖語族）
134	Imbonggu: Trans New Guinea (Eastern Highlands)	伊姆邦古語：跨紐幾內亞語系（東部高地語族）
135	Inca: Quechuan	印加語：克丘亞語系
136	Inga: Quechuan	因加語：克丘亞語系
137	Irish: Indo-European (Celtic, Goidelic)	愛爾蘭語：印歐語系（塞爾特語族，蓋爾語支）

編號	英文名	中文名
138	Island Carib: Arawakan	加勒比島語：阿拉瓦克語系
139	Isneg: Austronesian (Western Malayo-Polynesian, Philippine, Northern Luzon)	伊斯內格語：南島語系（西馬來 - 波利尼西亞語族，菲律賓語支，北呂宋次語支）
140	Italian: Indo-European (Italic, Romance, Italo-Dalmatian)	義大利語：印歐語系（義大利語族，羅曼語支，義大利 - 達爾馬提亞次語支）
141	Izon: Niger-Congo (Kwa)	伊讓語：尼日 - 剛果語系（科瓦語族）
142	Japanese: Japonic	日本語：日本 - 琉球語系
143	Javanese: Austronesian (Western Malayo-Polynesian)	爪哇語：南島語系（西馬來 - 波利尼西亞語族）
144	Jehai Negritos: Austroasiatic (Aslian)	傑哈伊尼格利陀語：南亞語系（阿斯利安語族）
145	Kabi: Australian (Pama-Nyungan?)	克比語：澳洲語系（帕馬 - 紐幹語族？）
146	Kabyle: Afroasiatic (Berber)	卡拜爾語：亞細亞 - 阿非羅語系（柏柏語族）
147	Kaidipang: Austronesian (Western Malayo-Polynesian, Philippine, Minahasan)	凱迪龐語：南島語系（西馬來 - 波利尼西亞語族，菲律賓語支，米納哈桑次語支）
148	Kaiwá: Tupian (Tupi-Guarani)	凱瓦語：圖皮安語系（圖皮 - 瓜拉尼語族）
149	Kakadu/Gaagudju: Australian (Gagudju)	卡卡杜 / 嘎古朱語：澳洲語系（加古朱語族）
150	Kalabari: Niger-Congo (Kwa)	卡拉巴里語：尼日 - 剛果語系（科瓦）語族
151	Kala Lagaw Ya/Mabuiag: Australian (Pama-Nyungan)	卡拉拉告雅 / 馬布伊阿格語：澳洲語系（帕馬 - 紐幹語族）
152	Kalam: Trans New Guinea (Eastern Highlands)	卡拉姆語：跨新幾內語系亞（東部高地語族）
153	Kankanaey: Austronesian (Western Malayo-Polynesian, Philippine, Northern Luzon)	康納耶語：南島語系（西馬來 - 波利尼西亞語族，菲律賓語支，北呂宋次語支）

編號	英文名	中文名
154	Karen: Sino-Tibetan (Tibeto-Burman)	克倫語：漢藏語系（藏緬語族）
155	Karok: Isolate?	卡洛克語：孤立語？
156	Kasena: Niger-Congo (Gur)	卡塞納語：尼日 - 剛果語系（古爾語族）
157	Kato/Cahto: Nadene (Athapaskan, Pacific Coast)	卡托 / 卡赫托語：納丁語系（阿薩帕斯坎語族，太平洋岸語支）
158	Kayapó: Ge	卡亞波語：葛語系
159	Kédang: Austronesian (Central Malayo-Polynesian)	克丹語：南島語系（中馬來 - 波利尼西亞語族）
160	Kelabit: Austronesian (Western Malayo-Polynesian, North Sarawak)	克拉碧語：南島語系（西馬來 - 波利尼西亞語族，北砂勝越語支）
161	Kerinci: Austronesian (Western Malayo-Polynesian, Malayo-Chamic)	克林奇語：南島語系（西馬來 - 波利尼西亞語族，馬來－占語支）
162	Ket: Yeniseian	克特語：葉尼塞語系
163	Kewabi: Papuan	科瓦比語：巴布亞語系
164	Keweng/Kewieng: Trans New Guinea (Central and Western Highlands)	克溫 / 克威恩語：跨紐幾內亞語系（中部及西部高地語族）
165	Khamti: Kra-Dai (Tai, Southwestern Thai)	坎姆蒂語：壯侗語系（壯傣語族，西南泰語支）
166	Khana: Niger-Congo (Benue-Congo)	卡納語：尼日 - 剛果語系（貝努埃 - 剛果語族）
167	Khmer: Austroasiatic (Mon-Khmer)	高棉語：南亞語系（孟 - 高棉語族）
168	Khvarsh: North Caucasian (Northeast, Dagestan)	克瓦爾什語：北高加索語系（東北語族，達吉斯坦語支）
169	K'iche'/Quiché: Mayan (Eastern, Greater Quichean)	基切語：瑪雅語系（東部語族，大基切亞語支）
170	Kikuyu: Niger-Congo (Bantu)	吉庫尤語：尼日 - 剛果語系（班圖語族）
171	Kintak Bong: Austroasiatic (Aslian)	金達克邦語：南亞語系（阿斯利安語族）
172	Klamath: Plateau Penutian (Klamath)	克拉馬斯語：高原彭奴提語系（克拉馬斯語族）

編號	英文名	中文名
173	Kol: Austroasiatic (Munda?)	科爾語：南亞語系（蒙達語族？）
174	Kongo: Niger-Congo (Bantu)	孔戈語：尼日 - 剛果語系（班圖語族）
175	Korean: Koreanic	韓國語：韓國
176	Kovi: Uralic (Finnic)	科維語：烏拉爾語系（芬蘭語族）
177	Kuku-Yalanji: Australian (Pama-Nyungan)	庫庫 - 亞蘭吉語：澳洲語系（帕馬 - 紐幹語族）
178	Kulere: Afroasiatic (Chadic)	庫列雷語：亞細亞 - 阿非羅語系（查蒂克語族）
179	Kusaasi: Niger-Congo (Gur)	庫薩西語：尼日 - 剛果語系（古爾語族）
180	Kwaio: Austronesian (Oceanic, Southeast Solomonic)	科瓦尤語：南島語系（大洋洲語族，東南所羅門語支）
181	Kwamera: Austronesian (Oceanic, Nuclear Southern Oceanic)	夸梅拉語：南島語系（大洋洲語族，核心南大洋洲語支）
182	Kwara'ae: Austronesian (Oceanic, Southeast Solomonic)	夸拉艾語：南島語系（大洋洲語族，東南所羅門語支）
183	Lacandon: Mayan (Yucatecan)	拉坎東語：瑪雅語系（猶加敦語族）
184	Lakher: Sino-Tibetan (Tibeto-Burman, Burmic)	拉祜語：漢藏語系（藏緬語族，緬語支）
185	Lakota: Siouan-Catawba (Siouan, Mississippi Valley)	拉科塔語：席烏 - 卡陶巴語系（席烏語族，密西西比谷地語支）
186	Lampung: Austronesian (Western Malayo-Polynesian)	楠榜語：南島語系（西馬來 - 波利尼西亞語族）
187	Lassik: Nadene (Athapaskan, Pacific Coast)	拉希克語：納丁語系（阿薩帕斯坎語族，太平洋岸語支）
188	Latin: Indo-European (Italic)	拉丁語：印歐語系（義大利語族）
189	Lau: Austronesian (Oceanic, Southeast Solomonic)	勞語：南島語系（大洋洲語族，東南所羅門語支）
190	Laura: Austronesian (Central Malayo-Polynesian)	勞拉語：南島語系（中馬來 - 波利尼西亞語族）
191	Lela: Niger-Congo (Bantu)	勒拉語：尼日 - 剛果語系（班圖語族）
192	Lengua/Enxet Sur: Mascoian	連卦 / 南恩舍特特語：馬斯科語系

編號	英文名	中文名
193	Likum: Austronesian (Oceanic, Admiralties)	利庫姆語：南島語系（大洋洲語族，阿德默勒爾蒂群島語支）
194	Lio: Austronesian (Central Malayo-Polynesian)	里奧語：南島語系（中馬來 - 波利尼西亞語族）
195	Lithuanian: Indo-European (Balto-Slavic, Baltic)	立陶宛語：印歐語系（波羅的 - 斯拉夫語族，波羅的語支）
196	Luang: Austronesian (Central Malayo-Polynesian)	鑾語：南島語系（中馬來 - 波利尼西亞語族）
197	Luba-Hemba: Niger-Congo (Bantu)	盧巴 - 亨巴語：尼日 - 剛果語系（班圖語族）
198	Luo: (Eastern Sudanic, Nilotic)	羅語：東蘇丹語族（尼洛提克語支）
199	Lushai: Sino-Tibetan (Tibeto-Burman, Burmic)	盧賽語：漢藏語系（藏緬語族，緬語支）
200	Luyi/Luyia: Niger-Congo (Bantu)	盧依/盧依亞語：尼日 - 剛果語系（班圖語族）
201	Madngala: Australian (Gunwingguan)	馬德恩加拉語：澳洲語系（甘文古安語族）
202	Makasarese: Austronesian (Western Malayo-Polynesian, South Sulawesi)	馬卡薩爾語：南島語系（西馬來 - 波利尼西亞語族，南蘇拉威西語支）
203	Malaeng: Papuan	馬朗語：巴布亞語系
204	Malagasy: Austronesian (Western Malayo-Polynesian, Southeast Barito)	馬拉加西語：南島語系（西馬來 - 波利尼西亞語族，東南巴里托語支）
205	Malay: Austronesian (Western Malayo-Polynesian, Malayo-Chamic)	馬來語：南島語系（西馬來 - 波利尼西亞語族，馬來 - 占語支）
206	Maltese: Afroasiatic: (Semitic, South, Southwest)	馬爾他語：亞細亞 - 阿非羅語系（閃語族，南閃語支，西南閃次語支）
207	Mam: Mayan (Eastern, Mamean)	馬姆語：瑪雅語系（東部語族，馬姆語支）
208	Mamanwa: Austronesian (Western Malayo-Polynesian, Philippine, Central Philippines)	瑪曼瓦語：南島語系（西馬來 - 波利尼西亞語族，菲律賓語支，中部菲律賓次語支）
209	Mandan: Siouan-Catawba (Siouan, Mandan)	曼丹語：席烏 - 卡陶巴語系（席烏語族，曼丹語支）

編號	英文名	中文名
210	Mandari: (Eastern Sudanic, Nilotic)	曼達里語：東蘇丹語族（尼洛提克語族）
211	Mandarin: Sino-Tibetan (Sinitic)	漢語：漢藏語系（漢語族）
212	Mandinka: Niger-Congo (Mande)	曼丁卡語：尼日-剛果語系（曼德語族）
213	Mangaian: Austronesian (Oceanic, Central Pacific, Polynesian)	曼加安語：南島語系（大洋洲語族，中央太平洋語支，波利尼西亞次語支）
214	Mang'anja: Niger-Congo (Bantu)	曼格安加語：尼日-剛果語系（班圖語族）
215	Manggarai: Austronesian (Central Malayo-Polynesian)	曼加萊語：南島語系（中馬來-波利尼西亞語族）
216	Manobo: Austronesian (Western Malayo-Polynesian, Philippine, Manobo)	曼諾博語：南島語系（西馬來-波利尼西亞語族，菲律賓語支，曼諾博次語支）
217	Maori: Austronesian (Oceanic, Central Pacific, Polynesian)	毛利語：南島語系（大洋洲語族，中央太平洋語支，波利尼西亞次語支）
218	Maricopa: Cochimí-Yuman (Yuman, River)	馬里科帕語：科奇米-尤曼語系（尤曼語族，河流語支）
219	Marshallese: Austronesian (Oceanic, Micronesian)	馬紹爾語：南島語系（大洋洲語族，密克羅尼西亞語支）
220	Mataco: Matacoan	馬塔科語：馬塔科安語系
221	Mattole: Nadene (Athapaskan, Pacific Coast)	馬托爾語：納丁語系（阿薩帕斯坎語族，太平洋岸語支）
222	Maumere: Austronesian (Central Malayo-Polynesian)	毛梅雷語：南島語系（中馬來-波利尼西亞語族）
223	Maya: Mayan	瑪雅語：瑪雅語系
224	Mayombe: Niger-Congo (Bantu)	馬約姆貝語：尼日-剛果語系（班圖語族）
225	Menik Kaien: Austroasiatic (Aslian)	門尼克凱恩語：南亞語系（阿斯利安語族）
226	Minangkabau: Austronesian (Western Malayo-Polynesian, Malayo-Chamic)	米囊加保語：南島語系（西馬來-波利尼西亞語族，馬來-占語支）

編號	英文名	中文名
227	Minyanka: Niger-Congo (Gur)	密揚卡語：尼日 - 剛果語系（古爾語族）
228	Misima: Austronesian (Oceanic, Papuan Tip)	米西瑪語：南島語系（大洋洲語族，巴布亞尖端語支）
229	Mixe (Western, Coatlan): Mixe-Zoquean	米克謝語（西部，科特蘭）：米克謝 - 索克語系
230	Modoc: Plateau Penutian (Klamath)	莫多克語：高原彭奴提（語系克拉馬斯語族）
231	Mofu-Gudur/Southern Mofu: Afroasiatic (Chadic)	莫富 - 古杜爾 / 南莫富語：亞細亞 - 阿非羅語系（查蒂克語族）
232	Mohawk: Iroquoian (Northern)	莫霍克語：易洛魁語系（北部語族）
233	Mongol, Khalkha (Mongolian)	喀爾喀蒙古語：蒙古語系
234	Mortlockese: Austronesian (Oceanic, Micronesian)	莫特洛克語：南島語系（大洋洲語族，密克羅尼西亞語支）
235	Moru: Sudanic (Central Sudanic, Moru-Madi)	莫魯語：蘇丹語系（中蘇丹語族，莫魯 - 馬迪語支）
236	Mota: Austronesian (Oceanic, Northern Vanuatu)	莫塔語：南島語系（大洋洲語族，北萬那杜語支）
237	Muinane: Witotoan (Boran)	穆伊南尼語：維托托語系（博蘭語族）
238	Mundani: Niger-Congo (Bantu)	門丹語：尼日 - 剛果語系（班圖語族）
239	Mündü: Niger-Congo (Adamawa-Ubangi)	門都語：尼日 - 剛果語系（亞達瑪瓦 - 烏班基語族）
240	Muria: Dravidian	穆里亞語：達羅毗荼語系
241	Murle: Eastern Sudanic	穆爾勒語：東蘇丹語族
242	Murrinh-Patha: Australian (Garaman)	穆林－巴塔語：澳洲語系（加拉曼語族）
243	Naga (Angami, Ao, Rengma, Sema): Sino-Tibetan(Tibeto-Burman, Burmic)	那加語（安加米語、奧語、崙格瑪語、塞麻語）：漢藏語系（藏緬語族，緬語支）
244	Nage: Austronesian (Central Malayo-Polynesian)	那節語：南島語系（中馬來 - 波利尼西亞語族）

編號	英文名	中文名
245	Nakanai/Lakalai: Austronesian (Oceanic, Meso-Melanesian)	納卡奈/拉卡萊語：南島語系（大洋洲語族，中美拉尼西亞語支）
246	Nangiomeri: Australian (Gunwingguan)	楠吉歐梅里語：澳洲語系（甘文古安語族）
247	Naskapi: Algic (Algonquian, Eastern)	納斯卡皮語：阿爾吉克語系（阿爾岡昆語族，東部語支）
248	Navaho: Nadene (Athapaskan, Apachean)	納瓦荷語：納丁語系（阿薩帕斯坎語族，阿帕奇語支）
249	Negritos of Ragay: Austronesian (Western Malayo-Polynesian, Philippine)	拉蓋的尼格利陀語：南島語系（西馬來-玻里尼西亞語族，菲律賓語支）
250	Nembe: Niger-Congo (Kwa)	內姆貝語：尼日-剛果語系（克瓦語族）
251	Ngadha: Austronesian (Central Malayo-Polynesian)	尼賈答語：南島語系（中馬來-玻里尼西亞語族）
252	Ngaju Dayak: Austronesian (Western Malayo-Polynesian, Barito)	尼賈朱達雅克語：南島語系（西馬來-波利尼西亞語族，巴里托語支）
253	Nggela: Austronesian (Oceanic, Southeast Solomonic)	尼傑拉語：南島語系（大洋洲語族，東南所羅門語支）
254	Ngulugwongga: Australian (Gunwingguan)	尼古魯格翁加語：澳洲語系（甘文古安語族）
255	Nias: Austronesian (Western Malayo-Polynesian, Batak-Barrier Islands)	尼亞斯語：南島語系（西馬來-波利尼西亞語族，巴塔克-巴利耶群島語支）
256	Nisenan: Maiduan	尼塞南語：麥都安語系
257	Nivaklé/Ashluslay/Chulupí: Matacoan	尼瓦克萊/阿什盧斯萊/丘魯皮語：馬塔科安語系
258	Norwegian: Indo-European (Germanic, North Germanic)	挪威語：印歐語系（日爾曼語族，北日爾曼語支）
259	Nouni: Niger-Congo (Gur)	努尼語：尼日-剛果語系（古爾語族）
260	Nso'/Lamnso': Niger-Congo (Benue-Congo)	尼索/拉姆恩索語：尼日-剛果語系（貝努埃-剛果語族）
261	Nuer: (Eastern Sudanic, Nilotic)	努埃語：東蘇丹語族（尼洛提克語支）

編號	英文名	中文名
262	Nyabwa: Niger-Congo (Kru)	尼亞布瓦語：尼日 - 剛果語系（庫魯語族）
263	Nyakyusa: Niger-Congo (Bantu)	尼亞基烏沙語：尼日 - 剛果語系（班圖語族）
264	Ofo: Siouan (Ohio Valley/Southeastern)	歐弗語：席烏語系（俄亥俄河谷/東南部語族）
265	Ojibway/Ojibwe/Chippewa: Algic (Algonquian, Ojibwayan)	歐吉布維/歐吉布伊/奇佩瓦語：阿爾吉克語系（阿爾岡昆語族，歐吉布維語支）
266	Ok, Mountain: Trans New Guinea (Oksapmin)	歐克，山地：跨紐幾內亞語系（奧克薩普敏語族）
267	Okinawan: Japonic (Ryukyuan)	沖繩語：日本 - 琉球語系（琉球語族）
268	Otomí: Otomanguean (Otopamean)	歐托米語：奧托曼格伊語系（奧托帕梅安語族）
269	Oyampi/Wayampi: Tupi-Guarani	歐亞姆皮/瓦亞姆皮語：圖皮 - 瓜拉尼語系
270	Paez: Paezan	派茲語：派茲語系
271	Paici: Austronesian (Oceanic, Southern Oceanic Linkage)	白奇語：南島語系（大洋洲語族，南大洋洲連結群）
272	Paiute: Uto-Aztecan (Numic, Southern Numic)	派優特語：尤托 - 阿茲特克語系（紐米克語族，南紐米克語支）
273	Palauan: Austronesian (Malayo-Polynesian, Palauan)	帛琉語：南島語系（馬來 - 波利尼西亞語族，帛琉語支）
274	Palaung: Austroasiatic (Northern)	巴勞恩語：南亞語系（北部語族）
275	Panare: Carib (Northern)	巴納雷語：加勒比語系（北部語族）
276	Pashtun/Pathān: Indo-European (Indo-Iranian, Iranian)	普什圖/巴坦語：印歐語系（印度 - 伊朗語族，伊朗語支）
277	Piapoco: Arawakan (Maipuran)	皮亞波可語：阿拉瓦克語系（邁普蘭語族）
278	Pohnpeian: Austronesian (Oceanic, Micronesian)	波恩沛安語：南島語系（大洋洲語族，密克羅尼西亞語支）
279	Polish: Indo-European (Balto-Slavic, Slavic, West Slavic)	波蘭語：印歐語系（波羅的 - 斯拉夫語族，斯拉夫語支，西斯拉夫次語支）

編號	英文名	中文名
280	Pomo, Southwestern: Pomoan	波莫語, 西南：波莫語系
281	Popoluca, Sierra: Mixe -Zoquean	布波盧卡語，席埃拉：米克謝 - 索克語系
282	Portuguese: Indo-European (Italic, Romance, Ibero-Romance)	葡萄牙語：印歐語系（義大利語族，羅曼語支，伊比利 - 羅曼次語支）
283	Potawatomi: Algic (Algonquian, Ojibwayan)	波塔瓦托米語：阿爾吉克語系（阿爾岡昆語族，歐吉布維語支）
284	Puyallup: Salishan (Central)	普亞勒普語：薩利希語系（中央語族）
285	Rejang: Austronesian (Western Malayo-Polynesian)	雷讓語：南島語系（西馬來 - 波利尼西亞語族）
286	Rendille: Afroasiatic (Cushitic)	仁迪爾語：亞細亞 - 阿非羅語系（庫西特語族）
287	Rhaeto-Romansch: Indo-European (Italic, Romance, Gallo Romance)	列脫 - 羅曼什語：印歐語系（義大利語族，羅曼語支，高盧 - 羅曼次語支）
288	Rif: Afroasiatic (Berber)	利夫語：亞細亞 - 阿非羅語系（柏柏語族）
289	Romanian: Italic (Romance, Balkan Romance)	羅馬尼亞語：義大利語族（羅曼語支，巴爾幹羅曼次語支）
290	Russian: Indo-European (Balto-Slavic, Slavic, East Slavic)	俄羅斯語：印歐語系（波羅的 - 斯拉夫語族，斯拉夫語支，東斯拉夫次語支）
291	Sa'a: Austronesian (Oceanic, Southeast Solomonic)	薩阿語：南島語系（大洋洲語族，東南索羅門語支）
292	Saami/Lappish: Uralic-Yukaghir (Uralic, Finno-Ugric, Finnic)	薩米 / 拉普蘭語：烏拉爾 - 尤卡吉爾語系（烏拉爾語族，芬蘭 - 烏戈爾語支，芬蘭次語支）
293	Sabaot/Mount Elgon Maasai: Sudanic (Eastern Sudanic, Nilotic)	薩巴歐特 / 厄爾貢山馬賽語：蘇丹語系（東蘇丹語族，尼洛提克語支）
294	Sakai (Behrang, Jeram Kawan): Austroasiatic (Aslian)	薩凱語（貝蘭、傑拉姆卡萬）：南亞語系（阿斯利安語族）
295	Samoan: Austronesian (Oceanic, Central Pacific, Polynesian)	薩摩亞語：南島語系（大洋洲語族，中央太平洋語支，波利尼西亞次語支）

編號	英文名	中文名
296	Samoyed: Uralic-Yukaghir (Uralic, Samoyed)	薩莫耶德語：烏拉爾 - 尤卡吉爾語系（烏拉爾語族，薩莫耶德語支）
297	Sanskrit: Indo-European (Indo-Iranian, Indic)	梵語：印歐語系（印度 - 伊朗語族，印度語支）
298	Sasak: Austronesian (Western Malayo-Polynesian)	薩薩克語：南島語系（西馬來 - 波利尼西亞語族）
299	Scottish: Indo-European (Celtic, Goidelic)	蘇格蘭語：印歐語系（塞爾特語族，蓋爾語支）
300	Selk'nam: Chon	塞爾克納姆語：充語系
301	Semang: Austroasiatic (Aslian)	賽芒語：南亞語系（阿斯利安語族）
302	Seneca: Iroquoian (Northern)	塞內卡語：易洛魁語系（北部語族）
303	Sentani: Trans-New Guinea (Sentani)	森塔尼語：跨新幾內亞語系（森塔尼語族）
304	Serbo-Croatian: Indo-European (Balto-Slavic, Slavic, South Slavic)	塞爾維亞 - 克羅埃西亞語：印歐語系（波羅的 - 斯拉夫語族，斯拉夫語支，南斯拉夫次語支）
305	Shasta: Shastan	沙斯塔語：沙斯塔語系
306	Shawnee: Algic (Algonquian, Shawnee)	肖尼語：阿爾吉克語系（阿爾岡昆語族，肖尼語支）
307	Shoshone: Uto-Aztecan (Numic, Central Numic)	肖許尼語：尤托 - 阿茲特克語系（紐米克語族，中部紐米克語支）
308	Shuswap: Salishan (Interior)	蘇斯瓦普語：沙里善語系（內陸語族）
309	Simalur: Austronesian (Western Malayo-Polynesian, Batak-Barrier Islands)	錫默盧語：南島語系（西馬來 - 波利尼西亞語族，巴塔克 - 巴利耶群島語支）
310	Sinasina: Trans New Guinea (Eastern Highlands)	席納席納語：跨新幾內亞語系（東部高地語族）
311	Sinkyone: Nadene (Athapaskan, Pacific Coast)	辛基翁語：納丁語系（阿薩帕斯坎語族，太平洋岸語支）
312	Sirionó: Tupian (Tupi-Guarani)	席里歐諾語：圖皮亞語系（圖皮 - 瓜拉尼語族）

編號	英文名	中文名
313	Slovenian: Indo-European (Balto-Slavic, Slavic, South Slavic)	斯洛文尼亞語：印歐語系（波羅的-斯拉夫語族，斯拉夫語支，南斯拉夫次語支）
314	Suau: Austronesian (Oceanic, Papuan Tip)	蘇奧語：南島語系（大洋洲語族，巴布亞尖端語支）
315	Sumerian: Isolate	蘇美語：孤立語言
316	Sumo/ Sumu: Misumalpan	蘇莫/蘇姆語：米蘇馬爾潘語系
317	Sundanese: Austronesian (Western Malayo-Polynesian)	巽他語：南島語系（西馬來-波利尼西亞語族）
318	Swahili: Niger-Congo (Bantu)	斯瓦希利語：尼日-剛果語系（班圖語族）
319	Tabare: Papuan	塔巴雷語：巴布亞語系
320	Tagalog: Austronesian (Western Malayo-Polynesian, Philippine, Central Philippines)	他加祿語：南島語系（西馬來-波利尼西亞語族，菲律賓語支，中部菲律賓次語支）
321	Tambul-Korika: Papuan	坦布爾-科里卡語：巴布亞語系
322	Tarahumara: Uto-Aztecan (Taracahitan, Tarahumaran)	塔拉胡瑪拉語：尤托-阿茲特克語系（塔拉卡西坦語族，塔拉胡瑪拉語支）
323	Taulipang/Pemon: Carib	陶利旁/佩蒙語：加勒比語系
324	Tawala: Austronesian (Oceanic, Papuan Tip)	塔瓦拉語：南島語系（大洋洲語族，巴布亞尖端語支）
325	Tboli: Austronesian (Western Malayo-Polynesian, Philippine, Bilic)	特博里語：南島語系（西馬來-波利尼西亞語族，菲律賓語支，比利克次語支）
326	Tehit: Trans New Guinea (West Papuan)	泰希特語：跨新幾內亞語系（西巴布亞語族）
327	Telei: East Papuan	泰來語：東巴布亞語系
328	Thai: Kra-Dai (Tai)	泰語：壯侗語系（壯傣語族）
329	Thompson: Salishan (Interior)	湯普森語：薩利希語系（內陸語族）
330	Tigrinya: Afroasiatic (Semitic, South, Southeast)	提格雷尼亞語：亞細亞-阿非羅語系（閃語族，南部閃語支，東南部閃次語支）

編號	英文名	中文名
331	Timbira (Eastern): Ge	丁比拉語（東部）：葛語系
332	Tiwi: Isolate	提威語：孤立語言
333	Tlingit: Nadene (Tlingit)	特林基特語：納丁語系（特林基特語族）
334	Toba: Guaicuruan	托巴語：瓜伊庫魯安語系
335	Tolai: Austronesian (Oceanic, Meso-Melanesian)	托萊語：南島語系（大洋洲語族，中美拉尼西亞語支）
336	Tolowa: Nadene (Athapaskan, Pacific Coast)	托洛瓦語：納丁語系（阿薩帕斯坎語族，太平洋岸語支）
337	Toltec (unknown)	托爾泰克語（語言分類不詳）
338	Toraja (generic for interior Sulawesi): Austronesian (Western MalayoPolynesian, Celebic)	托拉賈語（蘇拉威西內陸通用）：南島語系（西馬來-波利尼西亞語族，錫勒比克語支）
339	Totonac: Totonacan	托托納克語：托托納克語系
340	Toulour/Tondano: Austronesian (Western Malayo-Polynesian, Philippine, Minahasan)	托洛爾/通達諾語：南島語系（西馬來-波利尼西亞語族，菲律賓語支，米納哈薩次語支）
341	Tuaran Dusun: Austronesian (Western Malayo-Polynesian, Sabahan)	圖蘭都順語：南島語系（西馬來-波利尼西亞語族，薩巴汗語支）
342	Tucuna/Tukuna/Ticuna: Isolate	圖庫納/圖古納/提庫納語：孤立語言
343	Turrbal: Australian (Pama-Nyungan)	圖爾巴勒語：澳洲語系（帕馬-紐幹語族）
344	Tuyuca: Tucanoan	圖尤卡語：圖卡諾安語系
345	Tzotzil: Mayan (Greater Tzaltalan)	左其勒語：瑪雅語系（大察爾塔爾語族）
346	Uduk: Komuz (Nilo-Saharan)	烏杜克語：科姆茲語系（尼羅-撒哈拉語族）
347	Ukrainian: Indo-European (Balto-Slavic, Slavic, East Slavic)	烏克蘭語：印歐語系（波羅的-斯拉夫語族，斯拉夫語支，東斯拉夫次語支）
348	Ulawa: Austronesian (Oceanic, Southeast Solomonic)	烏拉瓦語：南島語系（大洋洲語族，東南索羅門語支）

編號	英文名	中文名
349	Umatilla: Plateau Penutian (Sahaptian)	烏馬提拉語：高原彭奴提語系（沙哈普特語族）
350	Ute: Uto-Aztecan (Numic, Southern Numic)	烏特語：尤托 - 阿茲特克語系（紐米克語族，南紐米克語支）
351	Waorani/Auca: Isolate	瓦奧拉尼 / 奧卡語：孤立語言
352	Wik Mungkan: Australian (Pama-Nyungan)	維克穆恩坎語：澳洲語系（帕馬 - 紐幹語族）
353	Wintu, McCloud River: Wintuan	溫圖語，麥克克勞德河：溫圖語系
354	Wishram: Chinookan (Kiksht)	維斯拉姆語：奇努克語系（基克什特語族）
355	Wobe: Niger-Congo (Kru)	沃比語：尼日 - 剛果語系（庫魯語族）
356	Wogiman: Australian (Gunwingguan)	沃吉曼語：澳洲語系（甘文古安語族）
357	Woisika: Trans New Guinea (Timor-Alor-Pantar)	沃伊席卡語：跨紐幾內亞語系（帝汶 - 阿羅爾 - 潘塔爾語族）
358	Wolamo: Afroasiatic（Omotic）	沃拉摩語：亞細亞 - 阿非羅語系（奧莫提克語族）
359	Wolio: Austronesian (Western Malayo-Polynesian, Wolio-Wotu)	沃里歐語：南島語系（西馬來 - 波利尼西亞語族，沃里歐－沃圖語支）
360	Wolof: Niger-Congo (West Atlantic)	沃洛夫語：尼日 - 剛果語系（西大西洋語族）
361	Wotjobaluk: Australian (Pama-Nyungan)	沃特裘巴魯克語：澳洲語系（帕馬 - 紐幹語族）
362	Xârâcùù: Austronesian (Oceanic, Southern Oceanic Linkage)	沙拉庫烏語：南島語系（大洋洲語族，南大洋連結群）
363	Yaqui: Uto-Aztecan (Taracahitan, Cahitan)	亞奇語：尤特－阿茲特克語系（塔拉卡西坦語族，卡西坦語支）
364	Yele/Yeletne: East Papuan (Yele-Solomons)	葉雷 / 葉雷特尼語：東巴布亞語系（葉雷 - 所羅門語族）
365	Yindjibarndi: Australian (Pama-Nyungan)	因吉巴爾南第語：澳洲語系（帕馬 - 紐幹語族）
366	Yokuts (Tulare Lake): Yokutsan	尤克茲語（杜拉雷湖）：尤克茲語系

編號	英文名	中文名
367	Yolngu-Matha: Australian (Pama-Nyungan)	約爾恩古－瑪塔語：澳洲語系（帕馬 - 紐幹語族）
368	Yoruba: Niger-Congo (Kwa)	約魯巴語：尼日 - 剛果語系（克瓦語族）
369	Yuchi: Isolate	尤奇語：孤立語言
370	Yugh: Yeniseian	尤格語：葉尼塞語系
371	Yukaghir: Uralic-Yukaghir (Yukaghir)	尤卡吉爾語：烏拉爾 - 尤卡吉爾語系（尤卡吉爾語族）
372	Yuki: Yukian	尤基語：尤基語系
373	Yurok: Algic (Algonquian, Ritwan)	尤洛克語：阿爾吉克語系（阿爾岡昆語族，里特旺語支）
374	Zande: Niger-Congo (Adamawa-Ubangi)	讓德語：尼日 - 剛果語系（亞達瑪瓦 - 烏班基語族）
375	Zela: Niger-Congo (Bantu)	澤拉語：尼日 - 剛果語系（班圖語族）
376	Zulgo: Afroasiatic (Chadic)	朱爾果語：亞細亞 - 阿非羅語系（查蒂克語族）
377	Zulu: Niger-Congo (Bantu)	祖魯語：尼日 - 剛果語系（班圖語族）
378	Zuni: Isolate	祖尼語：孤立語言

引用書目

Abbott, G.F. 1903. *Macedonian folklore*. Cambridge: Cambridge University Press.

Adriani, N., and Alb. C. Kruyt. 1950-1951 [1912-1914]. *De Bare'e sprekende Toradja's van Midden Celebes*. 2nd. rev. ed., 3 vols. Verhandelingen der Koninklijke Nederlandse Akademie van Wetenschappen, Afdeling Letterkunde. Batavia: Government Printing Office.

Ahlbrinck, W. 1931. *Encyclopaedie der Karaiben*. Verhandelingen der Koninklijk Akademie van Wetenschappen te Amsterdam, Afdeeling Letterkunde, 27.1 (ns).

Alinei, Mario. 1982. Etymography and etymothesis as subfields of etymology: a contribution to the theory of diachronic semantics. *Folia Linguistica* 16:41-56.

Alinei, Mario. 1983. Arc-en-ciel. In Mario Alinei, ed., *Atlas Linguarum Europae* i, fasc. 1:47-80. Assen: Van Gorcum.

Alinei, Mario. 1985. Evidence for totemism in European dialects. *International Journal of American Linguistics* 51.4:331-334 (issue dedicated to Eric Pratt Hamp on his sixty-fifth birthday).

Allen, Judy, and Jeanne Griffiths. 1979. *The book of the dragon*. Secaucus, New Jersey: Chartwell Books.

Allen, Louis A. 1975. *Time before morning: Art and myth of the Australian aborigines*. New York: Thomas Y. Crowell.

Anon. 1963. Religious rites of the Iban. In *The Sea Dyaks and other races of Sarawak, contributions to the Sarawak Gazette between 1888 and 1930*:175-221. Kuching, Sarawak: Borneo Literature Bureau.

Anon. 2002. Dragon. In *The New Encyclopedia Britannica: Micropedia*, 15th ed., vol. 4: 209. Chicago: Encyclopedia Britannica.

Arnold, Martin. 2018. *The dragon: fear and power*. London: Reaktion Books.

Awed, Silin A., Lillian B. Underwood, and Vivian M. van Wynen. 2004. *Tboli-English dictionary*. Manila: Summer Institute of Linguistics.

Bader, Hermann. 1971. Der Regenbogen in der Auffassung der Florinesen. *Anthropos* 66:947-955.

Baldwin, Spencer. 1914. *Native tribes of the Northern Territory of Australia*. London: Macmillan.

Baranov, Kh.K. 1976. *Arabsko-Russkii slovar'*. Moscow.

Barber, C.C. 1979. *Dictionary of Balinese-English*. 2 vols. Aberdeen University Library Occasional Publications No. 2. Aberdeen: University of Aberdeen.

Barber, Elizabeth Wayland., and Paul T. Barber. 2006. *When they severed Earth from sky: how the mind shapes myth*. Princeton, N.J.: Princeton University Press.

Bargery, G.P. 1934. *A Hausa-English and English-Hausa vocabulary*. London: Oxford University Press.

Barnard, Mary. 1964. A dragon hunt. *American Scholar* 33:422–427.

Barnes, R.H. 1974. *Kédang: a study of the collective thought of an Eastern Indonesian people*. Oxford: Clarendon Press.

Bates, Roy. 2002. *Chinese dragons*. Hong Kong: Oxford University Press.

Beals, Ralph L. 1945. *Ethnology of the Western Mixe*. University of California Publications in American Archaeology and Ethnology 42:1-176. Berkeley: University of California Press.

Bean, Lowell John, and Charles R. Smith. 1978. Gabrielino. In Robert F. Heizer, volume editor, vol. 8: California: 538-549. *Handbook of North American Indians*, William C. Sturtevant, general editor. Washington, D.C.: Smithsonian Institution.

Beckwith, Martha. 1976 [1970]. *Hawaiian mythology*. Honolulu: University of Hawai'i Press.

Benedict, Paul K. 1975. *Austro-Thai language and culture, with a glossary of roots*. New Haven: Human Relations Area Files Press.

Bennett, W.C., and R.M. Zingg. 1935. *The Tarahumara: an Indian tribe of northern Mexico*. Chicago: University of Chicago Press.

Berndt, R.M. and C.H. Berndt. 1964. *The world of the first Australians: an introduction to the traditional life of the Australian aborigines*. Chicago: University of Chicago Press.

Best, Elsdon. 1922. *The astronomical knowledge of the Maori: genuine and empirical*. Dominion Museum monograph no. 3. Wellington: Government Printing Office.

Binford, Lewis R. 1987. Data, relativism and archaeological science. *Man* 22:391–404.

Blackwell, L., F. d'Errico and L. Wadley. 2008. Middle Stone Age bone tools from the Howiesons Poort layers, Sibudu Cave, South Africa. *Journal of Archaeological Science* 35:1566–1580

Blust, Robert. 1984. Indonesia as a "Field of linguistic study." In P.E. de Josselin de Jong, ed., *Unity in diversity: Indonesia as a field of anthropological study*:21-37. Verhandelingen van het Koninklijk Instituut 103. Dordrecht, Holland: Foris Publications.

Blust, Robert. 1999a. The fox's wedding. *Anthropos* 94:487-499.

Blust, Robert. 1999b. Subgrouping, circularity and extinction: some issues in Austronesian comparative linguistics. In Elizabeth Zeitoun and Paul Jen-kuei Li, eds., *Selected Papers from the Eighth International Conference on Austronesian Linguistics*: 31-94. Taipei: Symposium Series of the Institute of Linguistics (Preparattory Office), Academia Sinica,

Number 1.

Blust, Robert. 2000a. The origin of dragons. *Anthropos* 95:519-536.

Blust, Robert. 2000b. Rat ears, tree ears, ghost ears, and thunder ears in Austronesian languages. *Bijdragen tot de taal-, land-en volkenkunde* 156:687-706.

Blust, Robert. 2019. Why dragons are bisexual: a defense of Naturalism. *Anthropos* 114:169-180.

Blust, Robert. 2021. Pointing, rainbows, and the archaeology of mind. *Anthropos* 116: 145-161.

Blust, Robert. 2023. Tylor strikes back: the dragon as survival. *Anthropos* 118 (2): 175-186 .

Boas, Franz. 1940. The limitations of the comparative method of anthropology. In Franz Boas, *Race, language & Culture*:270-280. Chicago: The University of Chicago Press.

Bollig, P. Laurentius. 1927. *Die Bewohner der Truk-Inseln. Religion, Leben und kurze Grammatik eines Mikronesiervolkes*. Münster: Aschendorff.

Borges, Jorge Luis (with the the assistance of Margarita Guerrero). 1978 [1957]. *El libro de los seres imaginarios*. Buenos Aires: Emecé. (English translation by Andrew Hurley, *The book of imaginary beings*, 2005. New York: Viking).

Bright, William. 1990. *The collected works of Edward Sapir, vii: Wishram texts and ethnography*. Berlin/New York: Mouton de Gruyter.

Brinton, Daniel G. 1905 [1868]. *The myths of the New World: A treatise on the symbolism and mythology of the Red Race of America*. Philadelphia: David McKay.

Brumbaugh, Robert C. 1987. Rainbow serpent on the upper Sepik. *Anthropos* 82:25-33.

Buchler, Ira R., and Kenneth Maddock., eds. 1978. *The rainbow serpent: a chromatic piece*. The Hague/Paris: Mouton.

Buxton, Jean. 1973. *Religion and healing in Mandari*. Oxford: Clarendon Press.

Calbris, G. 1990. Semiotics of French gesture. Bloomington: Indiana University Press.

Campbell, John Gregorson. 1900. *Superstitions of the highlands and islands of Scotland*. Glasgow: James MacLehose and Sons.

Carrasco, Pedro. 1960. Pagan rituals and beliefs among the Chontal Indians of Oaxaca, Mexico. *University of California Anthropological Records* 20(3):87-117. Berkeley: University of California Press.

Chamberlain, A.F. 1890. The Thunder-Bird amongst the Algonkins. *American Anthropologist* 3.1:51-54.

Chauvet, Jean-Marie, Eliette Brunel Deschamps, and Christian Hillaire. 1996 [1995]. *Dawn of art: the Chauvet Cave*. Trans. by Paul G. Bahn. New York: Harry N. Abrams. Chen, Chien-wu. 1991. *Tai-wan yuen-zhu-min de mu-yu chuan-shuo (Myths of the Taiwan aborigines)*. Taipei: Tai-yuan Publishing Co.

Clark, Robert Thomas Rundle. 1959. *Myth and symbol in ancient Egypt*. New York: Grove

Press.

Codrington, R.H. 1972 [1891]. *The Melanesians: studies in their anthropology and folk lore*. New York: Dover Publications.

Converse, Harriet Maxwell. 1908. *Myths and legends of the New York state Iroquois*. New York State Museum Education Department Bulletin No. 437. Albany: New York State Museum.

Conzemius, E. 1932. *Ethnographical survey of the Miskito and Sumu Indians of Honduras and Nicaragua*. Bureau of American Ethnology, Bulletin 106. Washington, D.C.: Smithsonian Institution.

Cotterell, Arthur. 1989. *The Macmillan illlustrated encyclopedia of myths and legends*. New York: Macmillan.

Coudreau, Henri. 1895. *Chez nos Indiens: quatres années dans la Guyane Française, 1887-1891*. Paris: Librairie Hachette et Co.

Crooke, William. 1925 (1896). *Religion & folklore of northern India* (prepared for the press by R.E. Enthoven). New Delhi: S. Chand & Co. (Pvt.) ltd.

Darwin, Charles. 2008 [1859]. *The origin of species*. New York: Sterling.

Dattner, B. 1913. Gold und Kot. *Internationales Zeitschrift für Psychoanalyse* 1:495.

Davis, Wade. 1985. *The serpent and the rainbow*. New York: Simon & Schuster.

Dayley, John P. 1989. *Tümpisa (Panamint) Shoshone dictionary*. University of California Publications in Linguistics 116.

De Gubernatis, Angelo. 1968 [1872]. *Zoological mythology, or the legends of animals*. 2 vols. London: Trübner & Co.

De Heusch, Luc. 1982 [1972]. *The drunken king, or the origin of the state*. Trans. and annotated by Roy Willis. Bloomington: Indiana University Press.

De la Vega, Garcilaso. 1961 [1609]. *The Incas: the royal commentaries of the Inca*. Trans. by Maria Jolas from the critical, annotated French edition of Alain Gheerbrant. New York: The Orion Press.

Demetrio, Francisco R. 1991 [1970]. *Encyclopedia of Philippine folk beliefs and customs*. 2 vols. Cagayan de Oro: Xavier University.

Dempwolff, Otto. 1934–1938. *Vergleichende Lautlehre des austronesischen Wortschatzes*. 3 vols. Berlin: Dietrich Reimer.

De Visser, Marinus Willem. 1913. *The dragon in China and Japan*. Amsterdam: J. Müller.

Doke, C.M. and B.W. Vilakazi. 1964 [1948]. *Zulu-English dictionary*. Johannesburg: Witwatersrand University Press.

Dorsey, J. Owen. 1889. Teton folk-lore notes. *Journal of American Folklore* 2:133–139.

Dorsey, J. Owen, and John R. Swanton. 1912. *A dictionary of the Biloxi and Ofo languages*. Bureau of American Ethnology, Bulletin 47. Washington, D.C.: Smithsonian Institution.

Dorson, Richard M. 1968. *The British folklorists: a history*. Chicago: The University of Chicago Press.

Douglas, Norman. 1928. *Old Calabria*. New York: Modern Library.

Driver, Harold E. 1939. *Anthropological Records 1:6. Culture element distributions: x, Northwest California*. Berkeley: University of California Press.

Driver, Harold E., and William C. Massey. 1957. Comparative studies of North American Indians. *Transactions of the American Philosophical Society* xlvii: 165-456.

Drizari, Nelo. 1957. *Albanian-English and English-Albanian dictionary*. New York: Frederick Ungar Publishing Co.

Dumont, Jean-Paul. 1976. *Under the rainbow: nature and supernature among the Panare Indians*. The Texas Pan-American Series. Austin: University of Texas Press.

Eberhard, Wolfram. 1968. *The local cultures of south and east China*. Leiden: Brill. Egerod, Søren. 1965. Verb inflexion in Atayal. *Lingua* 15:251-282.

Elkin, A.P. 1930-1931. The rainbow-serpent myth in north-west Australia. *Oceania* 1:349-352.

Ellis, A.B. 1966 [1894]. *The Yoruba-speaking peoples of the Slave Coast of West Africa*. Oosterhout, The Netherlands: Anthropological Publications.

Elwin, Verrier. 1947. *The Muria and their ghotul*. Bombay: Oxford University Press. Emmons, George Thornton. 1991. *The Tlingit Indians*. Seattle/London: The University of Washington Press, and New York: Anthropological Papers of the American Museum of Natural History, no. 70.

Enfield, N.J. and S.C. Levinson, eds., 2006. *Roots of human sociality: culture, cognition and interaction*. Oxford/New York: Berg Publishers.

Erdland, August. 1914. *Die Marshall-insulaner: Leben und Sitte, Sinn und Religion eines Südsee-volkes*. Anthropos-Bibliothek, vol. ii.1. Münster: Aschendorff.

Essene, Frank. 1942. *Culture element distributions: xxi, Round Valley*. University of California Anthropological Records 8.1:1-97. Berkeley/Los Angeles: University of California Press.

Evans, Ivor H.N. 1923. *Studies in religion, folklore and custom in British North Borneo and the Malay Peninsula*. Cambridge: Cambridge University Press.

Evans, Ivor H.N. 1937. *The Negritos of Malaya*. Cambridge: Cambridge University Press.

Evans, Ivor H.N. 1953. *The religion of the Tempasuk Dusuns of North Borneo*. Cambridge: Cambridge University Press.

Evans, Jonathan D. 1987. The dragon. In M. Smith, ed., *Mythical and fabulous creatures: a source book and research guide*:27-58. New York: Greenwood Press.

Evans-Pritchard, E.E. 1956. *Nuer religion*. Oxford: Clarendon Press.

Fagan, Brian. 2010. *Cro-Magnon: how the Ice Age gave birth to the first modern humans*. New York/Berlin/London: Bloomsbury Press.

Fairclough, T. Lindsay. 1905 (January). Notes on the Basuto, their history, country, etc. *Journal of the African Society* 14:194-205.

Farabee, William Curtis. 1918. *The Central Arawaks*. Anthropological Publications of the University Museum, vol. 9. Philadelphia: University of Pennsylvania Museum.

Feilberg, H.F. 1886-1914. *Bidrag til en Ordbog over jyske Almuesmal*. 4 vols. Copenhagen.

Fontenrose, Joseph. 1959. *Python: a study of Delphic myth and its origins*. Berkeley/Los Angeles: University of California Press.

Forsberg, Vivian, and Alice Lindquist. 1955. *Tagabili vocabulary*. Manila: Summer Institute of Linguistics, Bureau of Public Schools, Institute of National Language.

Foster, George M. 1941. A summary of Yuki culture. *University of California Anthropological Records* 5.3:154-241. Berkeley: University of California Press.

Foster, George M. 1945. Sierra Popoluca folklore and beliefs. *University of California Publications in American Archaeology and Ethnology* 42:177-250. Berkeley: University of California Press.

Fox, Charles E. 1924. *The threshold of the Pacific: an account of the social organization, magic and religion of the people of San Cristoval in the Solomon Islands*. New York: Alfred A. Knopf.

Fox, Charles E. 1955. *A dictionary of the Nggela language*. Auckland: The Unity Press.

Fox, Charles E. 1970. *Arosi-English dictionary*. Canberra: Pacific Linguistics (pl C-11). Fox, Charles E. 1974. *Lau dictionary*. Canberra: Pacific Linguistics (pl C-25).

Fox, James J. 1972. Rotinese. In Frank M. Lebar, ed. and compiler, *Ethnic groups of Insular Southeast Asia, vol. 1: Indonesia, Andaman Islands, and Madagascar*:106-108. New Haven: Human Relations Area Files Press.

Frazer, James George. 1920 [1911]. *The golden bough: a study in magic and religion*. 3rd ed., vol. 3: Taboo and the perils of the soul. London: Macmillan.

Frazer, James George. 1922. *The golden bough: a study in magic and religion*. 1 volume abridged edition. London: Macmillan.

Frazer, James George. 1924. *The belief in immortality and the worship of the dead*. 3 vols. London: Macmillan.

Frazer, James George. 1932. *The golden bough: the magic art and the evolution of kings*, vol. 2. London: Macmillan.

Freud, Sigmund. 1947 [1908]. Charakter und Analerotik. In *Gesammelte Werke, vol. 7: Work from the years 1906–1909*:203–209. London: Imago Publishing Co.

Freud, Sigmund. 1961 [1900]. *The interpretation of dreams*. Trans. by James Strachey. New York: Science Editions.

Gaidoz, H., and E. Rolland. 1884-1893. 6 vols. *Mélusine, recueil de mythologie, littérature populaire, traditions & usages*. Paris.

Gardner, Robert L. 1990. *The rainbow serpent, bridge to consciousness*. Toronto: Inner City

Books.

Garvan, John M. 1941. *The Manóbos of Mindanao*. Memoirs of the National Academy of Sciences, vol. xxiii, First Memoir. Washington, D.C.: United States Government Printing Office.

Garvan, John M. 1963. *The Negritos of the Philippines*, ed. by Hermann Hochegger. Wiener Beiträge zur Kulturgeschichte und Linguistik, Band xiv. Horn-Vienna: Ferdinand Berger.

Gatschet, Albert S. 1899. Water monsters of American aborigines. *Journal of American Folklore* 12:255-260.

Gatschet, Albert S. 1900. Grammatical sketch of the Catawba language. *American Anthropologist* 2.3:527-549.

Gayton, Anna H. 1948. Yokuts and Western Mono ethnography. *University of California Anthropological Records* 10:1-302. Berkeley: University of California Press.

Gifford, E.W. 1940. Culture-element distributions: xii, Apache-Pueblo. *University of California Anthropological Records* 4.1:1-207. Berkeley: University of California Press.

Gifford, E.W. 1967. Ethnographic notes on the Southwestern Pomo. *University of California Anthropological Records* 25:1-47. Berkeley: University of California Press.

Gill, Sam D. and Irene F. Sullivan. 1992. *Dictionary of Native American mythology*. Santa Barbara, California: abc-clio.

Gill, William Wyatt. 1876. *Myths and songs from the South Pacific*. London: Henry S. King &Co.

Gillin, John. 1963 [1945]. Tribes of the Guianas and the left Amazon tributaries. In Julian H. Steward, ed., *Handbook of South American Indians, vol. 3: the tropical forest tribes*:799-860. New York: Cooper Square Publishers.

Goddard, Ives. 1996. Introduction. In *Handbook of North American Indians*, vol. 17: *Languages*, ed. by Ives Goddard: 1-16. Washington, D.C.: Smithsonian Insititution.

Goodenough, Ward H. and Hiroshi Sugita. 1980. *Trukese-English dictionary*. Philadelphia: American Philosophical Society.

Goris, R. 1938. *Beknopt Sasaksch-Nederlandsch woordenboek*. Singaradja, Bali.

Gould, Charles. 1886. *Mythical monsters*. London: W.H. Allen.

Gould, Stephen Jay. 1982. Shades of Lamarck. In Stephen Jay Gould, *The panda's thumb: more reflections in natural history*: 76-84. New York/London: W.W. Norton.

Gould, Stephen Jay. 1983. What, if anything, is a zebra? In Stephen Jay Gould, *Hen's teeth and horse's toes: further reflections in natural history*. New York/London: W.W. Norton.

Grantham, Bill. 2002. *Creation myths and legends of the Creek Indians*. Gainesville: University Press of Florida.

Greenberg, Joseph H. 1957. *Essays in linguistics*. Phoenix Books. Chicago: The University of Chicago Press.

Greenberg, Joseph H., ed. 1978. *Universals of human language*. 4 vols. Stanford, California: Stanford University Press.

Grieder, Terence. 1982. *Origins of pre-Columbian art*. The Texas Pan American Series. Austin: University of Texas Press.

Grimm, Jakob. 1844 [1835]. 2nd ed. *Deutsche mythologie*. Göttingen.

Grinnell, George Bird. 1972 [1923]. *The Cheyenne Indians: their history and ways of life*. 2 vols. Lincoln: University of Nebraska Press.

Grubb, William Barbrooke. 1911. *An unknown people in an unknown land: an account of the life and customs of the Lengua Indians of the Paraguayan Chaco*. Ed. by H.T. Morrey-Jones. London: Seeley & Co.

Grubb, William Barbrooke. 1914. *A church in the wilds: the remarkable story of the establishment of the South American Mission amongst the hitherto savage and intractable natives of the Paraguayan Chaco*. London: Seeley, Service & Company.

Gusinde, Martin. 1931. *Die Feuerland Indianer, vol. 1: die Selk'nam*. Mödling bei Wien: Anthropos Institute.

Haberland, Eike. 1963. *Galla Süd-Äthiopiens*. Stuttgart: W. Kohlhammer.

Hadfield, Emma. 1920. *Among the natives of the Loyalty group*. London: Macmillan.

Hambly, Wilfrid D. 1931. *Serpent worship in Africa*. Field Museum of Natural History, Publication 289, Anthropological Series, vol. xxi, no. 1. Chicago: Field Museum of Natural History.

Harris, Marvin. 1968. *The rise of anthropological theory: a history of theories of culture*. New York: Harper & Row.

Hastings, James. 1908–1912. *A dictionary of the Bible*. 5 vols. New York: Charles Scribner's Sons.

Hentze, Carl. 1966. Die Regenbogenschlange: Alt-China und Alt-Amerika. *Anthropos* 61:258-266.

Herskovits, Melville J., and Frances S. Herskovits. 1933. *An outline of Dahomean religious belief*. American Anthropological Association, Memoir 41:1-77. Menasha, Wisconsin: The American Anthropological Association.

Hockett, C.F. 1939. *The Potawatomi language: a descriptive grammar* (doctoral dissertation). New Haven: Department of Linguistics, Yale University.

Hogarth, Peter J., and Val Cleary. 1979. *Dragons*. New York: Viking.

Hole, Christina. 1995. Rainbow. In Richard Cavendish, ed., *Man, myth and magic, the illustrated encyclopaedia of mythology, religion and the unknown*:2153-2155. New York/London/Toronto/Sydney: Marshall Cavendish.

Holmberg, Alan R. 1969 [1950]. *Nomads of the long bow: the Sirionó of eastern Bolivia*. Garden City, New York: The Natural History Press.

Holmer, Nils M. 1966. *Oceanic semantics (a study in the framing of concepts in the native languages of Australia and Oceania*). Lund: Carl Bloms.

Holt, Catharine. 1946. Shasta ethnography. *University of California Anthropological Records* 3:299-349. Berkeley/Los Angeles: University of California Press.

Hooykaas, J. 1956. The rainbow in ancient Indonesian religion. *Bijdragen tot de Taal-, Landen Volkenkunde* 112:291-322.

Hopkins, L.C. 1931. Where the rainbow ends (an introduction to the dragon terrestrial and the dragon celestial). *Journal of the Royal Anthropological Institute* 3:603-612.

Hornblower, G.D. 1933. Early dragon-forms. *Man* 33:79-87.

Howitt, A.W. 1996 [1904]. *The native tribes of South-East Australia*. Canberra: Aboriginal Studies Press.

Hultkrantz, Åke. 1987. *Native religions of North America: the power of visions and fertility*. San Francisco: Harper & Row.

Hutton, J.H. 1921a. *The Angami Nagas*. London: Macmillan.

Hutton, J.H. 1921b. *The Sema Nagas*. London: Macmillan.

Huxley, Francis. 1979. *The dragon: nature of spirit, spirit of nature*. New York: Collier Books.

Ibuse, Masuji. 1979. *Black rain*. Trans. by John Bester. Tokyo: Kodansha International Ltd.

Ichon, Alain. 1969. *Le religion des Totonaques de la Sierra*. Paris: Centre national de la recherche scientifique.

Ingersoll, Ernest. 1928. *Dragons and dragon lore*. New York: Payson & Clarke.

Ivanov, Vyacheslav, and V. Toporov. 1970. Le Mythe indo-européen du dieu de l'orage poursuivant le serpent: reconstruction du schema. In Jean Pouillon and Pierre Maranda, eds., *Mélanges offerts à C. Lévi-Strauss*, vo. 2:1180–1206. Paris/The Hague: Mouton.

Ivens, W.G. 1972 [1927]. *Melanesians of the South-east Solomon Islands*. New York: Benjamin Blom.

James, Wendy. 1988. *The listening ebony*. Oxford: Clarendon Press.

Jones, David E. 2000. *An instinct for dragons*. New York/London: Routledge.

Jochelson, Waldemar. 1910. The Yukaghir and the Yukaghirized Tungus. *Memoirs of the American Museum of Natural History, vol. ix, part 1-2, The Jesup North Pacific Expedition*:1–342. New York: American Museum of Natural History.

Jorgensen, Joseph G. 1980. *Western Indians: comparative environments, languages, and cultures of 172 western American Indian tribes*. San Francisco: W.H. Freeman and Company.

Jorgensen, Joseph G., ed. 1974. *Comparative studies by Harold E. Driver, and essays in his honor*. New Haven: Human Relations Area Files Press.

Jung, Carl G. 1956 [1952]. *Symbols of transformation*. Bollingen series xx. Trans. by R.F.C. Hull. New York: Pantheon Books.

Jung, Carl G. 1968 [1953]. *Psychology and alchemy*. Bollingen Series xx, 2nd ed. Trans. by R.F.C. Hull. New York: Pantheon Books

Jung, Carl G. 1970 [1967]. *Alchemical studies*. Trans. by R.F.C. Hull. Bollingen Series xx.

Princeton, New Jersey: Princeton University Press.
Junod, Henri A. 1927. *The life of a South African tribe.* 2nd ed., 2 vols. London: Macmillan.
Kähler, Hans. 1961. *Simalur-Deutsches Wörterbuch mit Deutsch-Simaluresischem Wörterverzeichnis.* Veröffentlichungen des Seminars für indonesische und Südseesprachen der Universität Hamburg, Band 3. Berlin: Dietrich Reimer.
Kähler, Hans. 1975. *Texte von der Insel Enggano: Berichte über eine untergehende Kultur.* Veröffentlichungen des Seminars für Indonesische und Südseesprachen der Universität Hamburg, Vol. 9. Berlin: Dietrich Reimer.
Kari, James. 1990. *Ahtna Athabaskan dictionary.* Fairbanks: University of Alaska Fairbanks, Alaska Native Language Center.
Karlgren, Bernhard. 1950. *The book of odes: Chinese text, transcription and translation.* Stockholm: The Museum for Far Eastern Antiquities.
Karsten, Rafael. 1926. *The civilization of the South American Indians, with special reference to magic and religion.* New York: Alfred A. Knopf.
Karsten, Rafael. 1964. *Studies in the religion of the South American Indians east of the Andes,* ed. by Arne Runeberg and Michael Webster. Helsinki: Societas Scientiarum Fennica.
Kendon, Adam, and Laura Versante. 2003. Pointing by hand in "Neapolitan." In Kita: 109–137.
Kern, Hendrik. 1913. *Verspreide geschriften,* vol. 1. The Hague: Martinus Nijhoff.
Kita, Sotaro, ed. 2003. *Pointing: where language, culture and cognition meet.* Mahwah, New Jersey/London: Lawrence Erlbaum Associates.
Knight, Chris. 1983. Levi-Strauss and the dragon: *Mythologiques* reconsidered in the light of an Australian aboriginal myth. *Man* N.S. 18.1:21–50.
Koch-Grünberg, Theodor. 1924. vol. 2. *Vom Roraima zum Orinoco: Ergebnisse einer Reise in Nordbrasilien und Venezuela in den Jahren 1911–1913.* Stuttgart: Strecker und Schröder.
Kolata, Alan L. 1996. *Valley of the spirits: a journey into the lost realm of the Aymara.* New York: John Wiley & Sons.
Kolig, Erich. 1981. The rainbow serpent in the aboriginal pantheon: a review article. *Oceania* 51:312-316.
Kroeber, Alfred L. 1908. Ethnology of the Gros Ventre. *Anthropological Papers of the American Museum of Natural History,* vol. 1, part 4:140-281. New York: American Museum of Natural History.
Kruyt, Alb. C. 1938. *De West-Toradjas op Midden-Celebes.* 4 vols. Amsterdam: North Holland.
Kuo, Moruo (郭沫若). 2000. *A redaction on Oracle (Buci Tongzhuan* 卜辭通纂). Edited by The Oracle Bone Inscriptions Research Association (甲骨文研究資料編委會). Beijing: Science Publishing House (科學出版社).
Kuusi, Matti. 1957. *Regen bei Sonnenschein. Zur Weltgeschichte einer Regensart.* ff

Communications, 171. Helsinki: Academia Scientiarum Fennica.

Lafeber, A. 1914. Kritische Prüfung von Dr. Georg Friederici's "Untersuchungen über eine melanesische Wanderstrasse". *Anthropos* 9:261-286.

Lankford, George E., ed. 1987. *Native American legends, Southeastern legends: tales from the Natchez, Caddo, Biloxi, Chickasaw, and other nations.* American Folklore Series, W.K. McNeil, general editor. Little Rock: August House.

Larson, Mildred L. 1966. *Vocabulario Aguaruna de Amazonas.* Summer Institute of Linguistics, Peruvian Linguistic Series, No. 3. Peru: Summer Institute of Linguistics.

Laughlin, Robert M. 1975. *The great Tzotzil dictionary of San Lorenzo Zinacantán.* Smithsonian Contributions to Anthropology, No. 19. Washington, D.C.: Smithsonian Institution.

Lawson, John Cuthbert. 1910. *Modern Greek folklore and ancient Greek religion: a study in survivals.* Cambridge: Cambridge University Press.

Leach, Edmund R. 1951. The structural implications of matrilateral cross-cousin marriage. *Journal of the Royal Anthropological Institute* 81:23-55.

Leach, Maria, and Jerome Fried., eds. 1972. *Funk and Wagnall's standard dictionary of folklore, mythology and legend.* New York: Funk & Wagnalls.

Lebar, Frank M., Gerald C. Hickey, and John K. Musgrave, eds. 1964. *Ethnic groups of Mainland Southeast Asia.* New Haven: Human Relations Area Files Press.

Lehmann-Nitsche, Robert. 1933. Der apokalyptische Drache. *Zeitschrift für Ethnologie* 65:193-230.

Lehner, Stefan. 1911. Bukaua. In R. Neuhaus. *Deutsch Neu-Guinea, 3: Beiträge der missionare Keysser, Stolz, Zahn, Lehner, Bamler*:395–485. Berlin: Reimer.

Le Roux, C.C.F.M. 1950. *De Bergpapoea's van Nieuw-Guinea en hun woongebied.* 2 vols. Leiden: Brill.

Lévi-Strauss, Claude. 1970 [1964]. *The raw and the cooked: introduction to a science of mythology*, 1. Trans. by John and Doreen Weightman. London: Jonathan Cape.

Lévi-Strauss, Claude. 1976a. The sex of the sun and moon. In Claude Lévi-Strauss, *Structural Anthropology*, vol. ii: 211-221. New York: Basic Books.

Lévi-Strauss, Claude. 1976b. Mushrooms in culture: Apropos of a book by R.G. Wasson. In Claude Lévi-Strauss, *Structural Anthropology*, vol. ii: 222-237. New York: Basic Books.

Lévi-Strauss, Claude. 1981 [1971]. *The Naked man: introduction to a science of mythology*, 4. Trans. from the French by John and Doreen Weightman. New York: Harper & Row.

Levinson, David, and Martin J. Malone. 1980. *Toward explaining human culture: a critical review of the findings of worldwide cross-cultural research.* New Haven: Human Relations Area Files Press.

Levkievskaia, E. 2000. *Mify russkogo naroda* [Myths of the Russian people]. Moscow.

Lindholm, Dan, and Walther Roggenkamp. 1969. *Stave churches in Norway*. London: Steiner

Press.

Loewen, Jacob Abram. 1965. *Mennonites, Chaco Indians, and the Lengua spirit world.* The Mennonite Quarterly Review 39:280-306.

Lœwenstein, Prince John. 1961. Rainbow and serpent. *Anthropos* 56.1-2:31-40.

Lowie, R.H. 1909. *The Assiniboine.* Anthropological Papers of the American Museum of Natural History, vol. iv, part 1. New York: American Museum of Natural History.

Lowie, Robert H. 1924. Notes on Shoshonean ethnography. *Anthropological Papers of the American Museum of Natural History* 20.3:185–314. New York: American Museum of Natural History.

Lumholtz, Carl. 1902. *Unknown Mexico.* 2 vols. New York: Charles Scribner's Sons.

Maan, G. 1940. *Boelisch-Nederlandsche woordenlijst, met Nederlandsch-Boelisch register.* Verhandelingen van het Koninklijk Bataviaasch Genootschap van Kunsten en Wetenschappen 74.3. Bandoeng: Nix.

Maceda, Marcelino. 1964. *The culture of the Mamanua.* Cebu City, Philippines: San Carlos Publications Series A: Humanities No. 1.

Mackenzie, Donald A. 1913. *Egyptian myth and legend.* London: The Gresham Publishing Co.

Maddock, Kenneth. 1978. Introduction. In Buchler and Maddock: 1-21.

Man, Edward Horace. 1932 [1885]. *On the aboriginal inhabitants of the Andaman islands.* London: The Royal Anthropological Institute of Great Britain and Ireland.

Marshall, Harry Ignatius. 1922. *The Karen people of Burma: a study in anthropology and ethnology.* The Ohio State University Bulletin, Contributions in History and Political Science, vol. 26, no. 13. Columbus: Ohio State University Press.

Martin, Samuel E. 1987, *The Japanese language through time.* New Haven/London: Yale University Press.

Mason, John Alden. 1957. *The ancient civilizations of Peru.* Baltimore: Penguin Books. Matthews, Washington. 1902. *The night chant, a Navaho ceremony.* Memoirs of the American Museum of Natural History, vol. 6: the Hyde southwestern expedition. New York: The Knickerbocker Press.

Max Müller, Friedrich. 1891. *Physical religion: The Gifford Lectures delivered before the University of Glasgow in 1890.* London: Longmans, Green and Co.

McClintock, Walter. 1941. The thunderbird myth. *The Masterkey* 15:164-168, 224-227, 16:16-18.

Mead, Margaret. 1933. The marsalai cult among the Arapesh, with special reference to the rainbow serpent belief of the Australian aborigines. *Oceania* 4:37-53.

Mead, Margaret. 1940. The Mountain Arapesh, ii: Supernaturalism. *Anthropological Papers of the American Museum of Natural History* 37.3:317-451. New York: American Museum of Natural History.

Mellars, Paul. 1996. *The Neanderthal legacy: an archaeological perspective from western Europe*. Princeton, New Jersey.: Princeton University Press.

Mercatante, Anthony. 1988. *The facts on file encyclopedia of world mythology and legend*. New York: Facts on File.

Métraux, Alfred. 1946. *Myths of the Toba and Pilagá Indians of the Gran Chaco*. Memoirs of the American Folklore Society, vol. 40. Philadelphia.

Métraux, Alfred. 1959. *Voodoo in Haiti*. Trans. by Hugo Charteris. New York: Oxford University Press.

Métraux, Alfred. 1963a [1944]. The Botocudo. In Julian H. Steward, ed., *Handbook of South American Indians. vol. 1: The marginal tribes*:531-540. New York: Cooper Square Publishers.

Métraux, Alfred. 1963b [1947]. Religion and shamanism. In Julian H. Steward, ed., *Handbook of South American Indians. vol. 5: The comparative anthropology of South American tribes*:559-599. New York: Cooper Square Publishers.

Mills, J.P. 1926. *The Ao Nagas*. London: Macmillan.

Mills, J.P. 1979 [1937]. *The Rengma Nagas*. New York: ams Press.

Milne, Leslie. 1924. The home of an eastern clan: a study of the Palaungs of the Shanstates. Oxford: Clarendon Press.

Mooney, James. 1970 [1900]. *Myths of the Cherokee*. New York: Johnson Reprint Corporation.

Morgan, Lewis Henry. 1954 [1851]. *The league of the Ho-dĕ-no-sau-nee, or Iroquois*, vol. 1. New Haven: Human Relations Area Files Press.

Mountford, Charles P. 1958. *The Tiwi: their art, myth and ceremony*. London: Phoenix House.

Mountford, Charles P. 1978. *The Rainbow Serpent myths of Australia*. In Buchler and Maddock: 23-97.

Murdock, George Peter. 1967. *Ethnographic atlas*. Pittsburgh: University of Pittsburgh Press.

Murko, Anton Johann. 1833. *Deutsch-Slovenisches und Slovenisch-Deutsches Handwörterbuch*. Grätz: F. Ferstl.

Musters, George Chaworth. 1969 [1871]. *At home with the Patagonians*. New York: Greenwood Press.

Neiers, Sister Marie de Paule. 1979. *The peoples of the Jos Plateau, Nigeria: their philosophy, manners and customs*. Frankfurt am Main: Peter Lang.

Newman, Paul. 1979. *The hill of the dragon: an inquiry into the nature of dragon legends*. Totowa, New Jersey: Rowman and Littlefield.

Nicholson, Irene. 1985 [1967]. *Mexican and Central American mythology*. New York: Bedrick Books.

Nimuendajú, Curt. 1946. *The Eastern Timbira*. Trans. and ed. by Robert H. Lowie.

University of California Publications in American Archaeology and Ethnology, no. 41. Berkeley/Los Angeles: University of California Press.

Nimuendajú, Curt. 1952. *The Tucuna*, Ed. by Robert H. Lowie, Trans. by William D. Hohenthal. University of California Publications in Archaeology and Ethnology 45. Berkeley/Los Angeles: University of California Press.

Nordenskiöld, Erland. 1938. *An historical and ethnological survey of the Cuna Indians. Arranged and edited from the posthumous manuscript and notes, and original Indian documents at the Gothenburg Ethnographical Museum, by Henry Wassén*. Compara- tive Ethnographic Studies, vol. 10. Göteborg.

Nussenzveig, H. Moysés. 1979. Complex angular momentum theory of the rainbow and the glory. *Journal of the Optical Society of America* 69:1068-1079.

Obayashi, Taryo. 1999. *Ginga-no michi -- Niji-no kakehashi* (*The Milky Way -- the bridge of a rainbow*). Tokyo: Shogakukan.

Papagianni, Dimitra, and Michael A. Morse. 2013. *The Neanderthals rediscovered: how modern science is rewriting their story*. London: Thames and Hudson.

Parker, Arthur C. 1923. *Seneca myths and folk tales*. Buffalo, New York: Buffalo Historical Society.

Parry, Neville Edward. 1932. *The Lakhers, with an introduction and supplementary notes by J.H. Hutton*. London: Macmillan.

Pedraza, Jesus Salinas. 1978. *The Otomí*. 2 vols. Albuquerque: University of New Mexico Press.

Phillips, David. 1995. Dragon. In Richard Cavendish, editor-in-chief, *Man, myth and magic: the illustrated encyclopedia of mythology, religion and the unknown*:629-635. New York: Marshall Cavendish.

Phillips, Philip, and James A. Brown. 1984. *Pre-Columbian shell engravings from the Craig Mound at Spiro, Oklahoma* (six vols. in two). Cambridge: Peabody Museum of Archaeology and Ethnology, Harvard University.

Piddington, Arthur. 1930. The water-serpent in Karadjeri mythology. *Oceania* 1:352-354.

Piesarskas, Bronius, and Bronius Svecevičius. 1994. *Lithuanian dictionary*. Vilnius: Žodynas Publishers.

Pukui, Mary Kawena and Elbert, Samuel H. 1971. *Hawaiian Dictionary*. Honolulu: The University Press of Hawaii.

Radcliffe-Brown, A.R. 1922. *The Andaman Islanders*. Cambridge: Cambridge University Press.

Radcliffe-Brown, A.R. 1926. The rainbow-serpent myth of Australia. *Journal of the Royal Anthropological Institute* 56:19–25.

Radcliffe-Brown, A.R. 1930–1931. The rainbow-serpent myth in south-east Australia. *Oceania* 1:342-347.

Radford, E., and M.A. Radford. 1975. *Encyclopedia of superstitions*. Edited and revised by Christina Hole. London: Hutchinson & Co.

Ray, Verne F. 1942. Culture element distributions, xxii: Plateau. *University of California Anthropological Records* 8.2:97-262. Berkeley/Los Angeles: University of California Press.

Rechenbach, Charles W. 1967. *Swahili-English dictionary*. Washington, D.C. Catholic University of America Press.

Rehg, Kenneth L. and Damien G. Sohl. 1979. *Ponapean-English dictionary*. pali Language Texts: Micronesia. Honolulu: The University of Hawai'i Press.

Reynolds, Barrie. 1963. *Magic, divination, and witchcraft among the Barotse of northern Rhodesia*. Berkeley: University of California Press.

Richards, Anthony. 1981. *An Iban-English dictionary*. Oxford: Clarendon Press.

Richardson, J. 1885. *A new Malagasy-English dictionary*. Antananarivo: The London Missionary Society.

Riley, Henry T. 1919 [1851]. *The Metamorphoses of Ovid*. London: George Bell & Sons.

Rivers, W.H.R. 1924. *Medicine, magic, and religion*. London: Kegan Paul.

Robins, R.H. 1958. *The Yurok language: grammar, texts, lexicon*. University of California Publications in Linguistics xv. Berkeley/Los Angeles: University of California Press.

Roheim, Geza. 1940. The dragon and the hero. *American Imago* 1.2:40–69, 1.3:61–94.

Ross, Anne. 1986 [1970]. *The pagan Celts*. London: B.T. Batsford.

Roth, Walter Edmund. 1915. An inquiry into the animism and folklore of the Guiana Indians. *30th Annual Report of the Bureau of American Ethnology, 1908-1909*:103-386. Washington, D.C.: Smithsonian Institution.

Roy, Sarat Chandra. 1925. *The Birhors: a little-known jungle tribe of Chōta Nāgpur*. Ranchi: The g.e.l. Mission Press.

Ruhlen, Merritt. 1987. *A guide to the world's languages, vol. 1: Classification*. Stanford, California: Stanford University Press.

Sabatier, E. 1971. *Gilbertese-English dictionary*. Compiled in French by Father E. Sabatier, and trans. by Sister Oliva, F.N.D.S.C. of the Catholic Mission, Tarawa. Sydney: South Pacific Commission Publications Bureau.

Sassen, Kenneth, W. Patrick Arnott, Jennifer M. Barnett, and Steve Aulenbach. 1998 (March 20). Can cirrus clouds produce glories? *Applied Optics* 37.9:1427-1433.

Sagan, Carl. 1977. *The dragons of Eden: Speculations on the evolution of human intelligence*. New York: Ballantine Books.

Sather, Clifford. 1993. Posts, hearths and thresholds: the Iban longhouse as a ritual structure. In James J. Fox, ed., *Inside Austronesian houses: perspectives on domestic designs for living*:64-115. Canberra: Department of Anthropology in association with the Comparative Austronesian Project, Research School of Pacific Studies, The Australian

National University.

Schebesta, Paul. 1950 [1938]. *Die Bambuti-Pygmäen vom Ituri*, vol. 2, part 2. Brussels: Institut Royal Colonial Belge, Section des Sciences Morales et Politique.

Schermair, Anselmo. 1957a. *Vocabulario castellano-sirionó*. Innsbruck: Sprachwissenschaftliches Institut der Universität Innsbruck.

Schermair, Anselmo. 1957b. *Vocabulario sirionócastellano*. Innsbruck: Sprachwissenschaftliches Institut der Universität Innsbruck.

Schlegel, Gustave. 1875. *Uranographie Chinoise*. 2 vols. The Hague: Martinus Nijhoff.

Schoffeleers, J. Matthew. 1992. *River of blood: the genesis of a martyr cult in Southern Malawi c. a.d.1600*. Madison: The University of Wisconsin Press.

Séjourné, Laurette. 1956. *Burning Water: Thought and Religion in Ancient Mexico*. New York, NY: Vanguard Press.

Sherzer, Joel. 1973. Verbal and nonverbal deixis: the pointed lip gesture among the San Blas Cuna. *Language and Society* 2:117–131.

Simons, Gary F., and Charles D. Fennig, eds. 2018. *Ethnologue: Languages of the world*, 21st ed. Dallas, Texas: sil International.

Skeat, Walter William. 1900. *Malay magic: being an introduction to the folklore and religion of the Malay peninsula*. London: Macmillan.

Skeat, Walter William, and Charles O. Blagden. 1906. 2 vols. *Pagan races of the Malay peninsula*. London: Macmillan.

Smith, Edwin W. 1920. *The Ila-speaking peoples of Northern Rhodesia*. 2 vols. London: Macmillan.

Smith, G. Elliot. 1919. *The evolution of the dragon*. Manchester University Press, and London/New York: Longmans Green & Company.

Smith, William, ed. 1851. *A new classical dictionary of Greek and Roman biography, mythology, and geography*. New York: Harper & Brothers.

Smith, W. Robertson. 1957 [1889]. *The religion of the Semites: the fundamental institu- tions*. New York: Meridian Books.

Speck, Frank G. 1909. *Ethnology of the Yuchi Indians*. Anthropological Publications of the University Museum, vol. 1, no. 1. Philadelphia: University of Pennsylvania Museum.

Speck, Frank G. 1977 [1935]. *Naskapi: the savage hunters of the Labrador peninsula*. Norman: University of Oklahoma Press.

Spicer, Edward H. 1980. *The Yaquis: a cultural history*. Tucson: The University of Arizona Press.

Spier, Leslie. 1978 [1933]. *Yuman tribes of the Gila river*. New York: Dover Publications.

Spinden, Herbert J. 1957 [1913]. *Maya art and civilization*. Indian Hills, Colorado: Falcon's Wing Press.

St. John, Spencer. 1863. *Life in the forests of the Far East, or travels in Northern Borneo*.

London: Smith, Elder & Co.

Stocking, George W., Jr. 1987. *Victorian anthropology*. New York: Simon and Schuster.

Stocking, George W., Jr. 1995. *After Tylor: British social anthropology 1888-1951*. Madison: The University of Wisconsin Press.

Swanton, John R. 1908. Social conditions, beliefs, and linguistic relationships of the Tlingit Indians. *26th Annual Report of the Bureau of American Ethnology*:391-485. Washington, D.C.: Smithsonian Institution.

Swanton, John R. 1911. *Indian tribes of the Lower Mississippi Valley and the adjacent coast of the Gulf of Mexico*. Bureau of American Ethnology, Bulletin 43. Washington, D.C.: Smithsonian Institution.

Swanton, John R. 1928. Religious beliefs and medicinal practices of the Creek Indians. *Bureau of American Ethnology Bulletin 42*:473-672. Washington, D.C.: Smithsonian Institution.

Taçon, Paul S.C., Meredith Wilson, and Christopher Chippendale. 1996. Birth of the Rainbow Serpent in Arnhem Land rock art and oral history. *Archaeology in Oceania* 31:103-124.

Taylor, Luke. 1990. Rainbow serpent as visual metaphor in western Arnhem Land. *Oceania* 60:329-344.

Teit, James A. 1900. The Thompson Indians of British Columbia. Ed. by Franz Boas. *Memoirs of the American Museum of Natural History* 2:163-392. New York: American Museum of Natural History.

Thompson, J. Eric S. 1970. *Maya history and religion*. Norman: University of Oklahoma Press.

Thompson, Stith. 1955-1958 [1932]. *Motif-index of folk-literature*. 2nd rev. ed., 6 vols. Bloomington: Indiana University Press.

Thord-Gray, I. 1955. *Tarahumara-English, English-Tarahumara dictionary*. Coral Gables Florida: University of Miami Press.

Timitimi, A.O. 1971. Izon-otu Leleiama. Signs among the Ijo (Kolokuma dialect). *Africana Marburgensia* 4.2:3-39.

Tremearne, A.J.N. 1968 [1914]. *The ban of the bori: demons and demon-dancing in West and North Africa*. London: Frank Cass.

Turnbull, Colin M. 1959. Legends of the Bambuti. *Journal of the Royal Anthropological Institute* 89.1:45–60.

Turner, George. 1884. *Samoa a hundred years ago and long before*. London: Macmillan.

Tuschman, Avi Samuel. 2008. *The rainbow serpent and incest in international folklore: an evolutionary psychodynamic approach*. Stanford, California: Department of Anthropological Sciences, Stanford University.

Tylor, Edward Burnett. 1958 [1871]. *Primitive culture*. 2 vols. New York: Harper

Torchbooks.

Valentine, J.R. 1994. *Ojibwe dialect relationships* (doctoral dissertation). Austin: Department of Linguistics, University of Texas.

Vanoverbergh, Morice. 1933. *A dictionary of Lepanto Igorot, or Kankanay (as it is spoken at Bauco)*. Linguistische Bibliothek Anthropos. Mödling bei Wien: Anthropos Institute.

Vanoverbergh, Morice. 1972. *Isneg-English vocabulary*. Oceanic Linguistics Special Publication No. 11. Honolulu: The University Press of Hawaii.

Vaux, Bert. 1998. Sunshower survey. The linguist list, December 16, 1998.

Voegelin, Erminie (Wheeler). 1942. *Culture element distributions, xx: Northeast California*. University of California Anthropological Records 7.2:47-252. Berkeley/Los Angeles: University of California Press.

Voegelin, Erminie (Wheeler). 1972. Rainbow. In Maria Leach and Jerome Fried, eds., *Funk and Wagnalls' encyclopedia of folklore, mythology and legend*: 922-923. New York: Funk and Wagnalls.

Wadley L, and Z. Jacobs. 2004. Sibudu Cave, KwaZulu-Natal: background to the excavations of Middle Stone Age and Iron Age occupations. *South African Journal of Science* 100:145-151.

Walker, James R. 1980. *Lakota belief and ritual*, ed. by Raymond J. de Mallie and Elaine A. Jahner. Lincoln: University of Nebraska Press.

Wallis, W.D. 1918. Prodigies and portents. In James Hastings, ed., *Encyclopaedia of religion and ethics*, vol. 10:362-376. Edinburgh: T. & T. Clark.

Werner, Alice. 1933. *Myths and legends of the Bantu*. London: George G. Harrap & Co.

Wilbert, Johannes. 1979. Magico-religious use of tobacco among South American Indians. In David L. Browman and Ronald A. Schwarz, eds., *Spirits, shamans and stars: perspectives from South America*:13-38. The Hague: Mouton.

Wilbert, Johannes, and Karin Simoneau. 1987. *Folk literature of the Nivaklé Indians*. ucla Latin American Center Publications. Los Angeles: University of California.

Wilken, G.A. 1912. *De verspreide geschriften van G.A. Wilken: verzameld door F.D.E. van Ossenbruggen*. 4 vols. 's-Gravenhage: G.C.T. van Dorp.

Wilkins, Jayne, and Michael Chazan. 2012. Blade production ~500 thousand years ago at Kathu Pan 1, South Africa: support for a multiple origins hypothesis for early Middle Pleistocene blade technologies. *Journal of Archaeological Science* 39:1883–1900.

Wilkinson, R.J. 1906. *Malay beliefs*. London: Luzac & Co.

Wilkinson, R.J. 1959. *A Malay-English dictionary (romanised)*. Two parts. London: Macmillan.

Williams, Herbert W. 1971 [1844]. 7th ed. *A dictionary of the Maori language*. Wellington: Government Printing Office.

Williamson, J.P. 1902. *An English-Dakota dictionary*. St. Paul: Minnesota Historical Society

Press.

Wilmshurst, J.M., T.L. Hunt, C.P. Lipo, and A.J. Anderson. 2011. High-precision radiocarbon dating shows recent and rapid initial colonisation of Eastern Polynesia. *Proceedings of the National Academy of Sciences* 108.5:1815–1820.

Wisdom, Charles. 1974 [1940]. *The Chorti Indians of Guatemala*. Chicago: The University of Chicago Press.

Wittgenstein, Ludwig. 1953. *Philosophical investigations*. Trans. by G.E.M. Anscombe. Oxford: Blackwell.

Wolff, John U. 1972. *A dictionary of Cebuano Visayan*. Philippine Journal of Linguistics Special Monograph Issue No. 4. Manila: Linguistic Society of the Philippines.

Wood, Albert E. 1957. What, if anything, is a rabbit? *Evolution* 11:417-425.

Wright, Barton. 1988. *The mythic world of the Zuni. As written by Frank Hamilton Cushing*. Edited and illustrated by Barton Wright. Albuquerque: The University of New Mexico Press.

Wrigley, Christopher. 1988. The river-god and the historians: myth in the Shire valley and elsewhere. *Journal of African History* 29:367-383.

Zhou, Zongfu（趙宗福）. 2001. A study of rainbow worship in China（中國虹信仰研究）. *Journal of Qinghai Nationalities Institute* 27.2:40-48. 青海民族學院學報（社會科學版）.